エマニュエル・トッド
エルヴェ・ル・ブラーズ
石崎晴己訳

不均衡という病

フランスの変容 1980-2010

藤原書店

不均衡という病　目次

序説　13

第1章　人類学的・宗教的基底　49

不均衡という病

フランスの変容　1980－2010

〈凡例〉

一　原文中の《 》は、「 」で示した。
二　原文中の（ ）は、そのまま（ ）とした。
三　原文中のイタリックでの強調は、傍点を付した。ただし、見出しなどの場合は太字としたものもある。
四　原注は本文中で（1）（2）（3）……の形式で示し、原注本文は巻末にまとめた。
五　訳者による補足は［ ］で示して本文中に挿入し、訳注は＊1　＊2　＊3……の形式で示し、訳注本文は巻末にまとめた。
六　組織・機関名などは〈 〉で示した。
七　県と地域圏名については、それぞれ「～県」「～地域圏」と示した。州名については「州」を付けず、州と地域圏が同名の場合は、州に準じた。理由は、フランスの地方区分としては、革命前の州、革命以来の県（現在九五）、一九六〇年に制定された地域圏があるが、地域圏と州とは同名のものも多く（二〇）、例えば「ブルターニュ」とあるとき、それが州か地域圏かは判然としないからである。ただし、州と地域圏ではその領域には多少の異同があり得る。
八　地名について、通常、Rhône-Alpes のような原語の - は「ローヌ＝アルプ」のように＝とするのが慣行であるが、煩瑣を避けるために、一律に・で標記（「ローヌ・アルプ」）した。
九　なお、読者の便宜を考え、フランスの地形地図、地域圏ならびに関連の県と都市の地図を掲げることにした。

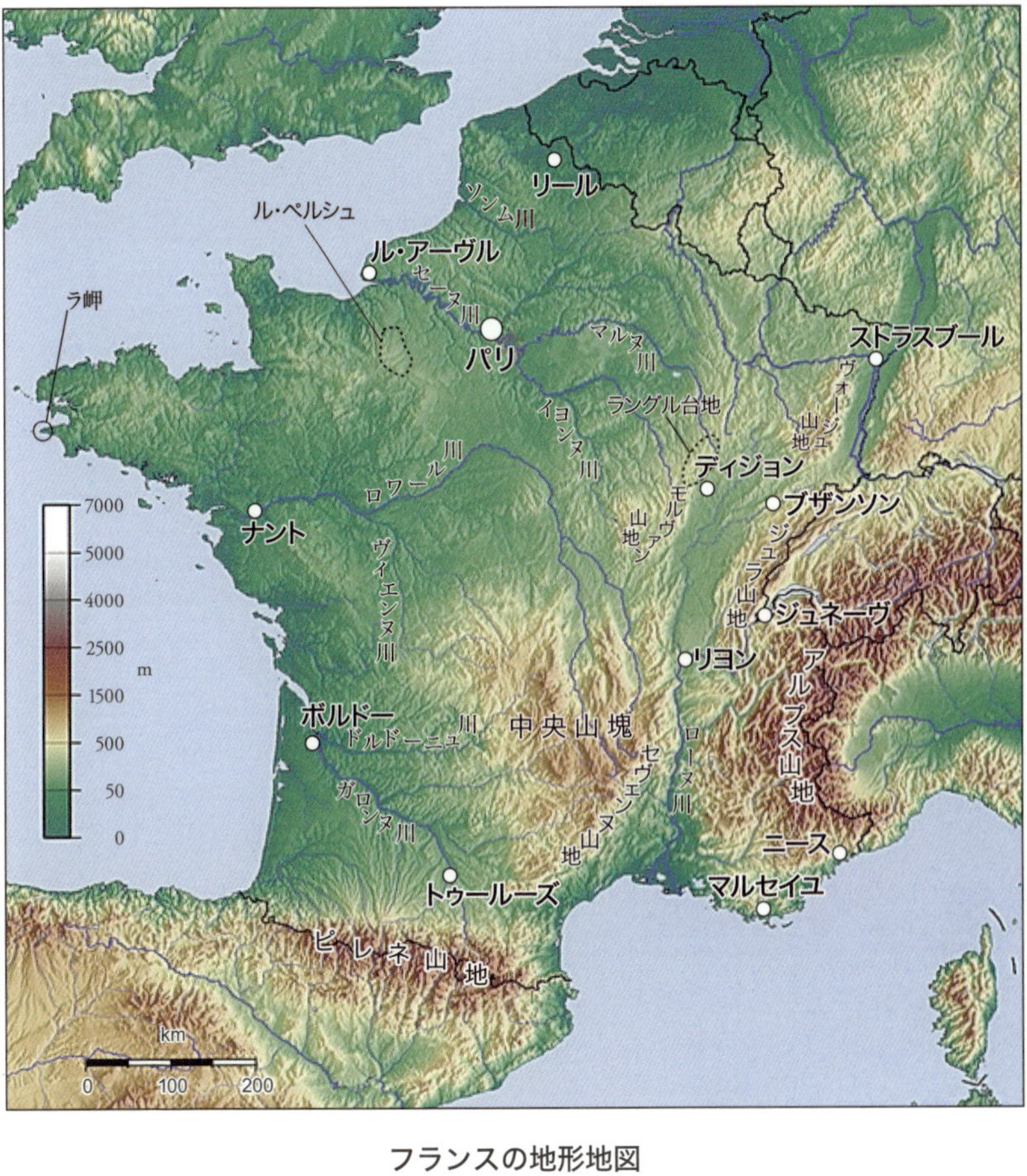
リール
ソンム川
ル・ペルシュ
ル・アーヴル
セーヌ川
ラ岬
パリ
マルヌ川
ストラスブール
ヴォージュ山地
ラングル台地
イヨンヌ川
ディジョン
ロワール川
モルヴァン山地
ブザンソン
ナント
ジュラ山地
ヴィエンヌ川
ジュネーヴ
リヨン
アルプス山地
中央山塊
ボルドー
ドルドーニュ川
セヴェンヌ山地
ローヌ川
ガロンヌ川
ニース
トゥールーズ
マルセイユ
ピレネ山地
7000
5000
4000
2500
1500
500
50
0
m
km
0
100
200

フランスの地形地図

都市の地図

番号	県　　名
17	アヴェイロン
16	アルデッシュ
05	アルデンヌ
14	アルプ・マリチーム
10	イヨンヌ
32	イル・エ・ヴィレーヌ
37	ウール・エ・ロワール
15	ヴァール
26	ヴァンデ
08	ヴォージュ
04	エーヌ
13	オート・アルプ
18	オート・ガロンヌ
19	オート・ピレネ
38	オルヌ
31	コート・ダルモール
09	コート・ドール
12	サヴォワ
34	サルト
24	シャラント・マリチーム
22	ジロンド
40	セーヌ・サン・ドニ
03	ソンム
25	ドゥー・セーヴル
23	ドルドーニュ
02	ノール
01	パ・ド・カレ
41	パリ
20	ピレネ・アトランチック
30	フィニステール
33	マイエンヌ
06	マルヌ
39	マンシュ
07	ムーズ
27	メーヌ・エ・ロワール
29	モルビアン
21	ランド
11	ローヌ
35	ロワール・エ・シェール
28	ロワール・アトランチック
36	ロワレ

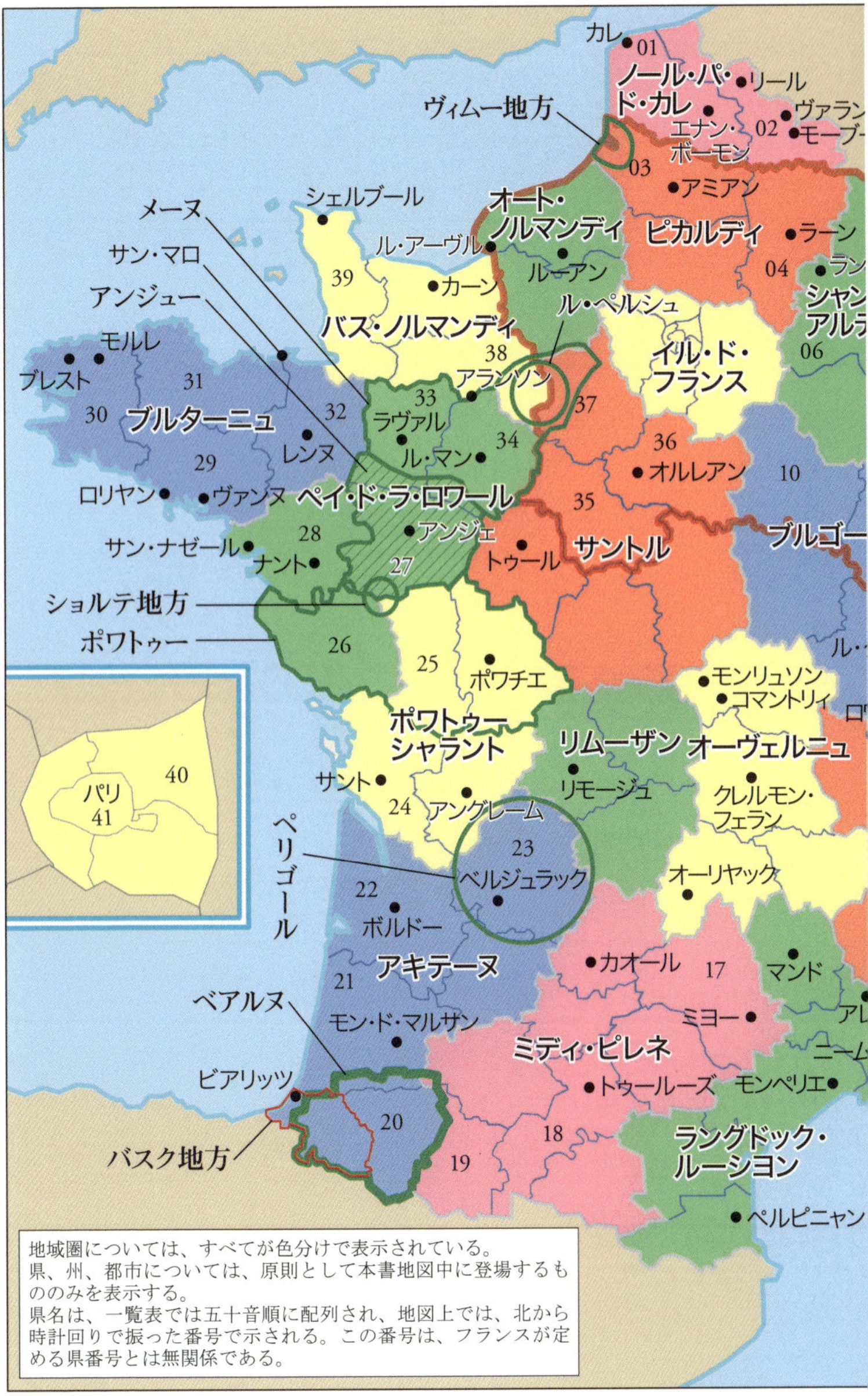

地域圏については、すべてが色分けで表示されている。
県、州、都市については、原則として本書地図中に登場するもののみを表示する。
県名は、一覧表では五十音順に配列され、地図上では、北から時計回りで振った番号で示される。この番号は、フランスが定める県番号とは無関係である。

地域圏ならびに関連の県と

序説

フランスは気分が優れない。この不快感がいったい何なのかを理解しようとして、われわれはフランスを最新の地図作成法のスキャナーにかけてみた。そこで得られた一二〇枚の地図のおかげで、以下のような診断を下すことが可能になった。すなわち、わが国は、それを構成する二つの人類学的・宗教的空間の間の不均衡という病にかかっている。その自由主義的かつ平等主義的な中心部――フランス大革命を行なったのはまさにこれなのだが――は、弱まっている。大抵の場合、伝統的にカトリックの強かった周縁部は、かつては国内的序列の理念に忠誠を捧げていたが、いまや支配的である。わが国の指導者たちは、フランスという国が深層においてどのような動き方をするのかが全く分かっておらず、そのため不適応な経済政策をとって、この国の状態をますます悪化させている、というのである。

われわれは一九八一年に、『フランスの創建』(1)を出し、その中で、フランス本国における風俗慣習システムの多様性と活動性を明らかにした。この文化的複数性こそが、フランスの普遍的人間という理念に対する愛着の保障となっていると、われわれには見えた。つまり唯一この理念のみが、フランスの一つの国としての結合を可能にしているものなのである。この点に関して、われわれの楽観的見解は変わっていない。しかしわれわれは、その際、多少の皮肉をこめて、人類学的システムとその反映としてのイデオロギー形態の分布というものは、偶然の結果であるという性格を、指摘していた。政治生活というものは、意識的なレベルでは、利益と階級の対立によって構造づけられるものであるが、実際はフランスという国の深層部において、無意識のうちに行為者に働きかける宗教的・家族的伝統によって決定されるのだ、と。しかしながら、当時われわれは、そのようにして把握されたフランスはまさに消滅して行く過程にあると思っていた。

ところが二〇一三年になっても、人類学的・宗教的決定因は相変わらず存続している、というのは、何やら不気味なことかも知れない。農業人口は統計的にはごくわずかとなっているが、工業社会それ自体が、いまや過去の村々からなる世界に似通って来ているのだ。一九八〇年から二〇一〇年までの間に、フランスは、おそらくあまりに急速に、脱工業社会へと突入した。フランスは、過去三〇年の間に、それ以前の三〇年間よりも大きく変わったのである。「栄光の三〇年間」のあとにやって来た「惨めな三〇年間」については、純然たる経済的な言説のみが横行するが、それらはこの社会的変化の加速度的進行を忘れている。

変貌は各地域の風俗慣習の多様性を消し去るに至っていないと言うだけでは、不十分な確認にすぎないだろう。われわれとしては、脱工業社会の危機は、われわれが消え去ったと想定していた人類学的・宗教的システムの作用を再活性化し、強化することになったということを、示すつもりである。もっと適切な言い方をするなら、社会的変化それ自体が、各段階ごとに、古い人類学的・宗教的システムによって誘導された、ということになる。本書の内容をなす地図を読んで行くなら、中等・高等教育のテイクオフが初めはある種の無意識的家族構造に依拠して行なわれ、次いで、より奇妙なことなのだが、いまではごくわずかな少数派が実践するだけのカトリック教という宗教に依拠して行なわれた、ということが見えてくる。女性解放も、第三次産業や国家の成長も、経済的不平等の拡大も、そして結局、オランド主義なりサルコジ主義なりル・ペン主義なりも、過去というものの強力な支配力から逃れることはなかったのである。

ここでわれわれがしようとしていることは、フランスという国の研究であり、それにはフランスという国がどのようにして変わって行くものなのかを、その多様性、不規則性、時にはその異様さの中で詳しく研究することが肝要である。とはいえ、フランスは例外的な異種混交性［解説参照］を持った国であるから、人類学的・宗教的要因の深層で働く作用の一般的な様態を把握するには、理想的な——ということはつまり、他のどれよりも普遍からの隔たりが少ない——実験のフィールドとなっている。それゆえこの国を研究して得られる結論は、フランスだけの個別的なケースを大幅にはみ出した結論となるのである。最近三〇年間のフランス本土における社会的変化の加速化を、空間の中に然るべくはめ込んでみるならば、近現代以後［ポスト・モダン］のいかなる合理性も、きわめて長期にわたる歴史によって確立された人類学的・宗教的諸構造から独立して、絶対の中において構想することなどできはしないという気がするのである。

われわれが記述している変化は、経済学者たちが仮定した変化を包含し、かつ決定するものであり、心性の優位を認め、発展のシークエンスにおいて、国内総生産よりも教育を先行させる。このような取り組み方は、フランス社会について、より力動的で、悲観性の少ないヴィジョンを与えるという効果をもたらすことになろうが、それは、過去というものの根強いプレゼンスを立証する本書のような本にあっては、意外な効果ということになろう。最近の教育上の停滞の開始、新たな文化的・経済的不平等、政治システムの右傾化、工業の壊滅状態、こういったことも踏まえつつ、われわれは、一九八〇年から二〇一〇年までの間の人間に関する膨大な知見の目録を作成する。人類学的取り組み方が、近代化過程についての行き届いた肯定的なヴィジョンを抱かざるを得なくなるように仕向けるというのは、究極のパラドックスと言うべきだろうか。

この全般的序論において、われわれはまず最初に、一九八〇年から二〇一〇年までのフランス社会の加速化された動きを、全国規模で要約する。次いで、都市化率八〇％のこの社会において、恒常的な人類学的・宗教的要素と都市が及ぼす影響力の双方を同時に捉えることを可能にする地図作成の方法を定義するつもりである。

本論においては、一九八〇年から二〇一〇年までの心性の革命が、空間の中ではどのように展開したか、そして、どこにおいても場所の記憶というものが、つねに人々の行動を誘導するのはなぜか、これを示すことになるが、まずはこの記憶を定義する人類学的・宗教的基底の記述から始めることにしよう。

1　社会的変化の加速化——一九八〇年から二〇一〇年

フランスの経済・社会史の今日における支配的なイメージは、「栄光の三〇年間」[*1]の終焉以降の景気後退というものである。「栄光の三〇年間」という祝福された時代は、国民全体の無意識の中において、いまや黄金時代を思わせる位置を占めている。もし経済学者たちのお気に入りの統計シリーズである、国内総生産（GDP）の前進だけを考えるなら、減速は疑いを容れない。一九七三年以前は平均四・五％を超えていた一人当たり国内総生産の年成長率は、その後規則的に低下し、一九八四年には早くも一・八％に落ち、その後二〇〇七―二〇〇八年の危機まで、二％以下で推移した。しかし経済の領域から心性――教育、宗教、風俗慣習――の領域へと話を移すなら、逆に明々白々な加速化がいやでも目につくことになるのである。

変動の原動力

教育水準の前進は、唖然とするほどである。最大経済成長時代の間は、急速ではないものの、現実の前進があった。普通バカロレア[*2]の世代ごとの取得率は、一九五一年には五・三％だったのが、一九六六年には一二・六％に増加していた。一九六六年から一九七一年までの間に、最初の加速化が起こった。これは理論的には、栄光の三〇年間の枠内で起こった事象ということになる。しかし、一九八一年から一九九五年までの間に第二の加速化が起こり、バカロレア取得者の比率は、一七・八％から三八・二％に飛躍的な上昇を果たした。これは、紛れもないテイクオフであり、フランスの教育的・文化的均衡を一変させたのである。

したがって、フランス人の教育水準の質的躍進は、一人当たり国内総生産の成長の減速に対応しているということになる。それは、一つは個人と家族の進歩への熱望、もう一つは、一九八一年に左派が政権をとった［ミッテランが大統領に当選］ために、この自然発生的な推力が解き放たれたこと、という二つの要因の巡り合わせによって可能となったのである。

この躍進は、一九九五年頃、右派の政権復帰の直後に、最高点に達したように見える。英語の用語を用いるなら、それは overshooting［やり過ぎ］だったとさえ言える。比率は今日、一時的に到達された最大値をやや下回る水準で安定し、二〇一〇年頃まで三五％前後を保っている。とはいえ普通バカロレア取得率が三五％という安定した水準を保つ世代が、毎年新たに到来することが、平均教育水準を上昇させ続けていることは、忘れてはならない。二〇〇五年から二〇一〇年頃には、六十歳以上の年齢層では、バカロレア取得者の比率はきわめて低く、つねに五％以下だった。古い世代が消えて行くにつれて、若い世代によって到達された三五％という率に、国全体が着実に近付いて行くわけである。

普通バカロレアの普及は、教育の進歩の全体に該当するものではない。普通バカロレア取得者三五％に、技術バカロレアと職業バカロレア取得者を加えなければならない。二〇〇九年には、当該年齢層の一五・九％が技術バカロレアを、一四・四％が職業バカロレアを取得している。文系もしくは理系の古典的教育しか考慮に入れないブルジョワ的偏見を捨てて、われわれは、技術バカロレアと職業バカロレアが普通バカロレアのうちの多くよりも、フランス社会にとって有用な職につながることがしばしばあることを確認する。それにこの両バカロレア、なかでも特に技術バカロレアは、高等教育への道を開くことができる。こうして最近の世代の中にあっては、同一年齢のバカロレア取得者の総計が六五％に達するのである。

教育階層構造の逆転　新たな不平等

フランスの住民がこれほど高い教育水準に達したことは、歴史始まって以来なかったことである。これだけ言うと、まことに楽観的な事態の確認に見えるが、われわれとしては、最近三〇年間の上昇は、文化面での民主主義をもたらすことはなかった、と付け加えなくてはならない。それは、教育ピラミッドの逆転と不平等の概念の方向転換を引き起こしたのである。

年度ごとのフローを見るだけでは、世代ごとの最終的な教育階層構造の明瞭なヴィジョンを得ることはできない。バカロレアよりも先に進む者もいれば、そこまでの者もいるからである。特定の時点における人口の総体を記述する国勢調査を参照するなら、世代ごとの教育に関する最終的結果を手にすることができる。

二〇〇九年の国勢調査は、十五歳以上のすべてのフランス人について、教育免状取得の最も高い水準が到達されたことを記録している。その結果得られた統計によると、教育階層構造は、一つではなく二つあることが分かる。その一つは、六十五歳以上の者、つまり一九六四年以前、すなわち工業社会時代に二十歳に達した者の階層構造で、もう一つのピラミッドは、二十五歳から三十九歳の住民、つまり一九九〇年から二〇〇四年までの脱工業時代に、二十歳に達した者たちの階層構造を示している。(2) (1) 卒業証書、[*3] もしくはそれ以下、(2) ＢＥＰＣ〔第一段階初等免状〕と技術ないし職業バカロ

表1　年齢層別の免状の水準（%）

	65歳以上	25歳から39歳
免状なし、卒業証書	57.7	12.4
BEPC、CAP、BEP、技術バカロレア	29.0	38.3
普通バカロレア＋α	13.1	48.6

出典：2009年の国勢調査。

レア、（3）普通バカロレア、もしくはそれ以上、という三つの水準を区別しただけで総合を行なうなら、一九六四年から二〇〇〇年までの間の、教育によって定義される社会全体の形状とその変動が明らかになる。

栄光の三〇年間の教育階層構造は、正常なピラミッドをなしている。幅広い基底部は、読み書き計算はできるが、卒業免状以上のものを取得しなかった市民たちからなる。その上に、中間的教育を受けた者からなる二九％の中間階層があり、最後に、普通バカロレアないしそれ以上の資格を持つ者一三％の、狭い上位層が来る。この形状には、より高い教育を受けた少数の特権者集団の支配力が、それに対抗する、初等教育の恩恵に与った大量の市民大衆の重みによって釣り合いが取れるという、民主的均衡の潜在性が感じられる。

脱工業時代の青年においては、この均衡は破られている。バカロレア以上を取得した者は四九％で、高等教育を受けた者が絶対多数すれすれになっており、中等教育や技術教育を受けた者は三八％、初等教育の段階に留まった市民は、わずか一二％にすぎない。教育を受けた大衆が上におり、単に識字化されただけの少数派が下にいる。ピラミッドは逆転し、先端を下にして立っている。もちろん、異なる世代が共存するため、モデルの単純さはかき乱されて分かりにくくなっている。しかし、若い世代は、それ自体を表わしているだけではない。同時に将来をも、つまり未来の教育階層構造の形状をも表わしているのである。これは稀なケースであるが、ここでは先取りされた将来が、逆転された教育階層構造の予感を社会全体に拡げることで、現在の上に作用していると言うことができる。

このような構造は、過去のそれと全く同様に不平等的である。ただし、不平等性のあり方が違う。単に文字を読むすべを知っていただけの市民は、受動的な受容を行なっていただけだが、それとは異なる自律的な文化的活動の能力を持つ市民の総量が目覚ましく増大している。また、初等教育の水準に留め置かれた文化的「落ちこぼれ」の薄い層が、下の欄外に作り出されている。工業時代には、社会の多数派をなす識字化された層は、高等教育を受けた者を下から見上げて、彼らの特権に異議を唱えていた。脱工業時代になると、高等教育や中等教育を受けた多数派が、初等教育の段階に留め置かれた者たちを下に見下ろすのであり、高等教育を受けた者の場合は、彼らを忘れ、中等教育を受けた者の場合は、彼らに似ることを恐れるのである。かつての異議申し立てに替わって、いまや無関心かもしくは恐怖がある。これはほぼ、有権者の総体が左から右へと傾いて行った現象の単純な説明に他ならない。

一九九五年から二〇〇五年までの間に、教育の進歩が停止したことは、住民の中にあった階層化された社会という下意識的表象を強化した。免状を持たずに学校システムを終了する若者、つまり本物の被除外者たちの比率は、一九六五年から一九九〇年までの間に三五%から一一%に低下し、次いで二〇〇五年には六%に至った。この比率の推移は五%を下限として、安定しつつあるように見える。

一方、普通バカロレアの比率の推移は、三五%を上限として停止したようである。こうした静止状態は、階層化された社会の見通しを安定的に示唆していることになる。いまやエリートだけでなく、住民全体においても潜在的な文化的悲観論が支配的となっているが、その悲観論の大部分の拠って来るところは、まさにこのような表象なのである。

風俗慣習革命

出生率と婚外出生の率という二つのパラメーターによって、一九八〇年から二〇一〇年までの風俗慣習の変化をたどることが可能になる。この両者において、変動は栄光の三〇年間の最終局面に始まり、その後の数十年間、規則的に増大して行く。

出生率の情勢指標は、一九六六年には女性一人当たり子ども二・九だったのが、一九七五年には一・九、一九九〇年には一・六へと低下したが、その後また上昇し、二〇一〇年頃には二で安定化する。女性が作る子どもの数が減ったということも多少はあるが、その主な原因は、女性が子どもを作る時期が遅くなったことである。近代的な避妊手段が開発されたことで、望ましからざる妊娠の件数が大幅に減少したのは事実だが、情勢指標の低下が華々しい様相を呈し、出産奨励主義者の間に一時パニックを引き起こすほどであったのは、とりわけ女性が母となる平均年齢が上昇したためである。実際はいかなる時点においても、子どもを作る者としての生涯の全期間にわたって女性が産む子どもの最終的な数が、二人より下に落ちたためしはない。これが、心性の変化は無秩序化ではないということの、第一の指標である。女性は単にもっと遅くに子どもを作るようになっただけであって、これは勉学期間が長くなったことに伴う変化なのである。

婚外出生――これで生まれた非嫡出子について、昔は「自然に生まれた」子どもと、洒落た呼び方をしていたようだが――で生まれた子どもの数の増加は、もっと目覚ましい。最初の兆候は、一九六五年から一九七〇年までの間に、この出生が全出生のうちの五・九％から六・八％へと増加した際に、感じ取れた。それに続いて、規則的な飛躍的上昇が起こる。それはほとんど直線的で、見たところ際限がないようだった。すなわち、一九八〇年には一一％、一九八六年には二〇％、一九九〇年には三〇％、一九九七年には四〇％、二〇〇八年には五〇％、二〇一〇年には五四％。この指標を見ると、伝統的な結婚の時代は終わったと断定することができる。フランスにおいては、多数を占める人間が結婚という法的な枠なしで出生するのであり、自然に生まれた子ども［非嫡出子］が、社会的規準となりつつあるのである。

教会にとっての終点

この風俗慣習革命の中で、教会に関して事態が好転したというのは、驚くべきことだったろう。活動的カトリック教は、早くも一九五〇年代にはその端緒を見せていたが、一九六〇年代の半ばには本格的に衰退し始める。一九五二年から一九六六年までの間、日曜礼拝への参列者の比率は、二七％から二〇％へと低下した。一九六六年から一九七二年までは二〇％に安定していたものの、恒常的ミサ参列者の率は、一九七八年には一四%、一九八七年には六%と下落し、二〇〇六年には四・五%に至る。宗教実践は高齢者の割合が多いことを考慮に入れるなら、この宗教は典礼の面ではほとんど全面的に消滅したと確認することができる。しかし教育的・政治的行動様式の構造化の主体として大量に生き残っていることを、本書では示すことになろう。

女性に自由を

出生率と婚外出生の推移は、この時代の基本的な社会学的傾向である女性解放の、人口統計の領域への反映に他ならない。二〇一一年には、二十五歳から四十九歳の男性の労働力率が九四%であるのに対して、女性のそれは八四%に達している。これは、女性が労働と同時に社会の生物学的再生産を保証していることに思いを馳せるなら、きわめて高い水準と言わねばならない。

早くも一九六〇年代の終わりには、女子はバカロレアの取得において男子を追い抜いた。二〇〇九年には、女子は普通バカロレアの五七%、技術バカロレアの五二%を取得し、職業バカロレアについては四三%を取得したに留まる。高等教育のレベルに進むと、学士号の五九%、修士号の五七%、博士号の四五%は、女性の手中に収まる。こうなると、女性は明らかにより弱き性とは言えない。しかし、女子の大幅な進出にもかかわらず、グランド・エコールにつながるかどうかにかかわらず、理工系の課程には、男子の強固な専門化傾向が残っている。特定の知的・職業的分野における男性の抵抗は、先進国全体に見られるものだが、男性と女性の間の均衡という問題を再び社会に提起することになる。ただし今度は、教育の領域における女性の優越という革命的な状況の下においてであるが。

文化的決定作用とその経済的帰結

栄光の三〇年間の工業社会は、逆説的にも安定的な世界であった。たしかに農村からの人口流出は工業に労働者を送り込み続け、サーヴィス産業部門は工業から人口を吸い取り続けた。しかし、これらの相互補完的な動きの全体的結果として、第二次産業部門は安定的な水準に維持されたのである。本来の意味での工業（建設を除いた）だけを取り上げるなら、雇用労働力人口の比率は、一九五〇年から一九六八年までの間、二五％前後を揺れ動いており、変動の幅は、プラス・マイナス〇・五％という、信じられないほどわずかなものであった。

一九五〇年から一九六五年までの間、心性もまた大筋では安定的であった。ただし、すでに見たように、一つは教育、もう一つは宗教という、二つの極めて重要な例外があった。この時期に、フランス社会の大転換の予兆を捉えることができる。歴史的シークエンスそれ自体が、文化的要素の方が経済的要素より優越することを、明らかに示してくれるのである。

というのも歴史学にとって、変数を時間の中に順序付けるというのは基本的なルーチンに他ならないが、それこそまさに、歴史学が提示する、社会学に対して技術的に優位な点なのである。社会学者は、複数の現象を関係づける共時的な交差表から出発して、まず第一に、特定の時点における職業、所得、さらに世論調査の中に表明された政治的期待、性的ないし芸術的選好といったものの間の相互作用を探究する。そこで彼らは、言わば自動的に、「おそらく因果性ではない相関性」というどこまで行っても切りのない問題に突き当ることになる。歴史学者は逆に、複数の現象を本能的に「前」か「後」に位置づける。たしかにわれわれは、若い世代の教育階層構造が、未来の不平等の形態を社会が先取りするのを可能にする、つまり、幻想として思い描かれた未来が現在の上に作用を及ぼすのを可能にするその様態について述べた。しかし一般的には、「後」のものが「前」のものの原因となることは滅多にない、ということは認めざるを得ない。それがゆえに、歴史学者のルーチンは、社会的決定のシークエンスについて単純な診断を可能にするのである。

それが該当するケースというのが、最後には一九八〇年から二〇一〇年の間にフランス社会を加速化した変化の中に引きずり込むことになった原動力が何と何なのかを特定しようとする場合なのである。国内総生産の成長率の低下、工業従事者数の減少、出生率の低下、婚外出生の増加、宗教実践の低下、教育の進歩……これらの原因はどこにあり、結果はどこにあるのか。循環的決定作用とポジティヴ・フィードバックの蓋然性が高いことを無視することはしないが、われわれとしては、大量ではないまでも有意的な最初の動きは、教育と宗教という二つの領域に起こったことを、確認せざるを得ない。

世代ごとのバカロレア取得者の比率は、一九五一年から一九六一年までの間に、五・三%から一一・二%に上昇した。日曜礼拝への参列者率は、一九五二年から一九六六年までの間に、二七%から二〇%に落ちた。出生率と結婚による出生児の比率が落ち始めるのは、その後になってからにすぎない。その頃には、教育の伸張は加速化し、カトリック教の歴史は完了しつつあった。

BTP［建設・公共事業］を除く第二次産業部門の相対的減少が始まるのは、一九六九年にすぎない。この減少は、規則的で、言わば直線的である。一九八〇年には労働力人口の三三・三％だったのが、一九九〇年には一八・五％、二〇〇一年には一五・四％、二〇一〇年には一二・一％となっている。この最後の年以降は、もしかしたら傾向の激変の時代なのかも知れない。それは、二〇〇八年に始まった経済危機への特段に無能な対処の結果として起こった崩壊を伴っているわけだが。

特に工業労働者に打撃となる失業率の劇的な増大が始まったのは、一九七五年からであり、いったん始まると、一九七四年の三・四％から一九九四年の一〇・七％へ、そして一九九七年にも再び一〇・七％へと、失業率は段階的に上昇した。その後、二〇〇一年には七・七％、次いで二〇〇八年には七・四％と、再び低下したが、二〇一二年には再び一〇％に上昇している。これは将来の新記録の口火にすぎない。

労働力人口の中に占める工場労働者の比率の低下は、第二次産業部門のそれよりも遅かった。大工業とともに消え去った工場労働者の中には、新たな種類の勤労者に取って替わられた者もいたからである。自宅勤務雇用、地理的分散、社会的アトム化［細分化］、集団意識の喪失、こういったものが、新たな労働の世界の特徴となっている。これはまさに経済的要素と心性的要素の境界線に他ならない。労働者階級の後退とは、根本的に経済的な現象なのだろうか、それとも心性の変化の結果なのだろうか。

人口統計学者の楽観論

成長率の低下の原因は教育の進歩と心性革命であるとして、この二つの現象に反動的な解釈を与えることは、それほど難しいことではないだろう。文化と娯楽の追求が経済的努力への集中を妨げることとなった、という解釈である。とはいえ、成長の減速が起こったのは、豊かさと史上未曾有の効率性という状況においてであることを、忘れてはならない。発展の緊急性はすでに過去のものとなっていたのである。

人口統計学者にとって可能な選択とは、楽観的な解釈よりほかにない。というのも、彼らにとっては、相対的に経済が停滞している時期にも、死亡率が下落しているのだから、進歩は加速化したということになる。余命というものは、科学技術的・社会的効率性の指標としては、一人当たり国内総生産よりも優れているのである。

乳児死亡率は、減少し続けている。この場合は、加速することなき着実な推移しか、想起させることがない。しかし、到達された水準はすでにひじょうに低く、そこからさらに減少することは、考えにくいほどになっている。乳児死亡率は一九五〇年以降、生存出生一〇〇〇件に対して生後一歳までの死亡一という数値をわずかに上回る限界に向けて漸近的に伸びる弧を描いているように見える。スウェーデンは一〇〇〇に対して二・一、日本は三である。フランスは、これらの必須の参照対象よりやや劣り、二〇一一年には三・四に達している。一九五〇年には、一〇〇〇に対して五二であったのだ。フランスはこの成果を、しばしば乳児死亡率の高い国から来る移民を吸収しながら、実現しているのである。その保健システムは強固だ。アメリカ合衆国は生存出生一〇〇〇件に対して一歳以前での死亡六で、これはほぼポーランドと同じ水準である。

これに対して、成人の余命は一九七四年から飛躍的に上昇した。その前進は、栄光の三〇年間では、慎ましいものであった。長期間についての検討を行なうと、経済成長の減速の時代に入って起こったプラスの急変の大きさを感じとることができる。一八〇〇年頃、六十五歳男性の余命は一〇年であった。一九七四年にはそれは一二年であったが、二〇〇〇年には一六・五年になっている。一七〇年かけて二年という遅々たる前進の後に、二五年間で四年半という急激な増加が起こったのである。

社会の無意識的楽観論

哲学者や精神分析家や倫理学者は、今日、ポストモダンの人間の心性状態を案じている。超個人主義、即時的享楽の強迫観念、行き過ぎの追求、道徳的・金銭的な変調、こうしたものが、道を踏み外した男女、方向を見失った社会を作り出す、というのだ。われわれの社会は道徳的に変調を来しているということを、統計的に検証することができるだろうか。そんなことはないということは、とりわけ容易に示すことができる。

社会学には、心性の変調を示す公認の指標がある。エミール・デュルケムの『自殺論』は、社会学が学として誕生したことを示す出生証明書だった。デュルケムはその中で、「アノミー的」な自殺を価値観と風俗慣習の変調の結果にして表現と定義した。伝統的な信仰と期待とから解放された個人は、自分の人生に何を期待したら良いのか、分からなくなってしまう。道を見失い、落胆した彼は、自殺することにもなる。一九四〇年から一九六〇年代のアメリカの社会学は、むしろ大衆社会のアトム化状態を記述するために、アノミーの概念を用いた。ディヴィッド・リースマンの例の『孤独な群集』である。(3) 孤独に耐え切れない個人というアメリカ的見方と、躁鬱病患者に近いアノミー的人間というデュルケム的表象の間には、矛盾はなく、相互補完性がある。

近年の自殺率の推移は、フランスにおいて全般化したアノミー状態が進展していることを喚起するものではない。一九五〇年代初頭から一九七〇年代初頭までの間、自殺率は住民一〇〇〇〇人に対して年間の自殺死一五件に近かった。これはまさに栄光の三〇年間の心性的安定性を示している。第一次世界大戦以前の数値二五や、両大戦間時代の数値二〇と較べてみるなら、この水準は歴史的に低いものであることが明らかになる。一九七一年から一九八五年まで、心性の激変が始まった頃になると、自殺率は初め一五・三から二二・七へと急激に上昇し、しばらくは戦前の危機的な水準を取り戻した。しかしその後かなり規則的に低下し、二〇〇九年には一六・八に戻っている。高齢者は、普通ははるかに自殺に駆られがちなのだが、この低下のお陰を大いに蒙っているのである。経済危機は自殺率の再上昇を引き起こすと、新聞は示唆しているが、本当にそうなるかどうか、間もなく分かるだろう。それ以前の数年間に減少していることを見るなら、やはり増加が自明だとは考えられない。二〇〇〇年から二〇〇六年までの期間についての近年の研究は、四十五歳から五十四歳までの層にきわめて軽

表2　年齢層別自殺率の最近の推移

	15歳から24歳	25歳から34歳	35歳から44歳	45歳から54歳	55歳から64歳	65歳から74歳	75歳から84歳
男性							
2000年	12.1	26	40.3	37.1	31.2	42.7	71.4
2006年	10	22	34.5	40.1	30.1	36.7	60.4
変動	-17.4%	-15.7%	-14.4%	**+8.0%**	-3.6%	-14.1%	-15.4%
女性							
2000年	3.6	6.9	11.8	14.8	13.8	15.2	17.2
2006年	3.2	6.4	11.0	15.1	13.6	13.9	13.4
変動	-11.7%	-8.2%	-6.7%	**+2.2%**	-0.9%	-8.4%	-22.4%

出典：Albertine Aouba 他、« La mortalisté par suicide en France en 2006 », *Études et Résultats*, n°702, septembre 2009, CépiDc /INSERM、研究・教育・評価・統計部（DREES）。

微な上昇があり、それ以上ならびにそれ以下の年齢層に低下がみられると、指摘している。今のところ、フランスにはアノミーの水準の増加に向かう基本的傾向は存在しない。当代の倫理哲学お気に入りのポストモダンの人間は、一般的類型ではないということになる。

メディアが流布する考えとは逆に、攻撃衝動の制御力は強まっており、われわれの生きる生活環境はますます平穏なものとなっていることを、認めなければならない。ノルベルト・エリアスにお馴染みの風俗慣習文明は、進歩し続けている。殺人率は、自殺率と平行して、驚異的な低下を見せた。これに関しては、マルセイユとコルス［コルシカ］は例外であるが。警察、司法、INSERM［国立衛生医学研究所］の統計を系統的に比較した結果、ローラン・ムッキエリは以下のように結論している。すなわち「三つの情報源は、全般的傾向については収斂しており、検討対象の期間において、二つの時期に分かれた変動があったことを示している。すなわち、一九七〇年から一九八四年までは全体的上昇、次いで一九八五年から今日までは、全体的低下である」[4]。一例を挙げるなら、警察と憲兵隊が確認した殺人件数は、二〇〇二年の一一一九から、二〇〇九年には六八二となっている[5]。

危機は存在する。そして実際、最も近年の局面の中には、教育における根深い不快感、工業生産の低下、新たな労働への苦痛、全般化した失業への恐怖、所得の低下への諦念といったものを観察することができる。社会の悲観的な自覚は、現実から遊離しているわけではない。しかし、さきほど自殺について行なったように、経済と世論調査の平面を離れて、いくつかの客観的な人口統計データの方に近付いてみるなら、しばしばもう一つ別のフランスが姿を現わすのだ。そのフランスは、意識的なレベルでは悲観的に見えるけれども、無意識的行動においては楽観的なのである。

自殺率は、現在に対するかかわり方を定義する。現在が受入れ可能なものと受け止められているか、それとも悲劇的なものと受け止められているか、の度合が判明するわけだ。出生率は、フランス人の将来に対するかかわり方をわれわれの目に明らかにしてくれる。子どもを持ちたいと願うことは、少なくとも向こう二〇年間、己を拘束することであり、新たに出現する生に意味があるという賭をすることでもある。とはいえ人口統計学者は、必ずしも常に、再生産のありようを描き出す指標の形而上学的な重みを実感するわけではない。特に、女性が完璧に確実な避妊手段を手に入れている社会においては、そうである。その場合には、出生率情勢指標と最終的出生児数とは、単に、生を与えるか否かという個人的選択の集合の量を示すものということになる。

フランスの出生率は、スウェーデンやイギリスと同様に、女性当たり子ども二で、相対的に高く、住民が実存的懐疑に思い悩んでいるなどと、いささかも想起させるものではない。ドイツ、日本、イタリア、スペインの女性当たり子ども一・四という数値は、これら四カ国が、今日、経済的モデルとしてのステータスを持つか、経済的反面モデルとしてのステータスを持つかにかかわりなく、これらについて実存的懐疑の問題を提起するよう促している。

フランスの出生率に、さらに平均的レベルの移民流入が加わったことも加味して、その最も直接的な結果は何かと言えば、それは心性の変動の局面の最中に、大量の人口増があったということに他ならない。一九八一年から二〇一一年までの間に、フランスの人口は五五〇〇万人から六五〇〇万人に増えた。三〇年で一〇〇〇万人という増加は、ドイツ（三〇〇〇万人）、イタリア（四〇〇〇万人）、さらにはイギリス（六〇〇〇万人）に較べても、明らかに多い。最近三〇年の文化的大転換と最近一〇年間の経済的困難の深刻化も、調和的と形容してもバカげているとは言えない人口の発展を妨げることはなかったのである。

新たな都市文化か？

この人口の増大は、都市の拡大をもたらした。都市の拡大というのは、経済の概念で扱うべきなのか人類学の概念で扱うべきなのかいずれとも決めがたい、時代の焦点をなす現象に他ならない。商業なり工業なりの発達は、都市なしには考えられない。しかし都市はまた、村落と同様に、それ自体の家族システム、宗教実践、教育水準、政治的伝統を有する全体的な生活の場でもある。

　面積と人口の両面にわたる都市の成長は、栄光の三〇年間を現実に力動的にした要素であり、教育のテイクオフと宗教実践の消滅との開始と不可分に結び付いている。一九六〇年から一九七四年までの間に、全人口に占める都市人口の割合は、六二%から七三%へと増加した。一九七四年から二〇一二年までの間にも都市の前進は続いたが、そのテンポは鈍化し、二〇一二年の都市人口は七八%に達したに留まる。

　都市は、依然として流入者（大抵は若者たち）を受入れ、他の者（大抵は老人たち）が出て行くのを見送り続けているが、昔の村落と同様に一つの中心を持った一塊の、それ自体で充足した世界となっている。ただし、環状構造という特徴的な構造を持っている点が村落と異なる。ある程度の規模を超えると、歴史的都心部、大きなマンションと個人の家屋が混在する、都心のすぐ外の郊外部、次いで新興住宅街が散漫な街区となって田園地帯に拡散して行く周辺部[*4]という、三層の環状構造を帯びるのである。

　近代性は、今でもやはり、古きフランスの村と集落の思い出によって説明されるのであるが、それはその記憶が都市に浸透したということの当然の帰結であって、われわれとしては、その規模の大小にかかわらず、都市圏というものの中に、それを取り囲む地域の家族的・宗教的価値観を探し当てることができると期待する必要がある。とはいえやはり、とてつもなく膨張したこれらの都市が、年々歳々、それを取り囲む農村的環境の記憶とは関係のない独自の記憶を構築しつつ、今ではそれ自体、独自の感受性や思い出を持った、特有の人類学的土壌を作り出すようになっているのではないかと、自問してみることも必要である。この自問への答えは、全体としては「ノン」でしかありえないだろう。二〇一三年においても、人類学的過去は相変わらず現在していることが確認されるのだから。そう考えなければ、都市人口が八〇％近くに達している現在、昔の価値観が根強く存続していることは考えられないこととなってしまう。しかし、都市の特殊性というものは、たとえ二次的なものであったとしても、やはり把握しなければならない。都市地域は、いまやまことに広大で、しかも他とは差異化されているから、文化的、人口統計学的、経済的、政治的なその内部的構造化は、主要な問題系となっている。われわれの地図作成法によって、県の内部、都市の内部を、しかも大きな人類学的地域の恒常性を見失うことなく、眺めることが可能になるのである。

2　より精密にしてより総合的な地図作成法

本書中で最も頻繁に用いられる統計地図は、段階的に色調が変わることによって、地理的・行政的空間の中における相対的な数量を表象するものである。この方式は、早くも一九二六年にシャルル・デュパンが空想している。彼の『民衆教育具象地図』では、子どもの就学率の低い県ほど色が濃くなっている。それは、サン・マロ〔ブルターニュ〕からジュネーヴの線でフランスを分けて、北のフランスと南ないし西のフランスの間の発展の格差を浮き彫りにしていた。この最初の成果は、教育のテイクオフの研究に充てられる第2章に見る通り、今日なお不可欠な出発点となっているのである。当時、農村からの人口流出は最終段階に達しつつあった。それぞれの県に特有の文化が農村部と県庁所在地を結びつけているという原則は、その妥当性を失っていなかった。それは、マルセイユ、リヨン、トゥールーズ、ボルドー、ストラスブール、ナント、レンヌといった、県の枠を越えた地域圏的な大都市の中もしくは周辺も含めて、言えることである。パリ都市圏は、その規模のお陰で、県や地域圏の媒介なしに、直接的に姿を現わしていた。それは、パリ市そのものとそれを取り巻く第一ならびに第二環状都市圏[*5]を併せると、複数の県に及んでいるからである。ある意味では、複数の地域的文化の融合の場でもある首都は、本質的には、その人類学的母体たるパリ盆地の、自由主義的にして平等主義的な家族的価値観と宗教色の薄い気質とを、依然として特徴としていた。

多数の県単位の地図が効果的に記述している現象はいくつもある――われわれもそれを利用するつもりだ――が、都市圏の中心部と、都市周辺部と、その両者の中間地帯である本来の意味での郊外において起こる現象の間の重要な相互作用は、県単位の地図では、把握し切れないのではないだろうか。都市中心部には、上級管理職、教育水準がきわめて高いが貧困化の道をたどっている若者、近年到来した移民が集中している。周辺部には、いまだに大量の工場労働者や事務・商店労働者が拡散して居住している。

新たな地図作成法は、県の枠の内部に潜り込み、県境を越えて、より精緻に現象の空間内での分布を見て取ることを可能にする。それでいて、地図がより複雑で読み取りが困難だと目に映ることはない。

統計データは、フランス本国の九六の県単位ではなく、三六五七〇の市町村単位で集められた。[*6]しかし地図に映し出す際は、「市町村ごと」に投影したわけではなく、「凹凸をならす」形で投影してある。つまり、各市町村は、距離を考慮に入れた加重法に従って、隣り合った市町村だけでなく、近くの市町村の数値も踏まえた数値を付与されるわけである。各市町村の人口を、その行政上の区域の範囲内に正確に収めるのではなく、ちょうど砂を特定の場所にこぼした時に、砂は裾野の広がる山の形になって周りに広がるが、その広がり方を真似て表わすのである。この作業をすべての市町村について反復する、というよりは、正確に言えば、コンピュータがわれわれに代ってそれを行なうわけだが、これによって砂の山が重なり合うことになる。この作業は、求められる率のうちの分子のほう（例えば、バカロレア取得者の数）と分母のほう（当該年齢集団に属する個人の総数）とで、別々に実行された。すべての砂の山が積み重ねられた時に、それぞれの場所についての分子の砂の量と分母の砂の量が分かるわけである。このふたつの量を分けることによって、各地点ごとに求める率が得られることになる。作業は、可動平均によって曲線をならす作業と類似のものである。(6)

大都市圏は、いくつかの空間によって表象されて、目に見えるようになる。それらの空間は正確に人口に比例するわけではないが、それによって、それぞれ都市中心部と周辺部における教育、人口、職業、政治の効果がいかなるものか標定することが可能になる。

都市の空間的重みを示しつつ、それが現実の空間を完全に変形してしまわないようにする、というのであるから、この方法が一つの妥協であることを、読者には念頭に置いておいてもらいたい。最も重要な例を挙げることにしよう。言うまでもなく、パリ都市圏の例である。それはその特殊性からして、教育水準や、移民流入や、二〇〇五年のヨーロッパ憲法条約への賛否や、フランソワ・オランドなり国民戦線への投票についての地図上で、北フランスの中心部に、それを取り囲む周辺部ないし農村部とは対立的に、巨大な星の形をして姿を見せることだろう。それははっきりと目に見えるだろうが、そのマッスは、その人口の総量とは比例していない。もし人口量に比例したものとなったら、その地域的空間を押し潰してしまうことになろう。パリ盆地というのは、セーヌ川流域と、歴史的に結合して来たその直接の周縁をなす諸県――イル・ド・フランス、オート・ノルマンディ、ピカルディ、シャンパーニュ・アルデンヌの諸地域圏に、われわれとしては、イヨンヌ、ロワレ、ロワール・エ・シェール、ウール・エ・ロワール、コート・ドール、ムーズの諸県を加えるものとする――からなるものだが、そのパリ盆地の中で、パリ都市圏は人口の六〇％を凝縮している。いまやパリ都市圏だけで、パリ盆地の住民と文化の過半数を代表していることになる。実際の規模の通りの表象では、例えば、ピカルディとシャンパーニュの地域的特殊性が目に見えなくなってしまうだろう。これらの地域圏の行動様式は、共通の人類学的・宗教的システムの内側にいながら、しばしばパリの行動とは対立するのである。

この方法で得られた地図のおかげで、フランス社会の大転換は、前工業社会の人類学的・宗教的空間の残像現象によって誘導されたものか、それとも脱工業時代の新たな都市システムによって誘導されたものなのかを、直接かつ同時に、目で見ることができるようになる。この方法は、これら二つの決定作用を、先入見なしに視覚的競合状態に置くことになる。例を挙げるなら、六十五歳以上の個人の割合を示す地図を見ると、赤で塗られた広大な南西部が、プロヴァンスとブルゴーニュにまでその拡大を押し進め、他には内ブルターニュとコタンタン〔ノルマンディ半島〕の付け根とに赤色の孤島地帯が二つあるのみであるが、これは「昔の人類学的」形態とその決定作用の原型を呈示しているわけである（**地図0－1**）。この地図に見える老化現象の本質的な原因を説明するのは、複合家族[*7]諸地域の出生率の低さに他ならない。しかしこの現象は、定年後にパリ地域圏や北東部から地中海と大西洋の海岸部へと移転する者の流入によって、さらに増強されている。逆に二十歳から二十四歳の者の比率の地図（**地図0－2**）は、北部に多く、南には拡散した中心がいくつかあるという地方的効果を窺わせるのはもちろんだが、とりわけ青い地の上に赤い点が浮ぶ、都市システムの点在を浮き彫りにする。大学と新たな第三次産業部門の雇用に誘引されて集まる若者は、今日、都市の基本的な成分となっている。**地図0－3**は、フランスの総人口を考慮に入れつつ、フランスの全体的都市システムを図式化して示した地図であるが、これと二十歳から二十四歳の者の地図を綿密に比較してみると、若者地図からほとんど姿を消している都市があることが、暴露される。ニース、トゥーロン、ペルピニャン、アヴィニョン、サン・ナゼール、ル・アーヴル、カレ、アヌシイ、ミュルーズであるが、これらは労働者と退職者の都市であり、昔ながらの重要な大学によって人口動態が活性化されることがない。

都市システムの地図に現れた決定作用の力は、強い。とはいえ当面は、政治的均衡の定義について

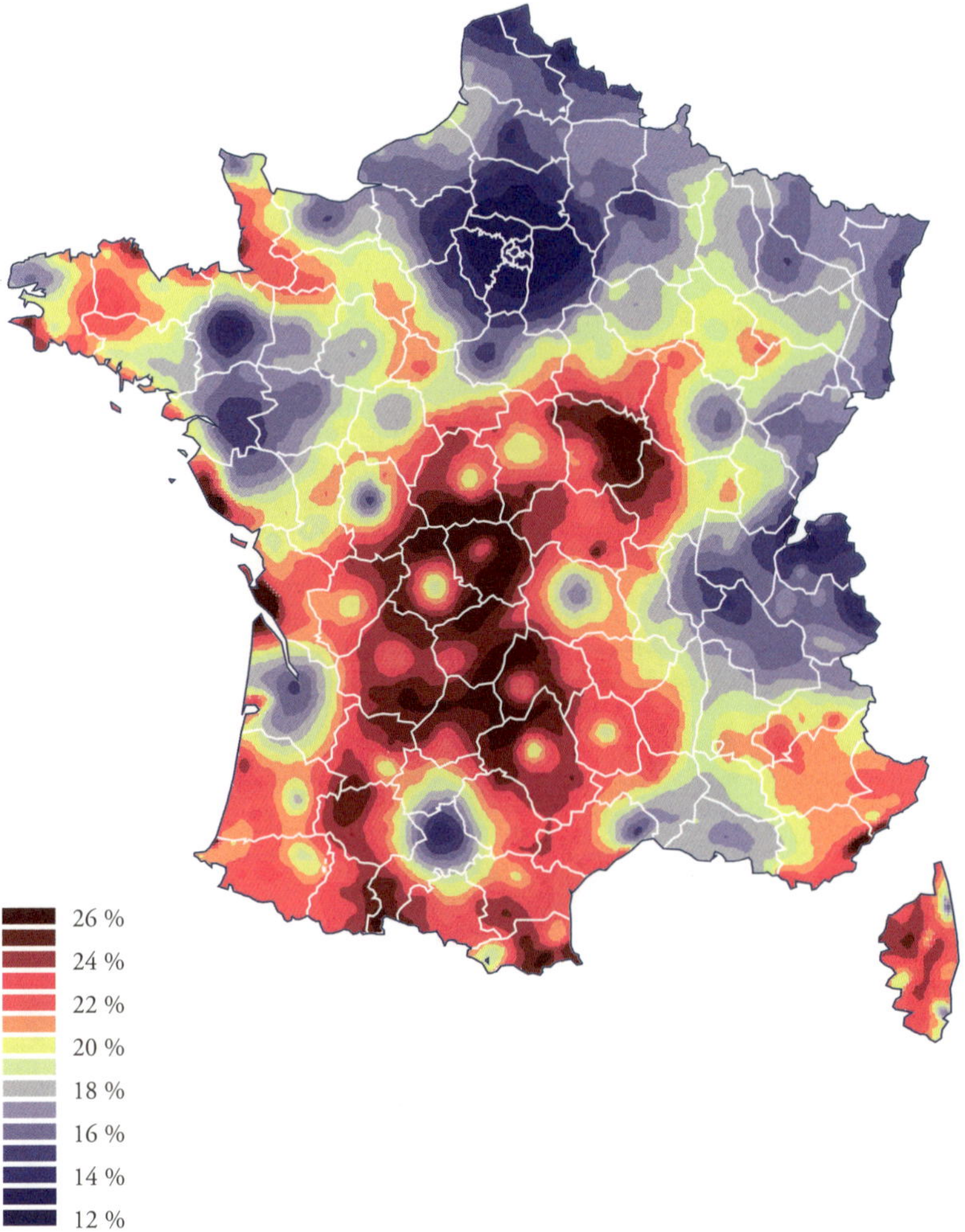

地図0-1　高齢者

2008年における65歳以上の者のパーセンテージ

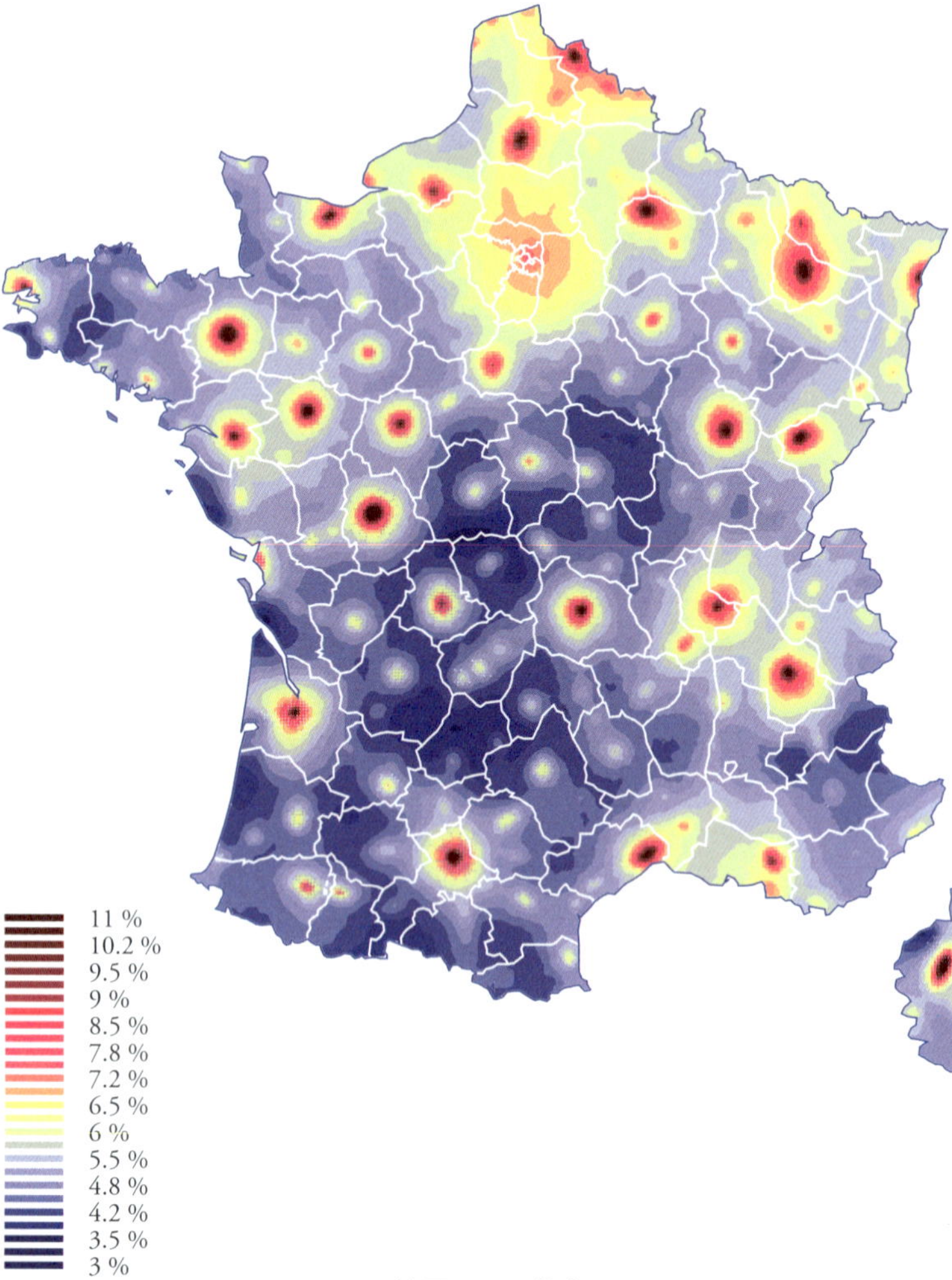

地図0-2　若者

（2008年における20歳から24歳の）若者のパーセンテージ

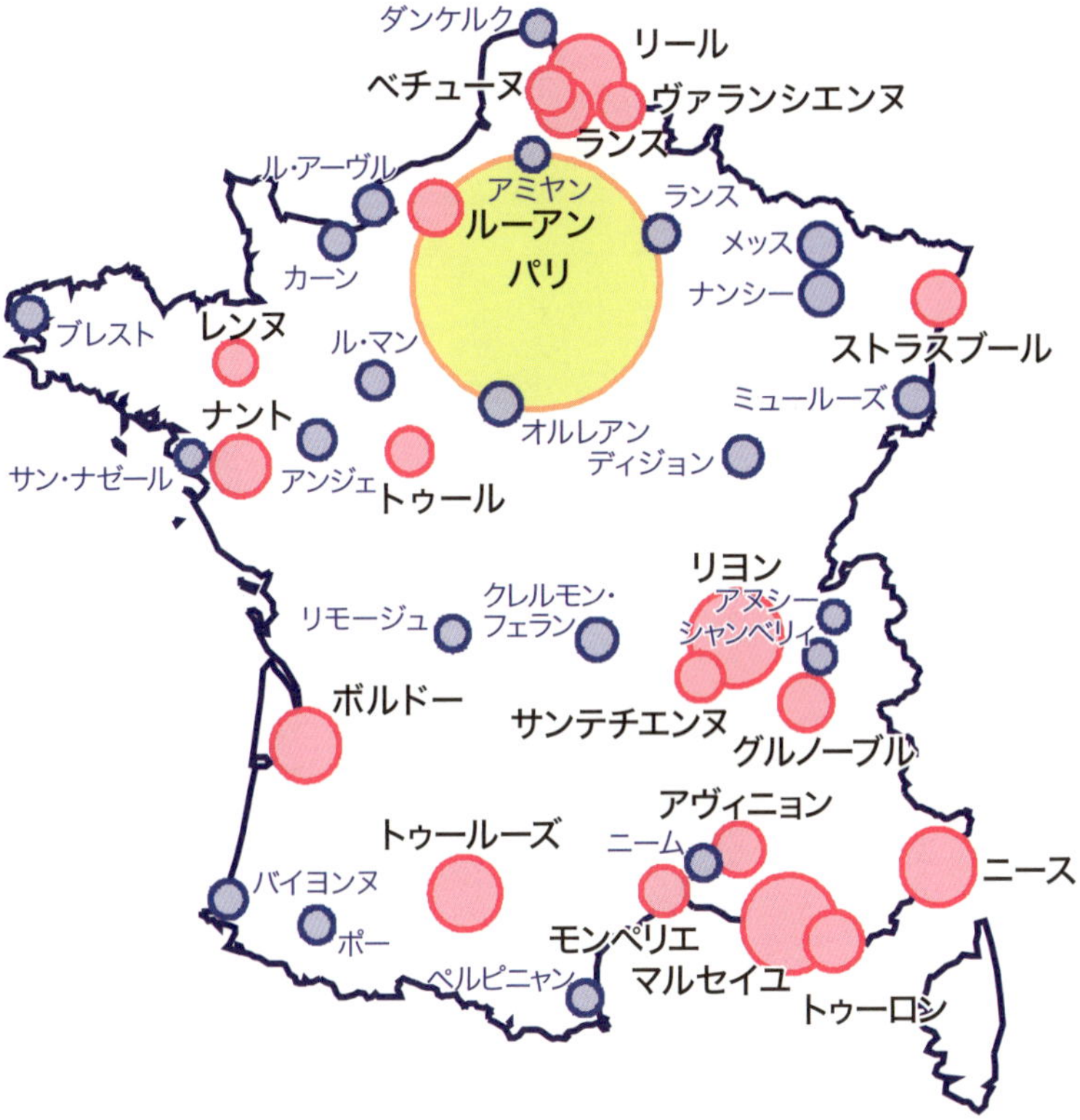

地図0−3　大都市圏

パリは黄色、人口30万以上はピンク、15万から30万は青。円の大きさは人口に比例する。

は、伝統的な地域の人類学的・宗教的な記憶のほうが勝っている。

われわれの地図作成法を用いるなら、大きな人類学的地域と点在する都市の分布という二つのタイプの形態を、効果的に対比することが可能になる。現象と現象の間の構造的合致を特定することにつながるのである。しかし他にも効用はある。それぞれの変数について、等高線を確定するがゆえに、社会現象の伝播の波というものを直接感じ取ることも可能にしてくれるのである。

最後にわれわれとしては、フランス社会の活力の研究の前奏《プレリュード》たるこの序論の中で、三つの地図を提示するものである。それは、一九八二年から一九九〇年、一九九〇年から一九九九年、一九九九年から二〇〇八年の最近のそれぞれほぼ一〇年間における人口の成長を示す地図である（**地図0－4、0－5、0－6**）。それらを検討するなら、パリ地域が一九八二年から一九九〇年までの間にきわめて強大化し、その触手をロワール川の軸に沿って西へと伸ばしているその動きを、知覚することができる。とはいえそれに続く二〇年間には、パリの活力は、大西洋沿岸地域、東部国境地帯、南フランス全体という三つの地域によって吸い取られたように見える。これら三つの地域には、本書の中で何度も触れることになろう。

人口の増加の地図のうち一つ目と二つ目においては、都市圏がその中心部から同心円上に拡大して行くさまが見える。しかし最近の一九九九年から二〇〇八年の期間では、都市も農村地帯も一様に人口が増加している。これを見ると、農村部が有力となる力関係の逆転が起こったのかと考えてしまうかも知れないが、この動きはそんなものを表わしているのではなく、都市の最終的勝利を表わしてい

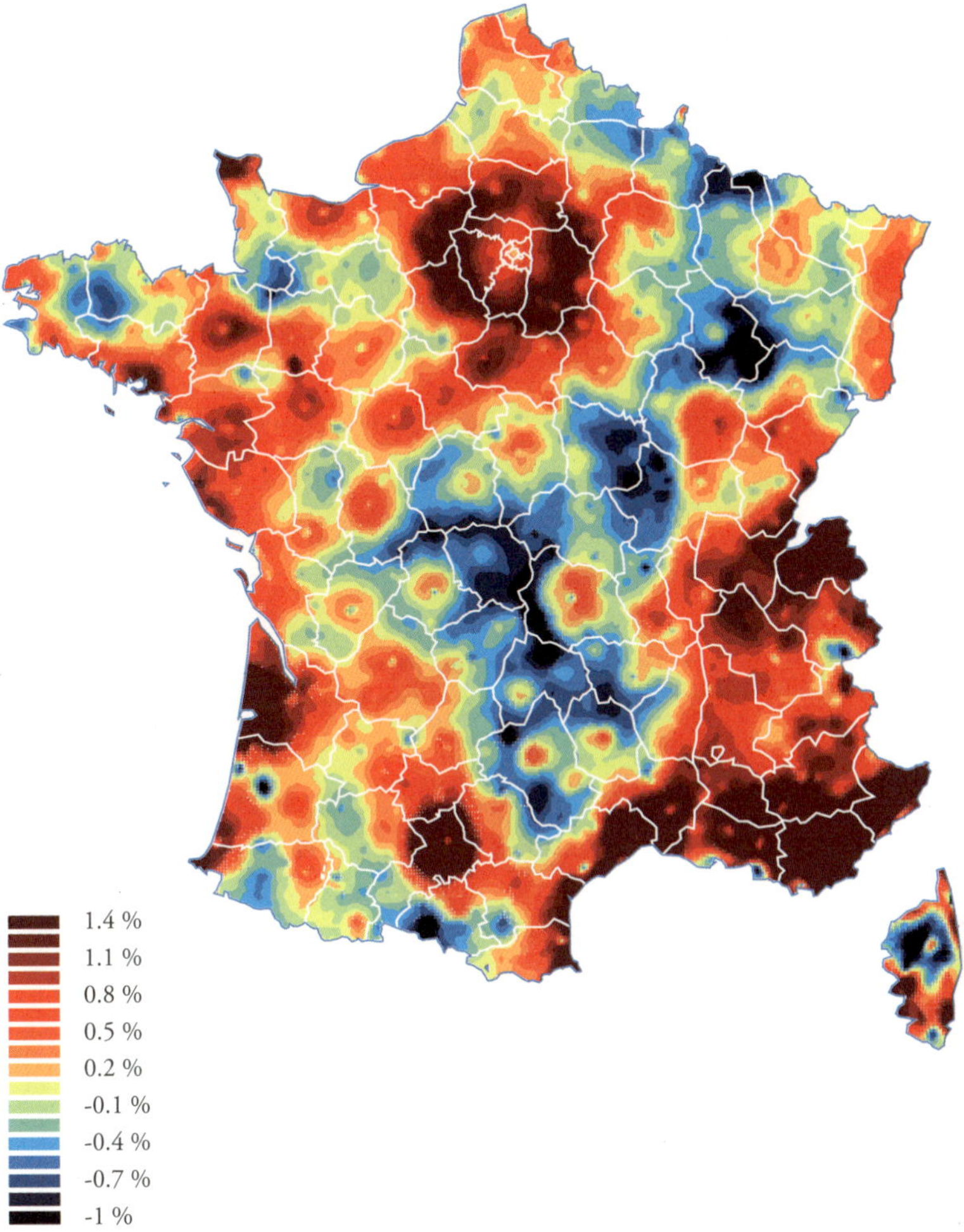

地図0−4　1982年から1990年までの人口増加

年成長率

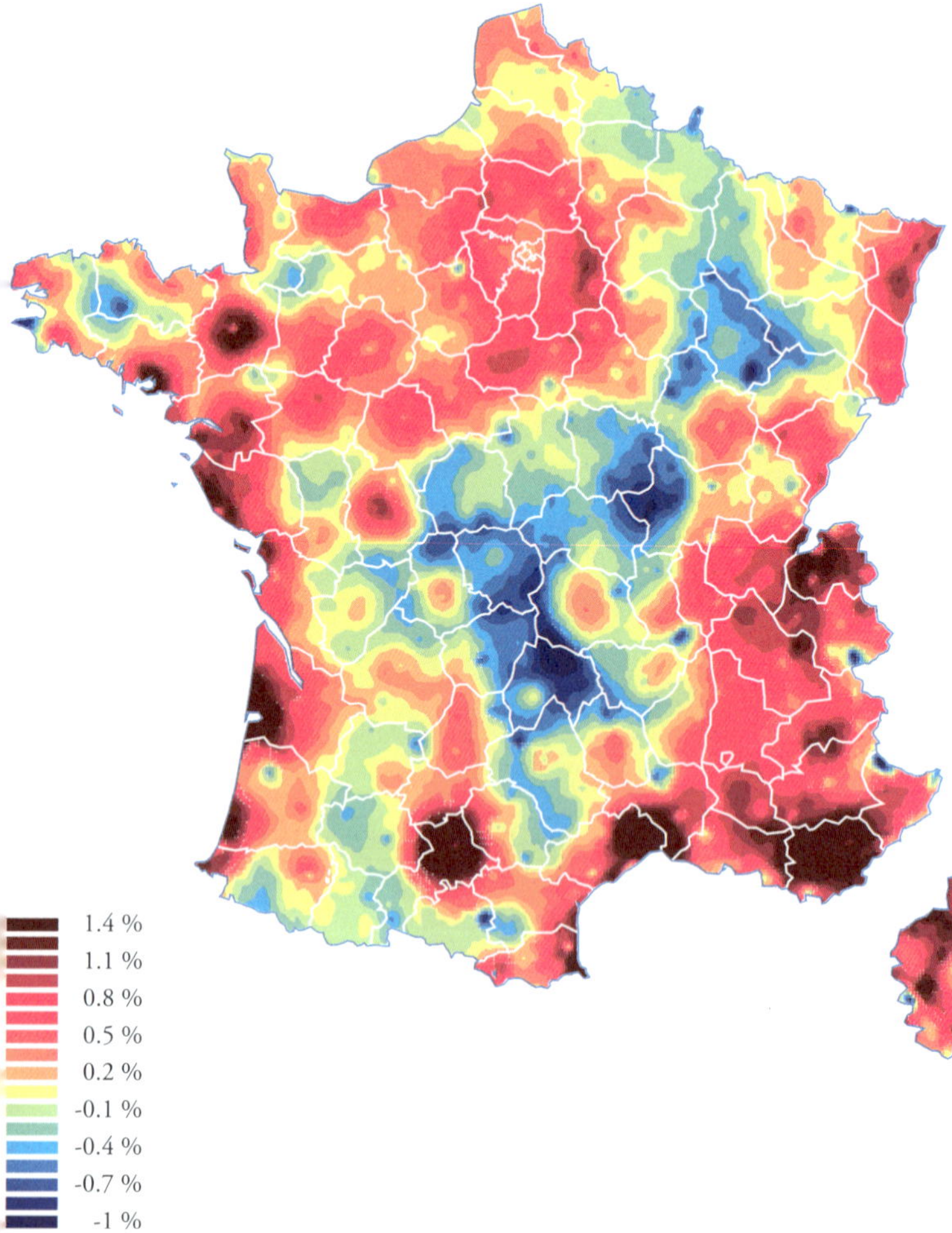

地図0−5　1990年から1999年までの人口増加

年成長率

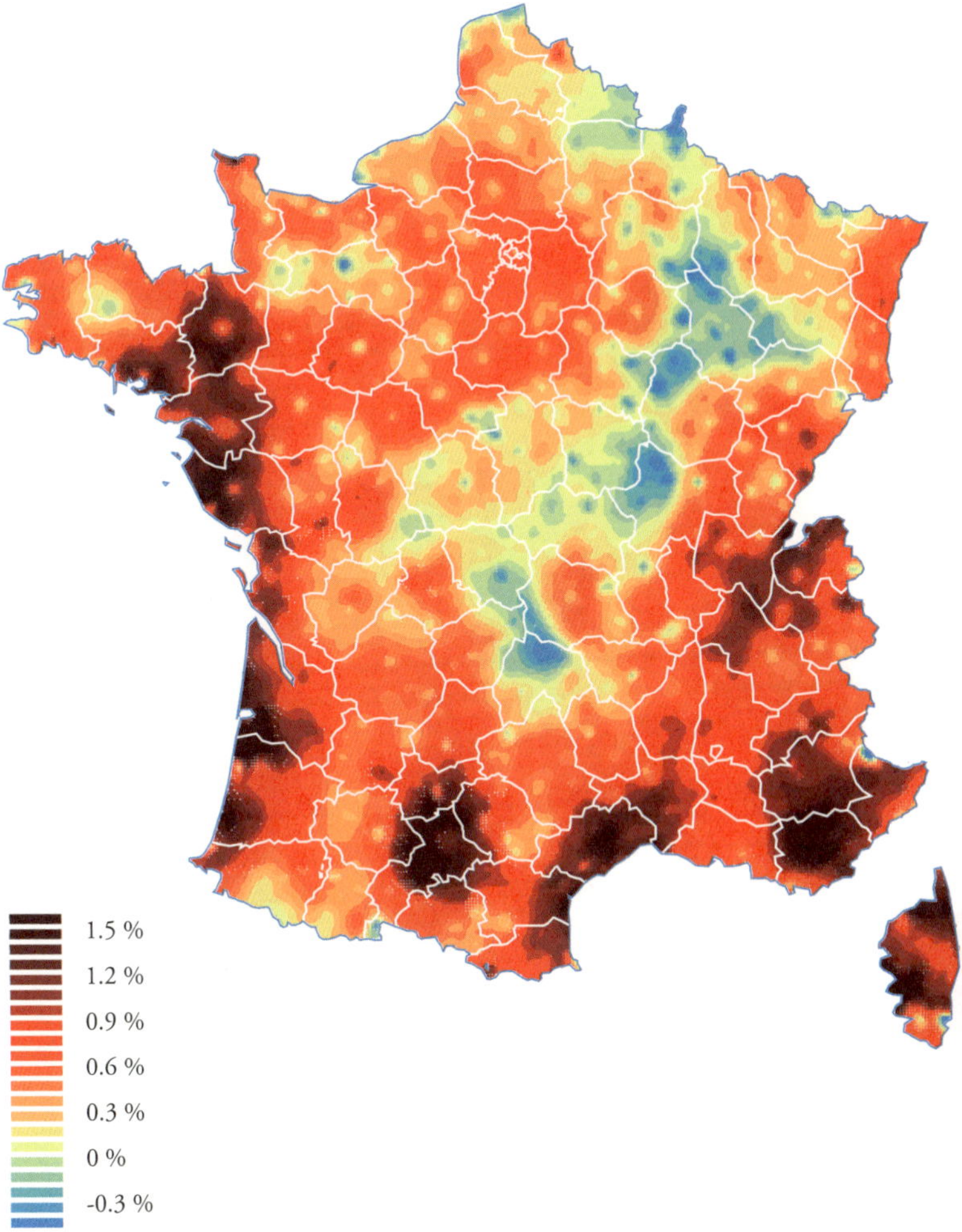

地図0－6　1999年から2008年までのフランスの人口の増加

年成長率

るのである。各地方の生活様式は、伝達・交通《コミュニケーション》の容易さによって統一された。今やだれもが、商業センターで買い物をし、シネマコンプレックスで映画を観、自宅から遠く離れた場所で労働しレジャーを楽しむことができる。この新たな社会空間の中では、都市の支配力は圧倒的なものとなる。というのも、移動の容易さによって、資産と所得に応じた居住場所の精密な選定が可能になるからである。いささか独特なタイプの遠心装置である都市は、あらゆる種類の弱いものをすべて中心部から遠くへとはじき飛ばす。外見的には同質化されている人口の成長がこのような現在の段階に達して初めて、都市の中心部と周辺部の対照が最も強烈になるのであり、その対照が最も鮮明にわれわれの地図の上に顕現するのである。とはいえ地域内の内的構造化の中で、地域ごとの人類学的決定作用が消滅してしまうことはない。それは今や都市的様相が拡大して出来上がった総体によって担われているのである。

一九八〇年から二〇一〇年までの間、近代性の主たるパラメーターがどのように空間の中に展開しているかを理解するためには、われわれとしては、次の第1章において、数世紀以前からフランスという空間の中に分布している人類学的・宗教的基底を記述しなければならない。

第1章

人類学的・宗教的基底

本書第2章以降には、バカロレアの取得、就学上の諸困難、出生率、社会・職業カテゴリー、豊かさの度合、社会党なりUMP[*1]〔民衆運動連合〕なり国民戦線の得票、といったものを示す地図が登場し、さまざまの模様を描き出すことになるが、とはいえそれらの模様の多様性は無限であるわけではない。都市システムは、それらの地図の上に姿を現わしているが、それが地図の模様の形を決める主役となることは、滅多にないだろう。より広大でより拡散した空間の形を描き出す典型的な模様がいくつかあるが、それらはフランスの工業化以前の過去に由来するものであり、それらによってわれわれは、新たな近代性が空間の中にこのような形で広がっているのはどうしてなのかを、理解することができるのである。

これらの地図の中には、核世帯もしくは複合世帯という、世帯形態の分布地図や、集村的もしくは散村的という、昔からの居住環境[*2]の分布地図のように、フランスの人類学的諸要素の複雑に入り組んだ分布を捉えているものもある。また、十八世紀半ばに確立した、宗教をめぐる断層を示すものもある。それは、カトリック教から離脱した地域と、司祭たちへの忠誠を守り続けた地域とを対置する断層であり、フランスが教会の長女であると同時に、また教会の最大の好敵手となったのは、その対立から生まれた二元性のせいである。メディアは毎日毎日、イスラム教徒とキリスト教徒の対立をわれわれに押し付けようとしているが、それよりはこの分断の方が、今日においてより重要なのである。

人類学的システムの分布地図と宗教の分布地図とは、互いに競合的な関係にありながら、相互補完的でもあるのだが、やがて本章の終わりに至って組み合わされ、フランス文化の核心に他ならない平等主義的個人主義に対する、フランスの各地域の当初の関係を定義することになるはずである。

基本的二極対立　核家族と複合家族

国勢調査は、最も近年のものでも相変わらず、核家族のフランスと複合家族のフランスの対立を記録し続けている。もちろん今や世帯は、全国至るところで、圧倒的多数が単純世帯になっており、夫婦とその子どもたちより多くの成員を含むことは滅多にない。それに新型の個人主義の公式の指標の一つとして、たった一人の人間からなる世帯の数の増加が挙げられる。そうした単身世帯のすべてが必ずしも独り住まいの寡婦を意味するわけではない。とはいえ、これらの世帯は単純明快に新型の徹底した個人主義を表現しているのだと見なすのは、行き過ぎであろう。新型の個人は、社会保障に加入し、定年退職制度に組み込まれて、いまだかつてこれほどまで拡大し強力であったためしのない国家の加護のおかげで生存している。世帯が一様に核世帯となった、もしくはポスト核世帯〔単身世帯〕にさえなったということが、家族的相互行動の消滅を意味するかと言うと、それは全く確かではない。家族的相互行動は、いまや同居関係ではなく近隣関係を通して表現されるのである。

とはいえ、国勢調査の中にいまでも現れる同居というものを綿密に分析すると、非常に昔の分布地図の永続性が見られることになる。ＩＮＳＥＥ〔国立統計経済研究所〕の定義によると、家族とは、子どもがいるいないにかかわらず一組の夫婦もしくは大人一人と、その子どもたち、ということになるが、一九九九年に、そのような家族を複数含む世帯の比率は、〇・五七％にすぎなかった（**地図1－1**）。

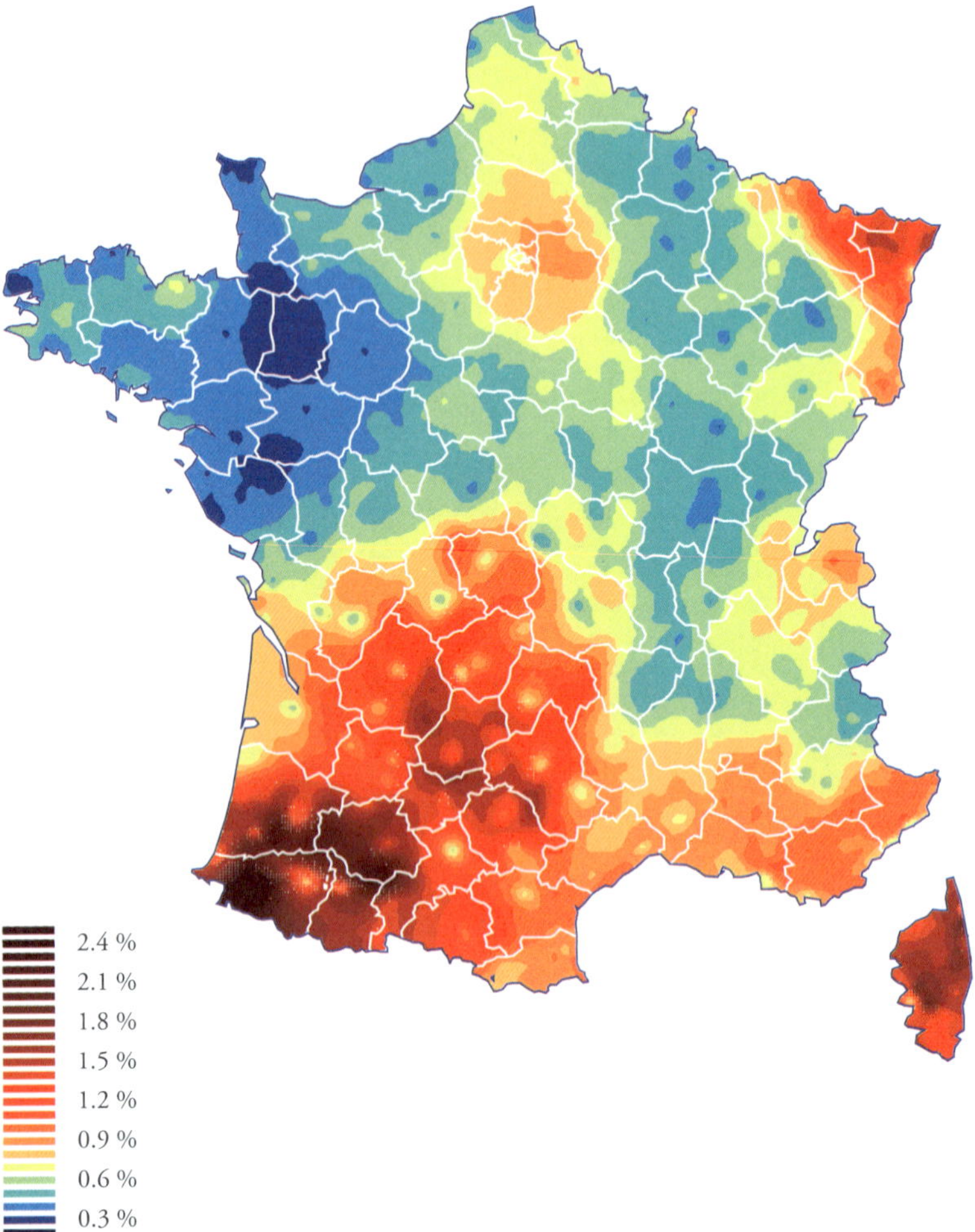

地図1−1　複合家族1

子供のあるなしにかかわらず一組の夫婦を含む世帯の総数のうち、子供のあるなしにかかわらず二組以上の夫婦を含む世帯のパーセンテージ（1999年の国勢調査）

このような残留性の複合世帯のフランス本国内での分布の様子を見てみると、オクシタニイ[*3]［オック語地方］とアルザス・ロレーヌが、赤、オレンジ、黄色で浮かび上がってくる。これは、複数の世代が一軒の農家なり小屋なりの中に一緒に住む、一子相続システムである直系家族の二大地域に他ならない。サヴォワも姿を見せるが、その地の直系家族は、南西部の中の最南部の家族のような明確な直系型の特徴を示さない。ディオニジ・アルベラの研究は、フランス・アルプス地方の直系家族は、発生が遅く、不完全であることを証明した。この地では、長子相続権が発達したものの、兄弟を同等とみなすローマ的父系親族原則が、それによって完全に駆逐されることは決してなかったということである。[1]

地中海沿岸部にも家族的複合性が姿を見せているが、これは直系家族が原因となるものではない。最も海に近い小郡［郡と市町村の中間］には、父親と息子たちを結合させるローマ的父系親族原則が残っていて、これが平等主義的色合い《ニュアンス》を含んでいたが、結局は若い夫婦が夫の両親と一時的に同居する風が少数派的に存在する、というだけの結果に終ったものである。[2]

パリ地方に家族の複合性を示すオレンジ色の大きな円が見られるが、これは過去の痕跡ではない。住居問題の困難を抱えているため、若い夫婦の独立という社会的規範を実行する力のない家族が存在することを示しているのである。

注意深く検討するなら、西部内陸部に超核家族地帯と呼ぶことのできる地帯の存在が、青色で浮びあがるのが目につく。マイエンヌ、マンシュ、イル・エ・ヴィレーヌ、メーヌ・エ・ロワール、ロワール・アトランティック、サルト、ヴァンデの諸県では、複合世帯の比率は、〇・一%に落ちる。この数値は、核家族への選好という以上に、複数世代の同居に対する紛れもない嫌悪症を表現している。要するに、少なくとも二つの型の核家族〔平等主義核家族と超核家族〕がフランス本国の北部を占めていることになる。ただし、中間的な型が複数存在し、それがフランスの国土の柔軟性を形作っていることも、忘れてはならない。

もう一つの現在の分布図は、統計的には残留性のより少ない高齢者の居住様式を示すものだが、これを用いれば、さらに精緻な分析を行ない、過去の同居のきわめて目に付きにくい形態にたどりつくことができる。それは特に、ノール・パ・ド・カレ地域圏と西ブルターニュに見られる（**地図1－2**）。この地図に見る通り、年齢八十歳以上で、少なくとも配偶者以外の者一人と同居している人間の比率は、おおむね**地図1－1**を再現しており、オクシタニィとアルザス・ロレーヌの家族的複合性がそのまま現れているが、ただし、地中海岸でもヴァール県とニースでは、それが弱まっている。西部内陸部の超核家族システムは、ここにも姿を見せている。同居率は、マイエンヌ県では〇%をわずかに上回るだけで、一方ピレネ・アトランティック県では二〇%近くに達するのであるから、ここでは地域間に実質的な格差が存在するわけである。ピレネ・アトランティック県では、バスクもしくはベアルヌの原型的な直系家族が、どう見てもなかなか成仏しそうにない。

また高齢者の居住様式の地図〔**地図1－2**〕では、**地図1－1**とは逆に、パリ盆地のすぐ北とフィニステール県に、黄色やオレンジ色の斑点が浮びあがっている。それはフランス最北部とブルターニュ

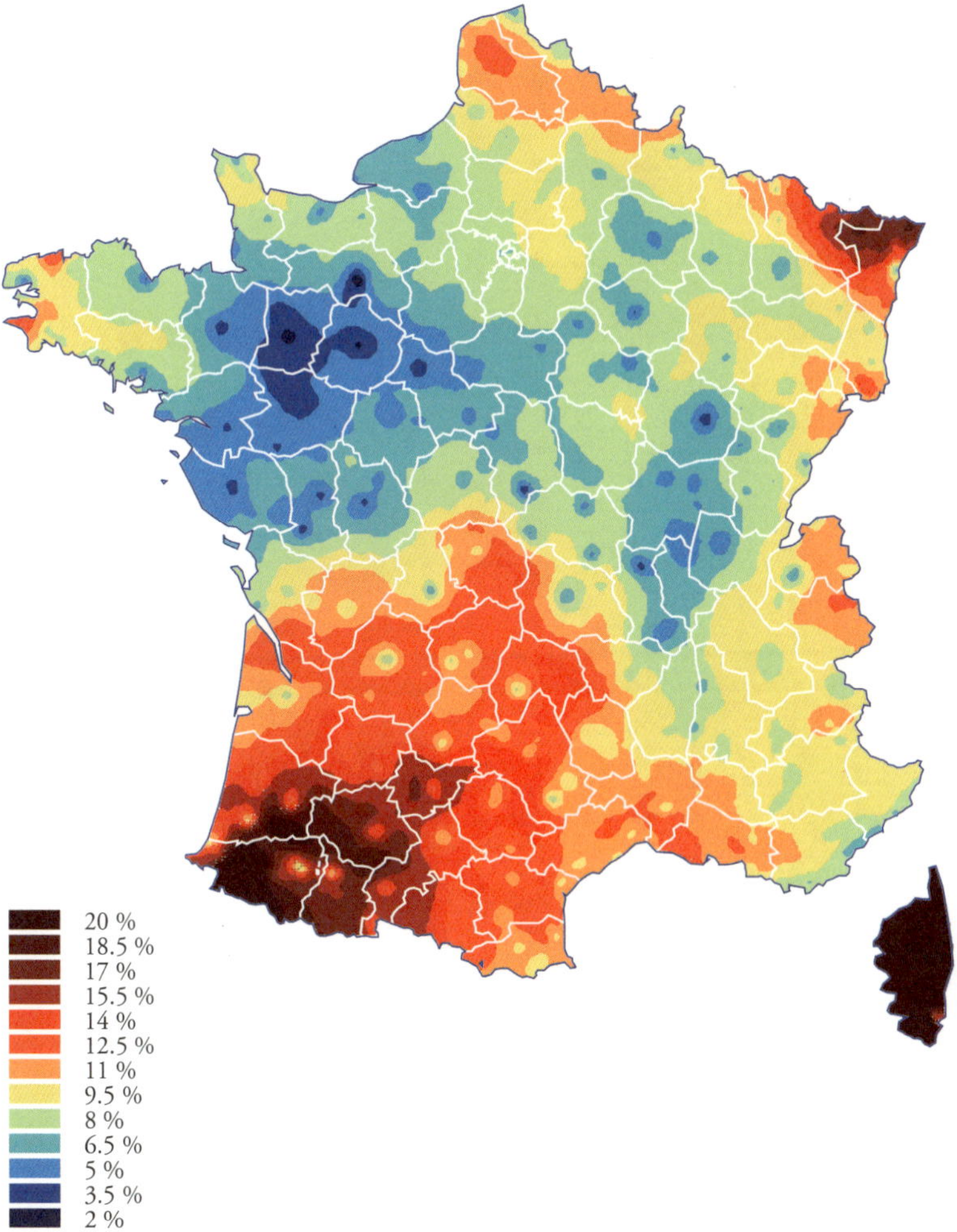

地図1-2　複合家族2

80歳以上で、少なくとも一人の配偶者以外の者と同居している者の比率（1999年の国勢調査）

の特殊モデルに対応している。

家族システムとは何か？　村、小集落、そして平等性

われわれはだれもみな、一つの家族の出身者であり、家族システムとは、時間の中における世代の継続を保証する継承様式である、と考えている。家族とはまさにそれである。しかしまた、別のものでもある。家族はそれだけでは再生産されることはない。子どものための配偶者を、己自身の外で見つけなければならない。これは、人類学者によって内婚制[*4]として記述されるシステムも含めて、言えることである。アラブ・ペルシャ圏や南インドでも、慣習はそれが好ましいと謳っているにもかかわらず、配偶者の多数派は、本いとこではない。したがって家族システムとは、現実には、一定の土地の上で配偶者を交換する複数の家族の総体、ということになる。時間との関係もさることながら、空間の中に刻み込まれているという側面も同じく重要なのである。遺産相続規則が平等的か、不平等的か、もしくは遺言が自由になされるか、成人世代の同居は選好されるか拒否されるか、という、家族システムの作動を誘導する規則は、その土地の価値観を表現しているのであり、個々の家族の価値観を表現しているわけではない。もっとも、遺産相続慣習や居住様式の分布図を作成することができる理由は、まさにそれに他ならない。また、集合して村をなしている［集村］か、小集落に分散している［散村］か、という風に分類することになる居住環境の型が、複雑に家族モデルに結び付いている理由も、またそれなのである。フレデリック・ル・プレイ[*5]は、核家族、集村、土地が三本の「輪作地」

に分かれて、その上で耕作と休耕が交替で行なわれて行くシステム〔三圃制〕、そして遺産相続慣習の平等主義というものが、シャンパーニュ（ならびに北東部全域）において、一つの包括的システムを構成していたことを、以下のように実感させてくれる。

「シャンパーニュの村は、通常は、八〇〇から一〇〇〇ヘクタールの帰属農地の真ん中に建てられている。帰属農地は、絶えず分割し直されて、数千の区画に分かれている。〔…〕この畑地の不安定性は、株価の不安定性に喩えることができる。一歩村を出ると、広大な平原が広がるのみで、目に止まるものと言っては、立ち木一本も、生け垣一つも、その他どんな仕切りもありはしないが、この平原の単調さの理由は、こうした畑地の不安定性で説明がつくのである。〔…〕一つの家族の成員たちは、いささかも連帯精神によって結び付いていない。各人勝手に自分の財産を増やそうとし、時に相争う。どこでもそうだが、ここでも両親は子どもたちの幸せのために尽くすが、見返りを得ることは滅多にない。結婚の不毛さ、遺産への貪欲さ、相続者間の敵対関係、こういったものがこのような社会形態の特徴である。こうした条件の下で、息子と娘婿とは、しばしば年老いた両親を軽蔑し、身ぐるみ剥いで、虐待することになりがちである(3)」。

集村的居住環境は、世帯の核的形態は個人の孤立を意味するわけではないということを意味する。家族の中での個人の自由は、稠密な地元共同体の内部で表現されるのである(4)。

家族と居住環境を包含する「人類学的システム」の仮説を立てるなら、フランス本国の場合、過去の家族に関心を抱く者にとって最も困難な問題の一つに他ならない、公式の遺産相続規則の実際の作動の問題は解決される。アレクサンドル・ド・ブラントやジャン・イヴェールが記述しているような平等主義的分割の慣習が存在するからといって、それが実際に適用されていたことが保証されるわけではない[5]。すでに十七世紀には、パリ盆地の農民は最もマニアックな平等主義的な考え方を実際に実践して、そんなことを要求する法的な条項は一つもなかったのに、家具までも分割するということをやっていたことを示してくれる見事な研究がいくつもある[6]。しかしわれわれはまた、西部では民法典は平等性を規定しているのに、多くの示談に余地を残していたことも承知している。規則と実践との間の一致と不一致の全般的な調査はまだなされていない。集村と実際の平等性の間に字義通りの照応があるとは確証できないまでも、居住環境の集村性は、遺産相続慣習が存在する場合には、それの実際の履行を保証するということは可能である。

一八七六年におけるフランスの住民集団を、その居住環境が散村的か集村的かで分類した地図は、現状では残念ながら、市町村レベルで精密に表示することが不可能なため、まことに単純なものになってしまった。集村的居住環境の地帯は、二つ浮びあがって来る。ル・アーヴルからブルガンブレスまでの線の右側となる、フランスの北部と東部、そしてペルピニャンとニースの間の地中海沿岸部である。これ以外には、ドルドーニュ県とオート・ピレネ県に、小さな不規則な例外があるだけである（**地図1-3**）。

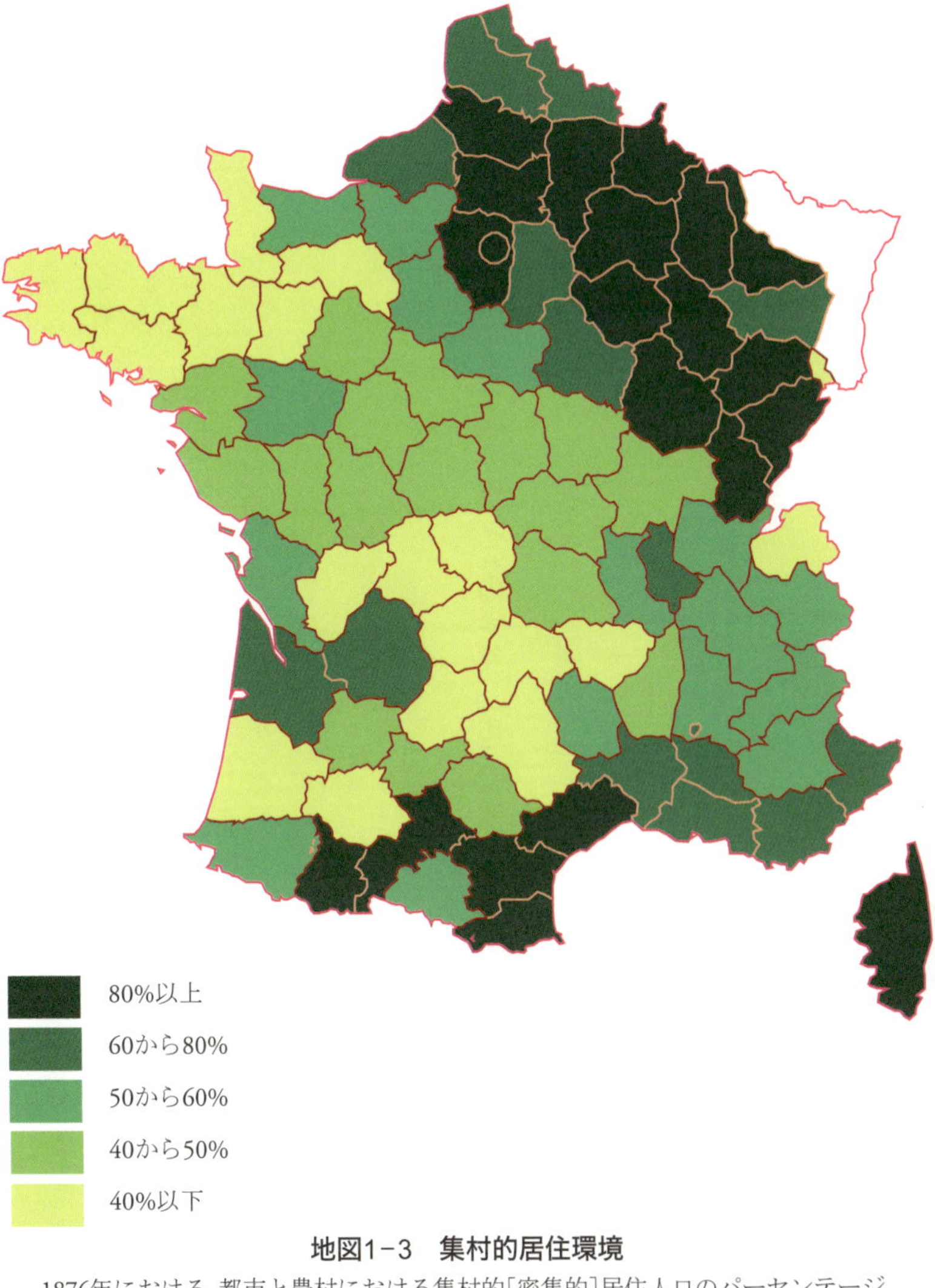

地図1-3　集村的居住環境

1876年における、都市と農村における集村的[密集的]居住人口のパーセンテージ

この二つの例外を別とすれば、集村的居住環境の地帯とは、実質的には遺産相続慣習が平等主義的な地域ということになる。パリ盆地の北部と東部では、村と核家族と平等の合致は完璧である。地中海岸部では、村と平等が、先に言及した不完全な核家族システムと組み合わさっている。このシステムは、父親と息子たちの近隣居住が存続しており、さまざまな柔軟な組み合せを見せる、というものだが、コルス〔コルシカ〕がこの方式の極端な形態を提示している。パリ盆地北東部と地中海沿岸部は、フランス平等主義の二つの大きな極とすることができよう。

南東部には、序列制の極と、直系家族と散村的居住環境の一大地域が一貫して見いだされる。オクシタニィでは、この地帯は東へと広がり、中央山塊では弱まりつつアルプスに至る。

いくつもの例外からなるフランスの半分　フランスの家族システムの複雑な分布

いまや人類学的深層においても内部で矛盾対立するフランスというものを、われわれは突き止めた。この構成それだけでも、矛盾対立に満ちた歴史を作り出すに十分だった。しかし、移民流入のこのご時世にやたらと数が増えている、フランスの同質性を愛する人々にとっては、最悪の事態はまだまだこれからである。平等主義的個人主義の極と階層序列の極は、二つ合わせて、フランスの国土のほぼ半分を占めていた。それ以外の地域は、それ以外のいくつかのシステムに占められていたわけだが、それらのシステムとは、平等か不平等、自由か権威という諸価値を異なる仕方で組み合わせるか、あっけらかんとそんなものなしで済ませ、中間的な形態を実践するものであった。地中海沿岸部の父方居住核家族は、複数世代の不完全ないし一時的な同居を実践しているので、実はこれも［核家族ではなく］そのような中間的システムの一つに他ならない。

アルザス・ロレーヌ

ただちにアルザス・ロレーヌのケースにけりをつけよう。そこでは、村は集村で、遺産相続規則は、ライン川流域のブドウ栽培地帯に典型的な平等主義的規則であるが、これは久しい以前から埋もれていたローマ帝国の遺産と考えられる。表面的な外見を一皮剥くと、支配的な慣行は、階層序列的で、本質的にゲルマン的な、直系家族の慣行であり、南西部の直系家族慣行よりさらに柔軟性を欠くものとなっている。アルザス・ロレーヌはひじょうに工業的な地域であるのに、例外的に複数世代の同居が目につくのである（**地図1-1と1-2**）。

ノール・パ・ド・カレ地域圏

八十歳以上の者の同居の地図を見ると、フランスの北端部に複合家族の痕跡が明瞭に現れる（**地図1-2**）。昔の資料は、ベルギーを中心とする一帯に、若い夫婦が、完全に独立するまでの間、しばらく両親と同居することを許す中間的な家族システムが存在したことを明らかに示している。子どもの一人が年老いた親を引き取るというのも、フランス最北部モデルの特徴であって、この方式は、一般的にパリ盆地北東部では排除されている。十九世紀には、鉱山の生活がこうした世代間連帯を確証し、強化さえしたということも、あり得ない話ではない[7]。アルザスと同様に、ノール・パ・ド・カレ地域圏では、集村が厳密に平等主義的な遺産相続規則に対応したということはあり得ない。しかしライン川流域で観察できたところとは逆に、ここの複数世代の柔軟な一時的同居システムには、家族関係のいかなる権威主義も随伴していなかった。

西部内陸部

地図1－1と1－2は、フランスの西部内陸部に、きわめて狭小な家族形態と散村的居住様式が組み合わさった地域があることを浮き彫りにする。われわれは『フランスの創建』の中で、すでにこの超核家族的西部内陸部というものを突き止めていたが、この家族型の境界は、完全に安定的であるようには見えないことを、ここで指摘しておかなければならない。より昔の資料は、ヴァンデ県を含めていなかったらしい。超核家族地帯は、今日、南と東の方、ドゥー・セーヴル県とアンドル・エ・ロワール県の方へと前進しているように見える。その中核部においては、家族に関する個人主義と実際の遺産相続慣行に関する不確実性とが組み合わさっている。この地帯の南の境は、〔フランス革命の際の〕反革命蜂起の中心地であったヴァンデ県、北の境は、トックヴィルの故郷、マンシュ県である。トックヴィルは、その『回想録』の中で、一八四八年のヴァアローニュ郡の付和雷同的な保守的票決を皮肉たっぷりに描写している。

ブルターニュの半島部

ブルターニュのブルトン語圏[*6]は、分散的小集落の国だが、ここにはより複合的な家族構造の痕跡が見られる。柔軟な家族内協力、平等か不平等かが決らない価値観に関する不確実さ、地域内での極端な多様性──要するにこれは、十九世紀において急速な進化のただ中にあったシステムもしくは複数のシステムの総体なのだ。この点は、『フランスの創建』の中ですでに指摘したところである。ブルターニュ半島の核心部、コート・ダルモール県の西部とフィニステール県の内陸部に、複数の夫婦の同居を許容し、しかも妻の側での同居を好ましいとする、フランスでは唯一無比のシステムが存在することを、エリック・ル・パンヴァンは突き止めている。(8) この柔軟で妻方居住の共同体主義の地帯には、ブルターニュの共産主義の地図の上で再会することになるだろう。

部分的には消滅している共同体家族地帯──中央山塊の北西の縁

ドルドーニュ県からクルーズ県に至る一帯では、直系家族といくつかの共同体的家族型が地盤を分け合っていた。後者には、複数の既婚の兄弟の同居を許容するものや、これより頻度は少し落ちるが、既婚の兄もしくは弟と既婚の姉もしくは妹の同居を許容するものがある。(9) これらの共同体的家族型が占める地域は、中央山塊に沿って北東方向に伸び、アンドル、シェール、アリエの諸県を通って、ニエーヴル県に至るまで続いていた。パリ盆地に近付くにつれて、これらの共同体的家族形態は、平等主義核家族型と共存していた。外見上の遺産相続規則は、北(ニエーヴル、アリエ、シェール、アンドルの諸県）では平等主義的であり、南（特にリムーザン）では不平等主義的であった。近年のデータによる**地図1－1と1－2**を見ると、この地帯の北部はパリ盆地の平等主義核家族に合流し、南部はオクシタニィの複合家族に合流したことが窺える。とはいえ、小集落に分散する居住環境は、この一帯で一様であるところから、この地帯は一体性を保っていると言うことができる。ただし平等もしくは不平等に対する関係が不安定的であることは、疑いを容れない。この地の農村共産主義[*7]の投票行動は、二〇〇七年にはフランス共産党の地盤の最も麗しい残滓となって現れている（**地図1－9**を見よ）。それこそ、人類学的残像現象の見事な例にほかならない。その細長く伸びた不規則な形からして、また外見上の遺産相続規則の二元性からしても、この孤立した共同体家族地帯は、オクシタニィと北フランスを結ぶ接合点を思わせずにはいない。

ロワール川とジロンド川の間――不確定な地域

フランスの国土の中の不協和的家族形態の一覧表の仕上げとして、ロワール川と大西洋と中央山塊の間に位置する、中間的にして不分明な地域を取り上げよう。県で言えば、ヴァンデ、ドゥー・セーヴル、ヴィエンヌ、シャラント、シャラント・マリチーム、ジロンドの諸県からなる地域であり、オクシタニィの西の縁ということになる。世帯は時に複合的で、居住環境は散村で、遺産相続規則はしばしば平等主義的と記述されるが、実際は不確定である。ヴィエンヌ県とドゥー・セーヴル県の家族システムの多様性は、その十八世紀における様相が、アラン・ガベによってきわめて綿密に把握されている。[10] 全く同様に不分明なヴァンデ県のケースについては、ダニエル・ノーとベルナデット・ビュシェの研究を参照すると良い[11]。

したがってフランスの人類学的システムは、以下の三つの複合性の組み合せであることが明らかになる。

平等主義的個人主義と階層序列性の対立という両極性、これを地理的な用語で言うなら、広大なパリ盆地と、トゥールーズを中心とするオクシタニィ［オック語地方］の対立ということになるが、このオクシタニィは、アルプスまで延びている。また、昔はドイツ語地帯であったアルザスとロレーヌをそれに連合させることもできよう。

いくつかの周縁的な孤立地帯の散在。以下のような孤立地帯は、それぞれが典型的であるが、自由と平等の組み合せと権威と不平等の組み合せとの間の対立に対しては不協和的である。すなわち、西部内陸部の非平等主義的個人主義、ブルトン語圏ブルターニュと中央山塊の北東の縁の共同体型の微妙な色合い、ノール・パ・ド・カレ地域圏と地中海沿岸部の、核家族モデルに複合性を加味する、一時的かつ柔軟な同居、特にこの後者では、父方居住への傾きが顕著である。

ヴァンデ県からジロンド県に至る不確定な接合地帯。もう一つ別の微妙な差異を加重するなら、ローヌ・アルプ地域圏と中央山塊中心部とを、もう一つ別の接合地帯とみなすこともできただろう。これは直系家族と不完全な核家族型との中間である。

今のところは、フランスという国は、両極対立的であると同時に細かな部分に分かれており、ところどころに接合地帯があって、それで全体が一つに保たれている、ということだけを頭に入れておこう。

ここでわれわれとしては、各地域の人類学的基底の精密で最終的な記述を提示しようとするものではなく、一九八〇年から二〇一〇年までの近代性の地理的展開を理解する助けになるような、昔からの諸価値と風俗慣習の地図を手に入れることが、肝心なのである。

地図1－4は、以上の簡略的記述の総合を提示するものである。

不分明な地帯を考慮に入れず、支配的な地域的価値を喚起するだけに留めるなら、フランスの家族システムの分布は、以下の五つの地帯に単純化することができる。

1．広大なパリ盆地の平等主義的個人主義。ロワール・エ・シェール県とアンドル・エ・ロワール県がこの地帯に属すかどうかは、特に一九七六年における居住環境によると、不確定ということになる。しかしわれわれとしては、境界に位置する二つの県について地図を複雑化することは好まなかった。

2．階層序列と家族内協同。これは南西部とアルザス・ロレーヌで強固であり、アルプス方面に向かうと、より拡散的である。

3．西部内陸部の家族内純粋個人主義。

4．多様な家族内協同的色合い。これは最北部、ブルターニュ半島部、中央山塊の北東の縁、そし

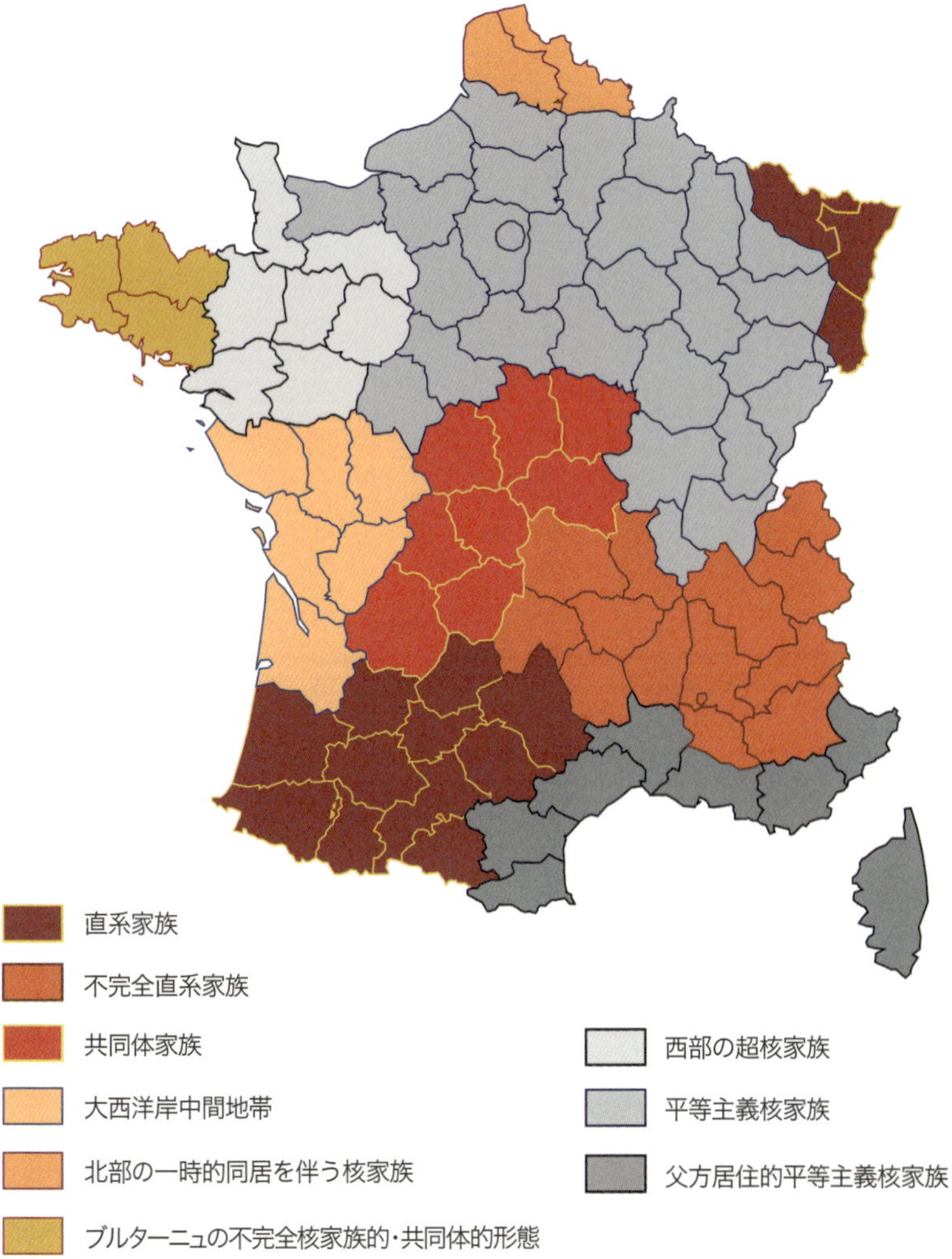
直系家族
不完全直系家族
共同体家族
大西洋岸中間地帯
北部の一時的同居を伴う核家族
ブルターニュの不完全核家族的・共同体的形態
西部の超核家族
平等主義核家族
父方居住的平等主義核家族

地図1-4　家族構造—総合

て西部ではロワール川の南に見られる。

5. 地中海沿岸部とコルスの強固な平等主義を伴う家族内協同的色合い。

以上の簡略化した記述は、家族内協同というものを枢要な変数として用いている。しかしその強さはフランスにおいては、ロシア、中国、アラブの共同体家族の家族内協同の域に達することは決してない。しかし家族というアングルから見てばかりいて、例えば小集落同士の交換の慣習のような、非家族内的な地域内協同様式の存在を忘れることがあってはならない。西部内陸部の家族内純粋個人主義は、散村的居住環境の中で行なわれる。この居住環境は、強固な地域的相互行動を想定させるものである。つまりその人類学的システムは、家族内個人主義と地域的協同を組み合わせているわけである。

一七九一年から一九六五年までの、フランス本国の宗教的分裂

フランスの宗教的分裂は、「人類学的多様性に比べて」より単純である。基本的にフランスを二つの部分に分けるこの分裂は、多数の人類学的システムを、まるで意図的に二つの総体、二つの対立する勢力に編成しているとさえ見えるのである。その二つのものの全般的な連結が一つのシステムをなしているように見える。カトリック教の極は各地に散在して存在するが、それは教会の柱を思わせ、脱キリスト教化されたフランス中央部は「教会の」内陣を思わせ、そしてその全体は、イデオロギー的であると同時に宗教的な、調和のとれた建造物を思わせるのである。とはいえ家族型と宗教の選択との

照応は、複雑であり、とりわけ不完全である。

フレデリック・ル・プレイは、家族類型の研究と分類の技法の発明者であったが、それだけに留まらず、独断的な反動思想家でもあり、実質上、階層序列の理念の担い手である直系家族への恋に落ちるや、直系家族こそあらゆる道徳的・宗教的美徳の源泉だと見なすに至った。彼に言わせれば、核家族は悪魔であり、フランス大革命の平等主義的個人主義の根源であった。ル・プレイ的先入観に従うなら、人類学的システムと形而上学的信仰に共通の価値はこういうものだと、あっという間に断定するところに行き着くだろう。両極という言い方で考えるなら、この両者の合致はどちらかと言えば明確に検証されるだろう。平等主義核家族地帯であるシャンパーニュは、実際、早くから脱キリスト教化され、共和派となったし、直系家族地帯のバスク地方とアルザスの方は、つい最近までカトリック教会の支柱だった。しかしながら、一七九一年から一九六五年までのフランス本土の各地域のカトリック教の勢力の細密な地図を作成するなら、状況はもっと複雑であることが明らかになる。それは、深層に隠れた人類学的構造とは関係のない伝播現象にも大いに影響された結果としての分布図が姿を現わすからである。交通路と思想の流通が、信仰と不信仰の地理的分布に、大幅に貢献したわけである。

『宗教実践地図』は、フランスの三五〇〇〇の農村部小郡[*8]の大部分について、一九六〇年から一九六五年頃に日曜礼拝に規則的に参列する個人のパーセンテージを示してくれる（**地図1－5**）[(12)]。それで見ると、フランスの国土の脱キリスト教化は、エーヌ県からジロンド県とランド県まで広がる横長のパリ盆地と、地中海沿岸部の主要な部分において完全である。ブルターニュ半島の内陸部の小さな極が

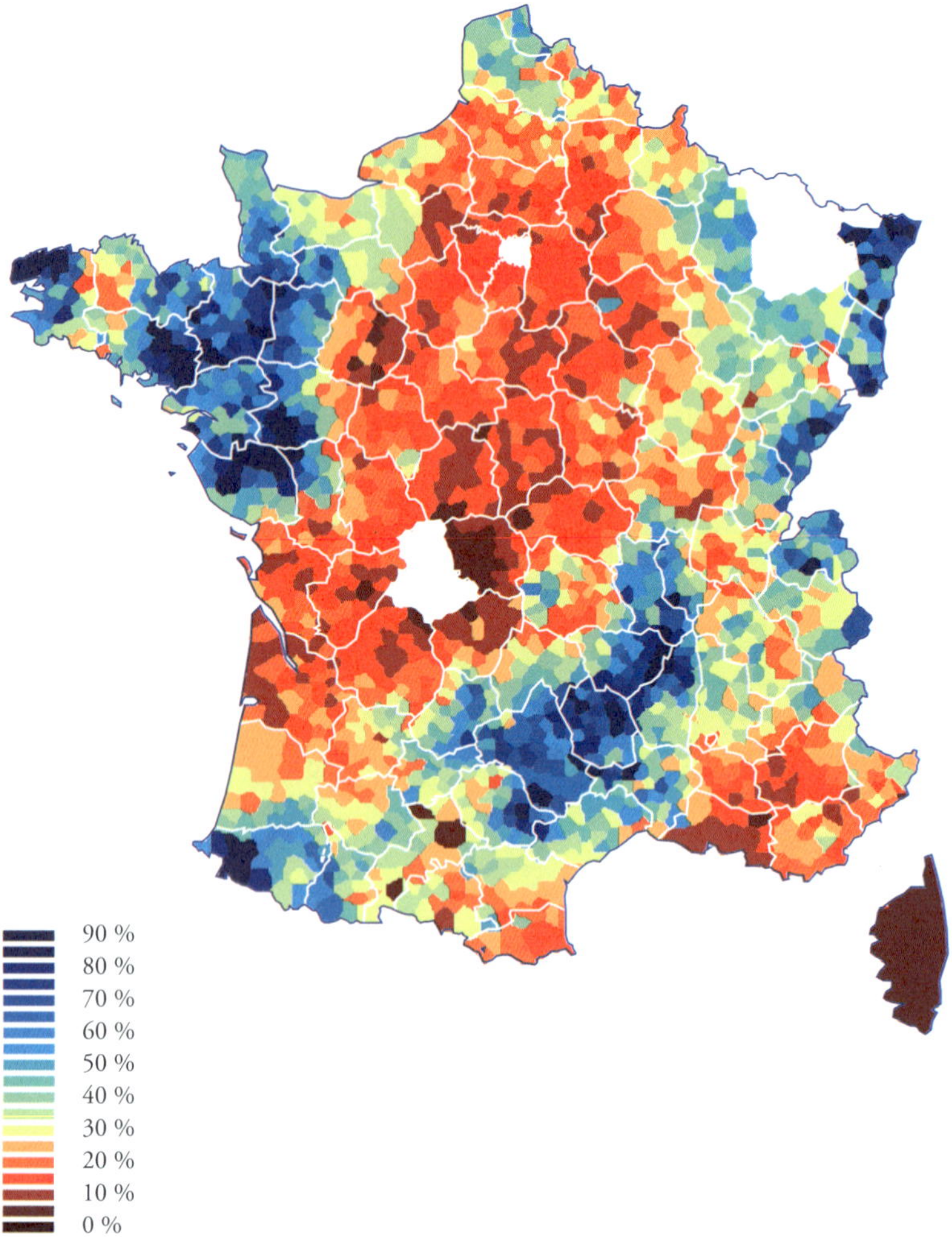

地図1－5　1960年代初頭の宗教実践

1960年から1965年までの間に規則的に日曜礼拝に参列した大人のパーセンテージ（白色はデータなし）

一つ、この巨大な総体に付け加わる。すなわち、コート・ダルモール県西部とフィニステール県内陸部の孤立した脱キリスト教化地域であるが、これは、先に言及した、母方居住の共同体家族地帯と合致する。要するに宗教実践の分布図は、パリの平等主義的個人主義と地中海沿岸部の平等主義的父方居住という二つの人類学的な極の脱キリスト教化に、ここにおいてやはり、驚くべき構造的合致という要素を付け加えるということになる。

しかしこうした補足的要素があるからと言って、地理的伝播のメカニズムの力を忘れてはならない。その結果、強力な宗教実践の地帯は、あちこちに飛び飛びに存在する砦となってしまったのである。それらの砦は、西部、最北部、東部のアルザス・ロレーヌ、フランシュ・コンテ、ローヌ・アルプ地域圏の一部、中央山塊の東の縁、ピレネ山地西部に分散する周縁部の孤立地帯のネットワークを形作っている。キリスト教に対する不信仰というものが、パリとプロヴァンスの平等主義の極から出発して、伝播によって前進して行ったことは、一目で見て取れる。この分布地図の上に、やがて国道となり、さらにハイウェイ6号、7号、10号となる交通路を嗅ぎ付けることができる。カトリック教が、山の中や林の奥といった、フランス本国のあちこちの片隅に分散している様は、言語学者や人類学者ならだれでも、革新の中心から最も遠隔の地域に昔の古い形態が残存している様を思わずにはいられない、そうした周縁的分布[*9]の一つに他ならない。

この地図は分布を示すものであり、と言うことは動きを示すものであるわけだが、これと内容の同じものがすでに一七九一年にあるということこそ、この件の根本的逆説である。この年、フランスの国内全域で司祭は、聖職者市民法[*10]を受入れるか拒否するかの選択を迫られたのであるが、これによって、当時の宗教実践の分布は荒々しく確定されることになったのである。聖職者市民法は、司祭と司教を一般市民による選挙で選出する制度を導入して、革命の原則を教会の中に刻み込もうとするものであった。**地図1-6**は、三五〇近くの郡についてティモシィ・タケットが集めたデータを基に作成されたもの[13]だが、のちに脱キリスト教化された地帯として姿を現わす地帯では、司祭たちは大部分、共和国の法を受入れていることを、示している。同じパリ盆地が、やや東に張り出す形で、赤色に塗られており、同じプロヴァンスが、ローヌ・アルプ地域圏を伴って、やはり赤色に塗られている。ただし、ローヌ・アルプ地域圏は、革命期にはカトリック教から脱却したが、のちにまた多少回帰している。サヴォワは、当時フランスの領土に属していなかったので、ここには不在である。地図が規則的な分布を示しているのは、自分の管轄小教区の社会組織の中にがんじがらめになっていた司祭たちは、自分の担当信徒たちが望んだ通りに投票したのであり、フランス人民の意思に従うために、司教と教皇の権威を斥けて投票を行なったのである。

一七九一年と一九六〇年代との間に、宗教的行動様式については驚くほどの地理的安定性が観察されるわけである。それにしてもこの期間は、都市化、産業革命、社会主義と共産主義の出現、その他多くのことがあった歴史の加速化の時代であった。しかし二つの地域の間の隔たりは、二つの年代においても同じ大きさを保っている。ということは、宗教社会学が第二次世界大戦後に捉えたのは、少なくとも一世紀半以前より安定している構造となって、停止し、凝固し、結晶化した動きに他ならない

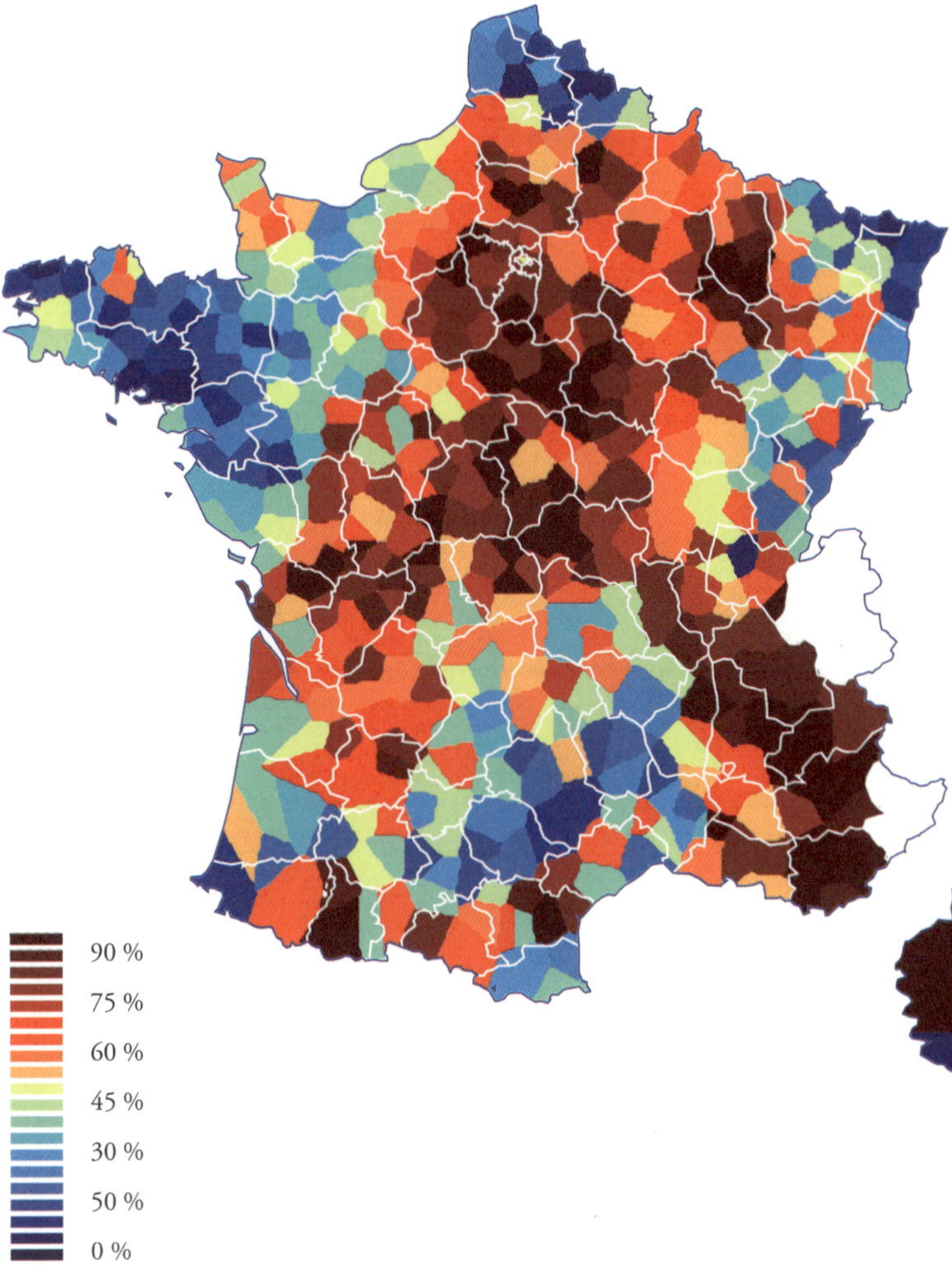

地図1−6　1791年における聖職者の選択

1791年の聖職者市民法に宣誓することを選んだ聖職者のパーセンテージ

ということになる。

一七九一年は、たしかに新たな世界を創設した年であった。しかしそれを分析してみるなら、すでにそれ以前に長い歴史があったことが明らかになる。革命期の地図の上に、不信仰の発生の極がいくつかとそれ以前に存在した伝播普及の動きとを検出することができるのである。歴史的研究のおかげで、一七三〇年から一七四〇年の間に、地域によっては、聖職者の新規採用が崩壊したことが明らかになっている。要するに、平等主義地帯に発する宗教的懐疑主義の伝播普及は、一七〇〇年から一七九一年の間に近代性の典型的な道筋をたどって進み、革命的危機の際に、やがて第二次世界大戦後まで安定して存続することになる構造を打ち立てるに至った、ということになる。しかし恒常性という点で最も意外な驚きは、これから本書に登場する。すなわち、一九八〇年から二〇一〇年までの間に、カトリックの宗教実践がその根拠地でついに消滅したのちにも、生き残った心性は強力な作用を連続的に発揮していることを、われわれはやがて確認することになるのである。

要するに伝播普及は、一つの構造を生み出したわけだが、これは歴史・社会諸学にとってまことに興味深いメカニズムである。とはいえここで、この結晶化のメカニズムを理解し、その結果として現れる、人類学的システムと宗教的システムの間の一致と不一致を説明しようとするわけではない。われわれの目標は、進化変遷の一般法則を確定しようということではなく、過去から相続した深層の諸構造を踏まえつつ、一九八〇年から二〇一〇年までのフランス社会の変貌を理解しようという、もっと慎ましいものなのである。

要するに、家族、居住環境、宗教に由来する価値観が空間の中でいかなる位置を占めているかを確定しようということである。これらの価値観は、教育の発達、経済のグローバル化、社会のアトム化という諸現象が組み合わさっている現代というこの時代において、各地の住民集団がそれぞれ異なる行動と適応をしているのはなぜかを、理解する上で助けになる。複合家族は人を組織し編成していた。核家族は人を解放していた。居住環境が小集落構造である場合は、家族と家族の地域的相互行動が助長され、集村は、薄弱な相互行動と適合することが多かった。カトリック地域は、個人を強固な人間関係のネットワークに組み込み、脱キリスト教化は、こうした社会的統制を弱めていた。こうした諸要素を組み合わせてみると、一致する場合も不一致の場合もあるが、それらの組み合わせによって、各地域が新たな近代性の中できわめて異なる仕方で行動ないし反応したのはなぜかを、理解することができるようになるのである。

シュンペーターと保護層

『資本主義・社会主義・民主主義』の中でヨーゼフ・シュンペーターは、資本主義は経済システムとしては完全に生存可能なシステムであるが、このシステムは社会的・政治的組み込みと生き残りのために「保護層」に依存すると見なしている。「保護層」とは、封建時代に由来する風俗慣習と価値観の総体である。(14) 彼に言わせると、資本主義的な利潤追求の本質的要素たる合理性は、秩序と階層序列をより尊重していた過去の遺産に他ならない諸個人の組織編成システムを、毎日毎日少しずつ掘り崩して行った、ということになる。エリート主義者でナルシストであり、忌憚なく言えばスノッブだったシュンペーターは、この「保護層」という語を口にしたとき、彼が夢見た世界に他ならない、イギリスかオーストリアの貴族たちの道徳的権威を考えていた。彼の歴史ヴィジョンは、経済学的ではないとしても、かなり偏狭な政治性を持ったままである。しかし彼の「保護層」の概念を採用するのは有益であり、より広範で豊かな意味を持つ布置、すなわち、近代性の出現以前に存在していた人類学的・宗教的システムを包含する概念として用いることができる。近代性は、一九〇〇年以前には個人主義的であり、一九六五年ないし一九八〇年以降——このどちらにするかは、用いられる統計指標によって変わる——は新個人主義的となるのだが。

社会学的にして民主主義的な精神の持ち主たるわれわれは、シュンペーターの考えるエリートだけでなく、一国の住民全体を考察する。彼のエリートとは、魔法のように富を作り出す起業家か、神のごとく怠惰な貴族かであったが。われわれはまた、風俗慣習——家族的、教育的、職業的——の総体の中における個人主義の勢力伸張を考慮に入れるのであって、資本主義的合理性の偏狭な領域におけるそれだけを考慮に入れるものではない。個人主義とは、ホモ・エコノミクス［経済人］の特徴たる分裂病的利潤追求以上のものなのである。

だとすると、フランスの地域のそれぞれについて、人類学的システムと宗教の組織編成の力を合算することによって、保護層の力強さがどれほどのものなのかを、先験的に確定することができることになる。きわめて単純な計算によって、次々と起こった個人主義の勢力伸張の以前に存在していた宗教的状況《コンテクスト》の確定が可能になるのである。

フランスの国土における統合水準

人類学的システムと宗教は互いに完全に独立的な変数ではないことは、これまでに見たところである。絶対的な規則であるとは言えないまでも、晩期のカトリック教と散村的居住環境と直系家族の間には類縁性がある。同様に、平等主義的個人主義と集村的居住環境と平等主義核家族の間にも、類縁性がある。宗教と人類学的システムとが一致している場合には、最大もしくは最小の個人の統合の水準を目にすることになるわけである。居住環境が散村的で、家族が直系家族型で、教会が強固であれば、統合は最大であり、居住環境が集村的で、家族が平等主義核家族型で、脱キリスト教化が十八世紀に遡るのであれば、統合は最小となる。

統合のファクターと自由のファクターが不一致の場合は、結合の水準としては、どんなものも考え得るということになる。先に引いた西部内陸部の例では、核家族は個人の自由を示唆するのに対して、散村的居住環境は相当な地域内相互行動を想定させる。要するに人類学的システムは、中間的な統合力を示しているということになる。カトリックの信仰は、この地域では一九六五年頃まで強力であったから、われわれとしては、変数間の一致がどうなのかを考えずに、人類学的統合に宗教的統合を付け加えて、その結果として、総合的統合水準は、最大ではないが、強固であると定義することができるわけである。

家族と居住環境に人類学的システムの中で等しい重みがあるものとしよう（1＋1＝2）。そして人類学的システムと宗教は、社会的行動様式の決定の中で等しい重みがあるとしよう（2＋2＝4）。それぞれの変数は二進法的であり、家族と居住環境の場合は数値0か1を取り、宗教の場合は数値0か2を取ると見なしてみよう。西部内陸部については、家族は0、居住環境は1、宗教は2となるから、それらを合計した3が、統合水準となる。シャンパーニュは、核家族（数値0）と集村的居住環境（0）と脱キリスト教化（数値0）の組み合せであるから、その総合的統合水準は、可及的に最も薄弱、すなわち0となる。バスク地方は、直系家族（数値1）、散村的居住環境（数値1）、強力なカトリック教（数値2）であるから、最大限の統合スコア、4に到達する。

現在手許にある統計データを駆使すれば、これらの三つの変数のより精緻なグラデーションを表現することも可能である。しかしわれわれとしては、この単純化した加重法を保存して、フランス本土全域にわたる地図上にそれを表示するものである。それが**地図1－7**であるが、この地図は、このようにして宗教と家族と居住環境を組み合わせ、フランスの各県を、伝統的な統合力に応じて分類したものとなっている。それは、シュンペーターの保護層という表現にわれわれが新たな意味を与えた、その意味における保護層の当初の強さの程度を示すものであり、要するに新たな近代性の母胎とも言うべきものを示しているのである。

この地図は、フランス「システム」がどのように成り立っているのかを目にすることを可能にしてくれる。つまり、平等主義的個人主義の少数派的な（濃い青）極が、パリ盆地の中核部とプロヴァン

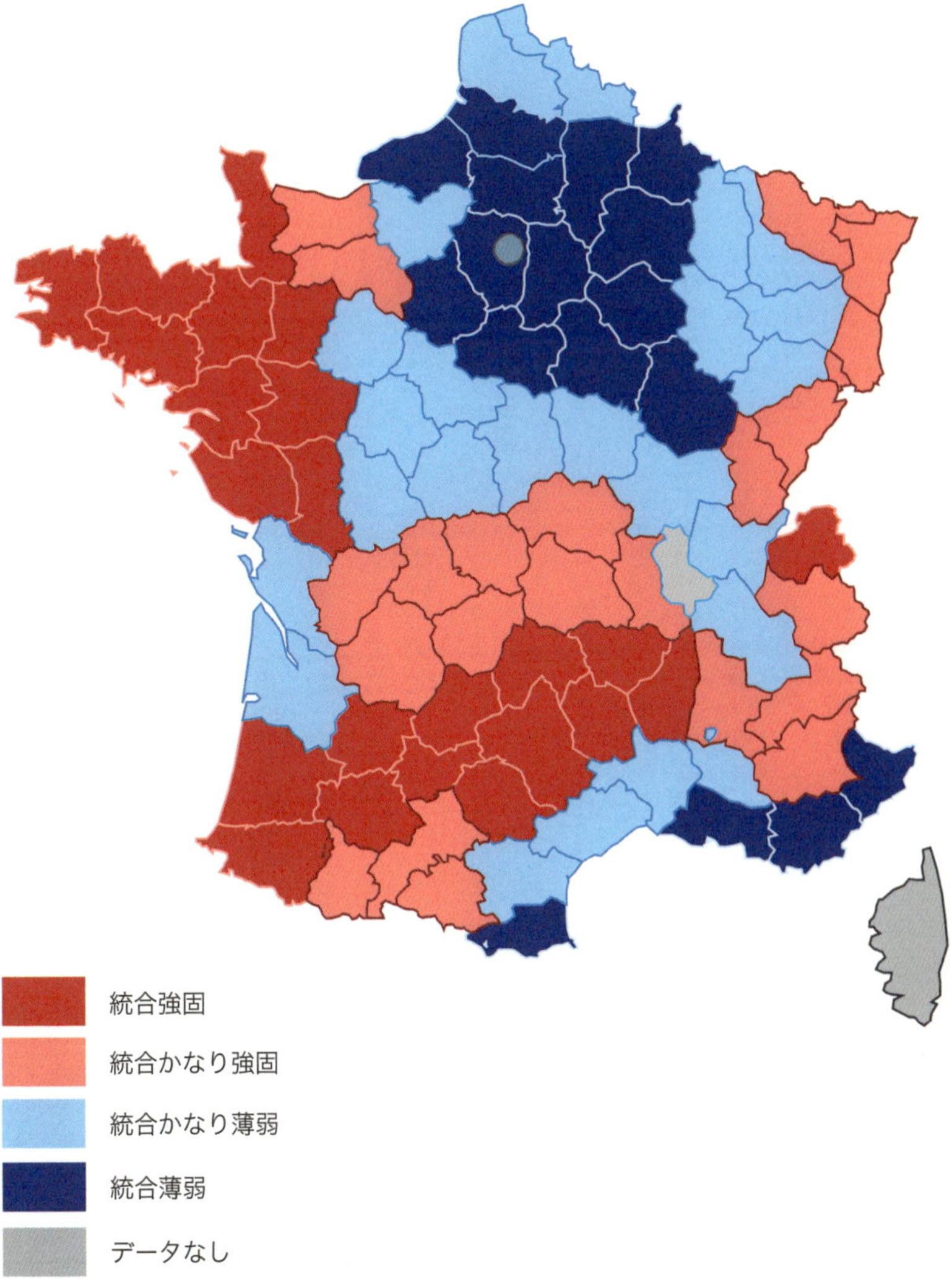

地図1-7　社会的統合水準

宗教実践、家族類型、居住環境の組み合せ

スの二カ所にあり、その二つの外側の環状地帯もしくは外延部は、国土の半ばを占めている（薄い青）。統合度のより強い文化の地域の分布は、全国的に見れば、周縁的である。とはいえ、昔のデータから導き出されたこの地図の上には、東と西という根原的な非対称性が目につくのである。フランスの歴史の中では、言語学者にお馴染みの北と南の対立の方が、これよりもしばしば検知されたものであったが。東部の地方社会の統合力はより薄弱であるが、これは近代性とはあまり関係がない。この地域は早期の識字化と工業化の恩恵はたしかに蒙ったが、われわれの指標において、東部の統合水準が薄弱になっているのは、〔識字化と工業化のせいではなく〕中世起源の集村的居住環境のせいである。なおここでは、東部というとき、アルザス・ロレーヌを除外している。

個人主義と社会統合主義《ホーリズム》

この段階に来たならば、われわれが統合水準というタームで行なった概念化と、人類学者ルイ・デュモンが個人主義的社会と社会統合主義《ホーリズム》的社会の間に立てた区別との近接性を指摘しておく必要があろう。かつてこの区別によって、個人主義的近代性という概念を放棄しないでも、すべての発達した先進社会を無差別な塊に溶かし込んでしまうことを避けることが可能になったのだった。インド社会の社会統合主義から出発して、デュモンは、このようにしてドイツ文化の中にある強力な社会統合主義的側面を識別することができたのである。(15)この個人主義・社会統合主義の一対を用いることなしに、今日、アングロ・サクソンの経済文化とドイツならびに日本の経済文化の相違を理解することは不可能である。

フランス本土を構成する各地域の人類学的資質と宗教的資質を経験的に検討するなら、われわれは、フランスの文化システムの中には周縁的な社会統合主義的成分が含まれることを突き止めることになるだろう。フランス大革命はフランスという国を、イデオロギー――まさに名高い無政府主義的諸傾向の存在を忘れてはならないが――の面では、平等主義的個人主義の国として疑問の余地なく定義したが、この国は人類学的・宗教的には、地方文化の複雑な集合なのである。それらの地方文化の中には、もともと個人主義型であったものもあれば、社会統合主義型のものもあった。その全体が「フランス・システムという」一つのシステムを形作るのである。フランスを理解するということは、フランス全国システムの緊張、均衡、機能不全の核心に存在する、社会統合主義と個人主義の相互作用を把握するということでもある。

保護層としての共産主義

宗教実践の地図は、宗教的「充満」と世俗主義的ないし無神論的「空虚」の間の対立という単純すぎる印象を与えるかもしれない。しかし、十八世紀のフランスにおいては、宗教からの脱却は、解放として経験されたのであって、放棄として経験されたわけではない。フランスの国土の中の中央部と地中海沿岸部において、一七九一年から一九六五年までの間、教会の下を「逃れた」住民とエリートの心を、世俗主義的信念が突き動かしてきたのである。トックヴィルは、天上の救いに対立する楽観的な地上の形而上学の存在と、宗教的充満に対立する世俗主義的充満の存在を、的確に感じ取っていた。彼は一八五六年に、『アンシヤン・レジームと大革命』の中で以下のように書いている。

「当時フランスで非宗教が生み出したさまざまの効果を識別しようとすると、私は次のことに気が付く。すなわち、非宗教が当時の人間をかくも奇妙な極端な言動へと赴くよう仕向けたのは、心を堕落させることによってではなく、あるいは風俗を腐敗させることによってでさえなく、はるかに精神の働きを狂わせることによってであった、と。

宗教が人々の魂から離れたとき、しばしば起こるように、魂を空虚で衰弱したままに打ち捨てることはなかった。魂は一時的にいくつかの感情と観念に満たされることになったのであり、それらのものはしばらくの間その場所に留まり、魂がへたれこむことをすぐには許さなかったのである。

もし大革命を行なったフランス人が、宗教の事柄にわれわれよりも疑い深いとしても、彼らには少なくともわれわれにはない感嘆すべき信念が残っていた。彼らは彼ら自身を信仰したのだ。人間の改善可能性、その力を疑うことはなかった。彼らはともすると己の栄光に情熱を燃やし、己の美徳を信頼していた[16]」。

トックヴィルは、おそらく生涯のこの時期に、個人的にも政治的にも落ち込んでおり、十九世紀半ばのこの頃に関して過大に悲観的になっていた。政治・社会思想は、その頃相変わらず、宗教の終焉を近代世界の始まりと考えていた。オーギュスト・コントは、一八三九年に、神学的時代[*11]の完了を理解するために、「社会学」という用語を作り上げた。エドガル・キネは、一八四五年に、フランス大革命の中に昔のキリスト教の神髄を見いだしていた[(17)]。

世俗主義的信念のたどった道は険しかった。一七五〇年から一九六五年までの間、単に脱キリスト教化されただけでなく、人間への積極的な信仰を担い続けたフランスの中央部には、さまざまな政治的イデオロギーと政治勢力が、次々と姿を現わしては次に席を譲って行った。それらは、右であれ左であれ、互いに同質性を持たなかったが、人間の自由と平等の優位を主張する点では共通していた。ドニ・ディドロ（ブルゴーニュのラングル生まれ）の無神論、マクシミリヤン・ロベスピエール（アルトワのアラス生まれ）の恐怖政治、ジュール・フェリイ[*12]（ロレーヌのサン・ディエ生まれ）の学校、ド・ゴール主義の活動家（理想としては、パリ郊外生まれ）の偉大にして寛大な、うまし国フランスはいずれも、フランス中央部とその周辺で生み出されたものであった。

フランスの地理的空間の中で、個人主義的にして平等主義的なこの中央部の勢力を最終的に最も見事に体現したのは、逆説的なことには、遅れて登場した、しかも全体主義的資質を有する政治勢力、共産主義であった。

共産主義の活動家は、工場によって規律を叩き込まれ、所属する細胞［共産党の基礎組織］によって掌握されていたが、それでも反逆者である己のあり方によって、パリ盆地の伝統的な平等主義的個人主義を表現していた。それにその生来の無政府主義は、組合活動を支配していた。CGT［労働総同盟］の指導部は、これまでその歴史の大部分を、下部に追随することで過ごして来た、ということになろう。下部のみが、一九三六年にも一九六八年にも、重大なストを開始することができたのである。

第二次世界大戦後、共産党への投票の地図は、最も初歩的なマルクス主義の理論に従うなら、工業とプロレタリアートの地理的分布を反映したものとなって然るべきだったが、実は宗教の地図の中にほとんどすっぽりと収まるものとなった。フランス共産党は、教会が空白のままに手放した中央部の空間を占めたのである。共産党の失墜の直前の一九七八年における共産党への投票と、その陰画《ネガ》的分身たる、カトリックの宗教実践の一九六五年頃の現状とを同時に表象する、単純化された地図（地図1-8）の上に、二つの勢力の相互補完性は、十全に姿を現わしている。二〇〇七年［大統領選挙］になってもまだ、マリイ＝ジョルジュ・ビュッフェ［共産党の大統領候補］に投じられた、総投票数の一・九三％という残留性の票は、古くからの形而上学的限定の通りの投票分布を依然として示していた（地図1-9）。それは、中央山塊の北西の縁やブルターニュ内陸部の柔軟な共同体家族地帯の特殊的な抵抗だけが姿を現わしたものだった。この地の価値観は、パリ盆地の平等主義核家族の価値観よりも、より強固な共産主義イデオロギーを優遇するものであった。パリ盆地の家族の自由主義的な要素のせいで、フランスの共産主義の核心部には体質の脆弱さが付きまとっていたが、そのために、一九八一年以降、フランスの共産主義はきわめて急速に消滅へと向かうことになるのである。

フランス共産党のほとんど宗教的とも言うべき地理的分布は、事象の説明を経済に求めるマルクス

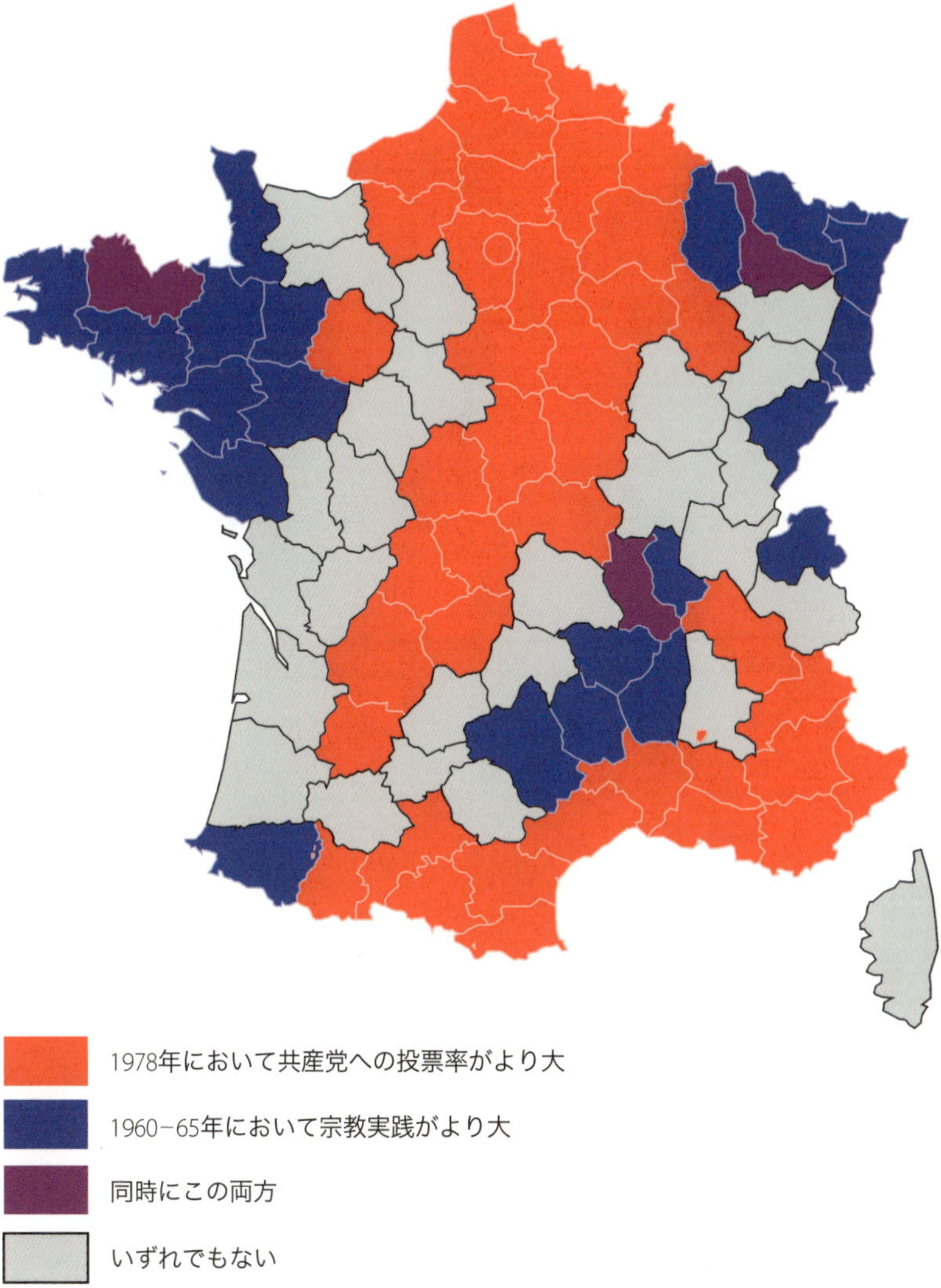

地図1−8　共産党とカトリック教会

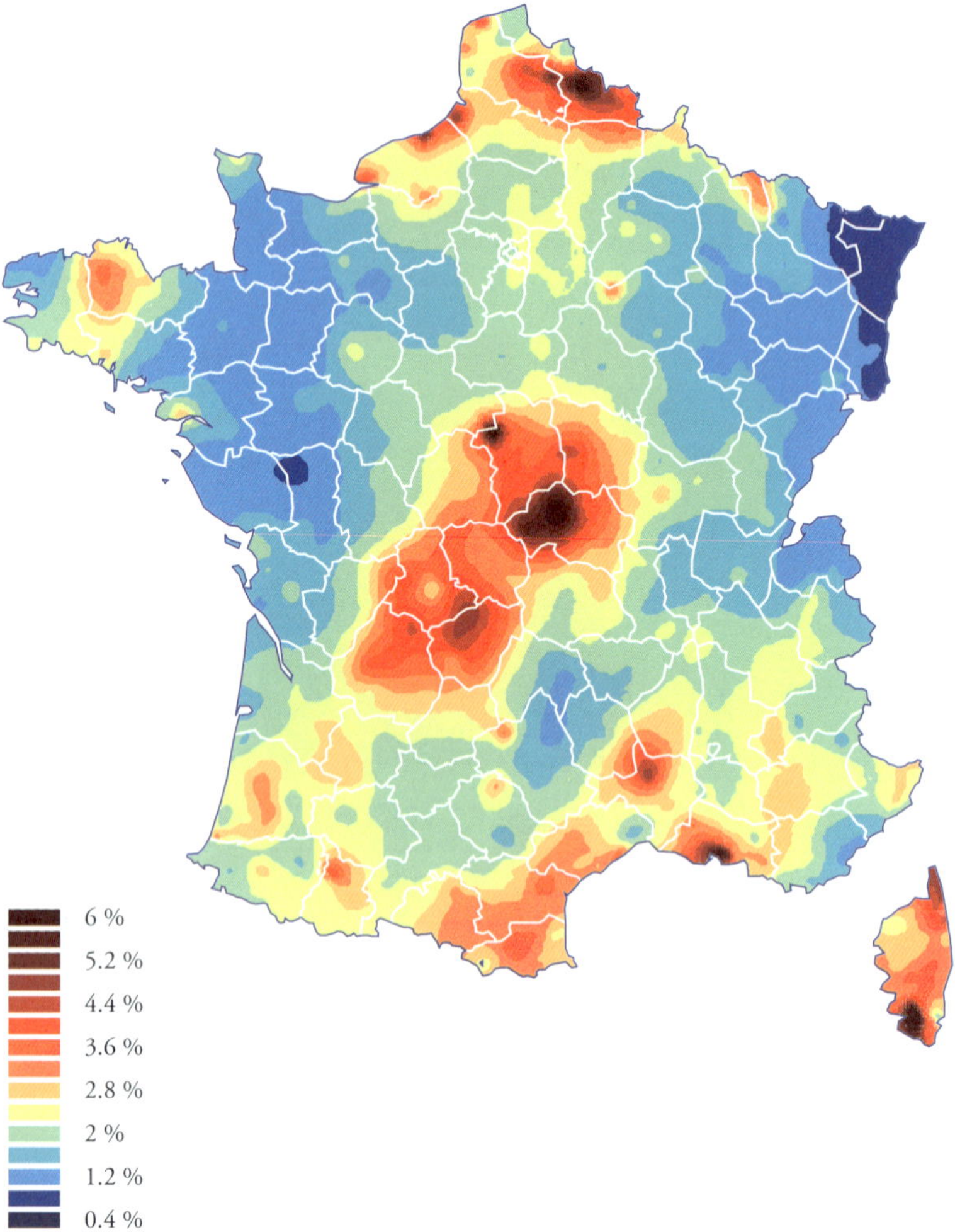

地図1-9　最後の共産党支持者

2007年の大統領選挙第一回投票でマリィ=ジョルジュ・ビュッフェが獲得した票のパーセンテージ

主義の期待に合致するものではないが、その一方で、マルクス主義という教義の起源が宗教的なものであることを、暴露している。マルクスが歴史の分析に踏み出したのは、宗教の批判によってだった。彼の唯物論は、技術的・経済的諸力による説明であるよりも前に、当時としてはまことに月並みな、宗教的形而上学への拒絶であった。例えばマルクスは、『共産党宣言』執筆の四年前の一八四三年から四四年に、以下のように書いている。

「[…] 宗教への批判は、およそあらゆる批判の前提的条件である。……民衆の幻覚的幸福としての宗教を廃絶することとは、民衆の現実の幸福が提起する要求に他ならない。民衆に己の置かれた状況に対する幻覚を捨て去るよう要求するということは、幻覚を必要とする状況を捨て去るよう要求することである。したがって宗教への批判は、宗教が後光となって飾り立てているこの涙の谷たる現世への批判の萌芽に他ならないのである」(18)。

宗教に抗して生まれたマルクス主義は、宗教から完全に無縁となることはできなかった。フランス共産党の得票の地図が、非宗教の地図を忠実に再現しているのも、驚くには当たらない。この不信仰は、十八世紀半ばに形成され、一七九一年の司祭たちの選択によって露呈するに至ったものであるから、マルクス、エンゲルス、もしくはレーニンよりもはるか以前のものなのである。

一九八一年から二〇〇七年までの間、われわれはフランス共産主義の急激な終焉を経験した。民衆階層もしくは教育のあるエリートの心に刻み込まれたこの教義が、十八世紀半ばに生まれた楽観論的信仰の最終局面を代表していたことを一たび理解したなら、この現象の重要性を過小評価することはできない。われわれは先に、カトリック教会を、教育と経済の加速化された変貌の局面において、個人を組織編成することのできる保護層として提示した。いまやわれわれは、共産主義イデオロギーとその名を冠した政党は、階級闘争という外見を超えて、一九三六年〔人民戦線〕から一九八一年のフランスにおいて紛れもない保護層をなしていたことを、認めなくてはならない。「赤い教会」は、「黒い教会」と同様に、フランスの住民のかなり大きな部分にとって、とりわけパリ盆地中心部と地中海岸地域で、心性的安定の基本要素であった。

死滅した共産主義、「ゾンビ・カトリック教」

二つの勢力は、正確には同じ本性のものではなかったが、二つで一つのシステムをなしていた。キリスト教に抗して生まれた共産主義は、原因と結果の関係で、キリスト教に依存していた。したがって、一九五〇年から一九七〇年までの間、宗教的信仰がフランス周縁部のその地盤で転落したのは、共産主義の転落がその地盤たるフランス中央部と地中海沿岸部で起こったのに先行する現象であり、その原因でさえあったということが観察できるのは、理の当然なのである。フランス共産党の地獄への転落が始まったのは、一九八一年になってからだったが、カトリック教の最終的衰退は、早くも一九五〇年代には始まっている。

マルクス主義イデオロギーは、中身のつまった肯定的な信仰であり、実際上、感覚界の中で個人を保護してくれる信仰であった。とはいえ社会学的分析の観点から見れば、それは宗教に比して副次的な、派生的な信仰にすぎなかった。革命の信念、共和主義の信念、あるいはド・ゴール主義の信念についても、同じことが言えるだろう。フランス中央部で次から次へと教義が入れ替わる、あの目まぐるしい継起それ自体が、不安定性を示唆しているのであり、その不安定性は、一七九一年から一九五〇年までの間、カトリック教会がその周縁部の地盤で同じ祭式を維持し続けたその不動性とは、対照的である。

教会は、フランス共産党より前に消え去りはしたが、それでも真正な構造化要素であった。まさにそれゆえにこそ、一九八〇年から二〇一〇年のフランスにおいて、消え去ったカトリック教の影響力が持続しているのを、本書においてこれから観察することができるのに対して、それより何年も後に死亡した共産主義の影響力は観察されることがないのである。カトリック教の組織編成的価値観は、かつてそれが占めていた場所で相変わらず活動しているように見える。今日という時代の最も驚くべき逆説の一つは、これから見るように、形而上学的信仰としては姿を消してしまった宗教の社会的な勢力伸張なのである。カトリック教は、今のところ、死後の生という目標を自分自身のために実現したかのようだ。まさにそれは地上の生であり、それが永遠の生であるのはきわめて疑わしいと思うから、われわれとしては「ゾンビ・カトリック教」という言い方をすることにしよう。共産主義の方は、本当に死んだ。共産主義が有力であった地域、そしてより一般的には、共和主義的、ド・ゴール主義的、もしくは左派であった地域では、共産主義のあとに現れたのは、紛れもない社会学的空虚と、それに伴うアトム化と社会的困難なのである。

第2章

新たな文化的不平等

教育の進歩の歴史は、フランスの人類学的な複合性を浮き彫りにする。一七〇〇年以降の、読み書きのできる男女の比率、次いで、バカロレア取得者、最後には高等教育の免状の取得者の比率を示す全国規模の数値は、ほぼ連続的な上昇の軌道を描く。その上昇は、両大戦間時代に休止によって中断し、次いで今日、もう一つの休止によって中断するのではあるが。とはいえ、教育の進展の空間内での展開ぶりを観察するとき、教育の進展の相異なる複数の局面がそれぞれ異なる地域によって体現されているのを目にして、われわれとしては多少の驚きを禁じ得ない。第一局面では、識字化の地図が、北東部の集村と核家族の活力を浮き彫りにする。第二局面になると、バカロレアの地図が、オクシタニィの直系家族の活力を証明する。第三局面では、高等教育の地図が、カトリック教の、より正確に言うなら、「ゾンビ・カトリック教」の活力を明らかにしてみせる。この宗教は追加的な文化的進歩の要因となったように見えるが、それはカトリック教が死んだからなのだから。

局面1　核家族と伝播拡散

これまでに実現した最初の統計地図は、先に述べたように、北フランスの教育の前進を浮き彫りにするものであった。一八二六年に、デュパンは、啓蒙[*1]〔光明〕のフランスはサン・マロからジュネーヴの線より北に位置するとした。この地域においては、十八世紀の後半にはすでに、男性住民の過半数は読み書きができた。それは、フランソワ・フュレとジャック・オズーフが、フランス人の識字化の歴史的・地理的研究の中で詳細に示したところである。[(1)] したがって十八世紀、十九世紀に、フランスの歴史の重心はパリ盆地にあったと考えるのは、当然である。この地では政治的革命と産業革命が次々に起こった。しかし、中心部の中心はパリだと考えるのは、間違いだろう。教育の前進の極は、明らかに首都パリより東に位置している。教育の分布図を検討してみると、初等教育が東部国境より入って来て、次いで、思想と人々の伝播拡散を促進するような人類学的システムに助長されて、パリ盆地の中心部へと向かったという動きが、連想されるのである。密度の高い集村の間の交通・伝達の容易さは、識字化の普及の早さの原因と考えられる。核家族には、成人前から子どもを、時にはかなり遠い村にまで奉公に出す傾向があるが、それがこの教育の第一段階での活力に貢献している。この段階においては、フランスという国についてかなり単純な歴史を書くことができる。すなわち、フランス革命を先導したのはこの開明的なフランスである、自由と平等という価値観は、このフランスそのものの最も深いところ、子どもの自由と兄弟姉妹の平等を奨励する家族の中に書き込まれているのだ、と。

一九〇一年における教育の地図（2-1）は、この最初の文化的テイクオフの痕跡を示している。この段階については、われわれはデュパンが確定した県単位の枠組に留まらなくてはならない。都市は、ボルドーを除いては、当時、特段の推進的役割を持っていなかったのであるから、それで十分なのである。［一九〇一年の］国勢調査によると、読み書きのできる男女の比率は、パリ盆地の東部で九六％を超え、パリの方に触手を伸ばしている。地図上では、ノルマンディとアルプス地方に副次的極があるように見えるが、この二つの極は十七世紀にはすでに検知可能であったと思われる。とはいえその

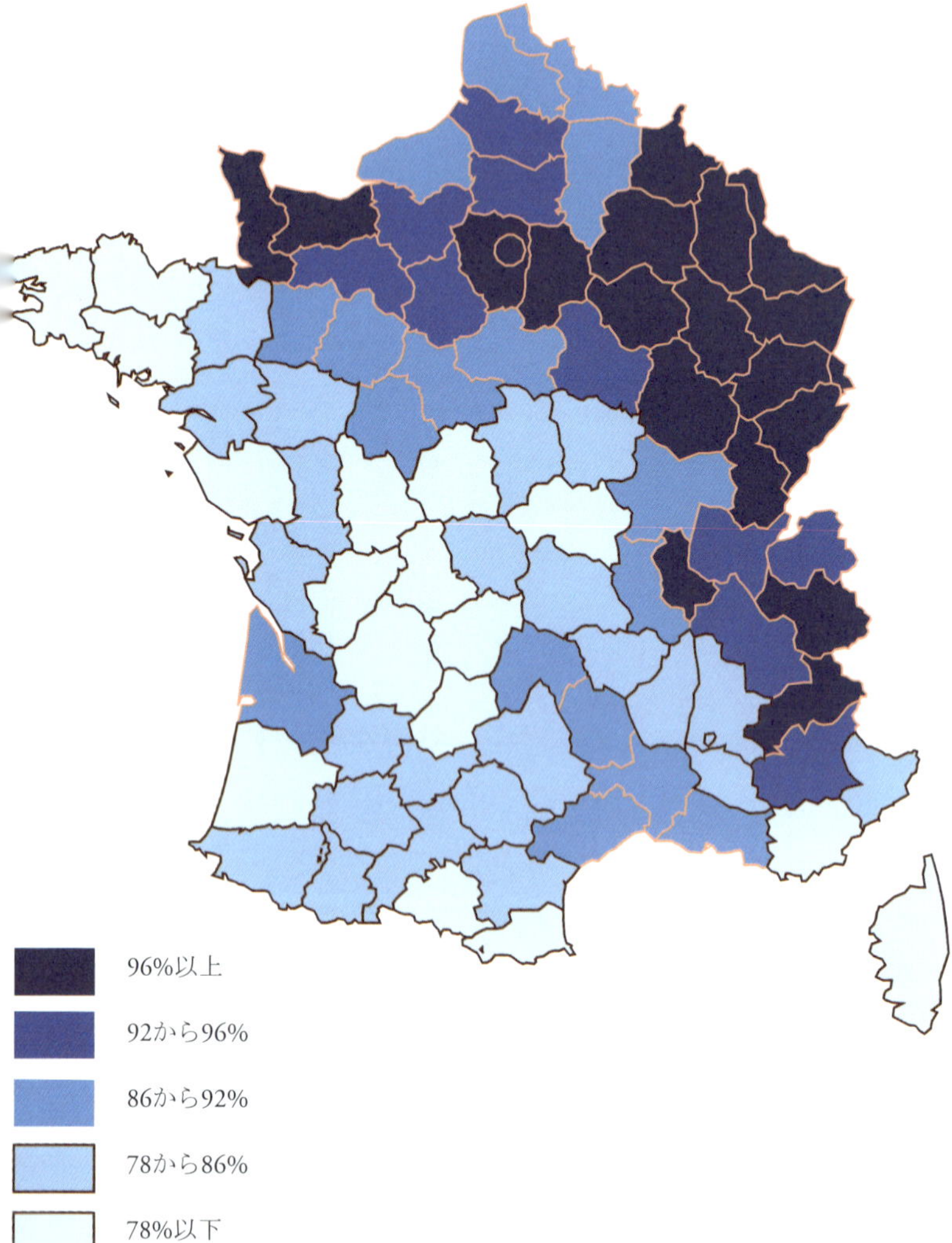

地図2-1　1901年における読み書き

1901年の国勢調査における識字化された者のパーセンテージ

頃は、東部国境よりはマルヌ県が、近代性の中核に位置していたようである。(2)

局面2　直系家族の登場

第二次世界大戦後、中等教育のテイクオフが、地域間の力関係を一変させる。一九八〇年頃、普通バカロレアの全国取得率が、対応年齢層の一七％に到達する。一九六二年から一九七一年までに年齢十八歳に達した若い男女（二〇〇八年の国勢調査で把握された）のバカロレアもしくはそれ以上の免状の所持を示す地図を見ると、フランス・システムが完全に転倒していることが明らかになる（**地図2-2**）。(3)バカロレア取得者の比率が一五％から三四％までの段階に分かれているように、地域間の格差は相当なものである。北部では、パリ地域と、大抵はあまり広がりのない、都市を中心とした極だけが、地図上で赤で塗られた、あの光明のフランスの一部をなしてはいる。南フランス全域とブルターニュからなるかつての蒙昧のフランスは、いまや先進地帯として現れており、南や西に行くにつれて赤色は濃くなっている。一九〇五年生まれのブルターニュ女ベカシーヌ*2は、その単純な頭でフランス中を笑わせたものだが、いまやそのベカシーヌは、信じがたいリベンジを果たし、その学校水準は、一九七〇年頃にフランスで最高の水準の一つとなっているのである。しかし、一九七〇年前後にフランスの活力の重心となっているのは、オクシタニィであることは、とりわけ忘れてはならない。その広がりは、ブルターニュよりもはるかに広範に及んでいる。

北ではパリ盆地は相対的に低開発の地帯として姿を現わしている。首都は、北フランスのバカロレ

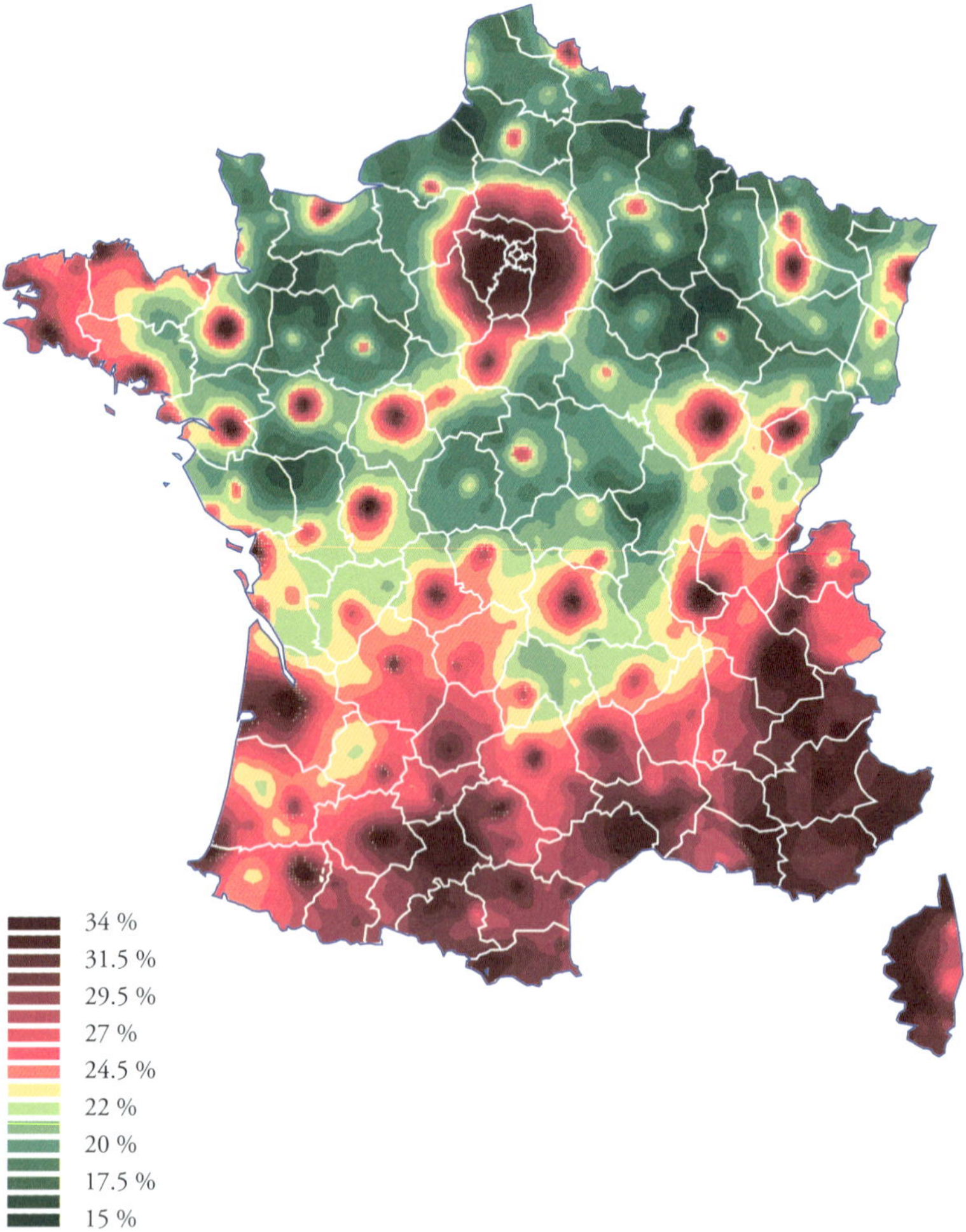

地図2-2　1970年頃のバカロレア取得者

2008年（国勢調査）に普通バカロレアもしくは何らかの大学免状を有する55歳から64歳の者のパーセンテージ

ア取得者をすべて吸い込んで、一帯の全エネルギーを吸い上げているように見える。それはおそらく一部には、資格取得者が首都へと移動する動きのせいであろう。しかし、オクシタニィに対するパリ盆地の相対的な教育上の遅れの枢要な部分は、それでは説明がつかない。南フランスの大都市は、パリより小さいながら数は多いのではあるが、周辺の教育エネルギーをすべて吸い取ったりはしていないのである。

とはいえパリ盆地の西、南、東（北は否）の周縁部の都市、すなわちレンヌ、ナント、アンジェ、トゥール、ナンシー、ストラスブールには浮上の兆しが窺える。ブザンソンととりわけディジョンの勢力伸長も観察される。この両都市は、現在のところそれほど名高いわけではないが、その実際の活力に見合った高い名声を得ていないということになる。

一九六二年から一九七一年までのバカロレア取得者の地図が示す各地の様子だけを問題とするなら、どうしても一つの解釈をせざるを得なくなる。ここでテイクオフしているのは、複合的家族、そして主に直系家族の地域なのである。実際、中等教育のためには、子どもたちに対してより大きな注意を注ぐことが必要になる。主に両親だが、時には祖父母が注意を注ぐこともあろう。同族的伝統がかつて存在したところでは、子どもたちはより良く指導監督される。直系家族が代々受け継いで来た価値観は、こうした中等教育局面では、その力を十全に表現する。ブルターニュでは、直系家族的形態は、その形成が遅く、これまでに成熟に達したことはないのであるが、ここでも家族の持つ青少年の指導監督と支援の力量の大きさが確認されるのである。

局面3　「ゾンビ・カトリック」と都市

普通バカロレア取得者の同一年齢層内での比率は、一九九五年から二〇一〇年までの間は安定することになるが、それでも一九七〇年に較べると、二倍になり、三五％前後で推移している。教育上の進歩は天井に達した。すべての地域がこの増加に参画したが、もちろんその様態には格差があり、そこでフランスの教育上の地図は、**地図2－3**に見る通りに、またしても大転換を果たしたのである。**地図2－3**は、二〇〇八年において二十五歳から三十四歳の者で、普通バカロレアもしくは高等教育の免状を持つ者の比率を示している。この後者の者には、技術バカロレアか、それより数は少ないが、職業バカロレアを経た者も含まれる。要するにこれは、一九九二年から二〇〇一年の間に十八歳に達した若者ということになる。示された水準は、単なる個人の言明から導き出されたものであるから、おそらく多少過大な結果が出ている。そのことは、序論で述べたところである。しかしここではわれわれの関心の対象は、地域間の格差にすぎない［から、その点は重要でない］。

到達された天井は、地域によってきわめて異なるものとなった。県のスコアの平均は四五％だが、パリ盆地の中の最も恵まれない県では、比率は三五％に落ちている。

今度の地図では、都市的な極が系統的にくっきり浮びあがっている。地図は、地域の特有の活力を反映しているだけでなく、都市の、それも特に大学都市の、高等教育受講中の青年層を捕捉する能力も映し出している。大学都市は、地図上では、その都市それ自体よりはるかに広大な地帯として現わ

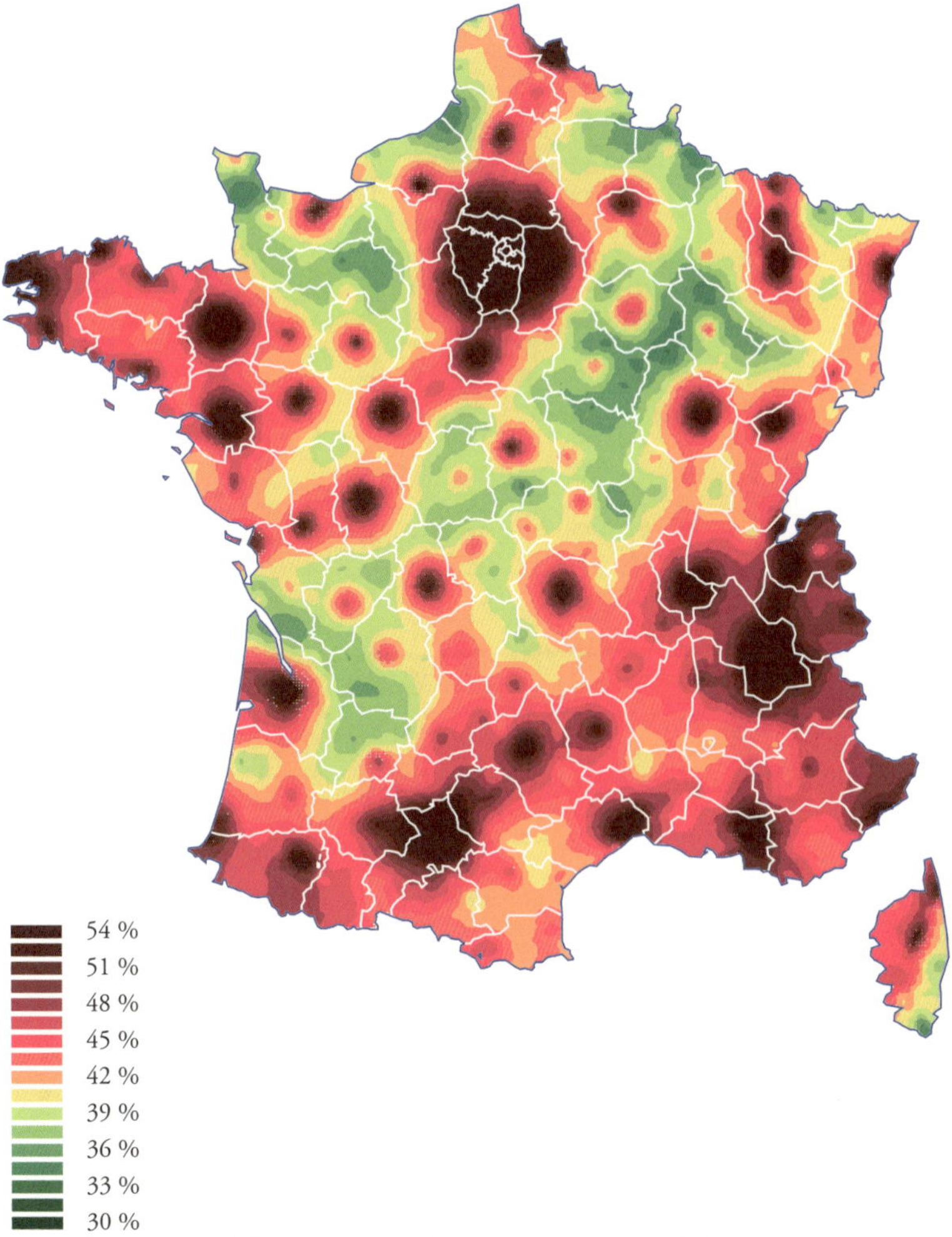

地図2-3　1995年頃のバカロレア取得者

2008年（国勢調査）に普通バカロレアもしくは何らかの大学免状を有する25歳から34歳の者のパーセンテージ

されているが、これはそれらの都市が、高い教育水準の地域が周囲に拡散する極となっているからに他ならない。パリ地域が巨大な塊をなしているのは、明白であって、フランスの国土の北の部分の中心に輝く「赤い星」として、触手をオルレアンからさらにトゥールの方へと伸ばしている。しかしまた、グルノーブルとトゥールーズの周りにも、教育水準の高い広大な空間が県の境から溢れて広がっている。ニース、エックス・マルセイユ、[*3] モンペリエ、リヨン、ボルドー、ナント、レンヌも、かなりの塊となっているが、ただしより集中的である。その次に、クレルモン・フェラン、ポワチエ、ディジョン、ブザンソン、ナンシー・メッス、[*3] ストラスブール、リールといった、より小さな極がやって来る。その後に来るのが、ランス、リモージュ、カーン、ルーアンである。ル・アーヴル、シェルブール、トゥーロン、ベジエ、ペルピニャンといった、大学を持たないか、重要な大学関連施設を持たない都市は、地図上から姿を消している。

こうして若い学歴所有者の住民集団を引き寄せ、もしくは作り出す大学都市の群れは、とはいえ地図上で目につく唯一の決定因であるわけではない。一皮めくると、その下により広大な地帯が広がっているのに気が付くが、その地帯はいまや家族類型の地理的分布にではなく、宗教的気質の地理的分布に対応するのである。この教育に関わる地図の上で最も恵まれない地域は緑色の広がりをなしているが、それは、パリ盆地の中心部からアキテーヌにまで広がる脱キリスト教化地域のあの模様を喚起する。ただし地中海沿岸部は除く、であるが。それに対して、ブルターニュ、南西部、ローヌ・アルプ地域圏のフランス周縁部の赤い広がりは、逆にかつてのカトリック教の痕跡と感じられるではないか。

カトリック教と脱キリスト教化という対立は、以下のような地図を作成するなら、完璧となるだろう。すなわち、バカロレア取得者のうち「バカロレア＋α」[*4]の者の比率が高い地域の地図、つまりバカロレア取得者が高等教育をする確率が高い地域の地図（**地図2－4**）である。照応関係は、相変わらず都市・大学現象によって撹乱されているにもかかわらず、驚くほど鮮明である。南フランスは、最も進んだいくつもの地域を輩出している。非常な正確さをもって、カトリック地域は、長い勉学期間への選好が最も顕著な地域と合致している。昔の脱キリスト教地域で教育の上で進んだ地域となっている、唯一の例外と言うべき地域は、パリ盆地の西側の一帯で、これはおそらく、大学が多数存在するパリとその郊外の影響であろう。それにリモージュ、ランス、ディジョン、オルレアンといった、世俗主義的地域のいくつかの大学都市も、例外をなしてはいるが……。

西部、東部、中央山塊の南、それにピレネ・アトランティック県の、カトリック教の牙城は、いずれも教育の発展の極としての姿を現わしている。これは、大革命と共和制に反対したカトリック教が、死んだ後になって、教育という土俵の上で復讐を果したということに他ならない。

これについて可能な解釈はほとんどあり余るほどある。カトリックの編成・指導と協力の伝統が、若者が個人的計画を実現しようとする上で助けになる、とか、努力を尊ぶモラルとか、さらには地域や家族が伝えて来た、今に見ていろという精神、等々。しかし、カトリック教の明らかな有効性は、とりわけその消滅の効果なのである。晩期のカトリック教は、司祭の権威に執着し、科学にも個人の

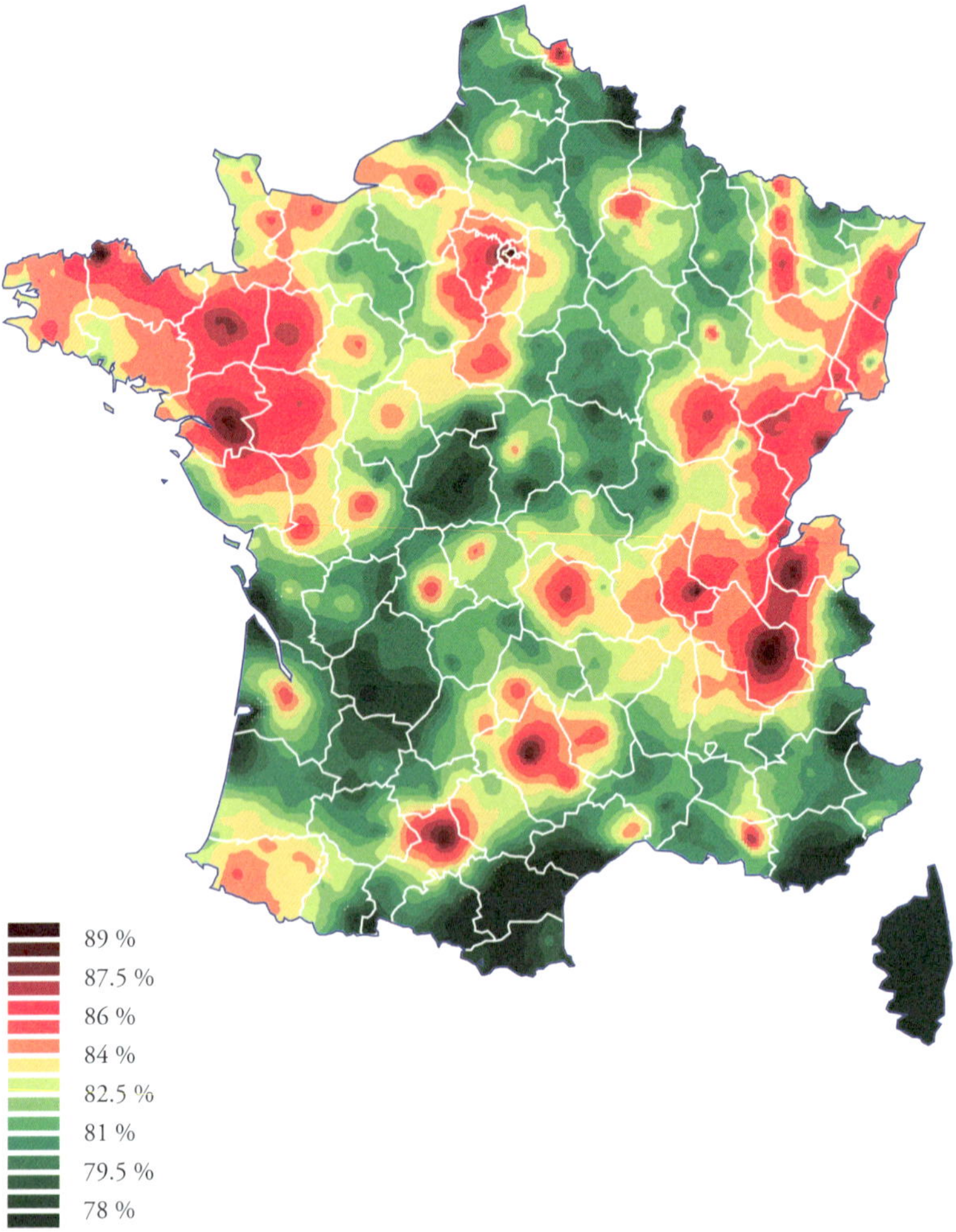

地図2-4　バカロレア以上

バカロレア所持者で高等教育の免状を取得した者のパーセンテージ（2008年に25歳から34歳の者）

自由にも反対しており、進歩に対する抵抗要因となっていた。それがまだ余命を保っていたところで最終的に崩壊したことが、エネルギーを解き放つことになったのである。労働組合運動から例をとってみよう。CFTC〔フランス・キリスト教労働者同盟〕が宗教色を払拭して、一九六四年にCFDT〔フランス民主主義労働同盟〕になった際、移行期に典型的なエネルギーの上昇が起こった。CFDTの新たな活力は、それまでCGT〔労働総同盟〕とCGT=FO〔CGT・労働者の力〕という世俗主義的勢力に支配されていた労働組合運動が、均衡を取り戻す方向に向かう結果をもたらした。元々カトリック系だった組織・機構が、こうした宗教色の払拭によって「解き放たれ」て、全国的に勢力伸張を遂げた例は、新聞『ル・モンド』[*5]からスイユ出版社[*5]まで、枚挙に暇はないだろう。とはいえ、これらの中心的現象は、すでに過去の具体例にすぎず、われわれの観点からするなら、「ゾンビ・カトリック」の勢力伸長現象の本体そのものであると言うよりは、むしろ前兆であると言うべきである。この現象が最も顕著になり、カトリック系の諸州の全体に行き渡るのは、一九九一年から二〇〇二年までのバカロレア取得者集団においてとなる。

このようなメカニズムは、最終的な優勢というよりもむしろ、解放の契機に連合した勢力増進を思わせる。これこそが教育の最終地図であると断定することを許してくれるものは何もない。二十世紀の学校に関する活力の地理的趨勢は、北部・東部から南フランスへ、南フランスからカトリック系の周縁部へと——つまり、場所より社会的要因の方に関心を向けるなら、核家族から直系家族へ、次いで消滅した宗教へと——急速に変転しているのであるから、速断は避けて、慎重にならざるを得ない。

教育の落ちこぼれ

今や教育的には停滞の時代であり、われわれが楽観主義者ならば、休止の時代と言うところであるが、その顕現の一つは、学歴ピラミッドの底辺に、「免状なし」の層が依然として維持されていることに他ならない。これは、卒業証書と同等もしくはそれ以下の資格を手にして教育システムを離れた個人たちと、ここでは定義しておく。いまではすっかり珍しくなっているこの学歴は、かつて第三共和国下にあって就学キャンペーンのプラスの目標となっていたが、今日では挫折の印となっている。(4) 二十五歳から三十四歳の者のうちの免状なしの県ごとの比率の平均は、二〇〇八年には一二・二%であった。この領域でも、他の多くの領域と同様に、フランスは多様である。この指標は、フィニステール県での六・六%から、セーヌ・サン・ドニ県での二三%まで、変動している。この両極端の数値には、移民流入の痕跡が、最も少ない県と最も多い県という具合に、ほの見えている感じがする。地域ごとの決定要因は、移民の息子たちとブルターニュの青年を区別するよりはるかに的確に、昔からのフランス人の住民集団の差異を浮び上がらせるのである。

「免状なし」の分布（**地図2－5**）は、「バカロレア＋α」の分布とは逆に、都市現象を浮き彫りにしない。都市の教育上の困難は、都市を取り囲む地方の困難とそれほど違いはないからである。免状なしは、ブルターニュの都市、郊外、農村部で、相対的に稀であるが、パリ盆地では都市でも郊外でも

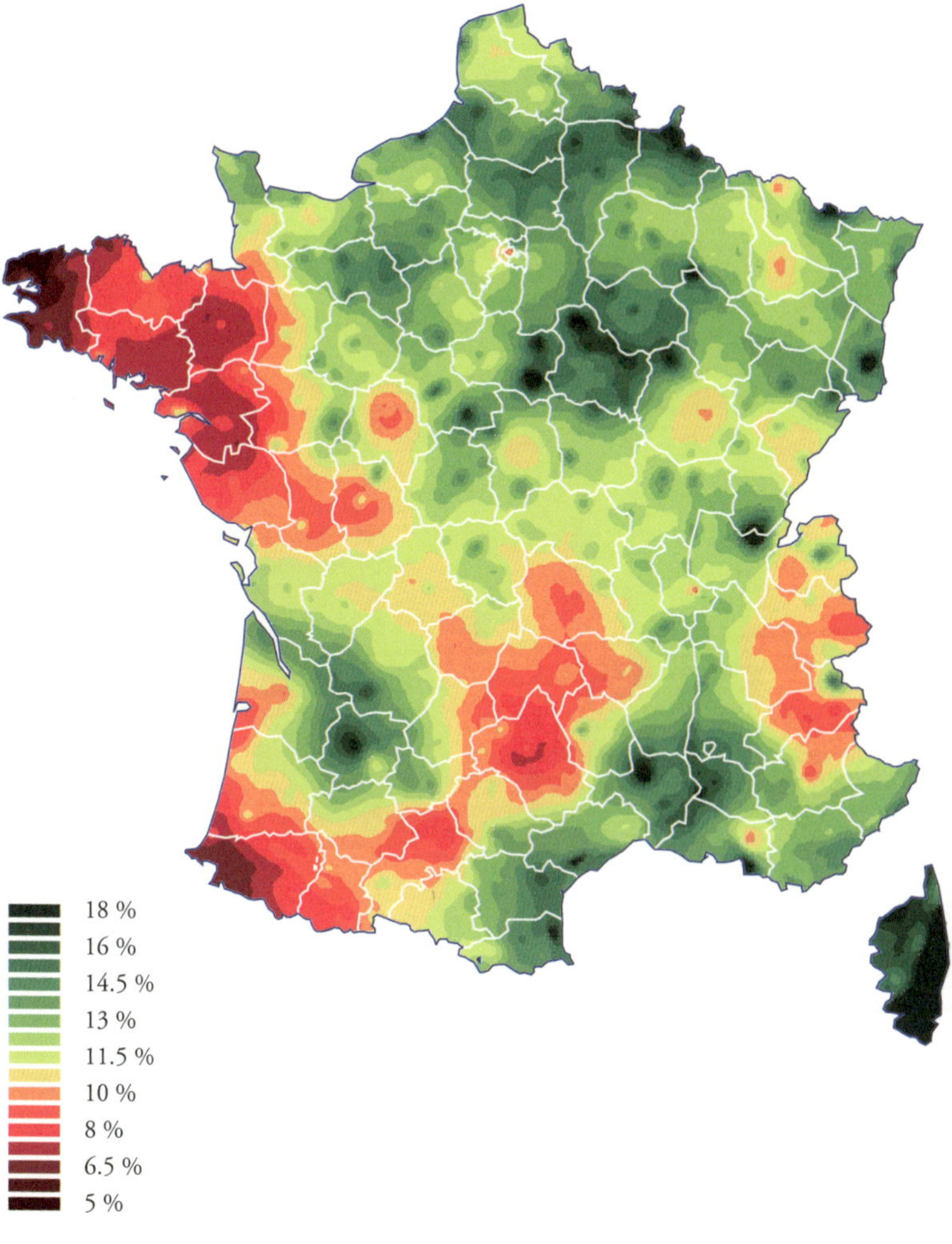

地図2-5　免状なし

2008年に25歳から34歳の者で免状なしの者のパーセンテージ(率が高い場合は緑)

農村部でも、多数に上ることになる。教育上の困難の層は、どの地域でも同質的に社会構造の底辺に広がっている。その上には中等教育や高等教育を受けた層が重なるわけだが、その相対的比率は、環境が大学都市的か否かによって変動することがあるのである。

地図2－5は、昔の啓蒙〔光明〕のフランスが現在陥っている教育上の困難を浮き彫りにする。ここでは、パリ盆地は分厚い地中海沿岸部の全体とくっついている。副次的な極が、アキテーヌにあるのが識別されるが、もし教育の前進が至るところで再開し、ただしパリ・ボルドーの軸の上ではその進度が遅いということになったら、このアキテーヌの極は最後にはパリ盆地にくっついてしまうかも知れない、という感じがする。

ここでは、脱キリスト教化の地図（**地図1－5**）と、現在清算の過程にある、北部と東部の古くからの工業の地図（**地図5－2**）との組み合せが、われわれに突きつけられているという恰好である。この学校関連の最大の不平等を示すこの地図の上に、パリ盆地と地中海沿岸部において、集村と子どもたちの平等の地域であった、かつての人類学的平等主義地帯の痕跡を見いだすというのは、何とも悲しい皮肉である。カトリック教の地であったにもかかわらず、教育上の困難が蔓延しているらしいアルザスは、カトリックの成績としては例外のように見える。しかしアルザスの学校制度は、一八〇一年のコンコルダ[*6]による制度の下に依然として置かれている以上、これもまた一つの例外なのである。ここでは、この州の宗教色の強い雰囲気というものが、ムスリム系移民の住民集団に及ぼした特殊的効果を研究してみる必要があるだろう。

読み書きの困難

免状の質に疑問を投げかけ、学歴称号の数の前進をもって教育上の進歩とする尺度の有効性に疑義を差し挟む人は多い。われわれ自身も、世論調査が自己申告制であるところから、レベルの過大評価が導き出されがちであることは、強調していた。しかし、特別に考案されたテストによって学校関連の困難を測定するアンケート調査のデータによると、先ほど提示した教育上の成績の地理的分布は、主要な部分については妥当であることが確認されるのである。そうなると、能力の等級表の最下層には、読み書きの困難を抱える青少年が存在するということになる。こうした青少年が多数存在することは、アンケート調査で検知され測定されるわけだが、これを全世界的識字化の「良き時代《ベル・エポック》」に対する退行と解釈するのは、早計であろう。というのも、一九〇一年の国勢調査の際に読み書きが出来ると答えたフランス市民が、完全に読み書きが出来たという保証は何もないからである。

「国防と市民権の日」[7]に実施されたテストのおかげで、読み書きの問題についての正確な地図の作成が可能になる。二〇一一年に、読み書きが困難な青少年の県平均は、九・五%であった。これは二〇〇八年における二十五歳から三十四歳の者のうちの免状なしの比率一二・二%より、二・七%少ないということになる。最近一七年間に教育水準は安定しているので、ここで比較した二つの年齢層が、正確には同一ではないという事実は、考慮に入れなくても構わない。格差は僅少で、その上かなり大幅に慣用的なものである。なぜならこの九・五%という数値は、「深刻な困難」と「きわめて低い読みの能力」という二つのカテゴリーを合算しただけのものだからである。残りの分類は、「読みの能力薄弱」九・四％、「読みの能力有効」八一・一％ということになる。一見したところ、読みの能力に劣る青少年の地図（地図2－5）を再現している。ここでもまた、北東から南西へと向かう拡大パリ盆地が姿を現わしている。しかし、地中海沿岸部は姿を消しており、その点はアルザスも同様である。

県レベルで、読みの能力に劣る者の比率を、それより高い、免状なしの比率から引いてみよう。そこで得られるのは、特段の読みの困難を抱えていないが、最終的に免状を持っていない青少年の比率である。その結果を地図化したもの（地図2－6）は、免状なしの地図（地図2－8を見よ）とひじょうに似たものとなる。ただし、この違いが、マグレブ人の分布地図（地図2－7）は、「防衛と市民権の日」にテストを受けたのは、定義上、フランス国籍の青少年だけであったという事実から来るのか、満足すべきレベルの読みの能力を持つマグレブ出身の青少年が、教育システムからきわめて早期に排除されてしまうところから来るのかは、どちらとも言い切れない。

締め出された技術教育的中間諸階級

「バカロレア＋α」（四八％）と「免状なし」（一二％）を合わせると、二十五歳から三十九歳の者の六〇％になる。残る四〇％は、BEPC〔第一段階初等免状〕、BEP〔職業学習免状〕、職業バカロレアもしくは技術バカロレアを持つ労働力青少年ということになる。この中間に位置する四〇％は、言わ

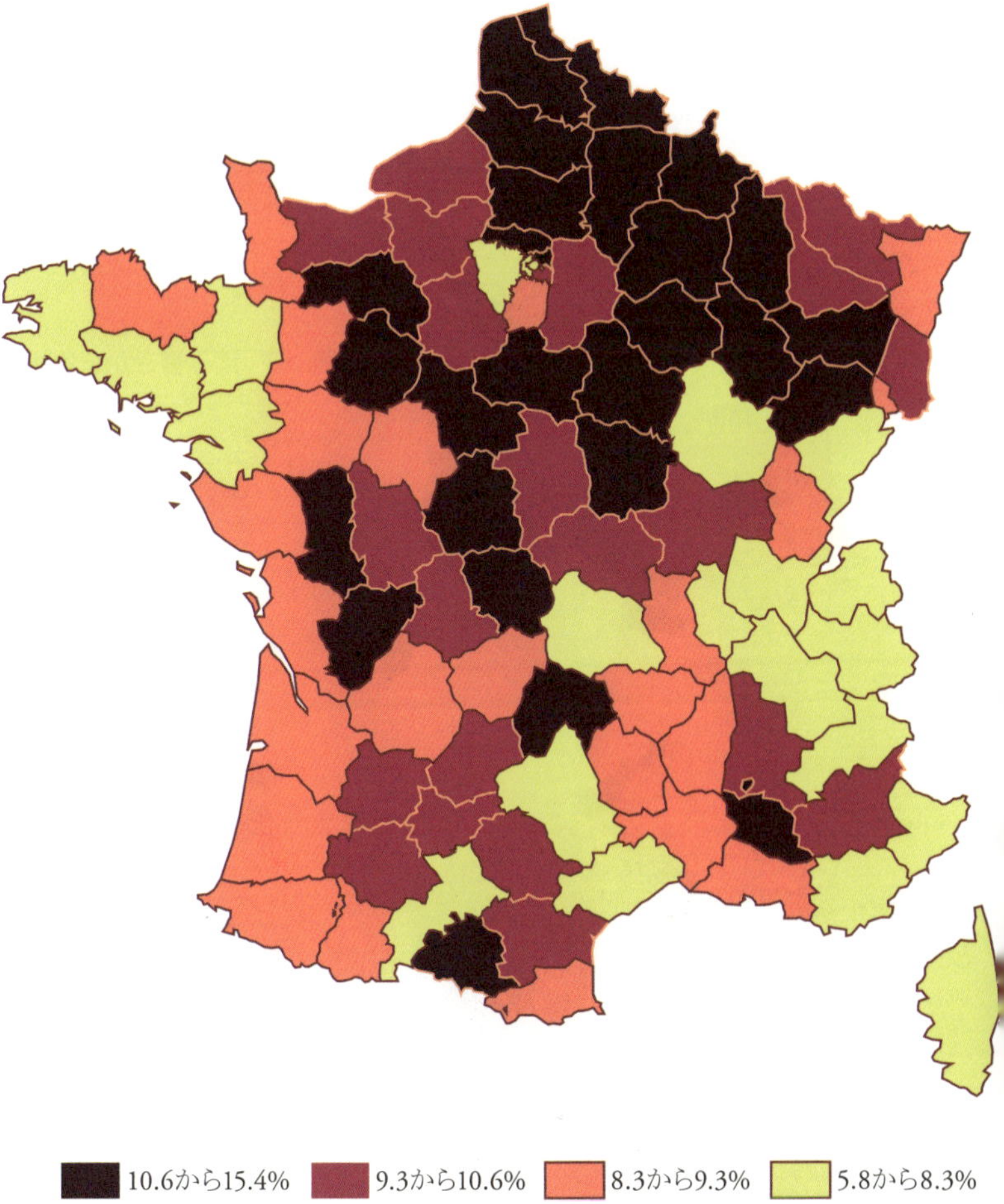

地図2-6　読み書きの困難

2009年の「防衛と市民権の日」のテストで読みの困難を示した青少年のパーセンテージ

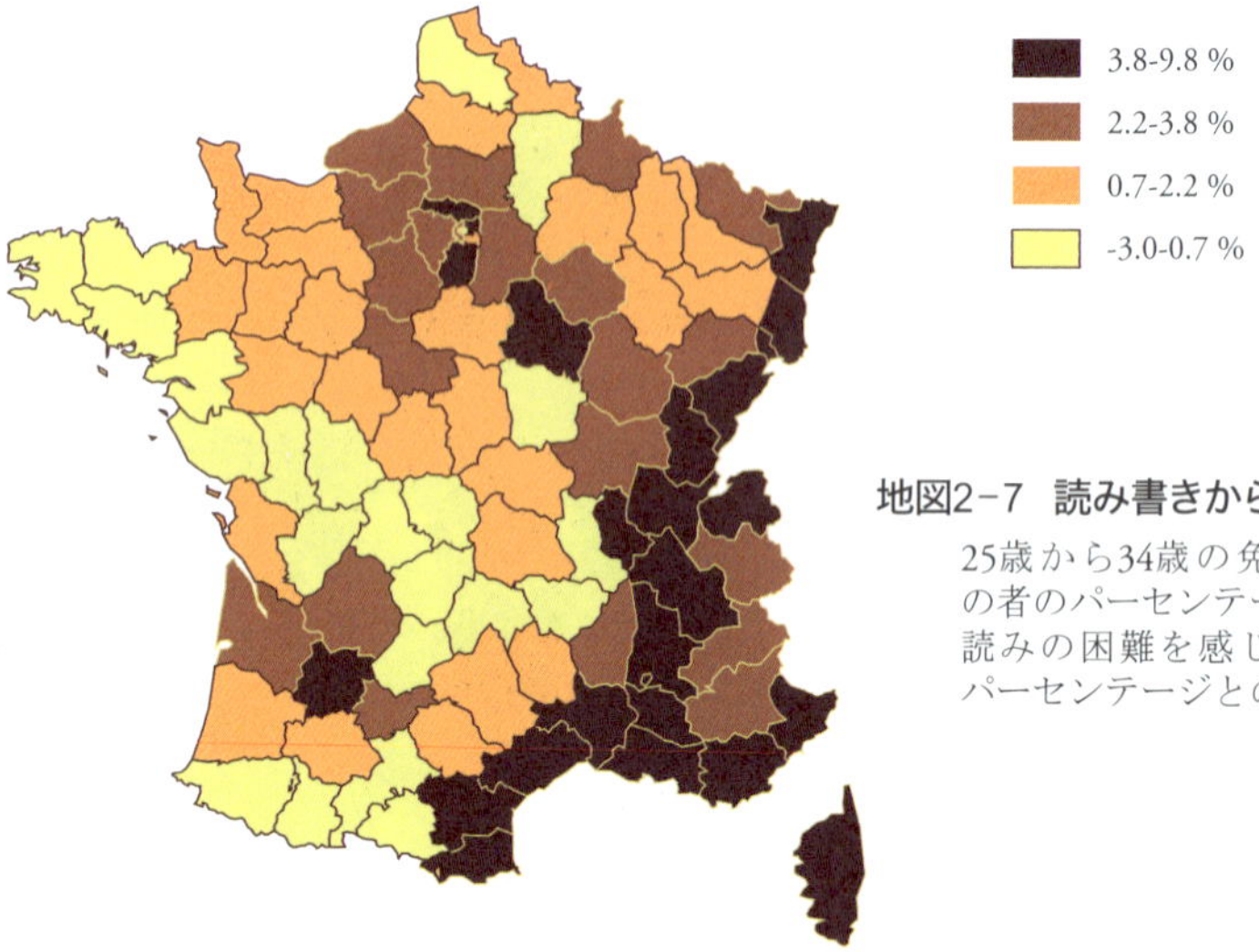

地図2-7　読み書きから免状へ

25歳から34歳の免状なしの者のパーセンテージと、読みの困難を感じる者のパーセンテージとの差

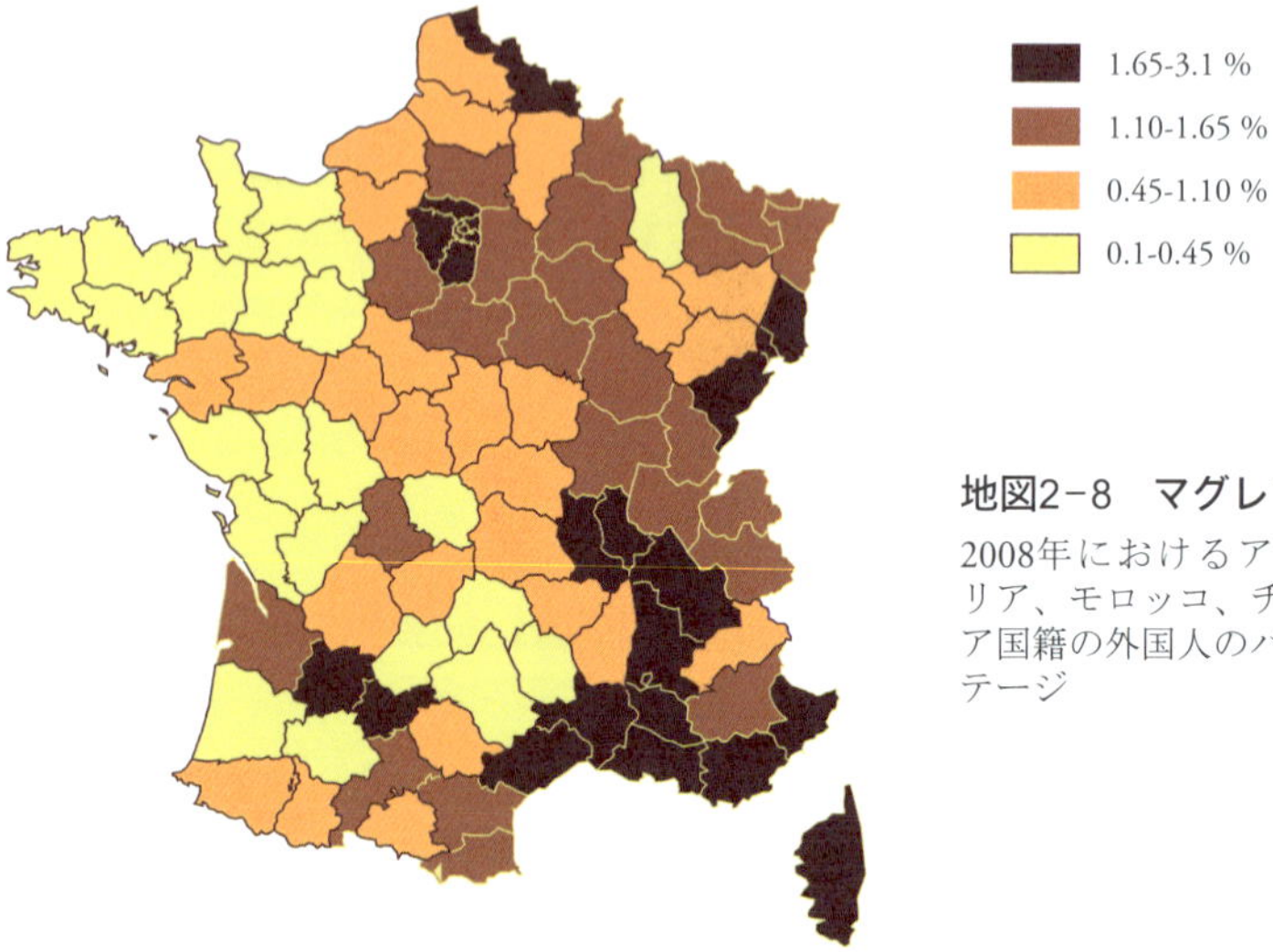

地図2-8　マグレブ人

2008年におけるアルジェリア、モロッコ、チュニジア国籍の外国人のパーセンテージ

ば文化的中産階級のようなものをなすのであり、われわれはこれを、フランス社会学のあらゆる慣用[*8]とは逆に、技術とか、物品の加工とか、物質とかへのこの階層の関わり方で定義することにする。一九五〇年代のアメリカ社会学は、当時繁栄を極めていた労働者階級を、中産階級に組み込んだものであるが、このアメリカ社会学だったら、われわれの定義に憤慨しはしなかっただろう。文化的には昔ながらのブルジョワ教育に忠実な者たちに支配されている現在のフランスにおいては、民衆階級の教育水準の大幅な上昇というのは、最も受け入れがたい現実の一つなのである。経済的グローバリゼーションに伴う給与の圧縮は、たしかに技術教育を受けた青年にも、高等教育の学齢を有する青年にも、等しく打撃となっている。しかし、最近一〇年間の経済的変遷がマイナスだからと言って、民衆階級の教育水準が改善されたことを忘れてはならない。この現象を抜きにしては、フランスの最近の社会・政治的変遷を理解することはできないのである。超特権者の数はほんの一握りで、統計的実体を持たない（人口の一％もしくはそれ以下）わけだから、この層を別にしてしまえば、われわれの社会は以下の三つの階層からなる社会である――これは若い年齢層についての結論であるから、将来も同じことになる――という、楽観的でも悲観的でもないヴィジョンが得られることになる。すなわち、本来の意味での中産階級（四八％）、技術系中産階級（四〇％）――この合計は八八％で、けたはずれに拡大したことになる――そして人口のわずか一二％の教育上の困難を抱えた少数集団、の三つに他ならない。

地域間には大きな変動が見られるが、それでもこの基本的な三元構造が姿を消すことは決してない。

免状なしについて、変動の最大値と最小値を画するのは、フィニステール県とセーヌ・サン・ドニ県である。前者では、免状なしはわずか六％、技術系が四四％、高等教育系が五〇％で、後者では、それぞれ二三％、三二％、四五％である。パリでは、バカロレア＋αが八〇％、オー・ド・セーヌ県では七〇％、イヴリーヌ県では六〇％、オート・ガロンヌ県では六二％で、これらの諸県の状況は、高等教育学歴層による例外的な支配が見られるというもので、他の諸県では、高等教育学歴層の比重が五〇％を大幅に超えることは決してない。

われわれは序論において、教育ピラミッドの転倒によって、大多数のフランス人は、社会の上の方を見るよりは下の方を見るようになり、昔のように五％から一〇％の高等教育学歴者たちに異議を唱えるよりは、一二％の「免状なし」に似てしまうのではないかと心配するようになっている、と述べた。この不安は、免状なしの数が多く、差し迫った脅威となればなるほど、強くなる。それゆえ、フランス本土における免状なしの分布を示す**地図2－5**は、おそらく階級脱落の恐怖の地図でもある。とりわけ、この恐怖をより強く体験している技術系中産階級の数が多く、高等教育カテゴリーが僅少であるところでは、そう言える。

さてこれから、新たな地図作成法を利用して、高等教育系中産階級と技術系中産階級の間に確立してしまった物理的分離、ということはすなわち心性的分離を記述することとしよう。この遠隔化のメカニズムこそ、有権者の右傾化の一因であり、新自由主義的な経済的後退に反抗していると自己認識する社会の無力の一因でもあるのだ。

地図2－9は、年齢二十五歳から三十四歳までの者の中での技術系中産階級を赤色で表わすものである。その陰画《ネガ》に当たる高等教育学歴層と免状なしの総計は、緑色で表わされる。ここに姿を現わすのは、都市的近代性の地図であり、人類学的もしくは宗教的地図ではない。技術系中産階級は、都市化地帯の周縁部に打ち捨てられているように見える。この階層は、イル・ド・フランス、ローヌ・アルプ地域圏、アルザス、モンペリエからニースまでの地中海沿岸部、トゥールーズ地域といった、教育上最も活力に溢れた広大な都市化地帯の中では、きわめて少数派的である。

技術系文化は、都市周辺部化され、時として農村部化されている。技術系文化とは、現実的進歩を意味するのだが、都市中央部空間を占める高等教育学歴層によって、上から見下されているか、むしろその視界から見失われている。左派の一部が、高等教育学歴の青年たちと移民の子どもたちの同盟の中に、新たな選挙戦略を探ろうとしているのは、あるいはそのためかもしれない。これは二〇一一年に、シンクタンク「テラ・ノヴァ」［新たな土地］の報告が勧めていたことに他ならない。この報告は、免状取得者、若者、民衆街の移民系住民、女性を含むとされる新たな有権者集団の出現を予告し、これらのカテゴリーが「進歩的な文化的価値」によって統一される、としていた。

このような選択が出て来るのは、社会学的分析の結果というよりは、都市的イデオローグが目覚ましく高学歴化し、快い色彩に彩られた都市という自分の直接的環境の中からしか、フランスという国を眺めることができないことの結果なのである。しかも都市は、次章以降で見るように、実は依然として男性に支配されている。とはいえ「テラ・ノヴァ」のヴィジョンには、単に経済主義的であるだ

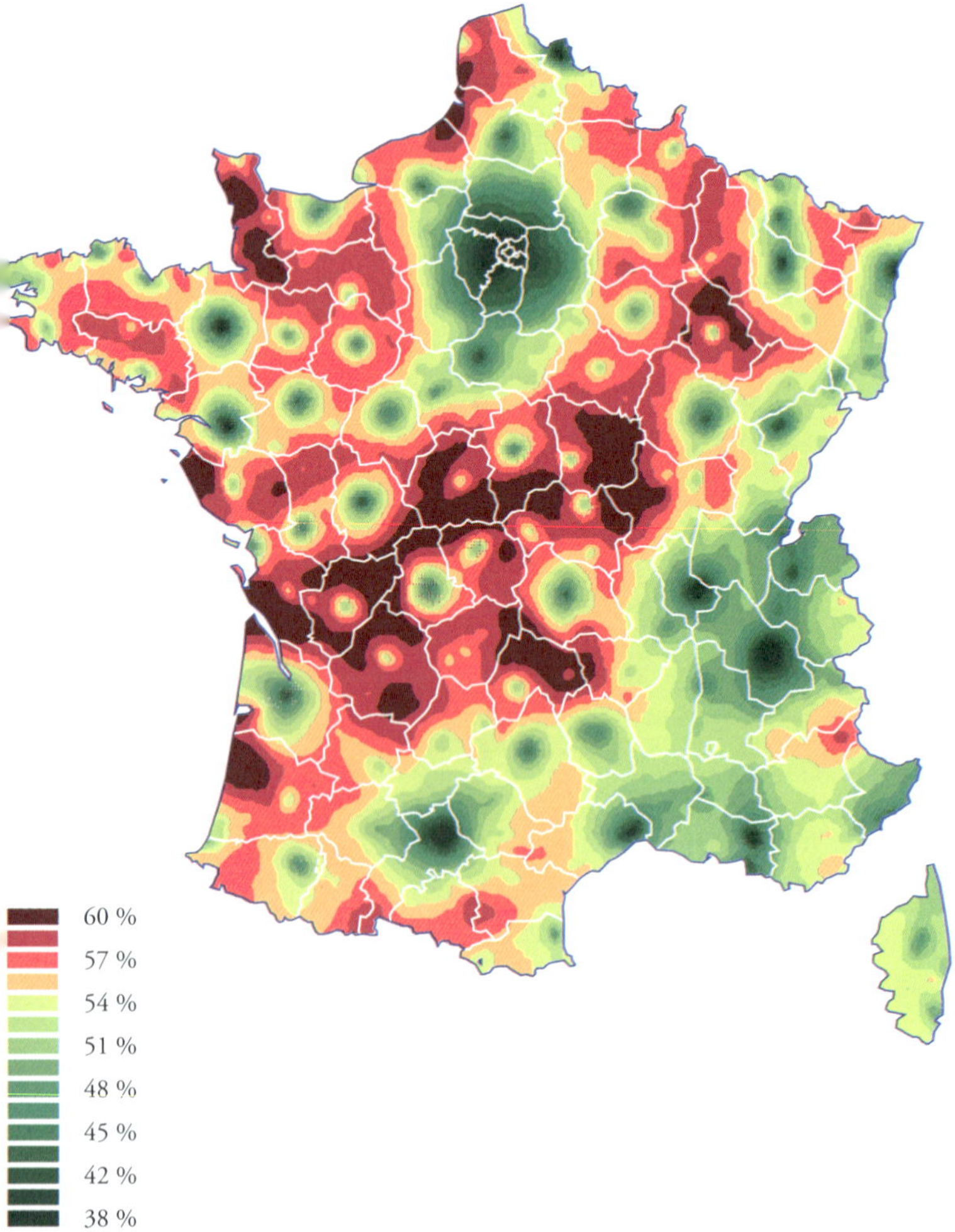

地図2−9　技術的中産階級

25歳から34歳の者で技術系の免状（CAP、BEP、技術バカロレア）を持つ者のパーセンテージ（2008年における）

けではないという美点を認めてやろうではないか。

次章からは、男女間の不平等、次いで経済的不平等に取り組むことになるが、その前に、しばらく地図の世界から離れることにしよう。未来を予測する分析のために、教育上の不平等の重要性をよりよく理解するためである。

経済中心主義 対 教育

教育によって決定される社会的階層構造というわれわれのヴィジョンは、社会科学に君臨している「経済中心主義的」雰囲気に従順な読者を驚かすはずである。しかし、一九七三年に、アメリカの社会学者、ダニエル・ベルが脱工業社会の出現を捉えることができたのは、注意を向ける方向を、社会の経済的形状から教育絡みの階層構造へと移したことによってだった。彼は脱工業社会を、高等教育と大学の勢力伸張によって定義したのである。(5)

それ以降、支配的思考は右旋回をしたわけだが、それは奇妙なことに、アメリカ合衆国でもフランスでも、昔ながらのマルクス主義的物質主義〔唯物論〕の生き残り、というよりは、その逆説的な増殖を許すことになった。ただし、新自由主義的物質主義という、逆転した形での物質主義であるわけだが。この新自由主義的物質主義は、ただ経済の優越というものを、工業の領域から金融の領域へ、生産労働から金銭へと移動させただけの話なのだ。

これに対してわれわれは、何らかの社会において、平等の観念と不平等の観念のいずれが支配的な考え方となるかは、個人や集団の経済的特殊化ではなく、はるかに教育絡みの階層化によって決まる、と考えるものである。

教育をめぐる言説は、今日巷に溢れている。しかしそれ自体が、経済中心主義に支配されている。教育絡みの不平等は、社会の経済的形状の反映だと考えるのである。左派の人間は、グランド・エコールに入る労働者の子どもたちは、全国的人口比率に対して少数であると嘆く。この憤慨そのものは正当だが、その結果、社会の文化的水準の全般的上昇の自律性と支配力の強さ、ならびにそこから派生する新たな階層構造が、理解できなくなってしまう。ここでもう一度言っておこう。青年の教育は、将来の社会を定義するのだ、と。二〇〇八年における二十五歳から三十四歳の者の教育水準の分布は、単に今日のフランスの姿を浮び上がらせるだけではない。はるかに的確に、二〇三〇年のフランスの姿を浮び上がらせるのである。教育絡みの構造は、世代単位の速度で変遷するから、それほど柔軟なものではない。こうした教育絡みの構造に、経済は適応しなくてはならないのである。経済が教育の動きについて行けなくなるなら、生活水準は低下し、社会は危機に突入する。現在は、このような経済の不適応過程の初動段階に他ならない。

マイケル・ヤングと教育の予測

一九五八年に刊行された『メリトクラシーの台頭』の中で、マイケル・ヤングは、世界で初めて、教育の動きの中に平等に対する逆説的な脅威を見事に読み取った(6)。一九一五年生まれの労働党系知識人のヤングは、戦後の楽観論の最盛期に執筆活動を行なった。しかし、万人のための教育の実現のために戦うこの活動家は、民衆階層の最も才能ある子どもたちの地位の向上は、機会均等の原則そのものの名において、メリット〔功績・美点〕の概念によって正当化されるはるかに残酷な新たな不平等を作り出すことになりかねないことを、予測したのである。もし最も優れた者たちが社会の頂点に到達するのであれば、何の名において不平等に異議を唱えることができるであろうか。ヤングは、新たな教育絡みの階層分化は、社会の閉塞を生み出すことがあり得ることを理解した。ポピュリズムとエリート主義に彩られる社会の閉塞、要するに現在のわれわれの世界に他ならない。『メリトクラシーの台頭』は、短いSFの試みであって、その語り手の語りの時点は、二〇三三年である。

「新たな規則による階級間の分立の度合は、以前の規則によるよりも強固であることが明らかになった。上層階級のステータスは、いまやより高くなり、下層階級のステータスは、より低くなっている。〔…〕歴史家ならだれしも、階級の対立は、メリットの支配以前の時代においては、恒常的であったことを承知しており、この過去の経験に鑑みて、一つの社会階級のステータスの急速な低下は必然的に対立の悪化をもたらす、と考えるかも知れないことを覚悟するだろう。そこから次のような疑問が出てくる。すなわち、なぜ前世紀の諸変化はこのような状況に至ることがなかったのか、なぜ社会は、社会の上層と下層の間の深淵が拡大しているにもかかわらず、安定しているのか、という疑問である。

その根本的な理由は、社会の階層構造はいまや、社会のあらゆる水準において受入れられるメリットという観念と合致している、ということに他ならない。一世紀前には、下層諸階級は、自分自身のイデオロギー――その本質的な特徴としては、それがこんにち支配的となったイデオロギーに他ならない――を持っており、階級としての自分自身を向上させるため、また同時に支配者たちを攻撃するために、それを用いることができた。それは上層階級の地位の正統性を否定していた。しかし新たな原則が打ち立てられてしまうと、下層階級は、支配的な社会的エトスに反対する己に固有のイデオロギーを持つことがもはやできなくなってしまった。封建制の黄金時代に、下層身分の者たちがそうしたイデオロギーを持っていなかったのと、同様である。社会の下でも上でも、メリットが支配すべきであると認められるとなると、下層階級の人間としては、選抜が実施されたやり方に文句を言えるくらいが関の山で、だれもが賛同している規準に反対することなど、出来ない相談となってしまう。この段階では、道理にもとるようなことは一つもない。しかしながら、メリットを判断基準として承認することが一般化するなら、メリットのない多数の人間は、絶望と無力を宣告されるしかないということを強調することができなければ、われわれは社会学者としての義務を怠ることになるだろう。……」(7)

マイケル・ヤングの予言は、二つの重要なポイントにおいて不十分であることが明らかになっている。二つの進化が、このイギリスの社会学者が恐れた残酷な不動の世界を免れる可能性を与えてくれる。

まず第一に、上へと向かう教育の動きの規模の大きさは、ヤングの予測をはるかに上回った。彼のモデルは、人口の五%以上を含むことのない閉鎖的な上流階級の出現、というところで止まっている。ダニエル・ベルは、実はヤングの影響をひじょうに受けているが、それでも一九七〇年代初頭のアメリカ合衆国で大規模な教育革命を目の当たりにしたことによって、悲観論に陥らずに済んだ。(8) 教育ピラミッドの完全な転倒は、しばらく前にアメリカ合衆国の特徴となり、こんにちフランスの特徴となっているが、要するにヤングはこのような転倒の仮説を想定しなかったのである。この転倒が平等の理念にとってこんにちマイナスの含意を伴うことを、たしかにわれわれは指摘した。技術系中産階級が、下の一二%に似ることを恐れて右傾化するのは、まさにそれで説明がつく。しかしもちろん、経済的困難と全般的貧困化に直面したさまざまな行為者たちが、社会の一体性と、全体としての社会の高い教育水準と、そして高等教育学歴層と技術系学歴層の間に存在し得るかもしれない連帯性との自覚を取り戻すなら、別の方向性もまだ可能である。下の一〇%に向けられる眼差しは、最小限の道徳的努力をするなら、再び友愛的なものとなる可能性もある。一%ないし〇・〇一%の最富裕層の行動様式に対する知覚が、より批判的になる可能性もあろう。その場合には、人類学的基底によって伝えられた価値観の本性がどうなのか——一国的社会もしくは地域社会によって、平等主義的なのか否か——ということは、決定的な予想の材料となるのである［当該社会が平等主義なら、最富裕層への批判は臨界に達する可能性が強くなる］。

第二の不十分は、未来に関わる。ヤングは、新たな教育絡みの階層構造から派生することになった金銭の勢力伸張を予想しなかった。彼が想像した社会は、威信によって強固に階層化された社会で、その中で「メリトクラート」はもちろん現物給与――住居や公用自動車、家事手伝い――を与えられるが、所得格差はむしろ小さい、というものであった。彼にとって脅威とは、プラトン的な、より慎ましい言い方をするなら、ソヴィエト的な、忌まわしいほど安定した不動の社会の脅威であった。文化的不平等は、こんにちわれわれが確認するように、経済的不平等へとつながった。ところが金銭とは、際限のない蓄積のメカニズムを始動させるものであるから、本性からして安定を突き崩すものである。不正と貧困は、いかなる場合にも安定を脅かすことはないのに対して……。

第3章

女性の解放

女性の解放が最も明白なのは、教育の分野をおいて他にない。この分野は、またしても社会進化の原動力として立ち現れる。アンチル諸島の社会[*1]を別とするなら、世界中至るところで、識字化とは初めは男性に関わる現象であり、女性は読み書きの修得においてはしばらく遅れて男性の後について行くのである。ところが逆に中等・高等教育の発達においては、きわめて早くから統計的には女性が優勢となっている。フランスでは、三〇年以上前から、女子はフランスのバカロレア取得者の多数派をなしている。二〇〇九年の普通バカロレアの合格者の五七%が女子なのだ。[(1)]同じ時期に、過去六年以内に学業を終了している青年のうち、女子の五一%は高等教育の免状を取得しているのに対して、男子は三七%にすぎない。[(2)]とはいえ教育面での女性の成果に目を奪われて、男性に有利な著しい経済的不平等――雇用と給与の――が根強く残っていることを忘れてはならない。しかし、社会的論理からすれば、教育の進化は根本的なものであるから、女性と男性の条件の均等化は、抗いがたい現象であって、今後数十年ますます明瞭になり続けて行くだろう。

二十五歳から三十四歳の年齢層において、男性が一四%という重大な遅れをとっているのは、未来の経済的格差が教育面に現れた予兆とも言えるが、人類学的システムの母権制の方向への移動の端緒を、現在われわれが体験しつつあるという示唆でさえあり得るかもしれない。しかし事はそうそう単純ではない。なぜなら学業分野ごとの専門化のありさまを見ると、男性の抵抗の極が二つ維持されているからである。それは理科学課程と技術教育という、ときとして重なり合う二つの分野である。

二〇〇九年度の普通バカロレア試験で、女子は文学系合格者の八〇%、経済・社会系合格者の六三%

を占めたが、理科学系のS課程では四七％に留まった。このパーセンテージは、それでも一九九〇年に較べれば五ポイントの上昇となっているのだ。バカロレア以上となると、女子の近年の前進にもかかわらず、受験準備課程*2を経て理科学系のグランド・エコールに進む進路においては、男子有利な重大な不均衡が依然として存続している。

技術バカロレアの第三専門分野は、女子が優勢（「管理行政」課程の五八％、「保健・社会」課程の九四％）だが、工業系の専門は男子が優勢（九〇％）である。

要するに女性は、理科学系と技術系の分野で前進を続けている。文学系と第三分野の教育で男性が積み上げた遅れが甚大であることを考え合わせると、理科学分野と技術分野で女性が男女均等に到達することは、男性の全領域での教育上の敗北を意味するということになる。そうなると、もしかしたら母権制社会の誕生を視野に入れなければならなくなるのだ。現在の社会は、男性の暴力や女性の給与の停滞に懸念を抱いており、それは正当なことであるが、ここまで来るとわれわれはどうやら、そうした社会の表層意識的な懸念から遠ざかることになってしまう。しかし客観的な人類学的アプローチを行なうなら、いかなるイデオロギー上の論争からも無関係に、この可能性に直面せざるを得なくなる。もちろん、統計の結果からは、即座に何らかの答えを出すことは差し控えなければならないのではあるが。

権力を対象とする政治関係のデータは、それでも二〇〇二年から二〇一二年という最近の期間において加速化があることを示唆している。国民議会の女性議員の比率は、一九六八年には二・三％、一九八一年には七・三％、一九九三年には六・一％にすぎなかった。しかし一九九七年には一〇・九％、二〇〇二年には一二・三％、二〇〇七年には一八・五％、二〇一二年には二六・九％に達しているのである。

この問題系は、全く単純に心を奪うものである。母権制社会というのは、人類の歴史の中でこれまで存在したためしはない。ギリシア人の神話や十九世紀ヨーロッパの学者の描いた神話の中以外では。しかしそのような変化が起こるとすれば、それは人間という種の変異、人間の原始以来の本性に対する文化的進化の勝利ということになるだろう。

しかしながら、男女間の教育面での差を地理的に分析してみると、女性が文学系と第三分野、男性が理科学系と工業系へという専門化は、人類学的基底に根ざしていることを示唆するような、より保守的な見方に立ち至ることになる。

女性の先行の地理的分布

国勢調査のデータによれば、二〇〇八年に、二十五歳から三十四歳の女性で普通バカロレアかなんらかの高等教育免状を持つ者の比率は五三％で、男性の比率はわずか三九％に落ちていた。[3] この計算法で行くと、またしても男性と女性の間に一四％の格差があることが分かる。これはあくまでも平均の話であり、実は地域間には大きな違いがある。それを示すのが**地図3-1**で、これによると、男性に対する女性の先行は「地域によって」七％から二〇％の間に広がるということになる。

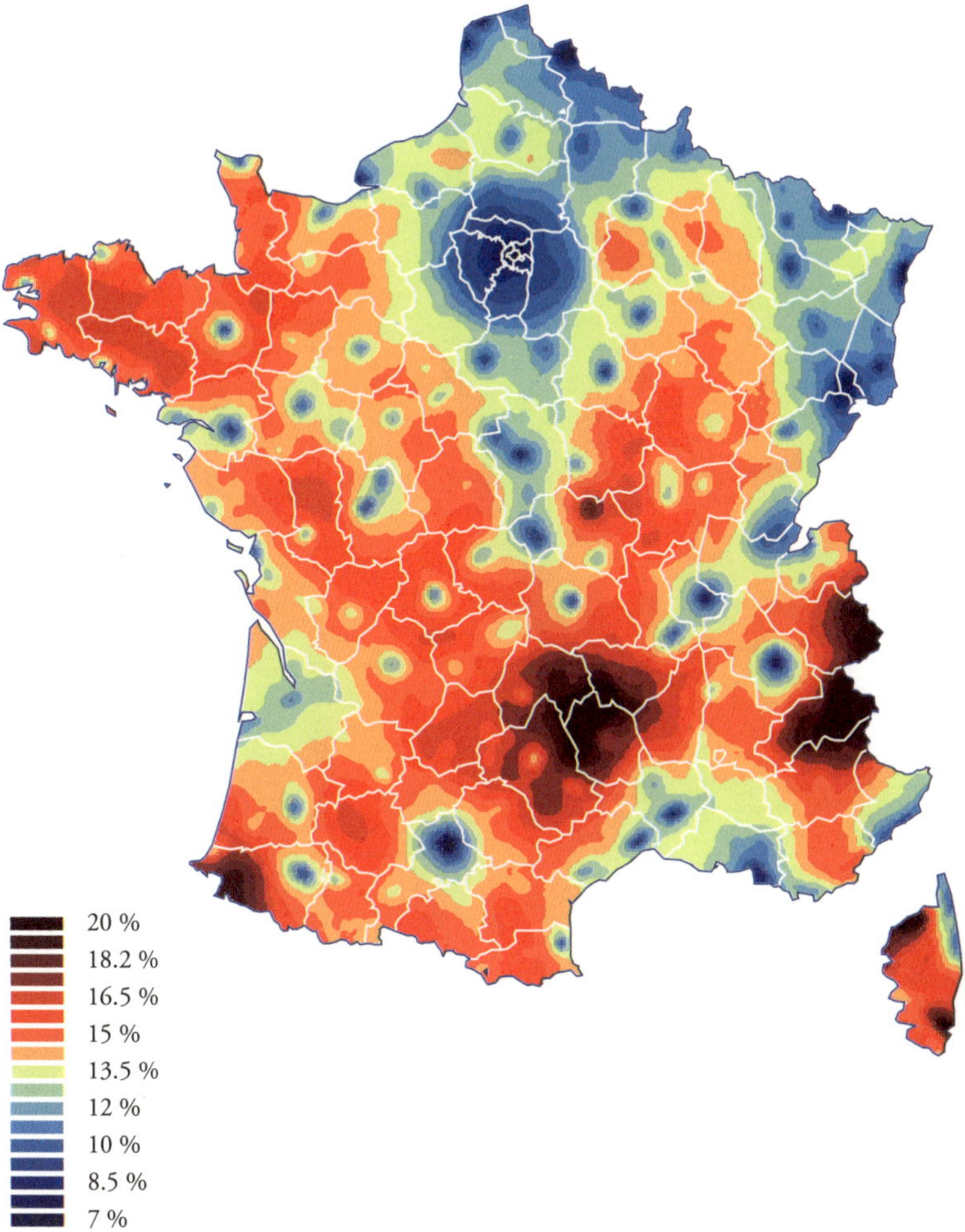

地図3−1　教育での女性の先行

25歳から34歳の者の中でバカロレアもしくは高等教育の免状を所持する者の男女それぞれのパーセンテージの間の差

こうした差異の一部は、地域の教育的活力の差によって説明がつくはずである。女性が男性を凌駕する度合は、全体の水準の上昇の速度が早ければ早いほど、大きくなると考えられる。しかし**地図3－1**に姿を現わすのは、そのような相関関係ではない。それはこの地図を前章の**地図2－3**と比較してみれば、確認することができる。こちらの地図は、男女合わせてバカロレアか高等教育の免状を保持する者の比率を示しているが、非常に違った分布となっているのである。

フランス本国における男性に対する女性の先行の変動を説明することを可能にする要因は、三つある。

工業と性的保守主義

北部と東部では、昔ながらの工業圏の抵抗が、男女間の教育上の不均衡に歯止めをかけている。これらの地域は地図上で青に彩られており、女性の先行は七％から一一％を超えることがない。オリヴィエ・シュヴァルツは、一九八〇年から一九八五年までの間に実施された民族誌的アンケート調査の中で、リールの南の労働者共同体における男女の役割の区別を見事に描写している。これはきわめて全般的な状況の検証となっているのである。

「[…]」世論アンケート調査では、男女の役割区分に対する労働者カテゴリーの忠実さが、規則的に姿を現わす。また、労働者の回答と中産ないし上層階級の回答の間のきわめて明瞭な対立も、現れる。アンケート回答者に、一般的な原則的立場についてではなく、何らかの具体的な問題に対してどのような反応を示すかを、一つの物語の形で問い掛けて、ブランクを埋めるように頼むという『シナリオ』方式を適用すると、社会カテゴリー間の回答の違いが、とくに明確に浮き彫りになる。民衆階級は、労働と権威における男性の優位に固執し、また回答の中で、女性の『自然な』席が子どもと暖炉の傍にあると主張するのである」(4)。

カトリック教とフェミニズム

これとは反対に、ブルターニュ、ピレネ山地西部、中央山塊の南東部、アルプス地方が、女性の先行の極をなしているのは、カトリック教の仕業である。歴史を通して教会と女性を結びつけて来た絆が、ここで喚起されて然るべきだろう。これらの地では、まずローマ人の妻たち、次いで〔ゲルマンの〕蛮族諸侯の妃たちが、ヨーロッパのキリスト教の華々しい開花のために決定的な役割を果たした。ブルグンド公女にしてフランク人の女王たる、クローヴィスの妃クロチルド*3は、フランスの宗教伝説集の中に、夫クローヴィスのキリスト教への改宗の立役者として収まっている。

第三共和制下で、一九〇五年の教会と国家の分離の前にもその後にも、急進社会主義*4にとって最大の恐れの一つであったのは、女性と教会の間に結ばれた、表に現れることのない保守的な同盟であった。フランスでは女性の投票権は一九四四年になってようやく認められたが、こうした女性の投票に対するフランスの抵抗は、急進社会主義の名士たちの懸念によって大幅に説明がつく。二〇〇八年の女性の先行の地図を見ると、そのプラスの部分にはカトリック教の痕跡が窺われる。それゆえこの地図は、急進社会主義の名士たちの女嫌い的なファンタスムは、社会・文化的現実と全く矛盾していたわけではないということを示唆している、と言えるのである。実際に証明をもたらすわけではないまでも。

晩期のカトリック教は、異常なほど聖母マリア崇拝に中心を置いた。エーリッヒ・フロムが、母権制的傾向を持つ宗教と性格付けることができたほどである。これに対して、ルター派プロテスタント教は、父権制的傾向の宗教ということになる。

「カトリック教は数多くの父親中心的要素——父なる神、男性神父の階層序列制、等々——を誇示するが、これについては、顕著な母親中心的コンプレックスの役割も否定できない。聖母マリアと教会そのものは、すべての子を懐に抱く太母の心理的表象なのである。……逆にプロテスタント教は、キリスト教徒から母親中心的特徴を効率的に削除した。聖母マリアや教会のような、母親を代行するものは消え去ったのである。神の母親的特徴も同様である。ルターの神学の中心には、愛されている確信をいささかも持つことのない罪人の懐疑ないし絶望が見出される(5)」。

とはいえ工業文化というブレーキと宗教的伝統というアクセルだけでは、女性の先行は一部しか説明がつかない。ここでは、個人が生まれてから死ぬまで同じ地域に住み続けるという不動性を前提とした、静態的な地図分析だけで済ますわけにはいかないだろう。男も女も時として移動する。ただし移動の仕方は、異なるのである。

男性の避難所としての都市

女性の解放は、歴史的に脱工業社会の出現と第三次産業部門の優越に結び付いている。しかしながら、**地図3－1**で観察できるのは、都市的人口密集地域では女性の先行は、七％から一二％と、慎ましいものに留まっているということである。この分布図は、古い工業地域の特徴を示す地図に比較することができる（濃い青で塗られているのは、パリ、トゥールーズ、リヨン、グルノーブル、マルセイユ、ボルドー、ニース、ナント、ストラスブール）。それは全く単純に、最も広大で最も活力ある都市地域に、学歴のある男性は移動するが、学齢のある女性はそれほどではないからに他ならない。

これと対称的に、「農村的」地帯では、男女の格差は消し飛んでしまう。ここで「農村的」という語は、農業に特化しているかどうかとは関係なく、都市的でない空間を指すものとする。ここで把握されるのは、教育面での活力と地理的移動の組み合せであり、後者は男性において顕著であるが、女性ではより少ない。女性の教育の勢力伸張がより急速であるという全般的状況の中でも、女性の教育が女性を地理的・社会的に移動させる頻度はより少ないということが、ここで確認されるのである。(6)

カトリック教と男性たち

エーリッヒ・フロムは、カトリック教——単純に「女権擁護的《フェミニスト》」と描写することはできない——の内部で、母親中心的特徴と父親中心的特徴が共存していることを、適切にも指摘した。しかしながらこの宗教は、理想的男性と男性性についてのヴィジョンにおいては中央部的共和派文化とは、かなり明瞭に見解を異にする。このケースについては、社会的行動様式の地理的分布は、十九世紀までは完全に意識されていたけれども、こんにちでは大部分が忘れ去られている態度の痕跡を示すことになる。この点に関する地図は、各地域の集団的無意識を、露呈させることになるのである。

技術教育の領域では、すでに見たように、男性の方がつねに女性を凌駕している。**地図3-2**は、この男性の先行の度合を示すものだが、ここにもまた「ゾンビ・カトリック教」が社会的決定要因として姿を現わしている。それが男性の技術教育を促進しているわけである。男性の先行の標準的分布は、赤で表示されるが、その地域はブルターニュ、ピレネ山地西部、中央山塊の南東部、アルプス地方、ジュラ山地、ノール県である。いつものことだが、例外はある。われわれが作成する地図は、歴史の規則性もさることながら、歴史の偶然性も同じく有効に把握するからである。アルザスはここではカトリック圏から脱落している。教育に関して依然としてコンコルダに規制されたままのこの州では、それは頻繁に起こることである。しかし、リムーザンは赤色でカトリック圏に併合されており、ともに世俗主義的なブルゴーニュとシャンパーニュも同様である。これらが脱落していることを別に

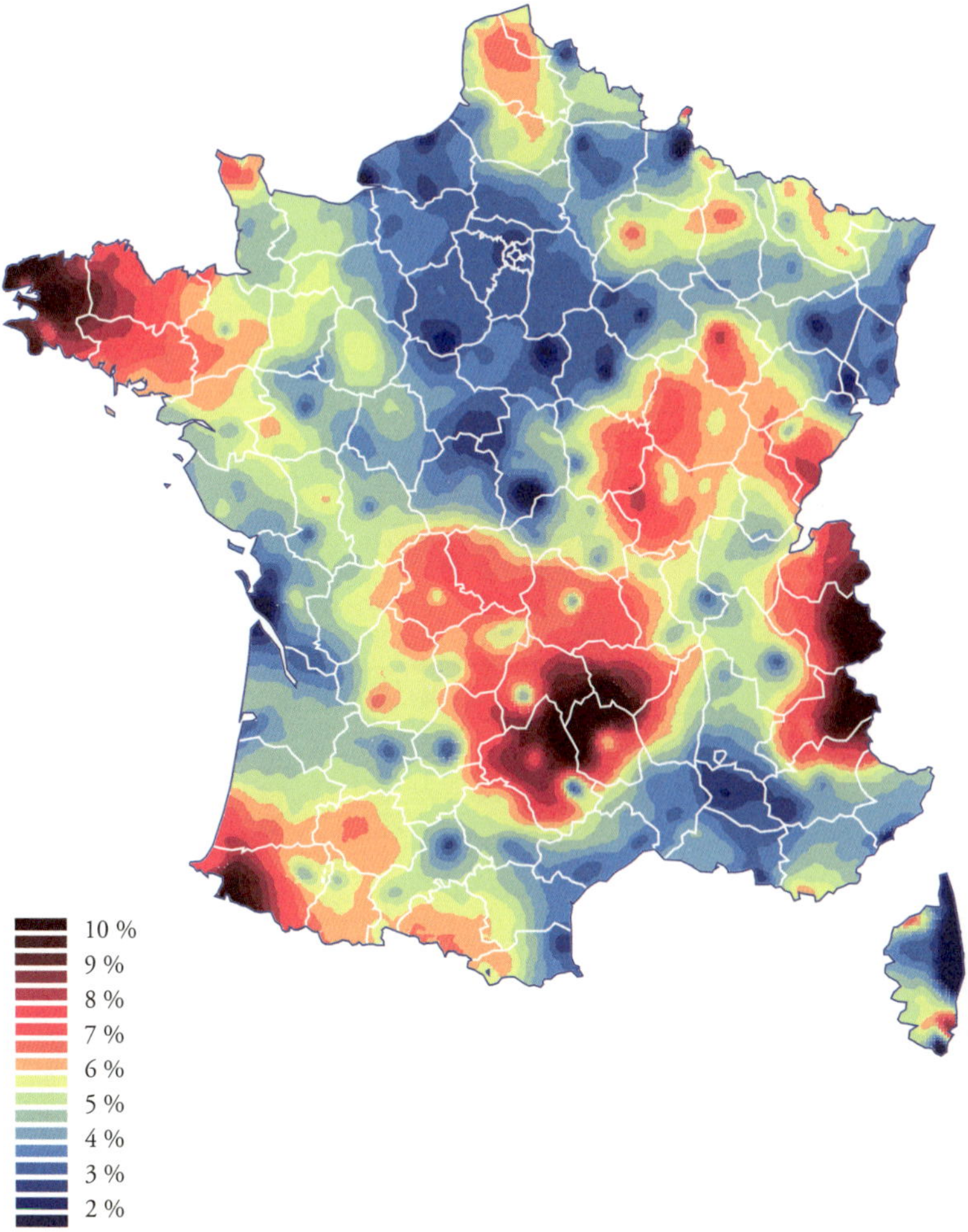

地図3-2　技術的領域での男性の抵抗

2008年における、25歳から34歳の者のうちBEPもしくは技術バカロレアを所持する男性の率と女性の率の間の差

すれば、青色の脱キリスト教空間の全域が男性の先行が僅少な個所として姿を現わしているのである。この地域は、男性が技術教育の面で女性より大幅に先行することを保証しない。

このフランス地図は、教会が抱いていた男性のヴィジョンと、同時にその競争相手たる共和国の男性についてのヴィジョンを、復元している。カトリック教は、肉体労働に価値付与を行ない、イエスの父ヨセフを、大工にした。大革命は市民を、その職とは無関係に考えていた。

こうした肉体労働に対する敬意は、教会にとって恥ではなく、完全に名誉となることである。しかし、この敬意が長い間、知的生活と書物に対する腹の底からの不信の念を伴ったということは、強調しておかなければならない。こうしたカトリック教の姿勢は、だれもが聖書を読めるようにしようとするプロテスタントの教育への意志に対する反動から生まれた。初等教育のテイクオフという趨勢を背景として、文字で書かれたものへのカトリック教の敵意は、十七世紀以降、イタリア、スペイン、ポルトガルの発展が停止するのに、強力に貢献した。フランスもたしかに歯止めをかけられたが、パリ盆地が早期に脱キリスト教化したことと、地理的にプロテスタント圏の近くに位置したことによって、停滞から救われたのである。

肉体労働による生産から離脱する脱工業社会という現代の状況の中で、こうしたカトリック教の態度は、もはやマイナスの効果しかもたらさない。時として、この態度のおかげで依然として手仕事に忠実な地域や集団に、経済的な生き残りという利点をもたらすことはある。フランスで最も驚くべき例というのは、おそらくポルトガル移民とその子どもたちの例であろう。彼らは圧倒的多数が、カトリックの信仰がきわめて強いポルトガル北部の出身であるが、高等教育へと進む進路を拒絶して、早々と手に職を付けようとするのである。彼らの失業率は、他のすべての移民集団の失業率とは反対に、フランス市民の失業率より低い。この態度は、一つのマイノリティ集団にとって解決となっているのであるが、だからと言ってこれを全面的に採用したら、一国の教育システムの壊滅につながることにしかなり得ない。この態度は、長期課程〔短大を除く高等教育〕、すなわち科学的・工学的達成を排除するものであるが、唯一これのみが、グローバリゼーションの獰猛な世界の中で国の生き残りを長期的に保証することができるからである。

西部の女性たち

ここまでわれわれは、教育ピラミッドの上部における男と女の力関係の逆転を検討し、次いで科学・技術教育の中に、男性の抵抗地帯があることを突き止めた。この両方の場合において、母権制的にして、男性の肉体労働に好意的なカトリック教の分布図は、排他的ではないまでも、重要な役割を果たしているように見えた。この男女間の新たな差異の一覧表を完成するためには、教育の成果の等級体系の下の方の状況を検討する必要があろう。全国レベルで、すでに見たように、「免状なし」と読み書きが困難な若者は、男子の方が多かった。**地図3－3**は、二〇〇八年における二十五歳から三十四歳の「免状なし」のうち男性の比率を示すものである。この指標は、フランス本国内では、五〇％から六一・五％の幅で変動しているが、この変動幅は、全国平均一二％の「免状なし」の変動幅にすぎ

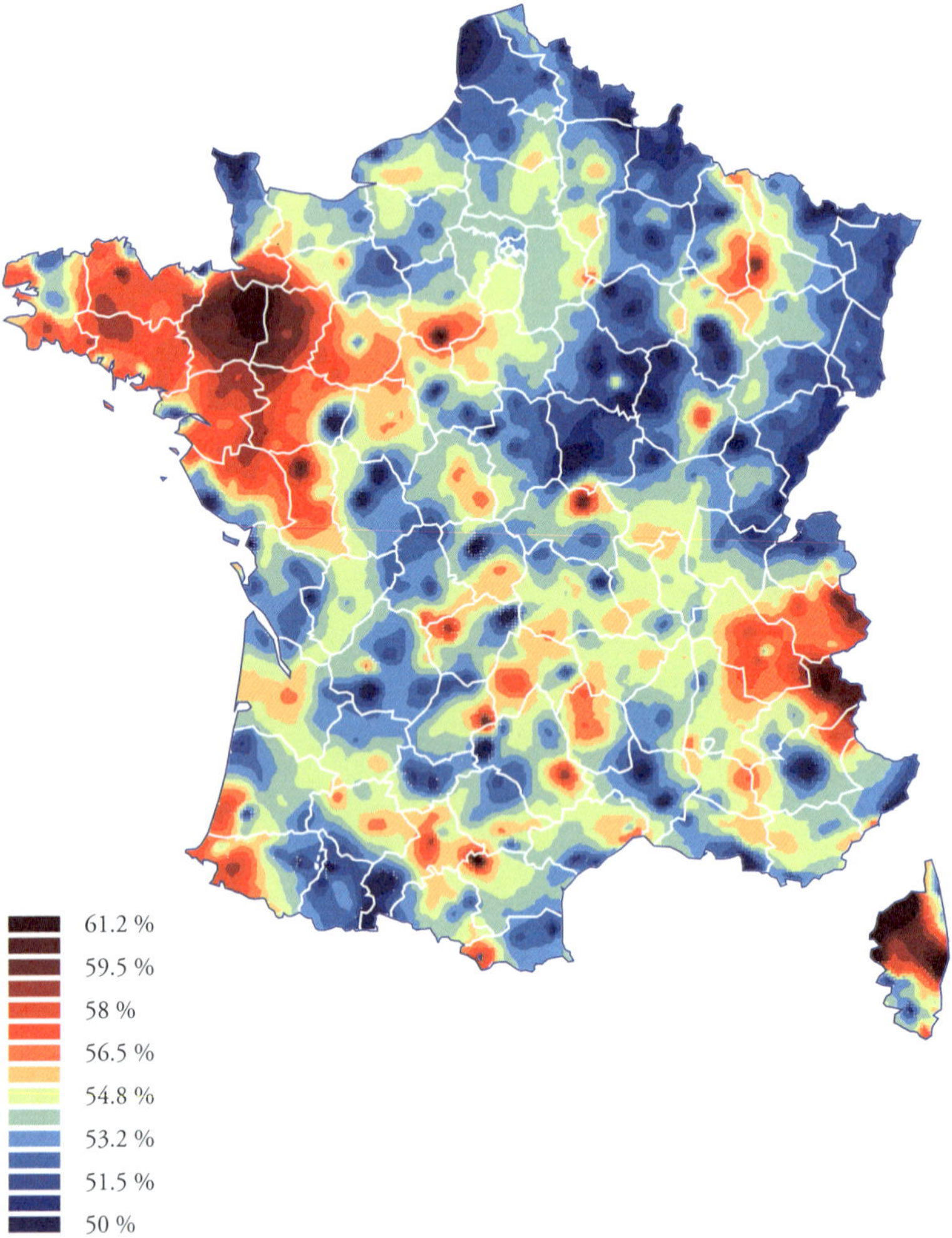

地図3-3　免状なしの男性

2008年における25歳から34歳の住民における免状なしの者のうちの男性のパーセンテージ

ないのだから、実際にはそれほど多数の人員に関わるものではない。この地図はかなり同質的な分布を見せているが、ただ一つきわめて有意的な例外がある。それはブルターニュ方面の西部内陸部で、地図上で赤色の爆発のようになっている。アルプス山地にももう一つの例外があるが、これは、実際に関連する人員の数は少数なので、ほとんど意味はない。経済活動としてはスポーツ・リゾートくらいしかない地方における「スキー・コーチ効果」なのである。

西部の「免状なし」の中で男性の比率が高いということは、男性が開発途上的条件にあることを露呈させるわけではない。この地域は、前章の**地図2-5**が示すように、「免状なし」の総数が最小で、六%から八%にすぎない地域の一つである。ここから浮び上がって来るのは、女性の成績が最大という状況であり、これはフランス西部の女性の例外的な地位へのこの上ない手引きに他ならない。西部特有の母親中心主義というものは、この地域の強固なカトリック教とは無関係に、紛れもなく存在するのであり、それは地域の人類学的基底の依然として活動中の要素なのである。伝統的経済の中での女性の地位は、その独特の立場を確証する。

女性の解放は、教育の領域だけでなく職業生活の中でも十全に姿を現わす。ただし、まずは教育関係の事象が先行するため、しばらく後になって姿を現わすことになるのだが。一九六八年に女性は労働力人口の三四%だったが、二〇〇八年には四七%になっている。四〇年間で相対的には四〇%近く増加したことになる。またフランスの各地の差異が、上の方に集中して行く傾向も観察される。一九六八年に労働力人口中の女性の比率は、地域によって二一%から四二%の間で変動していた。つまり一から二である。二〇〇八年には、この指標は、四五%から五〇%という、互いに近い限界の間で上下している。すなわち最大格差五%となる。女性の労働の世界への参入は、したがってまさに普遍的で大量の現象であったのであり、フランスの同質化に貢献したわけである。とはいえこの大変動は、収斂以上のものを意味する。それには構造の変化も含まれるからであり、フランス全体の空間の中に、新たな亀裂が姿を現わすからである。

栄光の三〇年間の終わりに近い一九六八年に、女性の雇用の地図は、主要な側面においては、依然として人類学的にして工業的であり続けていた（**地図3－4**）。雇用への女性の参入は、フランス本国の北東部のかなり幅広い工業ベルト地帯沿いで、二四%から二〇%に落ちていた。これは地図上では、濃い青で表わされている。ここには、オリヴィエ・シュヴァルツが一九八〇年から一九八五年までの間に研究した、男女の役割の分離の統計上の現われの一つを把握することができる。この濃密な工業地帯から遠く離れたところに、もう一つの女性の参入の少ない地帯が見られる。それはフランス本国の南の海岸部、地中海沿いの地帯である。ここで労働力の中への女性の登場が少ないのは、この一帯の人類学的基底が、父系的であることで説明がつく。フランスの地中海沿岸地域の伝統的家族は、すでに見たように、父と息子の絆の強さが近隣居住関係と協力関係の中にうかがえるというところに、姿を現わしているのである（**地図1－4**を見よ）。対照的に、雇用への女性の参入は、西部内陸部ではすでに極めて重要だった。この地域の中心部では、比率は一九六八年には早くも四〇%前後に達していたのである。

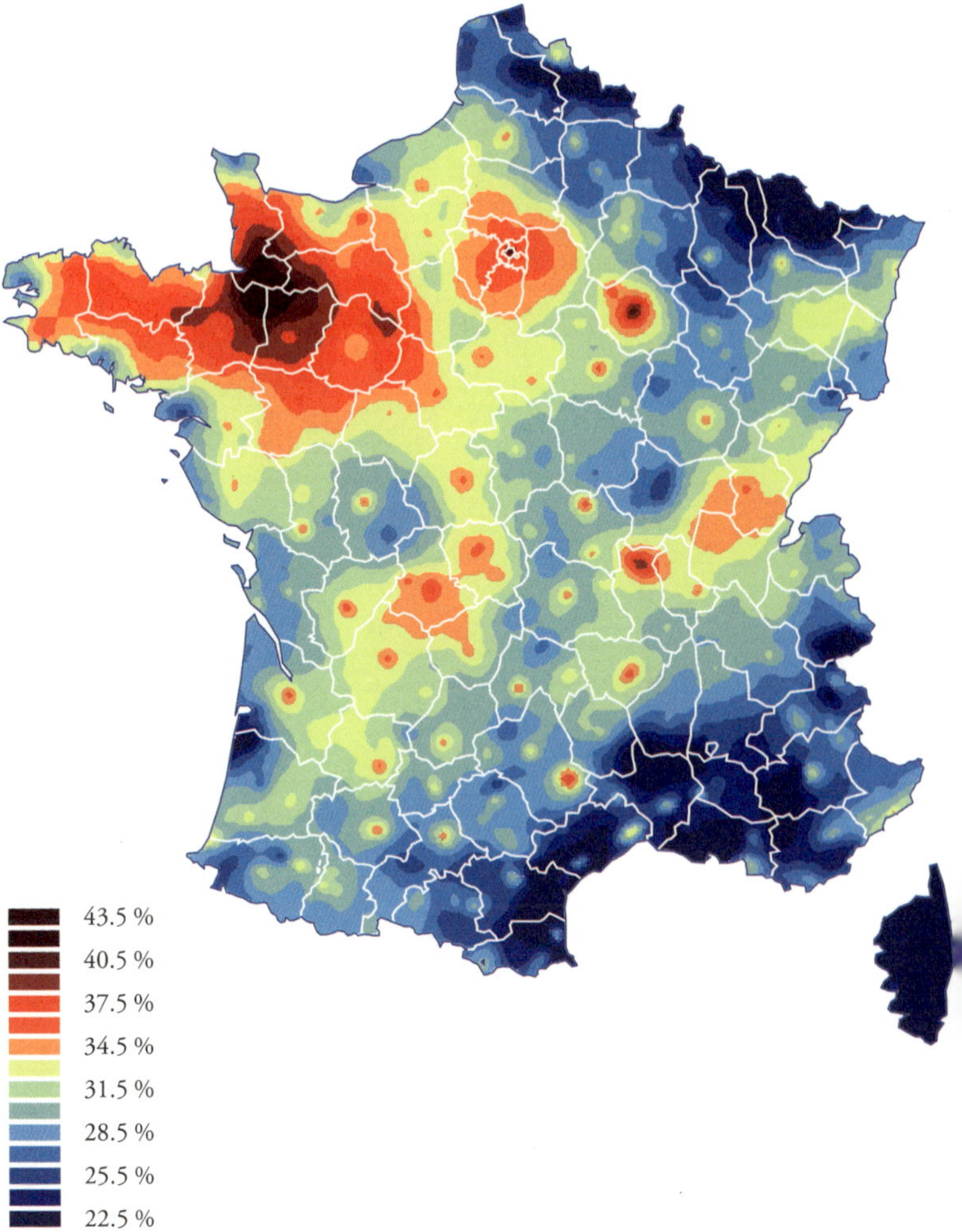

地図3-4　1968年における女性労働力

1968年における25歳から55歳の労働力人口中の女性のパーセンテージ

西部内陸部というのは、マイエンヌ県とアンジューを組み合わせ、時としてブルターニュのフランス語方言地域やバス・ノルマンディ地域圏の一部を組み合わせるものだが、一九一三年に刊行されたアンドレ・シーグフリードの古典的著作『第三共和制下の西部フランスの政治概観』を別とすれば、これまで研究者の注意を引くことは滅多になかった。この地は現在、平穏で、保守的で沈黙している。しかしこの地はまた、極めて特異な行動様式を持っており――超核家族的な家族、女性の教育と労働への参入、そして間もなく見ることになるが、高い出生率――、フランスの州の中には、他の州に較べて全国レベルの関心をあまり引かない州もあるものだという事実の、具体例に他ならない。シャンパーニュのケースは、すでに取り上げた。この州は、宗教的・政治的行動様式からすると西部と正反対で、地元ワインの名声にほとんど掻き消されてしまったかのような、目立たない州である。ブルトン語系ブルターニュ、バスク地方、ベアルヌ、アキテーヌ、プロヴァンス、アルザスといった、より周縁的な州の方が、全国民の意識の中でより存在感を示している。大抵の場合、忘れられる州というのは、核家族の地域で、一族の永続と家系的記憶にあまり関心を持たない、個人主義の地帯である。特段の歴史意識を持たず、ただ存在するだけで十分なので、それゆえフランスという国の中で具体的なイメージを持とうという必要性もない。まさに理の当然として、超核家族の西部内陸部は、フランス本国を構成する下位の総体の中で最も忘れられているものなのである。統計の冷徹な客観性が、目立たないけれども強烈なこの人類学的システムに、まさに適切な席を与え直す。それは、アンドレ・シーグフリードがイデオロギーの面でこの地域にかつて与えた、以下のような過激な描写の有効性を、政治的領域以外の領域で証明するわけである。

「ノルマンディは、保守的でしかない。ブルターニュは、実は民主的で、いままさに変わりつつあるか、これから変わるだろう。フランスで、反革命精神の最後の砦をなすのは、西部内陸部の諸州である(7)」。

見事な予言だ。二〇一三年において、ブルターニュは、フランスの諸州の中で最も左を向いた州の一つとなっている。そしてノルマンディは、相変わらず同じように捉えがたい。しかし西部内陸部は、今のところ依然として右派である。西部内陸部における、反革命精神と女権擁護《フェミニズム》との奇妙な一致は、一つの研究領域を開くことになるかもしれない。

統計に基づく経験主義はまた、「ブルターニュの」母権制という、揺るぎなく根を下ろした常套句を疑問に付すことも促すことになる。ブルターニュの女性のステータスの高さというのは、民族学的神話とは反対のものであり、それを扱う著作の述べるところは、完全に的確である(8)。とはいえブルターニュとケルト性[*5]の魅力によって、女性が高いステータスを享受する地帯の震源地は、もしかしたらブルターニュであるよりはむしろ西部内陸部であるかもしれないという事実が目に見えなくなっているということは、あり得ない話ではない。女性のステータスの高さと超核家族性との間には、構造的な関係が存在する。核家族において成人同士の強い絆というのは、唯一、婚姻カップルを構成する絆であり、他のすべての絆は副次的なものとなる。純粋核家族システムでは、女性のステータスは根本的なものにしかなり得ない。西部内陸部の絶対的な核家族性は、この傾向を強化するのであり、それによって女性のステータスはさらにもう一段高まることになるわけである。

二〇〇八年における都市への問いかけ

女性の解放は、労働力人口への女性の参入の比率が、二〇〇八年にはすべての地域で四四%のハードルより上に来るという結果をもたらした（地図3-5）。昔の地図の痕跡はもはや残っていない。一九六八年にすべての地域は四二%より下にいたが、二〇〇八年にはすべての地域が四四%より上にいるわけである。

二〇〇八年に姿を現わしているのは、人口密集地帯のネットワークであって、もはや人類学的な地域区分は姿を現わしていない。したがって、社会が都市的、脱工業的、女性的なものに激変したと言ったとしても、特に誇張しているわけではないことになる。とはいえ、地図を注意深く検討するなら、昔の決定因の中には、ひじょうに深いところに埋もれてしまったわけではないものもあることが、見えてくる。北部の工業地帯は、相変わらずやや遅れており、四四%という下限に近い率を示している。フランスの西半分の都市システムは、東半分の都市システムよりはるかに女性化されたものとして立ち現れており、その上、都市を取り巻く都市周辺部と農村部をより巧みに道連れにしたように見える。しかし今や、ポワチエ、ボルドー、カオールの間の「中央西部・南西部」とも言うべきものが、職業

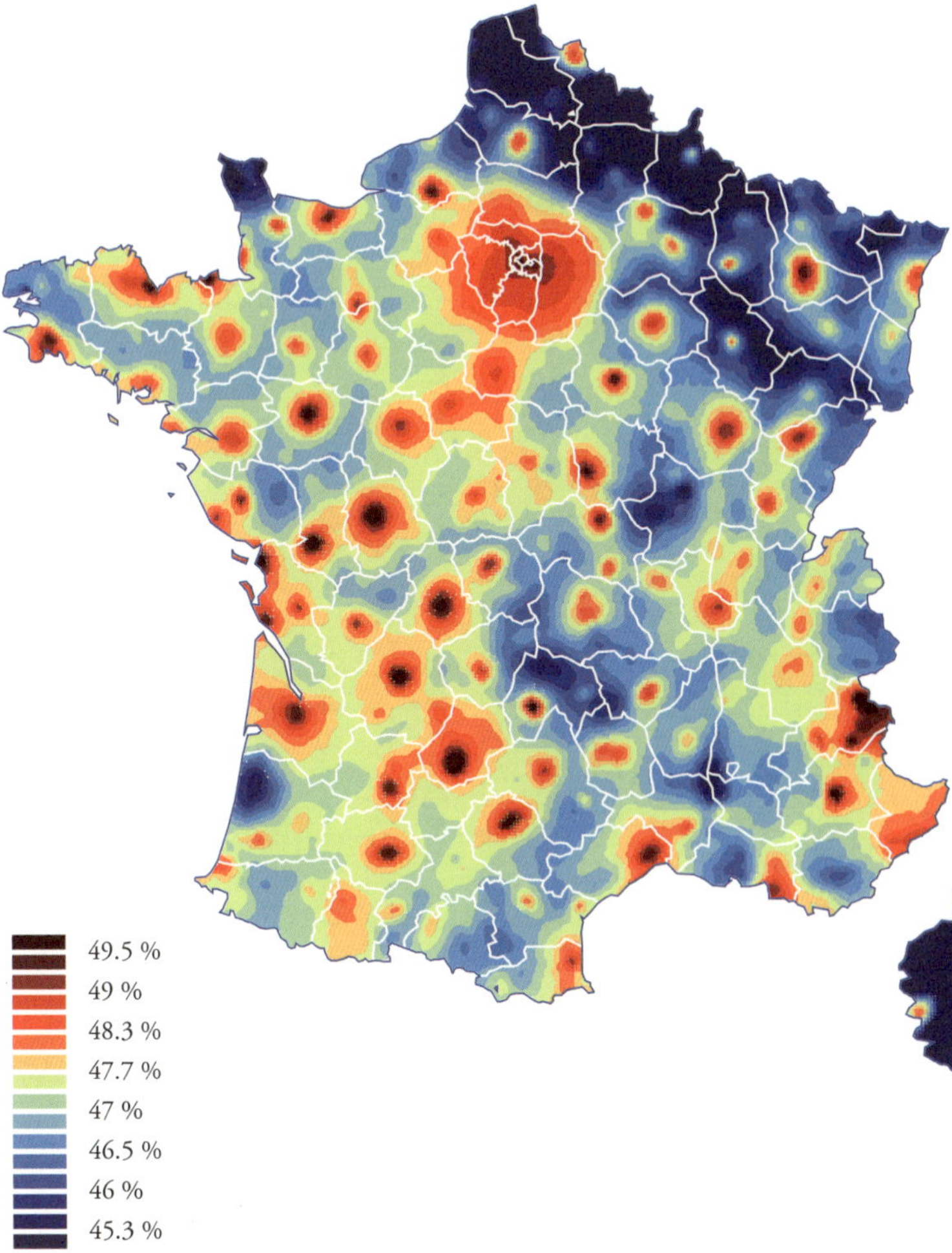

地図3-5　2008年における女性労働力

2008年における25歳から55歳の労働力人口中の女性のパーセンテージ

を通しての女性の解放の先端となっている。この地域の出現は、予期せざるものであった。人類学的には中間的な地域だからである。この西南の空間は、工業地図の逆として読み取るべきであろう。脱工業社会への移行は、地域として工業時代を持つことがなかっただけに、容易なように見える。

とはいえパリ地域は依然として進化の中心であり、進んだ地域と遅れた地域が接触する辺りに、大きな赤い円となって広がっている。逆にトゥールーズとグルノーブルの二つの大きな都市圏は、地図上で不在である。科学的・技術的職業の中での男性の抵抗の反映であろう。

労働人口中の女性の取り分の地図を、教育における女性の先行の地図（**地図3-1**。バカロレアに等しいか、それ以上の資格）と比較してみると、一つの逆説が姿を現わす。長期教育課程と労働市場へのアクセスが、両方とも全国レベルに対して遅れを見せる北東部の場合は、いかなる不一致も見せることがない。しかしそれ以外の地では、都市地帯に不一致が姿を現わす。労働力はきわめて女性化しているのに、女性の教育上の先行は最小に留まるのである。これは、勉学と労働による解放が幻想にすぎないことを意味するものではない。これらの都市圏では、労働市場での男女の準均等性と、男性に対する女性の教育上の軽微な先行が、見出されるからである。しかし労働市場へのアクセスが最大であるのは、教育上の女性の先行が最小な都市にしばしば観察されることである。ここには、高い学歴を有する男性の指導・経営と、中程度の学歴を有する女性労働力とを組み合わせる労働編成方式の反映が感じられる。女性の解放が未完成であると強調するフェミニストたちは、男性権力の戦略的拠点は依然として存続していると主張するが、それは間違いではない。つまりここでは、組織の上層部に、したがって都市地帯に、存続するわけである。

パートタイム労働　カトリック教への復帰

パートタイム労働を検討してみると、女性解放の本性についてはるかに一般的な問いかけをせざるを得なくなって来る。この労働が男性より女性にとってより頻繁であるという事実は、それだけでは必ずしも、この労働が実質的な自立性の可能性を排除するということにつながるわけではないだろう。しかし女性のパートタイム労働の地図（地図3－6）は、正確さの程度がさらに高まる形で、宗教の地図（1－5）にすっぽりと収まるのを目にすると、われわれとしては、解放という概念の単一性に疑問を抱かざるを得なくなるのである。二〇〇九年にパートタイムで働く二十五歳から三十四歳までの女性の比率は、県ごとに、一八％から四〇％というきわめて大きな変動幅で変動している。(9) 西部の諸都市は、その地域全体に追随しているわけである。

こうしてわれわれは、労働の場合にも、カトリック教――ここではもちろん「ゾンビ・カトリック教」のことであるが――の女性に対する基本的な両義性が隠れていたのを、見出すわけである。カトリック教は、女性に対して、社会的世界の現実の中で女性として生存することを全面的に認めるが、「人間一般」としての地位を認めることはなく、女性としての固有の役割を振り当てる。女性は働くことはできる。しかし彼女たちのいるべき場所は今でも家庭である。これが、パートタイムが許す範囲に他ならない。脱キリスト教化された中央部諸地域は、かつて政治的戦術から女性投票権に抵

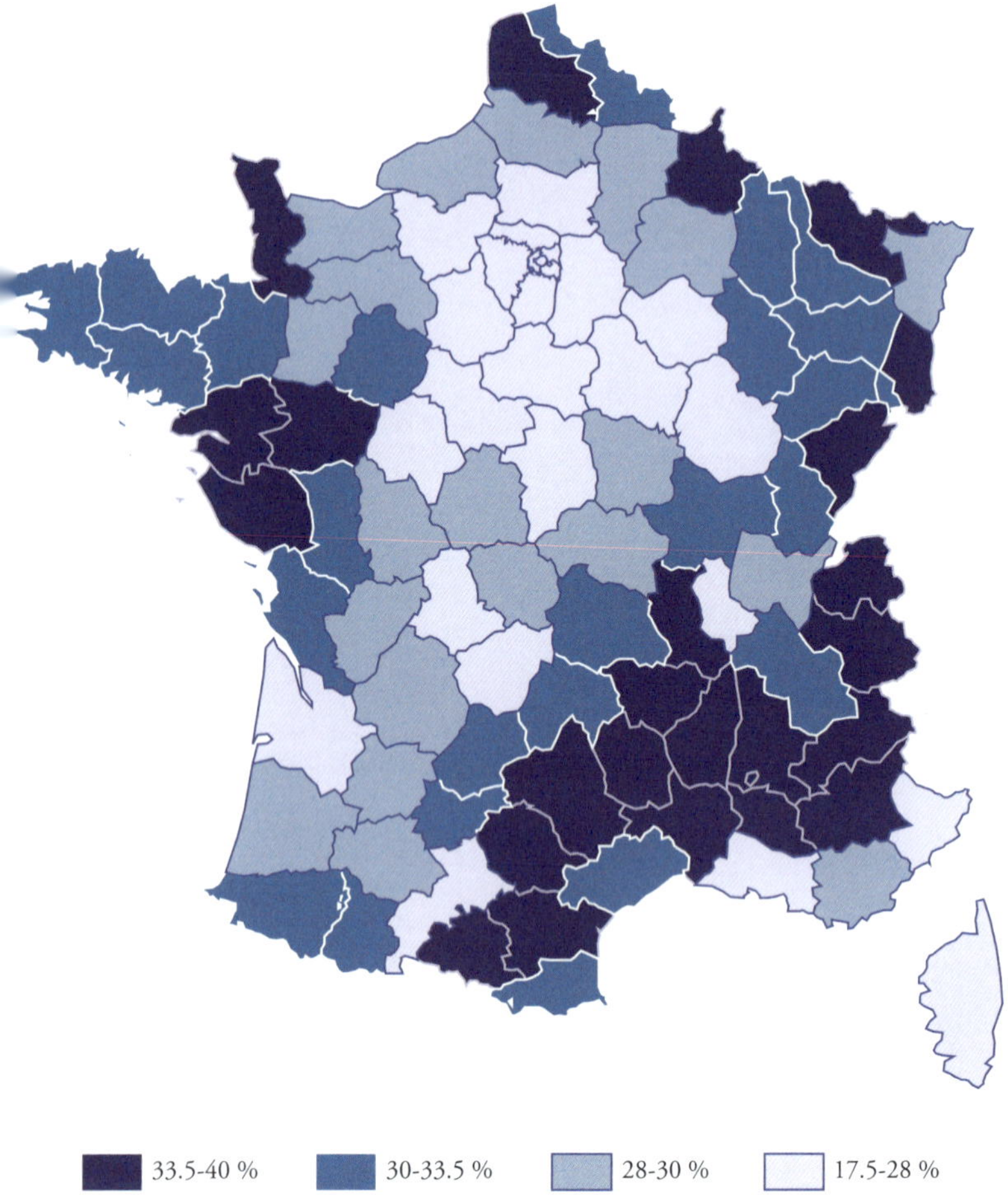

地図3-6　パートタイムの女性

2009年において、25歳から54歳の女性でパートタイムで働く者（同じ年齢層の労働力女性中のパーセンテージ）

抗したものだが、フルタイム労働によって、女性に「人間一般」としての地位を、十全で全面的な市民権を与えることに痛痒を感じることは、はるかに少ないのである。

第4章

家族は死んだ、家族万歳[*1]

教育上の達成の地理的分析は、次のことを示した。すなわち現在のフランスにはいろいろ奇妙なことがあるが、その一つは、伝統的にカトリックであった地域が、カトリック教が形而上学的信仰としてのかぎりでは消え去ったまさにその瞬間に勢力を伸張した、ということである。われわれとしては今や、これを補足する逆説、つまり、家族生活と性生活という、まさにかつてカトリック教の専管領域であったものの中でのカトリック教の影響力の終焉に、向き合わなければならない。

家族、結婚、性生活については、教会はそもそもの出発点からとめどなくお喋りを続けて来た。そしてついには結婚を、秘跡《サクラメント》の一つ、つまり解消し得ないものにした。教会の言うところによれば、結婚とはあらゆる性生活の枠組であり、子どもを作ることこそが、あらゆる性生活の唯一の目標でなければならない。避妊は、必ずや永遠者の意志——「生めよ、増やせよ」——に対する冒瀆に違いないとして、禁止された。現実主義にかられて、資力に乏しい農民社会で生きるという厳しい現実を考慮して、教会は、女性が結婚を遅らせて、子どもを作りすぎないようにしても構わないとした。これはそれほど困難な妥協ではなかった。教会はつねに、結婚における性生活よりも一段高いところに、純潔と独身の道徳的卓越性を位置づけて来たのであるから。

したがって、カトリック的家族の人口学的「理想型」というものがあるのであって、それは、結婚年齢は高く、出生率は高く、非嫡出出生はきわめて少数、というのを組み合わせたものである。フランスの人口動態の歴史の中で、カトリック諸州の分布は、しばしば目に見えるものであり、時には表面から姿を消したが、おそらくは最終的な消滅の時点である一九九〇年から二〇一〇年までは、つねに再び姿を現わしていた。県のレベルでは、女性一人当たりの子どもの数〔出生率〕と宗教実践との相関関数は、二〇〇九年にはプラス〇・〇四に落ちている〔表3参照〕。これはゼロと見なすことができる。宗教と出生率の間のこのような無関係性は、他の形でヨーロッパ規模で姿を現わしている。伝統的なカトリック諸国は、フランスやアイルランドのように出生率が最も高いこともあれば、スペイン、イタリア、ポルトガルのように、最も低い場合もあるからである。

一九六八年以降、風俗習慣のまことに実質的な自由化が実現したが、とはいえこれはいかなる人類学的決定作用をも消滅させたということではない。なぜなら出生率の地図も、婚外出生の地図も、宗教の影響から脱却して、いまやかつてフランスの空間を分割していた最も古い家族型の母体を浮び上がらせているからである。この照応関係は、市町村レベルのデータをならしたものを用いる出生率地図を作成してみると、特に驚くべきものとなる。

二〇〇六年の出生率

最も細かなレベルで作成された出生率の地図（4−1）では、カトリック教の地理的分布との関係は一切姿を見せることがない。逆に、家族構造の複合性と出生率の関連が、浮び上がる。南西部とアルザスには同時に低い指標が出ているが、これはフランスの空間の中における直系家族の最も古典的な地図を思い起こさせる。最も出生率の高いフランスは、照応関係は完璧ではないまでも、核家族のフランスであって、この点は、この解釈を認証する人類学的署名付きなのである。その署名とは、西

表3　出生率、カトリック教、家族の複合性の間の相関性

年	カトリック教	家族の複合性
1831	0.02	0.05
1861	0.11	0.01
1891	0.43	0.01
1911	0.47	-0.07
1926	0.42	-0.19
1954	0.12	-0.51
1962	0.2	-0.53
1968	0.29	-0.53
1975	0.38	-0.53
1982	0.28	-0.64
1990	**0.06**	**-0.7**
1999	0.09	-0.55
2005	0.14	-0.36
2009	0.04	-0.39

出典：INSEE［国立経済統計研究所］（人口動態）1999年の国勢調査、ならびに François-André Isambert et Jean-Paul Terrenoire, *Atlas de la pratique religieuse des catholiques en France*, Paris, Presses de Science Po, 1980.

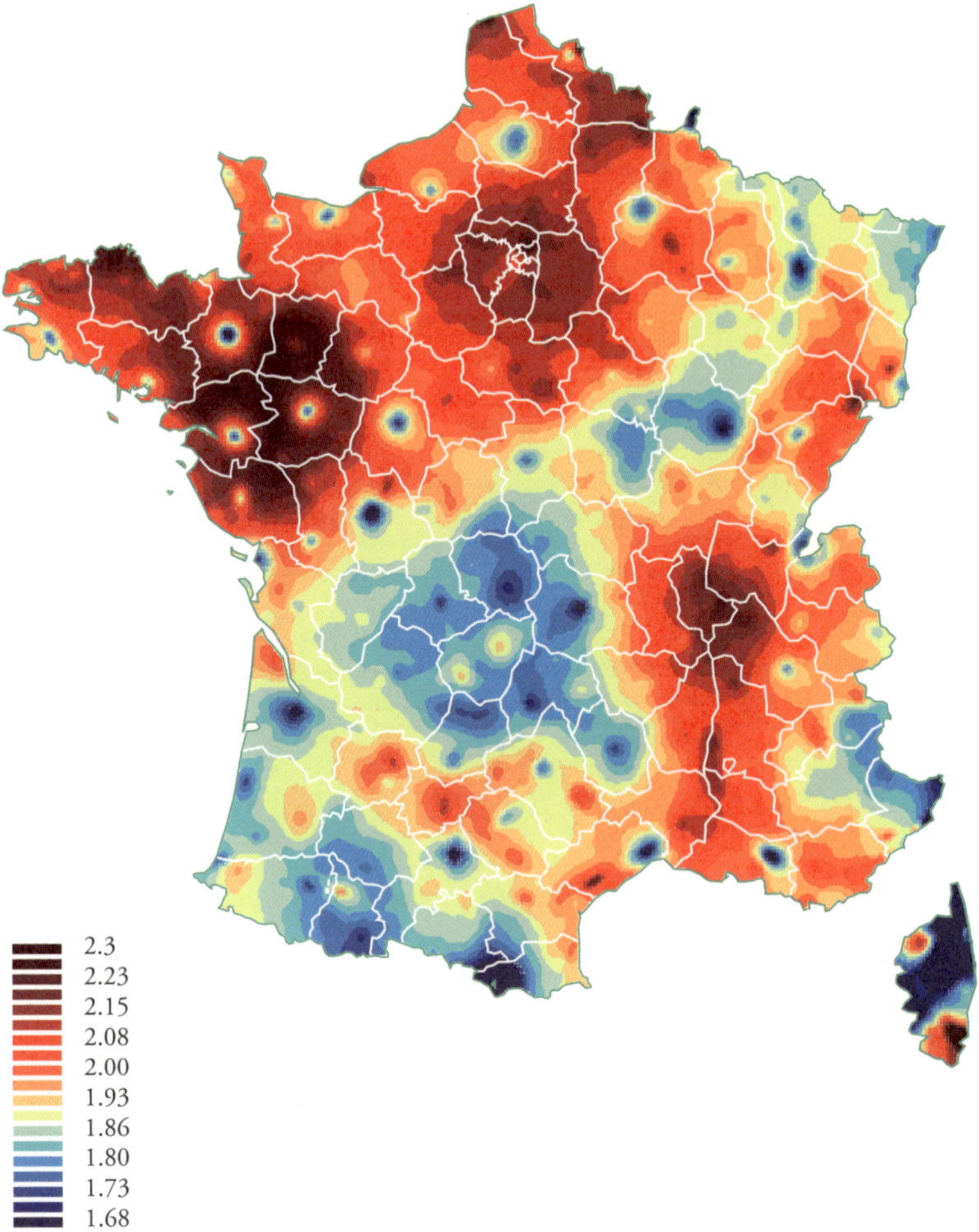

地図4-1　出生率

2006年における出生率指数

部内陸部の超核家族地域に、出生率の最大値が見られるということに他ならない。われわれの地図作成法で作成された地図は、いかなる例外にも沈黙を許さないから、核家族の北部の高い出生率は、ローヌ川の峡谷に沿って、リヨンからマルセイユまでの軸の周りのかなり幅広い地帯に広がっているように見えることも、見逃すわけにはいかない。先に見たように、この地域は、かなり遅くなってから、しかも不完全な形で、直系家族の定着地となった地域である。そしてかつてもそうであったが、こんにちも主たる移民流入の軸となっている。核家族地域の中に低い出生率の極が一つ、ディジョン周辺のコート・ドール県に最近出現した。ディジョンの教育面での前進については、前章で取り上げている。

こうした不規則な現象がいくつかあるとしても、いくつかの時点においては、きわめて有意的な相関性が測定されている。

二〇〇九年に、核家族と出生率の間の県単位の相関係数は、もはやマイナス〇・三九にすぎない［**表3**との関係で疑問があるが、原文のままにしておく］のであるから、二つの地図［**地図4－1**と**地図1－1**か？］の近接性を不完全に反映しているということになる。しかし一九九〇年には、マイナス〇・七〇で、これは一九〇〇年以降ほとんど一貫して続いて来た、核家族と出生率の関係の強化の最大点である。

宗教よさらば、家族ようこそ

一八三〇年から二〇一〇年という長い歳月を見渡して行くと、宗教的決定因と家族的決定因の驚くべき行き違いの跡をたどることができる。出生率と宗教実践の相関性と、出生率と家族構造の複合性の相関性との変遷は、宗教的効果の消失に伴って進行した、家族構造の勢力伸張のありさまを具体的に描き出すのである。

カトリック教と出生率の間には、長い間、構造的に重要な統計的関係があった。ただ、数字だけを見ると、循環的メカニズムという誤った印象を抱くかもしれないが。相関性は、一八三一年にはゼロとして姿を現わしている。カトリック地域では独身女性の数が多いため、結婚した女性の出生率が実際にはきわめて高いことが姿を隠してしまうからである。宗教効果は、第一次世界大戦の直前の一九一一年に最大値（相関係数プラス〇・四七）を記録し、第二次世界大戦直後の一九五四年にプラス〇・一二に落ちるが、その後、包括相関性が再び上昇し、一九七五年にはプラス〇・三八を記録する。これは完全に有意的な変化であった。ここでもまた、栄光の三〇年間は、心性の面では保守的な時代として現われるのである。しかしすでにこの期間に、古い家族構造による出生率の決定の方が上回っているのが見て取れる。相関性は、一九五四年から一九六八年までの間、マイナス〇・五一からマイナス〇・五三の間で変動している。マイナス記号は、家族が複合的であればあるほど出生率が下がることを示すのである。

十九世紀に、フレデリック・ル・プレイなど、多くの保守派イデオローグは、平等主義的な民法典が、フランスの出生率に破壊的効果をもたらすと告発した。跡取りは一人獲得できれば良いのだから、遺産の分割が義務とされると、出生の数を意図的に制限する結果になってしまう、と言うのである。

このような態度は、民法典によって単一遺産相続人の規則が脅かされる直系家族の地域、とりわけ南西部に特に関わるものであったはずである。人類学者ジョルジュ・オーギュスタンは、こうした状況を次のような言葉で要約している。「ロワール川の北では、姓を相続していたのであり、これは共有することができた。南では家を相続したのであり、これは共有することができなかった」。複合家族と女性一人当たりの子どもの数の間の相関係数は、両大戦間期まではゼロかゼロに近かったため、このような事情を露呈させることはいささかもなかったわけである。その頃までは、家族よりもカトリック教の方が、行動の決定には重要な役割を果たしており、その勢力が強いところでは、単一遺産相続人地域でも、血統の再生産に必要な水準を超えた出生率を保つという結果をもたらしていたわけである。

出生率が人類学的基底に反応し始めるのは、それから一世紀半後、つまり第二次世界大戦が終ってからである。ベビーブームは主に、パリ盆地、リヨン地方、ロワール川流域といった核家族地域を襲ったが、それはまさにカトリック教の消滅以前に起こったのである。その頃、大人数家族と、子どもがいないか一人だけの夫婦が同時に姿を消し、子ども二、三人の家族ばかりとなるという、並外れた変動が起こったが、複合地域では、ほとんどこの変動は起こらなかった。

カトリック教が、特に一九八二年から一九九〇年までの間に作動停止してしまうと、核家族と高い出生率の間の相関性は最大になる。世俗主義地域とカトリック地域の分断が、それまで家族構造の影響を隠蔽するなり覆い隠すなりしていた。宗教が姿を消してしまうと、家族構造が全面的にその力を顕現することができるようになったのである。

一九七五年以降、近代的な避妊手段と妊娠中絶とが、それまで出生率の不完全な制御のせいでたれ込めていた暗雲を一掃した。一九六〇年には、出生のうちおよそ三分の一は望まれたものでなかったことを、ジャン・シュッテルのアンケート調査が示している。一九七〇年代の後半になると、実際の出生率は、ほぼ正確に望まれた子どもの数を示すことになる。この時、核家族と出生率のプラスの関係の強さが十全に姿を見せたわけである。

先に述べたように、核家族は、基本的な関係としては、結婚した一対の男女というものしか認めない。このような人類学的システムの中では、大人同士の他の絆は、否定されるわけではないが、副次的なものに留まる。ところで夫婦の存在を十全に正当化するのは、子どもを作る、つまり、子どもの中に己を体現することができるということに他ならない。子どもというのは、理想的には二人いる必要がある。親が二人なのだから。もちろん二人の子どもが男の子と女の子からなるのは、半数のケースでしかないだろうから、二人の子どもが［夫婦の］完璧な反映となることはあり得ない。複合家族の地域では逆に、若い成人とその出身家族の間に絆が存続しており、このことは先験的に、子どもがすべてではないということを意味する。子どもというのは、たしかに血統の連続を定義するものだが、ただし血統というのは、継続するためには子どもが一人いれば十分なのである。

再生産の決定は、本質そのものからして不可思議なことであり、しかも人口統計学者のみにとって不可思議なわけではない。これから親になろうとする者は、自分が制御できない無意識の表象に突き動かされている。〔核家族的な〕結婚で結ばれた一対の男女と高い出生率、〔複合家族という〕血統的家族と低い出生率とを結ぶ論理過程は、多数の社会的・経済的要因によってかき乱されているのである。いずれにせよ、核家族と女性一人当たり子ども二以上の出生率と、また直系家族と女性一人当たり子ども一・八以下の出生率との間の地理的一致は、十分に明瞭であり、この説明要素は有用なものと考えることができる。

フランスの地域間の出生率の格差は、ヨーロッパ諸国の間に存在する格差と同様に大きい。ただ、やや上方にずれている。フランスの直系家族地域の出生率は、女性一人当たり一・六から一・八に達するのに対して、ドイツのような直系家族の国の出生率は、一・四にすぎない。北部フランスの核家族地帯の出生率は、二・二から二・五の間で変動するが、イングランドのような核家族の国の出生率は、二前後に達するのみである。

女性の教育と低い出生率

核家族地域と複合家族地域の間の出生率の差を、一時的に増大させた要素が一つある。女性の教育である。第2章で見たように、一九七五年から二〇〇〇年までの間の子どもを産む年齢の女性の世代は、北部の核家族地域よりも南部の複合家族地域における方が免状を取得していた。世界的規模で、出生率は女性の教育水準が高ければ減少するというのは、不変要素である。この関係には何の不思議もなく、単に、母親と再生産者の役割に閉じ込められることを拒否して、社会の中で男性と同じ地位を獲得したいと願う女性の熱望を表現しているにすぎない。要するに、今日、フランスの複合家族地域の教育のある女性の低い出生率は、男の跡取りを一人獲得するだけにしておこうという男性の昔からの目標に従ったものではなく、逆に昔の父権制システムからの脱出を表現しているのである。このように解釈をずらすことは、理論的な面で重要である。なぜならそれによって、人類学的決定作用というものについての節度ある妥当なヴィジョンが可能になるからである。すなわち、場所の記憶は変化と歴史を排除するものではないという認識である。南西部の直系家族は、二〇〇六年の出生率地図に姿を見せている。というのも、この家族類型は、中等教育、とくに戦後世代の女性たちの中等教育を促進する効果を発揮し、女性の教育面での解放は、出生率の低下をもたらしたのであり、その結果、一九九〇年において複合家族と出生率の間の「マイナスの」相関性は最大になったのである。

その後も歴史は続く。家族構造と出生率の間の相関性は、一九九〇年から再び低下に転じ、二〇〇九年にはマイナス〇・三九にまで落ちる。女性の教育水準は、どんな地域においても、人口の近代化を助長することのできる十分な水準に到達することになる。複合家族の地域は、これらの分野での特殊性を失うのである。

一九九〇年頃であったなら、オクシタニィの複合的家族構造に一時的に誘発された心性的近代化の例は、他にいくらでも見出すことができただろう。その中でも最も意外な驚きを与える例の一つは、男性同性愛の例である。エイズは、不幸にもそれが引き起こす死亡によって姿を現わすわけだが、それのおかげで、いかなる治療法も存在しなかった時代における男性同性愛の地図を作成することができた。**地図4－2**は、同性愛的もしくは両性愛的接触によって罹ったエイズの結果としての死亡の、一九九〇年三月一日までの累積件数を示すものだが、オクシタニィとパリ地方がとくに被害の多い地域として姿を現わしている。(1) この現象は、逆説的としか言いようがない。同性愛の承認は、教育水準に、本質的には高等教育の学歴とプラスの相関関係があるわけだが、この時点では、その学歴がより頻繁であったのは、パリ地方とオクシタニィであった。(2)

都市効果

市町村レベルのデータに基づいてならしを掛けた地図作成法によって地図を作成すると、出生率地図の上に、都市効果の存在を直接観察することが可能になる。大都市の出生率は低く、周辺の農村地帯のより高い出生率と対照的である。**地図4－1**では、大都市は、その地方の出生率が低かろうと高かろうと、穴になって、つまり青色で現われる。すべての都市が等しく目に見えるわけではない。特に出生率の高い地帯では、目に見えないこともある。アミヤン、ルーアン、カーン、レンヌ、ナント、アンジェ、トゥール、ディジョン、ブザンソン、ランス、ナンシーは、よく見える。ル・アーヴル、アラス、ラーンのような大学を持たない都市の中には、姿を現わさないものもある。教育水準がとくに高いわけではないので、出生率は農村地帯とほとんど同じ高さなのだろう。とりわけパリ、リヨン、マルセイユの消失は、注目すべきであろう。この場合は、都市中心部の出生率は低いのだが、直近の郊外と周辺地帯の出生率が高いため、目立たなくなったわけである。

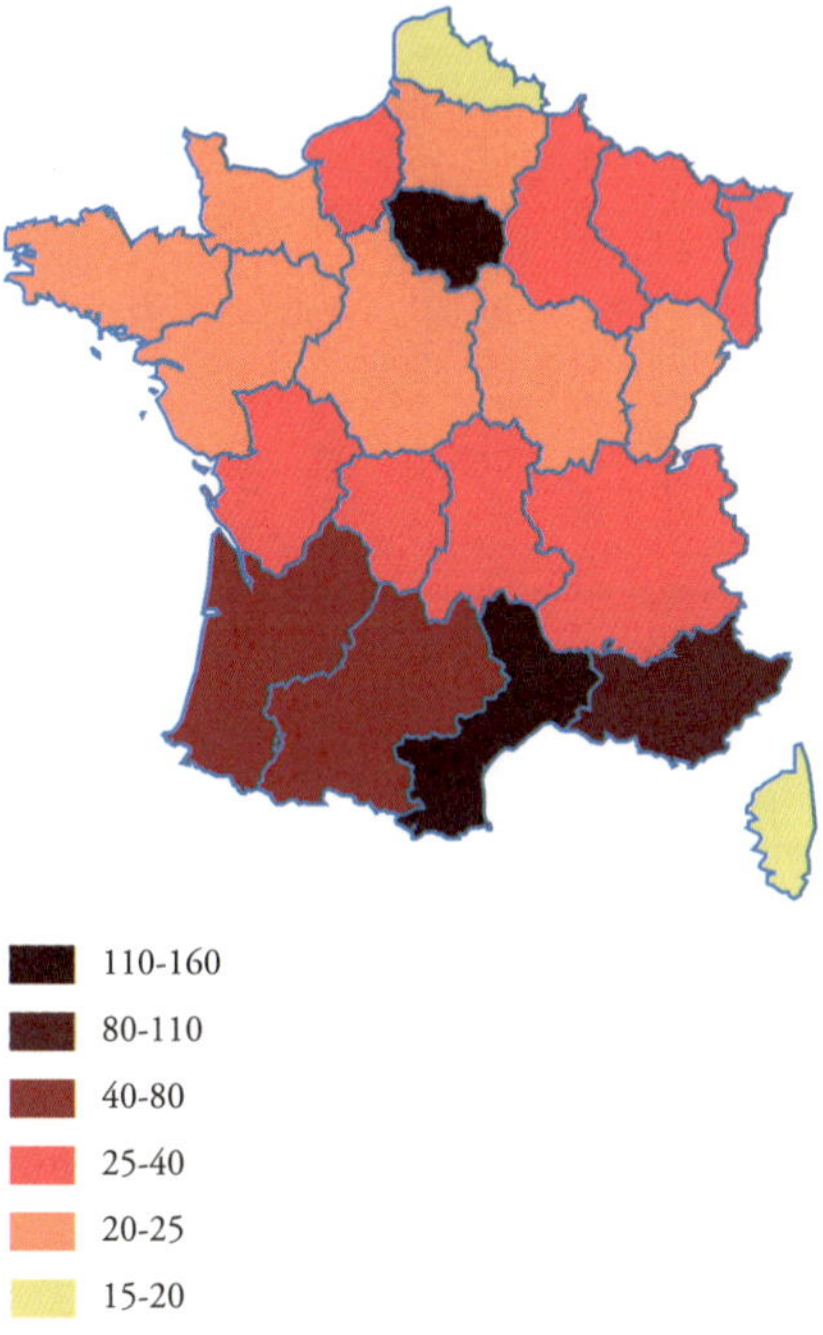

地図4−2　1985年の男性同性愛

1990年における同性愛ないし両性愛的関係によって罹ったエイズによる死亡の率（住民10万人に対する）

小集落、小都市、郊外

二〇〇六年における市町村のカテゴリー別の出生率の地図を描くなら、都市的な次元を統計的により明確に把握することができる。農村的市町村（人口五〇〇〇人以下）と中規模市町村（人口五〇〇〇人から二〇万人）の出生率の水準を示す地図は、特殊な現象をいくつか浮き彫りにしてくれる。

農村部（**地図4－3**）では、青で示される南西部の低い出生率は、もはや他の地域の出生率とそれほど対照的であるようには見えないが、しかしとりわけ西部内陸部の極めて高い出生率（濃い赤）とは対照的である。超核家族性の極である西部内陸部は、すでに過去において、女性の高い活動性の極であった。ここには地域文化が農村に根ざしているさまを把握することができる。この辺りは散村地帯であるから、この地域文化は、小集落の世界でその力をまるまる保持しているのである。

小中市町村というのは、大都市の郊外であることがしばしばだが、これの出生率の地図は、全く異なる（**地図4－4**）。出生率がやはり低いままの南西部の地位は変わらない。しかし出生率の高い赤色の地域は、移動している。出生率は、広大なパリ地域とモンベリアールとベルフォール地域、さらにリヨン地域とローヌ川回廊で、女性一人当たり子ども二ないし二・二を超えており、大パリ地域はフランスの北に被さった帽子のような恰好になっている。このリストは、移民人口の多い都市ならびに都市周辺市町村のリストと部分的に一致する。移民女性の出生率は、女性当たり子ども二・九一で、生まれながらのフランス女性の出生率、一・九四の一・五倍であるが、フランス全体の出生率指数は、

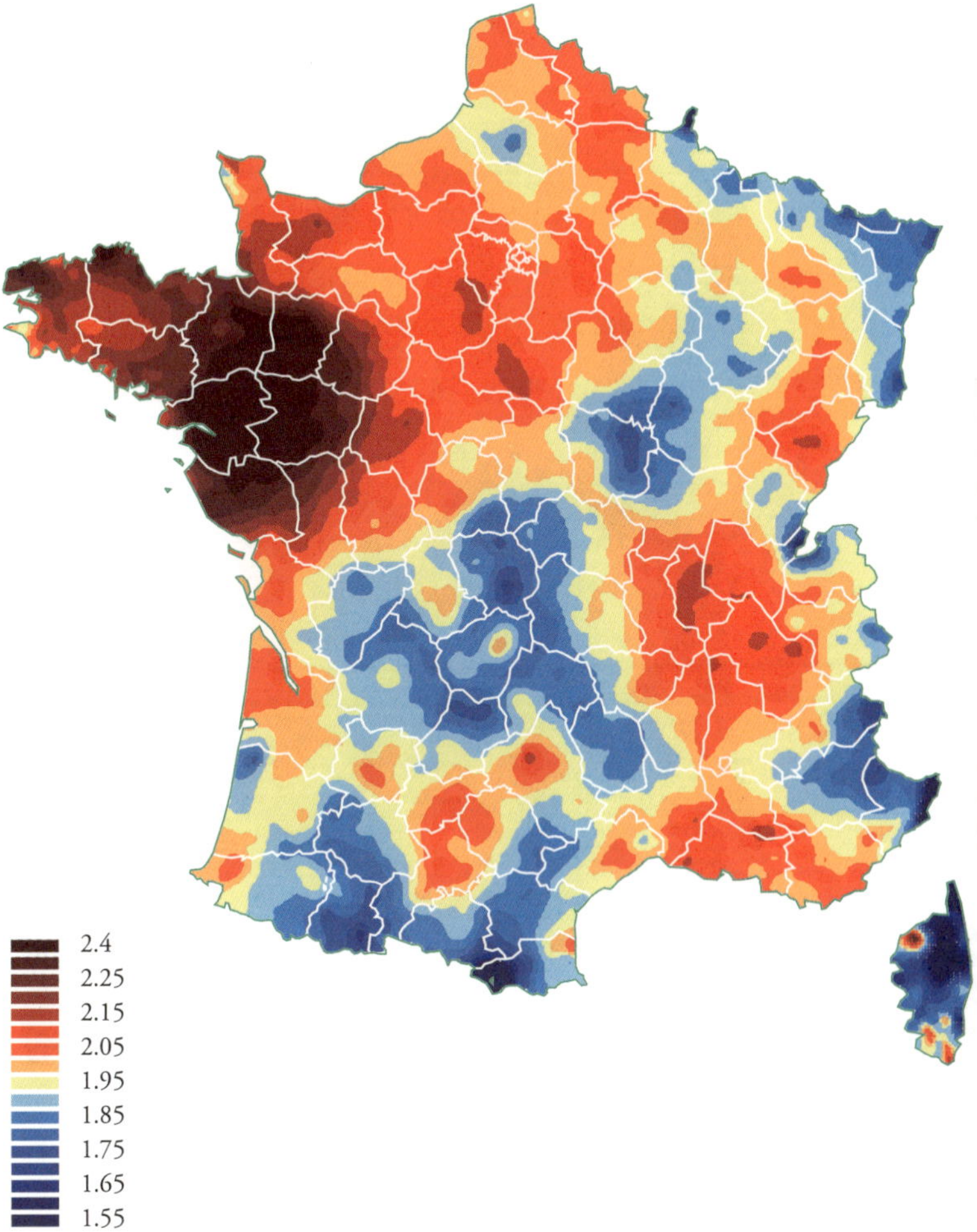

地図4－3　2006年の出生率

ただし人口5000人以下の市町村のみについて算出

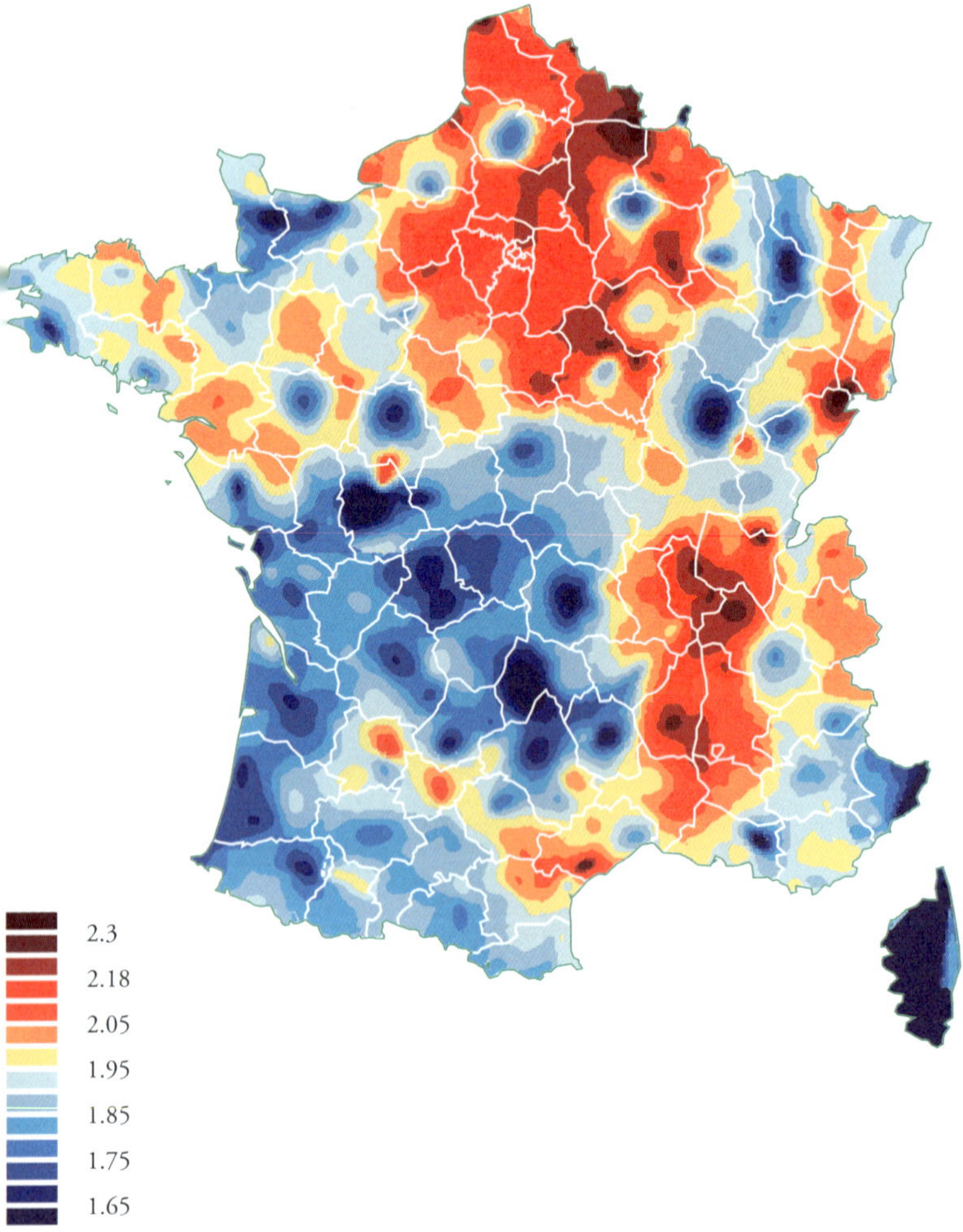

地図4－4　中都市の出生率

ただし人口5000人から20万人の市町村のみについて算出

女性一人当たり二である。全国レベルでは、移民女性は人口の六%にすぎず、彼女らの出生率がより高くても、全体の出生率はあまり変わらない。とはいえ地方レベルでは、指数を上げることもある。[パリの北の]セーヌ・サン・ドニ県が、西部の超核家族地帯の中心たるマイエンヌ県を、最も出生率の高い県の座から引きずり降ろしたのは、そのために他ならない。二十歳から四十歳までの年齢層の中に移民女性が三〇%を占めるという事実によって、セーヌ・サン・ドニ県の出生率は、女性一人当たり二・四〇に上昇している。

とはいえ郊外の移民と高い出生率との照応は、きわめて不完全である。というのも、生まれながらのフランス人の若いカップルもまた、都市中心部は不動産価格が高いため、子どもを持とうと思った時には、大抵は郊外へと流出するからである。この現象はとくにパリ地域で大規模である。

結婚の変貌

出生率とカトリックの実践を結びつけていた絆は切れたわけだが、それには、婚姻の絆の本性が変わるという現象が、連動したとまでは行かずとも、随伴した。この現象が始まった一九七五年には、二つの現象が起こっている。婚姻外出生の比率は、一五〇年前から七%の水準に安定していたが、これが急速な成長を開始し、この動きは今日でもまだ続いており、総数の五五%に達している。さらにまた、最初の結婚の平均年齢は、第二次世界大戦の終結以来、ゆっくりと低下していたが、それが上昇し始めたのである。女性については二十三歳だったのが、二十九歳に、男性については二十五歳だったのが、三十一歳に上昇した。

婚外出生の数の上昇は、結婚年齢の上昇と同時に起こったが、とりわけ結婚そのものの稀少化が進行し、一九七四年には年に四〇万件あった正式の結婚は、二〇一一年には二五万件に減少している。母親となる年齢も、結婚年齢と同じ速度で上昇し、家族を形成する年齢もますます上昇している。この変化をより仔細に観察してみるなら、まず始めに動いたのは最初に母となる年齢であり、それが言わば結婚年齢の高齢化を引き起こしたことが分かる。出生カレンダーのこうした変貌が、母になる平均年齢の地理的分布と、カトリック教の地理的分布の間の絆を、断ち切ることになった。

母親の年齢

というのも、十九世紀以来、子どもの出生の際の母親の平均年齢は、家族生活における宗教の影響を示す最良の統計的指標であった。カトリック教の支配が強ければ強いほど、その地域の女性が子どもを産む時期は遅かった。一九六二年に、宗教実践と母になる平均年齢との間の相関性は、まだプラス〇・八二と高かった。その後、この二つの行動の間の繋がりは解消される。初めはゆっくりと進み、相関係数は一九六八年にプラス〇・七二、次いで一九七五年にプラス〇・六〇になる。断絶は一九七五年から一九八二年までの間に起こり、その間、相関係数はプラス〇・三五に下落した。一九九〇年以降は、相関係数はプラス〇・二〇以上になることはなく、いかなる地理的一致も現れなくなる。一九六二年の地図と二〇〇九年の地図（**地図4－5aと4－5b**）を比較してみると、カトリック教と母にな

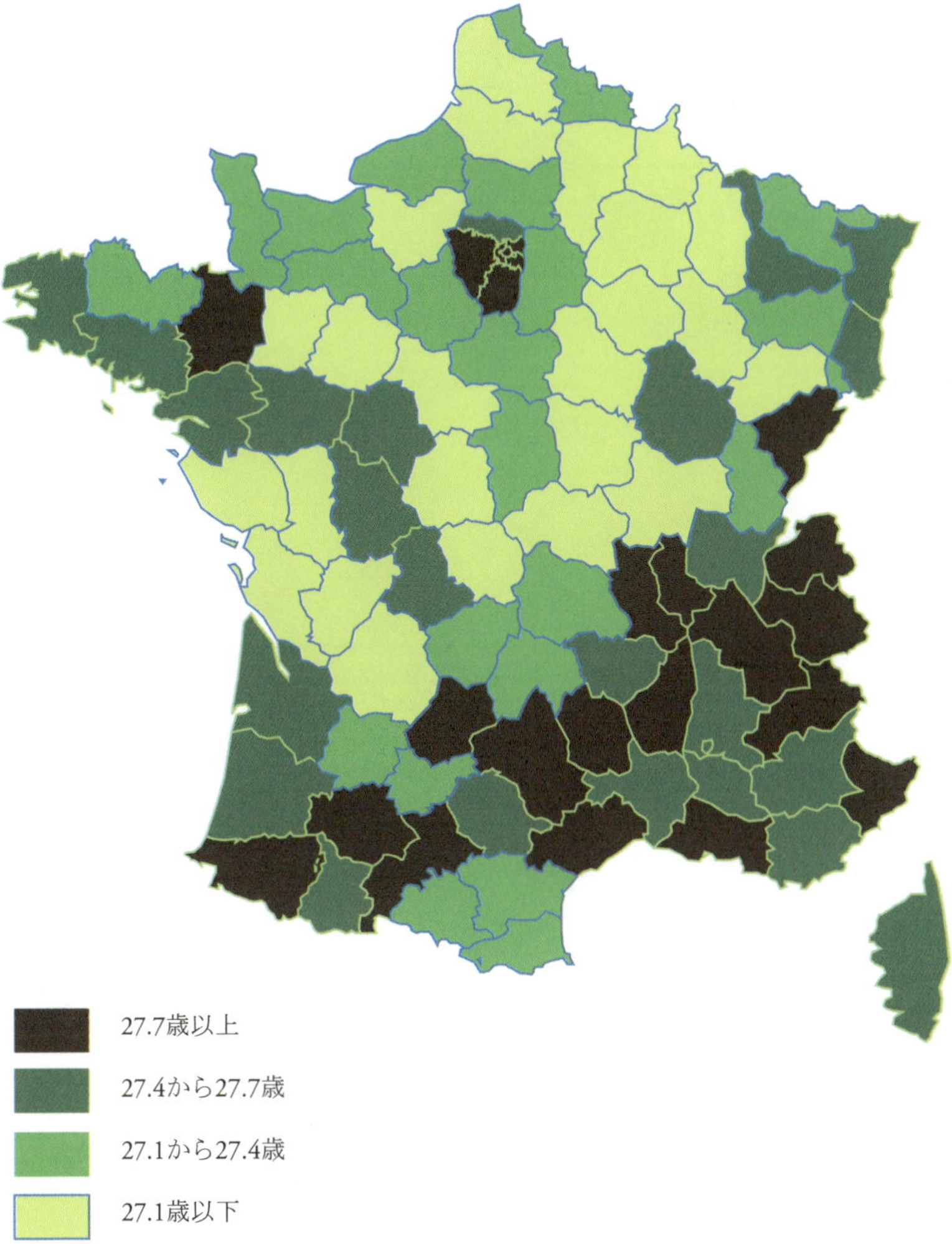

地図4－5a　1968年の結婚年齢

1968年における女性の最初の結婚の際の平均年齢

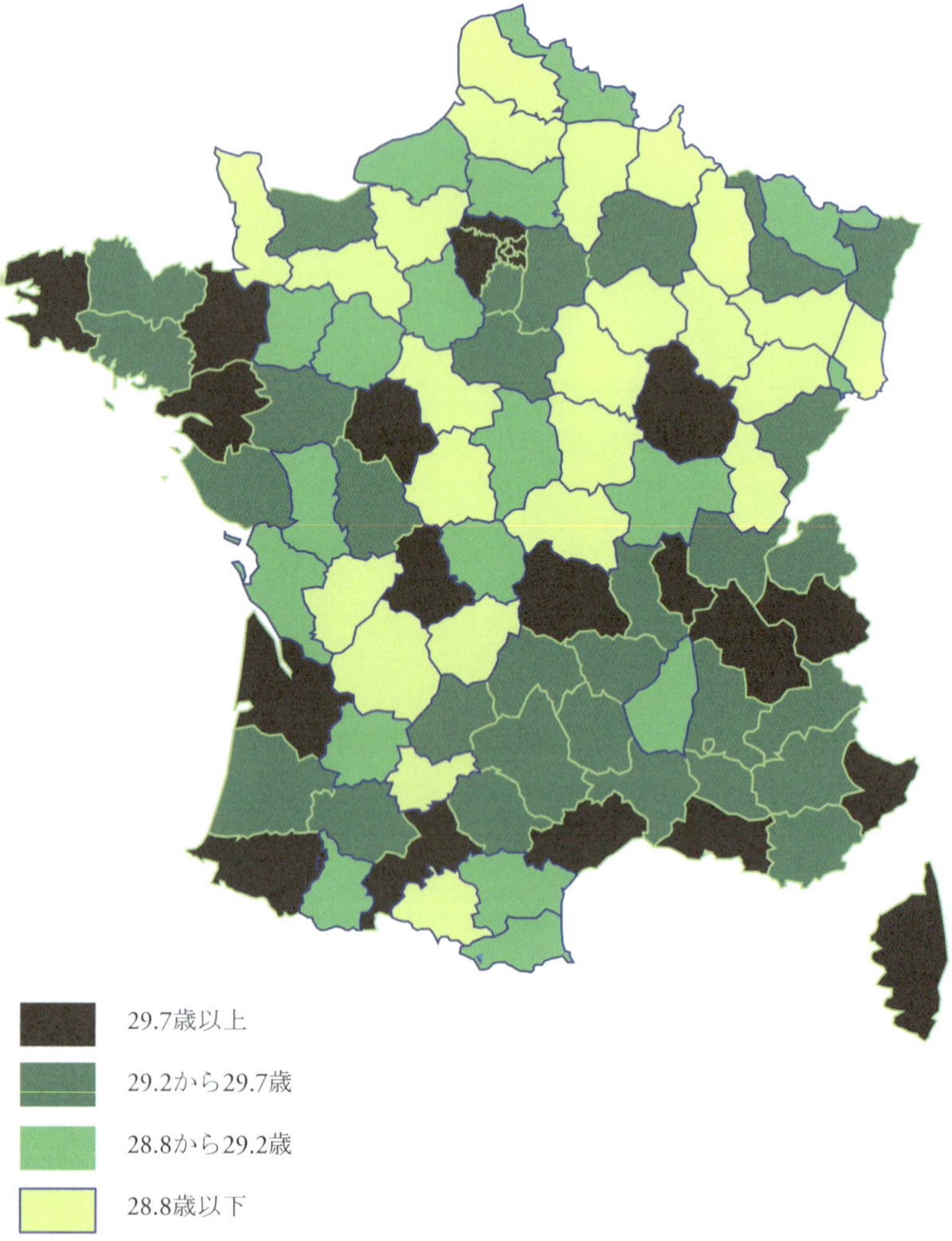

地図4－5b　2009年の結婚年齢

2009年における女性の最初の結婚の際の平均年齢

表4　県の都市化水準と母親になる年齢との相関性

年	相関性
1962	-0.21
1968	-0.08
1975	0.29
1982	0.54
1990	0.62
1999	0.68
2005	0.69

出典：INSEE［国立経済統計研究所］。

る年齢が高いということの間の関係の消滅は、明白である。しかしまた、一九六二年の地図が規則性を見せているのに、二〇〇九年の地図は見たところ無秩序であるという対照には、驚いて然るべきだろう。

とはいえ最近の地図の上には、新たな秩序が姿を見せている。大都市と農村地帯を対立させる秩序である。今日、子どもを作る年齢がますます高くなっているのは、都市的人口密集地域においてである。県の都市化水準と母になる年齢との間の相関性は、一九七五年以前にはマイナスであったが、その後ますます明瞭にプラスになり、今日ではプラス〇・六九に達するに至っている［表４参照］。

婚外出生　カトリック教の終焉と家族の復帰

婚外出生の増加は、現実には、教会の理想である秘跡としての婚姻というものの消滅を意味しているわけだが、カトリック地域は、婚外出生の一般化に長くは抵抗できなかった。とはいえこれが増加し始めた一九七五年から一九九〇年までの十数年は、カトリック地域の「痙攣」とも言うべきものが観察される。これらの地域は、他の地域よりもより抵抗を示したので、婚外出生の分布図は、一時、世俗性の分布図と重なることになる。婚外出生が二五％のハードルを越えた一九九〇年にはまだ、伝統的カトリック地域は、この分野では遅れていたように見える（地図4－6a）。しかしそれ以降は、流れに運ばれてしまう。マイナス〇・六七だったカトリックの実践と婚外出生の間の相関性は、一九九五年にはマイナス〇・五九に、二〇〇〇年にはマイナス〇・四八に低下し、次いで加速化して、二〇〇五年にはマイナス〇・三五に、二〇〇九年にはマイナス〇・一二になる。二〇〇九年における婚外出生の現在の分布地図（4－6b）は、宗教的過去の痕跡をいささかも留めない。

とはいえこの最も近年の地理的分布は、新しい決定因を露呈させている。かなり意外な要因が二つ、姿を現わしている。一つは都市で、これは今や結婚への抵抗の舞台となっている。もう一つは複合家族で、これは婚外出生を助長している。

少なくとも大革命以来、婚外出生は農村部では稀で、都市ではより頻繁であった。それは、未婚の母がご近所から恥辱を蒙るのを避けるために、都市へと逃げ込んだためか、都市では、勤労階級――ルイ・シュヴァリエの著作のタイトル[3]をもじって言うなら、「危険な」階級ということになるが――の中で内縁関係が頻繁であったためである。今日、大都市は後退している。

上層諸階級は現在、母となるよりも先に結婚を行なうことによって、新たに他の階級から己を際立たせようとしている、というのは大いに考えられる。それは遺産相続を容易にするためであり、ブル

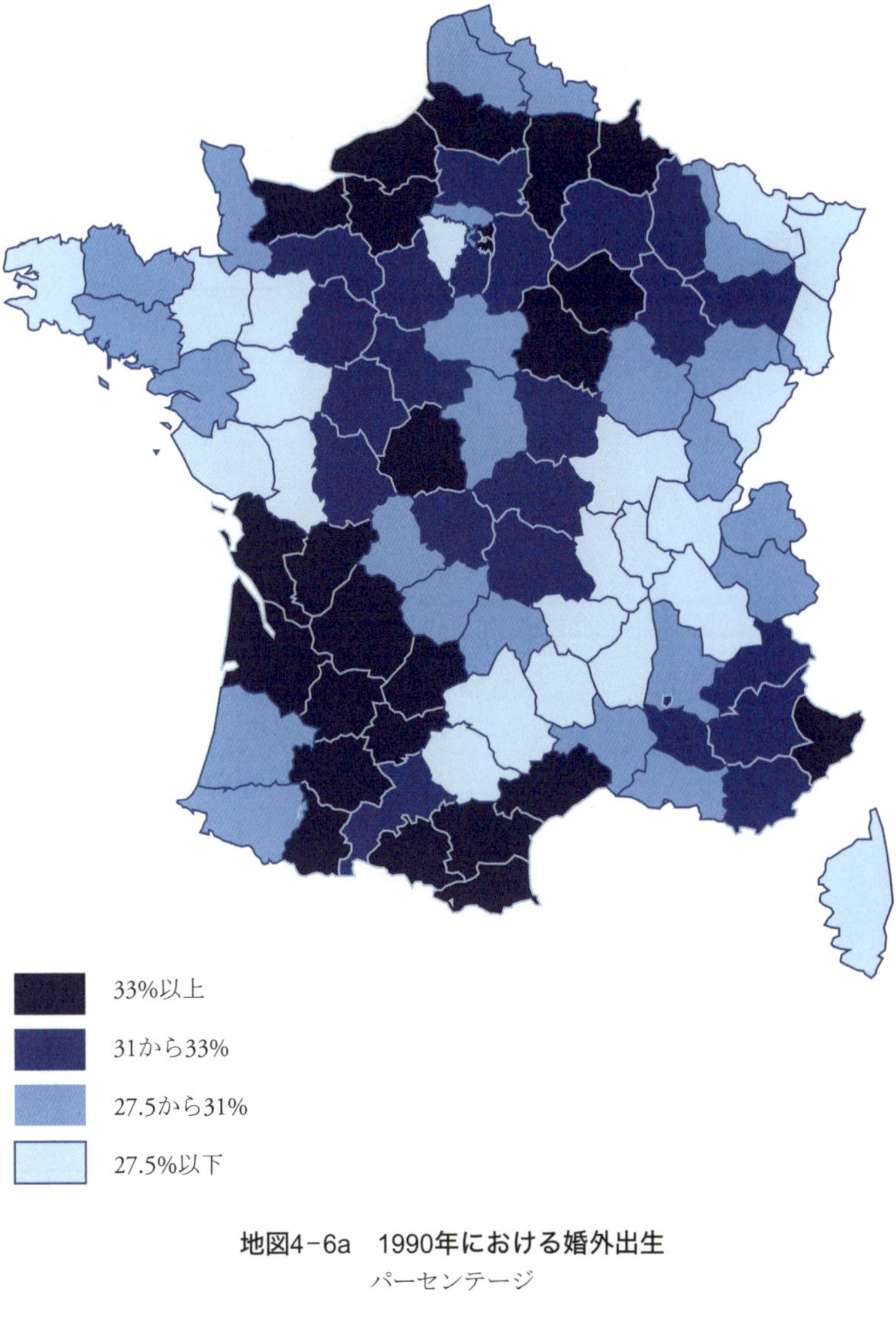

地図4-6a　1990年における婚外出生

パーセンテージ

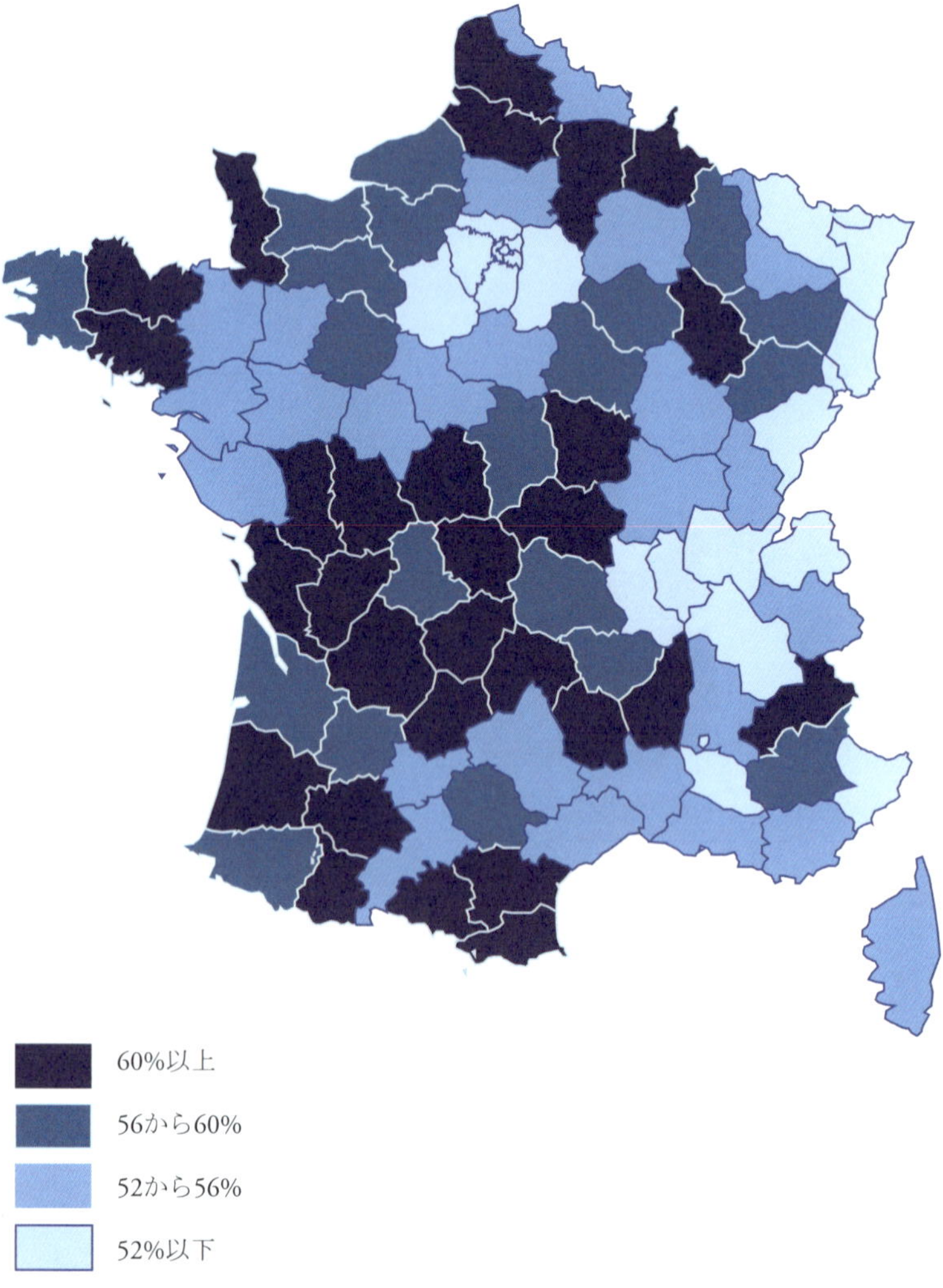

地図4-6b　2008年における婚外出生

パーセンテージ

ジョワジーの同型配偶的婚姻の社会的威信のためでもある。現在われわれは、風俗慣習の変化の一つのサイクルに直面しているに違いない。その第一段階は、婚外で子どもを作ることが社会の上層で広がる、というもので、これは高等教育を受けた女性がもたらした女性解放的なうねりである。第二段階では、新しい行動様式が社会に普及し、従来型の結婚は、統計的に多数派であることを止める。自由な結合〔同棲〕が住民の多数派にとっての規範となるわけである。ただしこれは、子どもを一人ないし二人作った後に正式結婚に至ることがしばしばである。さてそこで、もしかしたら現在はすでに第三段階に入っているのかもしれない。経済的不安と貧困化の端緒を背景にして、結婚はもしかしたらまたしても、牢獄というよりはむしろ安全保障装置と受け止められるようになっているのである。自由結合〔同棲〕と婚外出生は、かつて社会的不安定や失業との間に持っていた関係の一部を、再び見出すことになるかもしれない。

いずれにせよ、自由業と上級管理職の人数がとくに多い四つの大地域圏、すなわちイル・ド・フランス、ローヌ・アルプ、プロヴァンス・アルプ・コート・ダズュール、それにアルザスにおいて、婚外出生の比率は全国平均より下に落ちていることが、確認できる（**地図4-6b**）。これらの地では、事実、経済的活力は風俗慣習の保守主義の残滓、もしくはその回復と結び付いているのである。

都市がいまや婚姻の絆の抵抗を助長しているという逆説に加えて、もう一つの逆説を挙げねばならない。複合家族、とりわけ直系型の家族が、いまや婚姻の絆の解消を奨励しているという逆説である。

複合家族地域は、かつては婚外出生を斥けていたが、いまや核家族地域よりもはるかに大量にそれ

表5　1911年から2009年までの、複合家族と婚外出生の比率との相関性

年	相関性
1911	-0.43
1975	-0.42
1990	-0.07
1995	0.07
2000	0.21
2005	0.22
2009	0.26

出典：INSEE［国立経済統計研究所］ならびにSGF［フランス総合統計］。

を受入れている。というのも、婚外出生の比率と複合家族との相関性は、現在の水準はまだ低いとしても、規則的に増加しているのである。

かつて複合家族地域であった地域では、世代間の連帯性が、結婚によって正式化されていない結合にとっての安全保障装置として機能している。血統はその規則と力を、しばしば国家とその法の力に抗して維持して来た。国家の法は、核家族を中心として、さらにはいかなる家族的絆からも切り離された個人を中心として制定されている。これに対して、血統による非公式な保護は、いまでも行使され続けている。そうなると、結婚せずに子どもを作ることは、若い両親にとっては社会的に危険の少ないこととなる。二人はそれぞれの実家を当てにすることができるからである。

以上のように、近代化は人口動態においては逆説的な結果を生み出す。新たな避妊手段と風俗慣習の変化は、間違いなく個人を解放した。しかし本当に自由に行動する、つまりいかなる無意識の決定も受けることなく行動するのは、難しい。宗教による決定が消滅したことによって、無秩序に至るということにはならず、はるかに深いところにある決定の層、人類学的・家族的な層が露呈するに至ったのは、そのためなのである。

第5章

あまりにも急速な、脱工業社会への動き

本書の最初の四つの章において、われわれは心性の歴史を素描した。この歴史は、その大筋においては経済的進化とは無関係である。教育の向上、宗教の危機、人口動態の変転が、ある論理に従って、一つの空間の中で展開し、複雑で時として循環的な様態において相互に作用するが、その論理を条件付ける人類学的基底は、マルクス主義なり新自由主義なりが特権化している経済的変数とは大して関係がない。本書ではここに至るまで、資本主義、生産関係、金融システム、利潤率といったものは、問題とされないで来た。とはいえこれらのものはどれも現に存在し、それぞれに重要である。われわれはいかなる教条主義も避けるよう努めつつ、論を展開し、それが必要であるときは、経済も動員した。工業はまず最初に識字化とともに、識字化によく似た、かつ連動した過程をたどって、フランス本土の北東の四分の一に当たる空間で発達した。男性と女性の役割の分離を重大化するような効果を工業がもたらしたことは、経済活動が心性の上に逆に衝撃を加える紛れもない実例であるが、われわれは、このことも強調している。さらに上級管理職の者の数が特に多い地域において、［同棲に席を譲っていた］結婚の回復があり得ることにも、注目したところである。

教育、出生率、母となる年齢、婚外出生は、とりわけ隠れていたある種の文化的ないし宗教的決定作用を明るみに出した。より包括的、より基本的には、地図作成法によって、メディアが表舞台に載せる経済的・政治的時事性からは独立した、深層における人間と社会の生活の自律的な存在を知覚し、エリートの教育に聖典として用いられる、世界についての偏狭な［経済中心の］知覚を逃れることが、可能となったのである。また先に強調したことであるが、奇妙な右の新マルクス主義[*1]が、現代の思想を支配している。昔だったら、観念論的考え方に対する唯物論的考え方の勝利と言ったかもしれない。実のところは、唯物論と観念論という古典的なカテゴリーは、分析を単純化するよりは、込み入ったものにしてしまう。経済とはつまるところ、人間の知性を物質と世界を作り変えることに適用することに他ならない。だから「心性」の単なる一構成要素にすぎないのだ。経済とは心性の一部をなすものなのだから、経済の優位はあり得ないのである。

心性の優位

経済的もしくは心性的変数が、世代というレベルで表現される限りでの、時間的シークエンスに話を戻そう。非常に進んだ高等教育を有する社会という文脈においては、X年に生まれた世代の教育は、単純化して言うなら、X年からX＋二五年までの間に、実現される。これが、X＋二五年からX＋六五年までのこの世代の潜在的な経済的効率性を定義するのである。社会の具体的な発展においては、明瞭に経済的変化より教育水準の上昇の方が先行する。いかなる時にも、経済生活は、住民の知的・技術的可能性に適応しなければならない。獰猛な保護主義を採用していないまでも、必要とする財とサーヴィスの生産について九〇％まで自律的であるような一国社会、という閉ざされたモデルを設定して研究するなら、経済活動を労働力人口の能力に合わせて調整するということが行なわれるのは、確かだと考えられるだろう。しかも、その国の指導者たちの意志と経済の専門家たちの選好の如何にかかわらず、である。「経済システム」をどんなに高く祭り上げたところで、それの基本的な本性からそれを解放することはできない。経済システムとは、基本的には、己の好みと能力に応じて働き、再生産する住民集団というものに他ならないのである。教育という要素の優位は、十全に表われるのである。

もう一度言うが、われわれはいかなる教条主義にも陥らぬようにしなければならず、世界をあるがままに、それが変わって行くがままに受入れなければならない。ただし経済的グローバル化は、一国的な人類学的・宗教的システムとは無縁の交換・交流を打ち立てるがゆえに、問題の与件を変えてしまう。それは特化を引き起こすことになり、そのためそれぞれの国の中で、これからは国際的なものとなって行く経済的進化と、一国的なままに留まる心性の活力とが、分離するようになるのである。心性的・経済的進化の行程がグローバル化によって歪められる現象の最も明白な例は、脱工業社会への移行の例である。

経済のグローバル化による脱工業社会への移行の歪み

イギリスならびにオーストラリアの経済学者、コリン・クラークは、すでに一九四〇年に、『経済的進歩の諸条件(1)』の中で、労働力人口が農業から工業へ、次いで工業からサーヴィスへと移動するという法則を、特定していた。これを別の言い方で言えば、第一次産業部門(鉱業を含む)から第二次産業部門へ、次いで第三次産業部門へ、ということになる。この動きはどこでも見られるが、その速度は異なり、その結果、人間の欲求の多様化と、異なる産業部門における生産性の不均等な増加が起こることになる。進化の過程が終ったところには、「脱工業社会」が訪れるはずであったが、それは一九七三年にダニエル・ベルが、経済的変数と文化的変数を無造作に混ぜ合わせて、その基本的傾向を以下のように定義した社会である。

「社会によって約束されたより良き生活への要求は、健康と教育という二つの基本的要素へと集中して行く。疾病の除去、何不自由ない生活を送ることのできる者の数の増加、さらにはこの生活の期間を伸ばそうとする努力、これらのものが健康に関わるサーヴィスを近代社会の本質的な様相の一つにする。技術的・職業的能力への欲求の成長は、教育を、そしてとくに高等教育へのアクセスを、工業社会への参入の条件そのものにするのである。われわれはここに、新たなインテリゲンチャ〔知識階級〕の成長、とくに教育者の増大を捉える。最後に、これらの追加的サーヴィスへの要求と、環境、健康、教育の分野で増大する欲求を満足させる力を市場が持っていないということ、これによって、とくに一国的ないし特定地域的レベルで、つまりこれらの欲求が表明されるところにおいて、国家の発達が招来されることになるのである(2)」。

ダニエル・ベルの思想はマルクスから出発している(その点は、ヨーゼフ・シュンペーターやレイモン・アロンの思想も同様である)が、それでも彼の中には経済の優位の立場からの抵抗が感知される、とわれわれは考える。しかしまた、教育と健康の分野で進歩して行く国家という彼のヴィジョンが、それ以降の数十年間に、先進国圏の総体によって検証されていることは、分かっている。その点は序論の中で、フランスにおける一九七五年から一九九五年の高等教育と寿命の加速化された前進という例を挙げて記述したところである。栄光の三〇年間以降の歳月は、脱工業社会のテイクオフの期間であった。とはいえ今日、フランス本国の場合は、動きがあまりにも急速で激しすぎたという気がする。脱工業化は、脅威をもたらすものである。ベルは、工業的経済なき脱工業社会を想定していなかった。彼が予想した世界は、第三次産業部門もしくは高等教育の価値観と風俗慣習に支配されてはいても、相変わらず工業の基盤は失っていない、そうした社会であったはずである。その場合、工業はきわめて生産性が高くなっているので、それに携わる人員の数は少数派となっていただろうが。フランスの場合は、アメリカ合衆国やイギリスの場合と同様、第二次産業部門の退潮は、本来の自律的な歴史的行程の帰結として想定された程度を大幅に超えて進んでしまった。自律的な歴史的行程とは、グローバル化がなかった場合のそれ、ということである。

財の交換が、世界化[*2]「グローバル化」の核心をなす。それはもちろん第一義的には第一次ならびに第二次産業部門に関わることである。サーヴィスというのは、本性上、高度に金融に特化した国においてさえも、一国的土壌に強固に根ざしている。フランスでは、第二次産業部門に集中した三〇%の貿易の自由化によって、脱工業社会への歩みは加速化された。フランスの工業は、大部分は栄光の三〇年間の成果にすぎず、きわめて近年に生まれた脆弱なものであるが、そのため両側から凄まじい圧迫で締め付けられることになった。一方では、単純労働は賃金の低い国の方に移転してしまい、他方、より熟練を要する労働は、ユーロ創設以来、ドイツ圏に集中してしまうのである。ところで、最小限であっても強固な工業的基盤があるのでなければ、脱工業社会は、前工業段階に戻ってしまう危険が大いにある。その上、大工業化の過程そのものを地図化によって検討してみると、フランス本土には家族的・農村的決定作用が奇妙にも再び出現していることが、明らかに露呈するのである。経済のグローバル化は、フランスを近代化すると想定されていたのだが、今のところ、北フランスと南フランスの対立を再び生じさせ、しかも南フランスから工業活動の主要部分を除去するということにしか成功していない。

フランス本国の脱工業化

一九七五年に、工業は労働人口の四〇％を雇用していた。その退潮は、かつての農業の退潮のときより低い水準から始まったが、それと同じくらい急速に進行した。二〇〇九年にはもはや第二次産業部門には人口の二三％しか残っていなかったのである。第一次産業には二・五％、サーヴィス業には七四・五％であった。

工業社会の絶頂期であった一九六八年と二〇〇八年――この時はまだ、大経済危機によって、工場の閉鎖と国外移転の新たな衝動が誘発される以前だった――における第二次産業部門に雇用される労働力人口の比率を示す地図を比較してみると、唖然とする。**地図5－1と5－2**は、市町村尺度で作成されたものだが、フランスの国土を襲った脱工業化の衝撃の激しさを浮き彫りにしている。

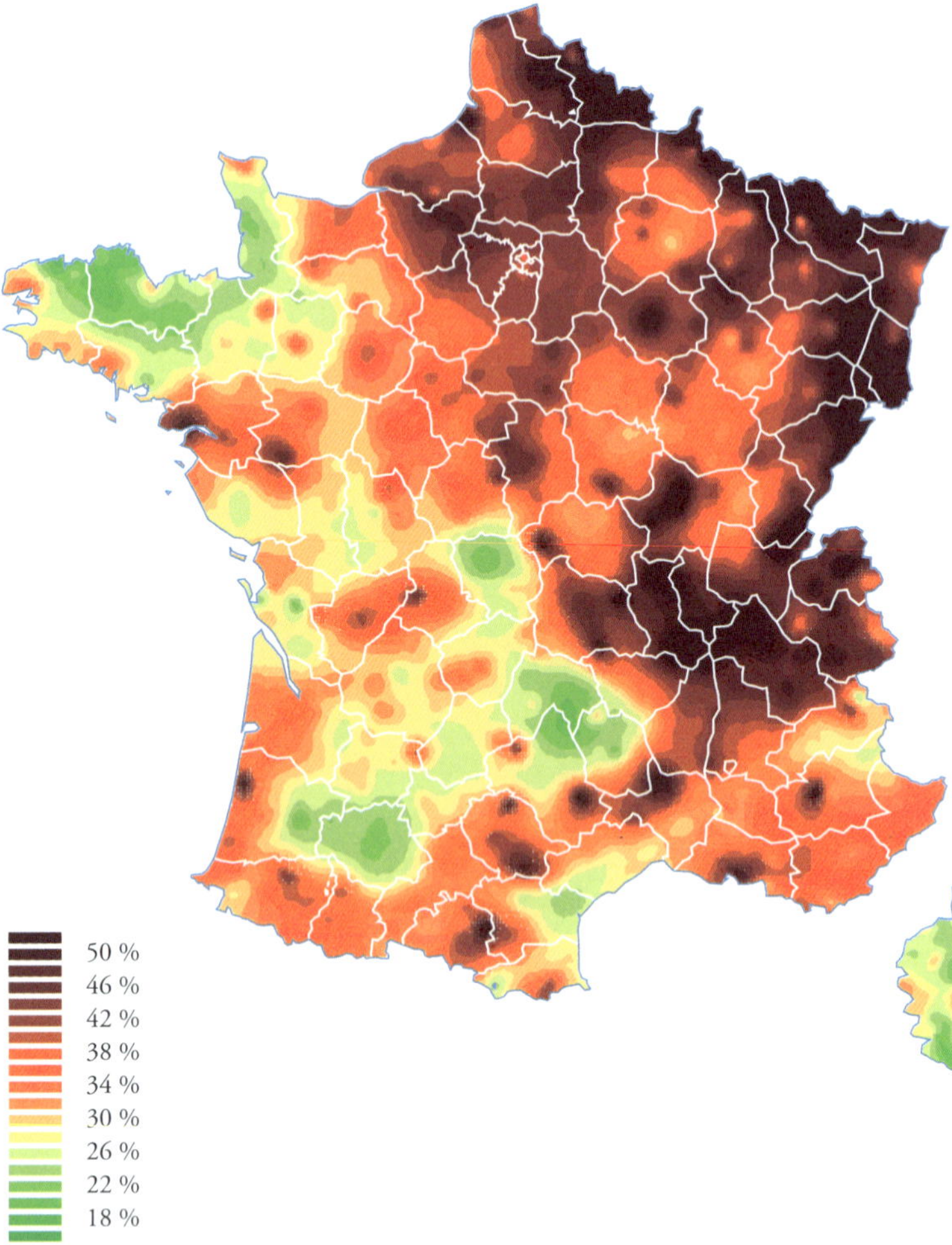

地図5-1　1968年の工業

1968年における労働力人口のうち第二次産業部門の者のパーセンテージ

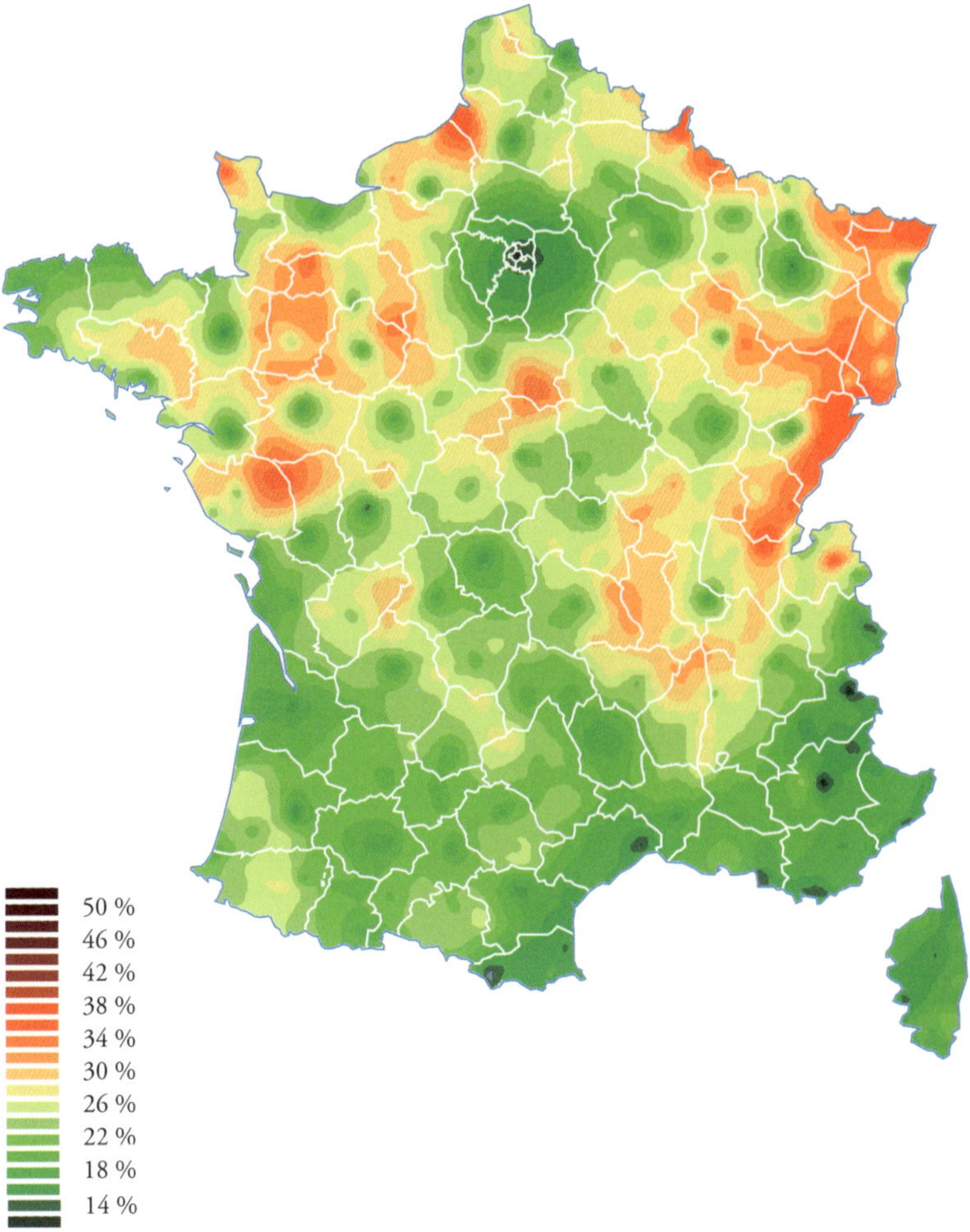

地図5-2　2008年の工業

2008年における労働力人口のうち第二次産業部門の者のパーセンテージ

フランスの工業の当初の地理的分布は、きわめて特異であり、これを見るとその退潮の急速さの理由が理解できる。一九二一年でも一九五四年でも同様なのだが、一九六八年において、工業は北と東の国境にしがみついており、そこから国土の内部へ、とくに南へと広がって行くように見える。内因性のものではなく、外からやって来たように見えるのである。唯一ローヌ・アルプ地域圏だけは、たしかにその位置は東であるが、相対的に大きな塊をなすところから、内部的な活力の印象を与え、内因性の工業発展を思わせる。

大変動の後の二〇〇八年になると、いまだ存続しているいくつかの重要な工業拠点（地図上ではオレンジ）は、依然として東と北の国境に貼付いているが、それでも西部にいくつかの小さな残留性の斑点があり、これは一九六〇年代から一九七〇年代の工業の移動のさまを証言している。パリ盆地の北東の工業社会の思い出というものは、いまでも残っている。しかし、一九六八年と二〇〇八年について作成された地図を比較してみるなら、南フランスに関しては、記憶喪失現象があったことが、露呈するのである。一九六八年に、プロヴァンスには工業はなかったわけではない。それどころかしっかりと存在していたし、ローヌ・アルプ地域圏は、長い工業の触手を中央山塊の南からピレネ山地沿いに伸ばしていた。そういったものはいまや一切残っていない。脱工業化が南フランスを襲った激しさは、北東部に対するのと同じであった。しかし南フランスでは初めの水準が低かったため、もはや何も残っていないのである。**地図5−2**を注意深く眺めてみるなら、北には、微弱とはいえ、拡散した工業活動が存続しているが、南では、オート・アルプ県からシャラント・マリチーム県まで、昔のオック語地帯に該当する地域には、全く何も残っていないことが一目瞭然である。

地図5－3を見ると、フランスにおいて工業社会はどれほど短かいものであったかが理解できる。この地図は、工業社会に先立つ農村社会段階がいつ完了したかを示すもので、県ごとに労働力人口中の農業従事者の比率が五〇％以下になった年を示している。昔の九〇の県[*3]のうち四七県で、このハードルが越えられたのは、第二次世界大戦後になってからであり、うち二〇県では、一九六八年の国勢調査以降にすぎない。西部、南西部、アルプス地方は、この遅くまで残った農村性の牙城に顔を並べている。西部と南西部の一部については、楽観論者なら、農業段階から脱工業段階への直接の移行と言うかもしれないし、悲観論者なら、恒常的に非工業状態にあると言うことさえできるのである。

工業は都市の外へ

とはいえ二〇〇八年における第二次産業部門の地図［**地図5－2**］は、農村部の見せる新たな逆説的な要素を含み持っている。都市のネットワークが穴として（緑色の）姿を現わしているのである。その中心は、脱工業化された都市からなる群島の中の最も主要な島たる、パリ都市圏に他ならない。

一九六八年に、工業人口密度の濃さは、都市と対立しなかったが、都市現象とは微妙な関係を保っていた。それは大都市に集中してはおらず、より小さな都市に集中していたのである。それらの都市は、しばしば何らかの型の生産に特化していた。例えば、アレス、ミヨー、サン・ナゼール、モンリュソン、チオンヴィル、コマントリィのように。より大きな都市、ないしは単に県庁所在地は、それぞ

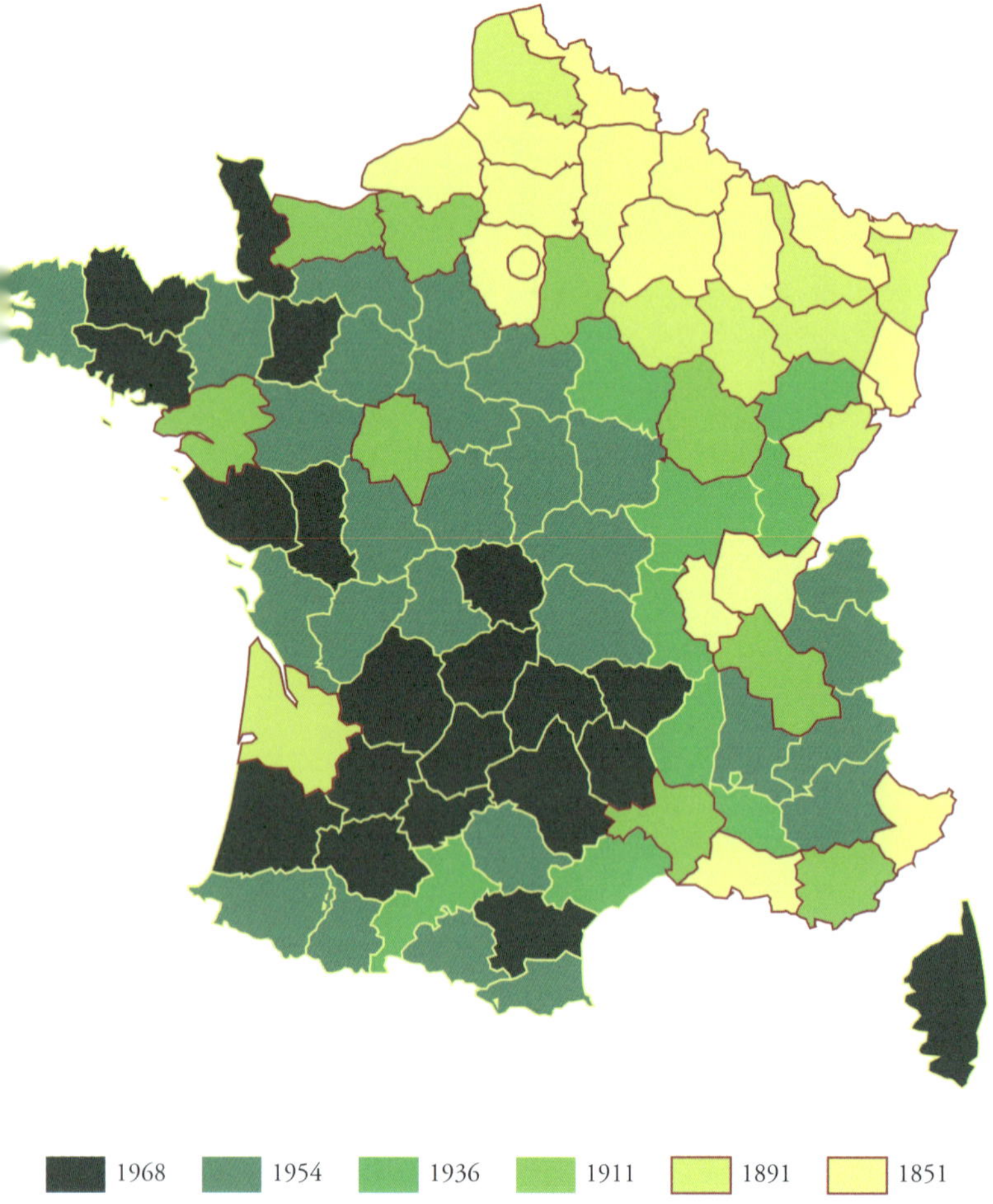

地図5-3　最後の農村からの人口流出

国勢調査において、労働力人口中の農業人口が50%以下になった年

れの地域の方向性に対してバランスをとっていた。農村地域ではより工業的であり、第二次産業部門の活動が強い地域では、工業性が低い、という具合だった。例えば、西部と南部では、アンジェ、ル・マン、トゥールーズは、直接の周辺地域より工業的であった。逆に北と東では、アミヤン、ナンシー、ストラスブール、ランス、ディジョンは、後背地ほどは工業に重要性を認めなかった。このようにして各地域の中に、ある程度の地域的まとまりが担保されていたわけである。

二〇〇八年には状況は根底的に変わる。それは第二次産業部門の収縮の効果でもあるが、それだけでなく、都市と農村地域の間での新たな活動の分配のせいでもある。いまやいたるところで、リール、パリ、リヨン、トゥールーズ、ボルドーのような大都市圏であれ、マンド、ディーニュ、モン・ド・マルサン、ヴァンヌ、アランソンといった、より慎ましやかな町であれ、都市は工業を拒絶する。工業労働者の比率が三〇%を超える希少な場所というのは、県と県の境や、ジュネーヴからアルデンヌ県へと延びる北東国境という、遠隔の地なのである。

社会・職業的カテゴリーの空間的分布を検討してみれば、いくつかの社会集団がまるごと都市の中心から外へと排出されてしまうこの現象が、確証されるだろう。とはいえフランスは、都市が八〇%近くを占める国なのだ。

工業を救う、ただし脱工業社会で

フランソワ・オランドの大統領当選ののち、フランスは、先進国は工業なしには経済的独立を保持しようと望むことはできないということを自覚した。この論争は有益であったが、切迫してもいた。それにしてもこの論争の結果、脱工業社会は「正当ならざる」ものであり、かつては戦争で覇権を争ったが、いまや工業競争で覇権を争う世界の中で犯した歴史の誤りであるとするヴィジョンに立ち至るようなことがあってはならない。コリン・クラークとダニエル・ベルが告知した第三次産業部門は、われわれの安寧に貢献する。教育と健康は、その内容の大部分が脱工業的なものとなる正常な発展の核心をなすものである。とはいえ全世界規模での課題の専門化は、貿易収支の均衡を保証するに十分な輸出を行なうような工業部門の維持を、至上命令として課して来るのである。ところが二〇〇〇年から二〇一〇年のフランスは、構造的赤字になる恐れのある貿易収支の赤字に突入した。この変化は、このまま続くのであれば、長期的な結果としては、社会全体の生活水準の低下しかもたらし得ない。一つの国の国土の上では、役割と人は連動するのである。

どんな地図を作っても、どれもフランスが心性の活力と工業活動の水準との間の紛れもない乖離に苦しんでいることを示している。輸出活動を地図化したもの（地図5－4）は、フランスの指導者たちが、少なくともフランスの安全が、またしても工業的・社会的な大失敗となったフロランジュ[*4]のような場所に依存していることを理解している指導者たちが、どんなジレンマに直面しているかについて、最も残酷なヴィジョンを与えてくれるのである。国の輸出に対する住民一人当たりの貢献度の平均は、ル・アーヴルからジュネーヴまでの線の北と東、つまり「教育では困難を抱えた」北フランスにおいて、依然として高い。

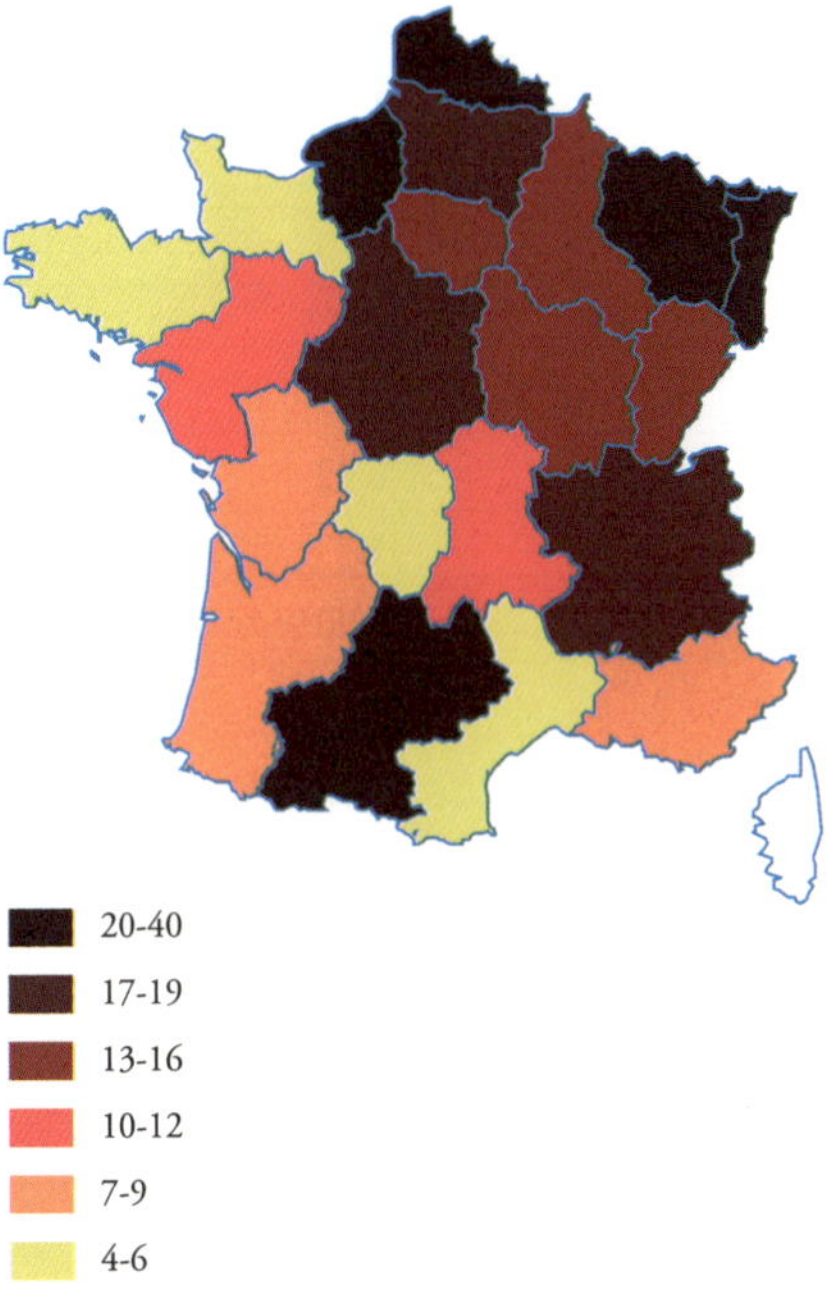

地図5-4　輸出

2005年の輸出係数

表6　地域と輸出

地域圏	フランスの輸出のうち地域によって担われる部分の比率（%）	フランスの輸出のうち当該地域の住民一人が担う部分の比率（10^7倍）
アルザス	6.42	36
オート・ノルマンディ	5.94	33
ミディ・ピレネ	6.09	22
ロレーヌ	5.14	22
ノール・パ・ド・カレ	8.62	21
ピカルディ	3.73	20
ローヌ・アルプ	11.13	19
サントル［中央］	4.49	18
フランシュ・コンテ	1.92	17
イル・ド・フランス	18.76	16
シャンパーニュ・アルデンヌ	2.00	15
ブルゴーニュ	2.27	14
ペイ・ド・ラ・ロワール［ロワール川地方］	4.10	12
オーヴェルニュ	1.43	11
アキテーヌ	3.24	10
プロヴァンス・アルプ・コート・ダズュール	4.77	10
ポワトゥー・シャラント	1.38	8
ブルターニュ	2.12	7
バス・ノルマンディ	0.91	6
リムーザン	0.44	6
ラングドック・ルーション	1.29	5
コルス	0.00	0

出典：国庫ならびに経済政策総監督局（MINEFI）、商工会議所全国会（2006年12月）。

反対に、教育の活力は、一九七〇年頃は、南フランス全域で最大であったのち、一九九〇年頃には、フランス本土の周縁部のそこかしこに散在する、昔カトリック地域であった地帯で最大となった。輸出に対する貢献が最もプラスである地域の中には、この教育上恵まれた圏域に属する地域はほとんどない。フランス本土の南半分では、伝統的に工業が盛んなローヌ・アルプ地域圏と、エアバスのおかげで工業が盛んなミディ・ピレネ地域圏のみが、フランスの対外貿易に大きなプラスの貢献をしている。要するに、単純化して言えば、この二地域圏のみが教育と輸出を組み合わせているにすぎない。輸出地域の大部分は、教育の活力に劣る地域であり、その上、人の移動のバランスが出超であるために縮小している。しかしこのように弱点に苦しみ、空洞化していく地帯というのが、依然として、フランスの対外的な経済的均衡が依存している地帯に他ならないのである。この地帯は、経済的に搾取され、犠牲にされ、そしてもちろん文化的に支配されている。われわれは、ブルターニュやら、アキテーヌやら、ポワトゥーの魅力にわれを忘れるが、生活水準については相変わらず、オート・ノルマンディ地域圏、ノール・パ・ド・カレ地域圏、ピカルディ地域圏に依存しているのである。

第6章

民衆諸階級の追放

地図6－1は、本書で最も明解な地図の一つである。ここでは、工場労働者の比率が二〇％（紫色）に落ちている南と、依然として三〇％（栗色）を超えている北とが、明瞭に対置されている。ただし北でも、都市の部分は穴となっていて、紫色であるが。ここには、過去から伝えられた広大な人類学的地域区分と、近年になって勢力伸長した都市のネットワークとが組み合わさっている。近代性の中の最も量的に巨大な要素と、昔の要素の残存の中で最も明白なものとが、重ね合わされているわけである。

要するに、工業のスタートは工場労働者のスタートを引き起こした。この地図を見れば、重要な都市圏から遠ざかるほど、労働者は多数になることが分かる。これらの都市は、大抵の場合、県庁所在地であるが、県庁所在地というのは、一七九〇年に、農民が徒歩で容易に到達できるように選ばれたのであるから、県の中央に位置する。県境の地域が最大の労働者比率を擁するのは、そのためである。決定の中枢から遠ざかったこれらの場所は、人口減少、困難な輸送交通、養老院で暮らす高齢者といったマイナスの経済的・社会的要素が累積する、追放の地域に他ならない。ソンム湾の南のヴィムー地方、ラングル台地、ロワンヌ周辺、オルヌ県とカルヴァドス県とマンシュ県が接するところにあるル・ペルシュが、フランスで最も労働者の率の高い地域であると、今日、自分から思い至る者はいるだろうか。このような忘却を免れるのは、おそらくヴァンデ県とアンジューの間の活力溢れるショルテ地方くらいなものであろう。これらの小さな地域はたしかにフランスの工場労働者の多数派を集めているわけではないが、彼らが最も集中しているのはこれらの地域においてであり、まさにそこは、労働

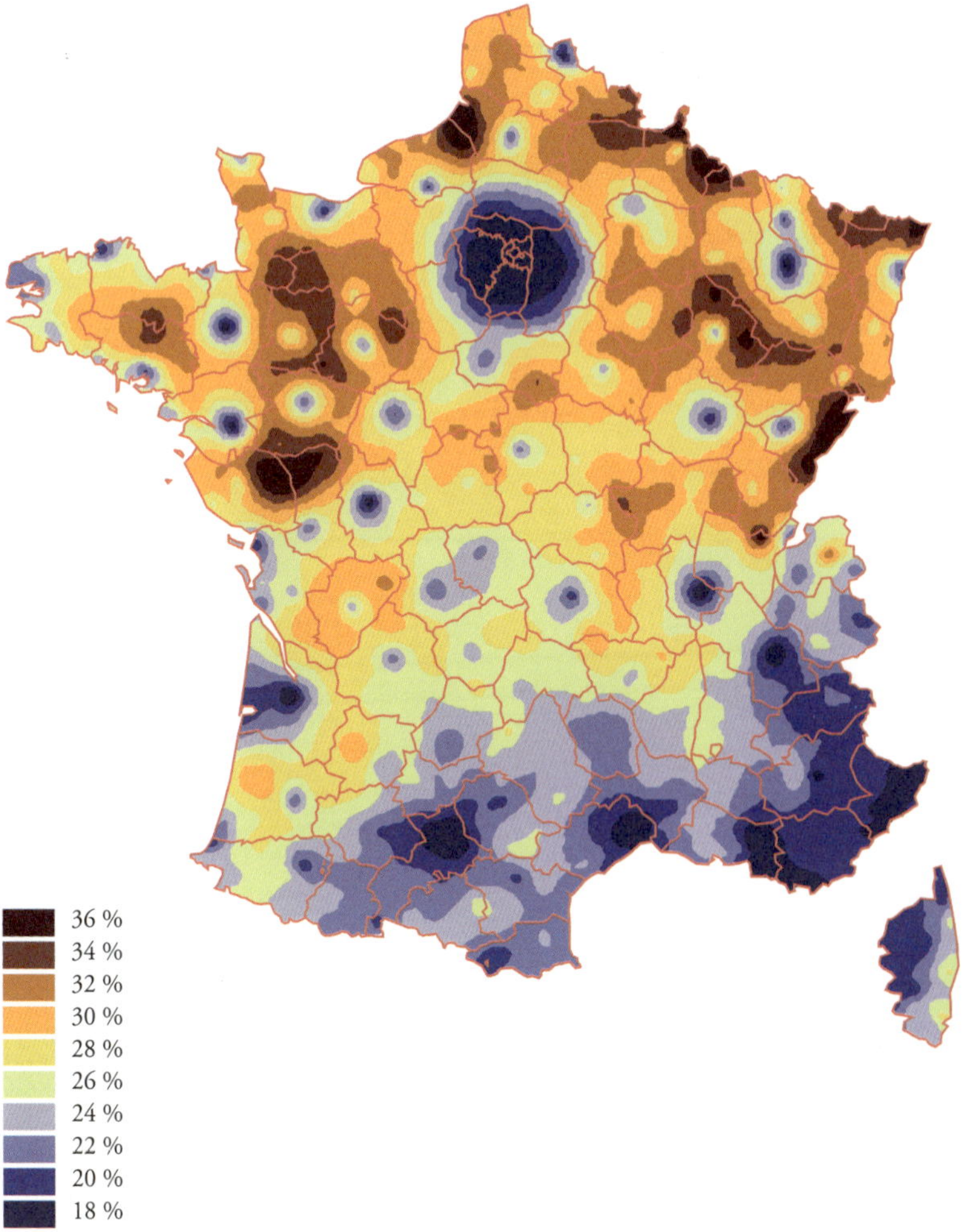

地図6-1　2009年の工場労働者

労働力人口のうちの工場労働者のパーセンテージ

表7　フランスにおける社会・職業カテゴリー[*1]

	2011年における労働力人口中の比率（%）	女性の比率（%）
農業経営者	2.0	30
手工業者、小商業者、企業主	6.5	30
管理職ならびに上層知的専門職	17.6	42
中間的職業	24.4	53
事務・商店労働者	28.3	78
工場労働者	21.1	21
うち熟練工	13.8	13
非熟練工	7.3	37

出典：INSEE、2011年の雇用アンケート調査。

者階級が存続している場所なのである。

この労働者の世界は、かつて都市の場末に居住し、塊のような集団をなし、自律的な人間関係の術を心得ていたあの労働者社会とは違う。今日、マックス・ウェーバーの言う意味での理念型的労働者は、農村的で、地域に溶け込んだようになっている。同じ職種の仲間と近所付き合いをするのでなく、農業従事者と、さらには事務・商店労働者と近所付き合いをするのであり、事務・商店労働者の配偶者となることが、ますます多くなっている。工場労働者の七九％近くが男性であり、事務・商店労働者の七八％は女性であるのだから。

やはり直系家族

工場労働者の居住地は、国内どこでも都市周辺部か農村部なのだが、もう一つの規則性にも従っている。それはフランスの国土を二分した二つの大きな部分を対立させるもので、労働者は、フランスの北の部分ではかなり数が多いが、南でははるかに数が少ない。これはずっと昔からのフランスの国土の分かれ方であるが、工業化が旺盛に進んだ期間には姿を消していた。それが再び姿を現わしつつあるということは、この分かれ方がすっかり削り取られたわけではなく、単に覆い隠されていたにすぎないことを、教えている。核家族 対 直系家族の対立がまたしても顕在化しているのであって、これは本物の人類学的ライトモチーフに他ならず、晩期カトリック教と早期の脱キリスト教化の対立という宗教的ライトモチーフと、今日なお競合し続けているわけである。

このような労働者の国土の中での分布のさまは、意外なものであるはずはなかろう。それは、フランスの北と南の教育上の進化に差があるところから大幅に由来する。この差そのものは、部分的には家族構造によって決定される。**地図2-2**は、一九六二年から一九七一年までにバカロレアもしくはそれ以上を獲得した者の比率を示すものであったが、そこには同じ南の相当な前進ぶりが姿を現わしていた。この前進こそが、その後の数十年間に、最大限の個人が労働者としての生活条件を逃れることを可能にしたのである。カトリック教は、後になってから教育に対してプラスのインパクトを与えるようになったが、普通教育にも技術教育にも与えられたこのインパクトは、その後の数十年間に、労働者階層と一般的教育水準との地図の上での合致をもたらすはずであった。地図上に現れる都市という穴の方はどうかと言うと、これは高等教育を受けた青年たちが都市中心部に流入する動きを示しているが、これによって都市は脱工業的かつ脱労働者的になるわけである。

プロレタリアートの地域的追放は、マルクスが革命的変革の主要な担い手として指名した階級にとっては、きわめて悲劇的な運命と言わざるを得ない。まさしくこの隔離が二世紀にわたる階級闘争の終着点で、プロレタリアートの絶対的敗北を意味するのでないのなら、話は別であるが。それにしても、このように労働者を都市の外に排除して、国土の内側ではあるが、ばらばらに孤立した空間に追いやるというのと、はるか遠隔の地の、中国を初めとした新興国に居住する国外の労働者を用いるというのとは、同列に考えることのできることではなかろうか。プロレタリアートの追放は、全般的な現象なのである。*2

さてここで手工業者と小商業者を空間内に位置づけるなら（地図6－2）、労働者の場合を補完するような、北と南の対立が姿を現わして来る。この二種類の職業は、直系家族と土地所有自作農の国たる南フランスでより頻繁なのである。この第三千年紀の始まりに当たって、フランスでは、脱工業時代とは、前工業時代への復帰に他ならない。工場労働者は、十八世紀に農業労働者が多数いた北フランスで存続している。手工業者と商業者は、アンシャン・レジーム下で土地所有農民による家族経営が支配的であった南フランスで、繁栄している（地図6－3）。賃金労働制と小経営の対立的な伝統は、工業社会が支配的になった短い期間を越えて生き残った、ということになる。経済的決定作用は通り過ぎて行く。人類学的構造は残る。場所というのは、全く物覚えが良い。

工場労働者や、手工業者、商業者は、高等教育に大量にアクセスすることがなかったという点が共通している。新たな教育絡みの階層化は、彼らを等級の下の方に位置づけることになる。これを地理

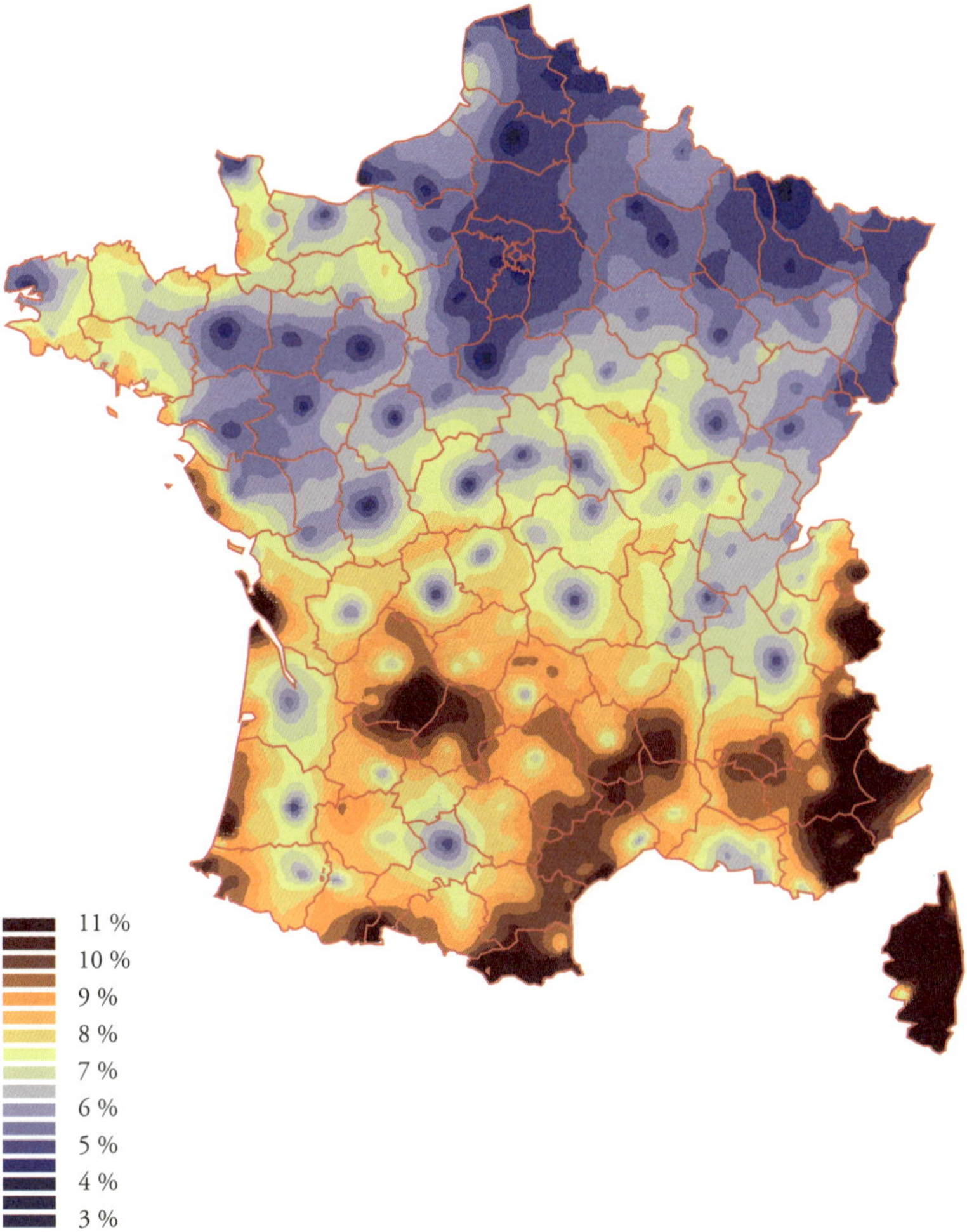

地図6-2　2009年の手工業者と商業者

労働力人口中の手工業者と小商業者のパーセンテージ

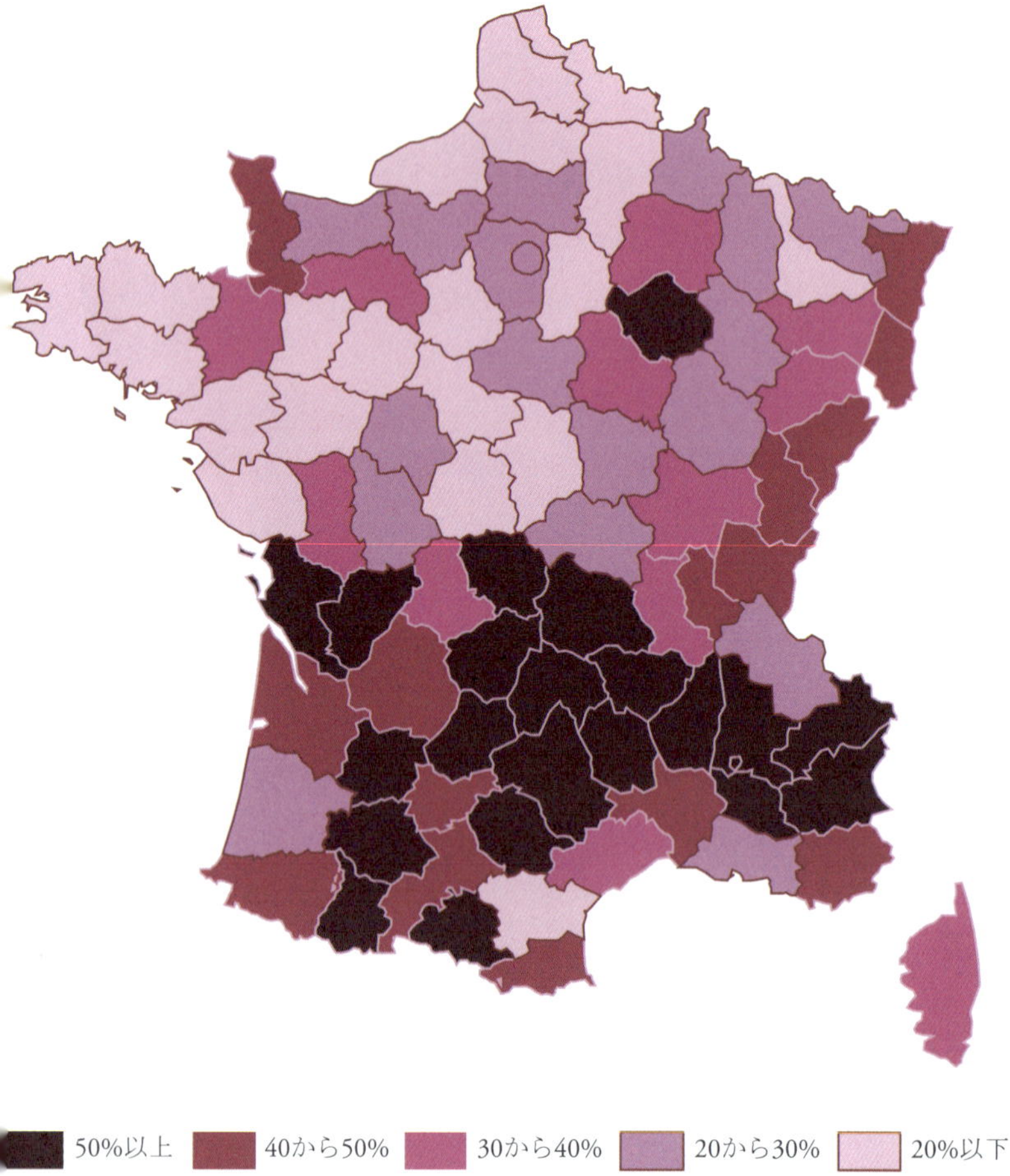

地図6－3　1851年の土地所有農民

1851年における自分の土地の多くの部分を所有する農民のパーセンテージ

的な表現で言うなら、工場労働者も手工業者や商業者も、フランスという空間の中で周縁部に分布する、ということになろう。

国勢調査によれば、手工業者と商業者の居住地は、工場労働者と同様に大都市の中心部から離れており、そして同様に県と県の境に集中している。都市住民、とくにパリの住民は、配管工や電気工が見つからないと言ってしょっちゅうこぼすが、もしかしたら、そのような愚痴の数字に裏付けられた確証は、こんなところにあるのかもしれない。とはいえこれらの手工業者や小商業者のうちの多くは、都市で働いているけれども、その居住地ははるかに遠い郊外である、ということも忘れてはならない。タクシーの運転手の仕事のやり方は、こうした仕事場と居住地の交代分離の最適化に他ならない。

工場労働者と手工業者と小商業者を合わせた地図（地図6－4）を作ってみると、都市システムによって虫食い状態にされた同じ模様を描く点で、それが最後の農業従事者の地図（地図6－5）に似ていることに気が付く。文化的に被支配的な職業は、どれも農村に身を寄せている、といった具合である。このまま行けば、消え去る運命にあるのだろうか。そこまでは行っていない。これらのカテゴリーは、まだ労働力人口の三分の一以上を占め、農業者の一五倍の数に上るのであるから。しかし抑圧の装置はすでに設置されている。重要な違いはアルザスとローヌ・アルプ地域圏に姿を現わしている。これらの地では、工業の活力がより強く、農業者は量的にはゼロに近い。東部では、アルザスの見事なぶどう畑にもかかわらず、農村部はもはや農業の地ではないが、しかし相変わらず民衆的な地ではあり続けているのである。

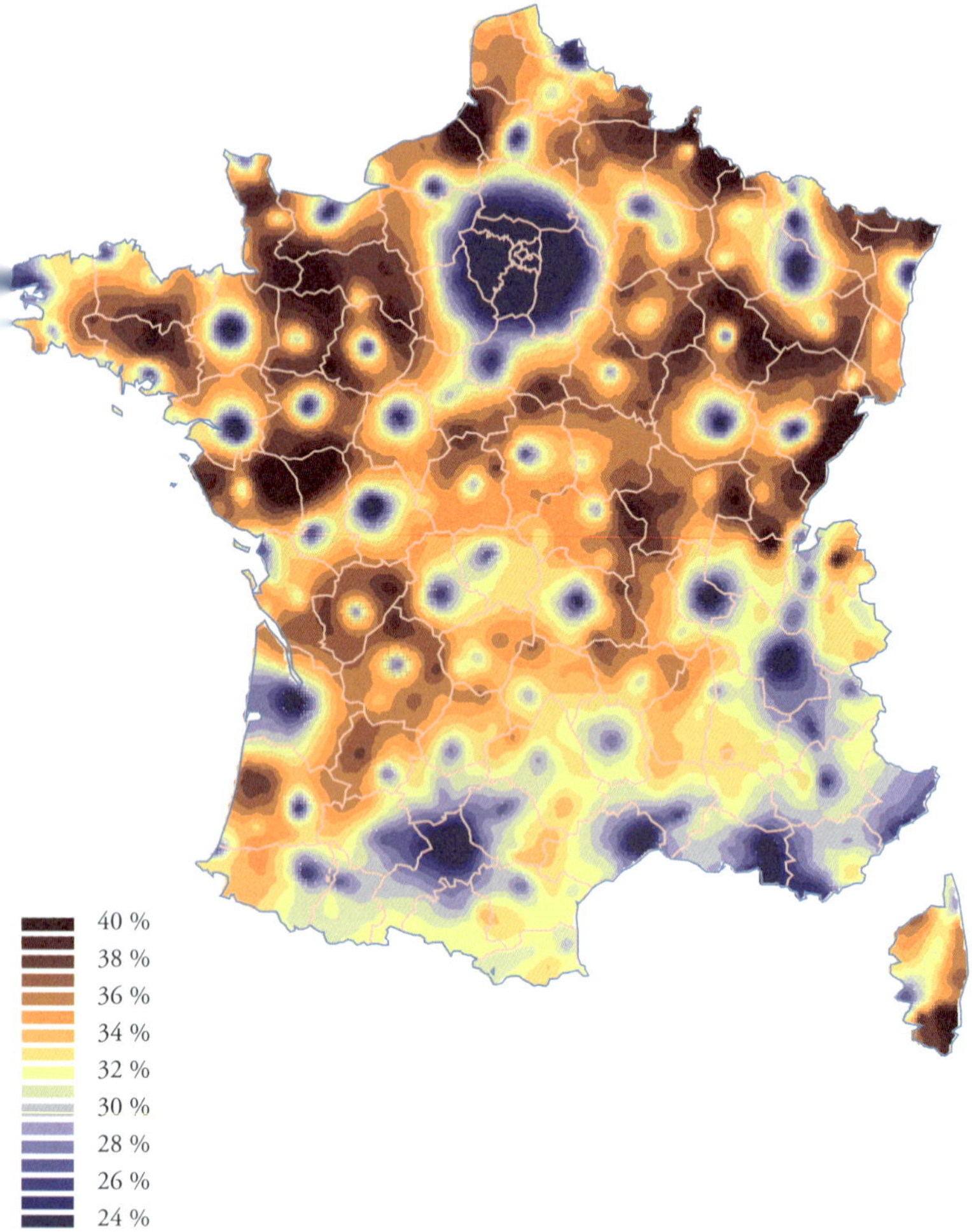

地図6-4　2009年の伝統的な民衆的職業

労働力人口中の工場労働者、手工業者、小商業者のパーセンテージ

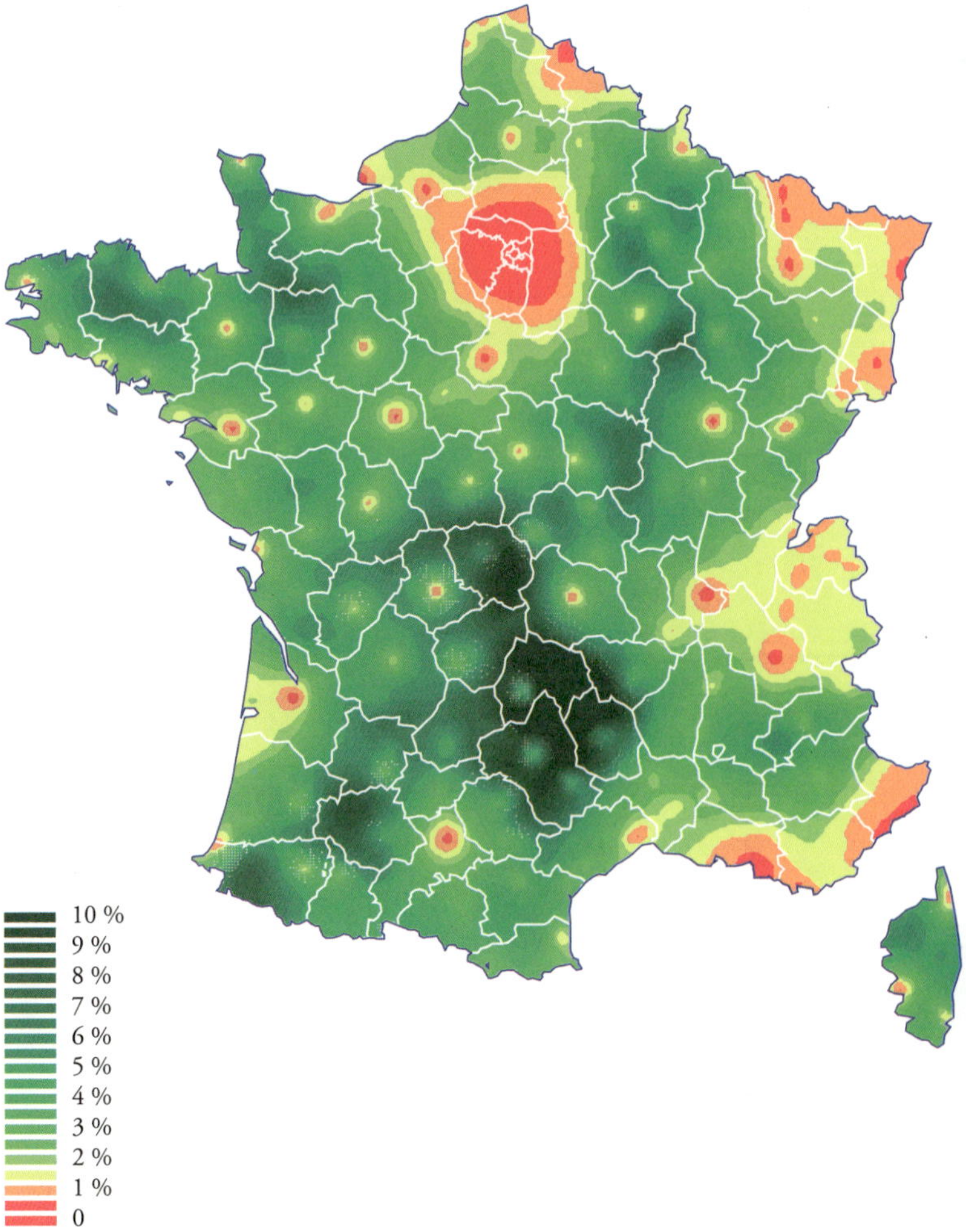

地図6-5　2009年の農民

労働力人口中の農業従事者のパーセンテージ

新たな都市貴族

都市から消えた工場労働者と手工業者のあとに、都市に住むようになったのは、何者だろうか。その答えは、gentrification［上流化］という心地良い名詞を伴う。都心部の民衆区域の［上層階級による］再征服は、メキシコ・シティから北京、ニューヨーク――ハーレムさえも洒落た街になりつつある――からパリ――グート・ドール[*3]はもう一つのモンマルトルになろうとしている――まで、世界中で進行している。上級管理職と上級の知的職業の分布の地図（**地図6-6**）は、不条理なまでにこの動きを確証している。これらの職業は、奥深い農村部よりは大都市の中心部に三から五倍も姿を見せており、その上図々しくも、都市の中でも最も美しい、最も大学都市的な都市を選ぶ。マルセイユよりは、エックスを、ニームよりはモンペリエを、ル・アーヴルよりはルーアンを、ミュールーズよりはストラスブールを、サン・テチエンヌよりはリヨンを好む。要するに、地理学者が「司令都市」と呼ぶ、地域を組織立て、指導するような都市を好むのである。とはいえ小都市の方もどれ一つおろそかにはできない。オーリヤック、ベルジュラック、サン・ディエ等々には、上級管理職と上級の知的職業従事者が多数いるのである。農村部にも上級管理職が姿を見せる規則外れが稀にあるが、これらは容易に説明がつく。コート・ダルモール県の中央部のプルームール・ボドゥーの宇宙研究施設とか、レマン湖畔のアンヌマスのジュネーヴの国際機関の公務員の住居といった具合である。昔の小工業都市は、無慈悲にも跡形もなく消されてしまった。アレス、チオンヴィル、モンリュソン、ロアンヌ、ル・

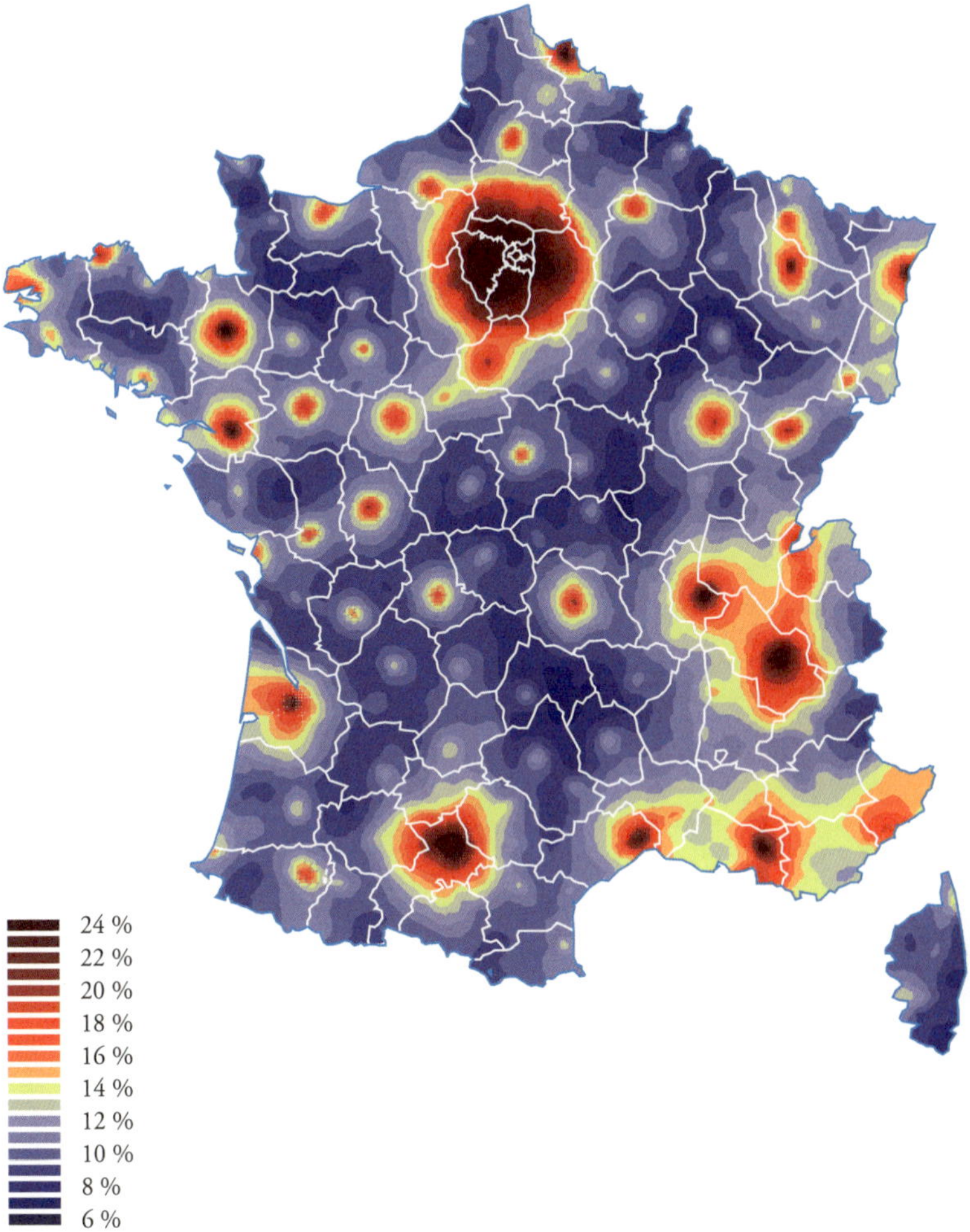

地図6-6　2009年の管理職

労働力人口中の管理職と自由専門職のパーセンテージ

クルーゾ、モーブージュを地図の上で探しても見つからない。

新たな都市貧困

教育テイクオフと経済的グローバル化の時代にあって、歴史の歩みは速い。そしてルネサンスのイタリア都市よろしく、分益小作人の搾取される田園に君臨する特権的都市というイメージは、われわれに言わせれば、束の間のスナップショットにすぎない。高給取りの上級管理職というのは、大抵は六十代で、時に五十代のこともある年老いて行く世代の男である。その次の世代の高等教育修了者は、はるかに数が多く、給与の減少と雇用の不安定に直面せざるを得ない。この両方とも、経済理論に従うなら、自由貿易の結果なのである。[1] 例のあまりにも有名な「bobo」〔Bohemian Bourgeois「カウンターカルチャー的ブルジョワ」〕は、教育水準では実質的にブルジョワかも知れないが、所得水準からはあまりブルジョワではなく、家賃の支払いにも苦労している。子どもがあって、もう少し空間が必要なら、都心に近い郊外に移住しなければならない。都市周辺部の外れまで行かなくて済んで、近い郊外に住めるだけで幸せだと思わなくてはならないのである。

都市には歴史的活力が途切れずに続いていることを、感知しなければならない。ここでもまた、教育はこの動きの推進力として姿を現わす。脱工業時代の第一期においては、教育は都市を社会的特権の極にした。しかしようやく始まったばかりの第二期には、都市は学歴を伴う新たな貧困の集中する場となって行く。

この脱工業都市は、これらすべての貧困者を放逐することには成功しないであろうが、ここでこうした脱工業都市の社会的構成要素一覧に最後の要素を付け加えておこう。この都市はまた、移民流入の場でもあるのだ。まだ外国人のままなのか、すでにフランス国籍を取得したかを問わず、移民の相当な部分は熟練度の低い労働者である。その多くは都市圏に、とくにその中心部に定着している。したがってフランスの国土の中での彼らの分布は、フランス人の親から生まれた労働者の分布とは、ほとんど逆になる。より頻繁に大都市圏に、そしてまた南フランスに居住するのである。昔からの労働者と直接競争関係にあるわけではないが、さりとて彼らの側にいるわけでもない。「労働者階級」というものは、いまでもまだ労働組合活動家や何人かの社会学者によって喚起されることはあるものの、それ自体はばらばらに粉砕され、空間的に、そして現段階では民族的にもはっきりと異なるいくつもの小さな区画に分けられて、きわめて抽象的なものとなっているのである。

「中間的」職業は空間的に中間的である

中間的と言われる職業は、ＩＮＳＥＥ［国立統計経済研究所］が半端なものを何でも突っ込んでおくがらくた入れのような観があるが、このカテゴリーのフランスの国土の中での分布（**地図6－7**）は、このカテゴリーが、正当性を有することを証明してくれる。そこに入るのは、とくに小学校教員、看護士、現場主任、技術員［といった雑多なもの］である。しかしその地理的分布は明確である。管理職が都市に集中し、手工業者と工場労働者が農村に分散している、この二つの分布の間に割り込んで来

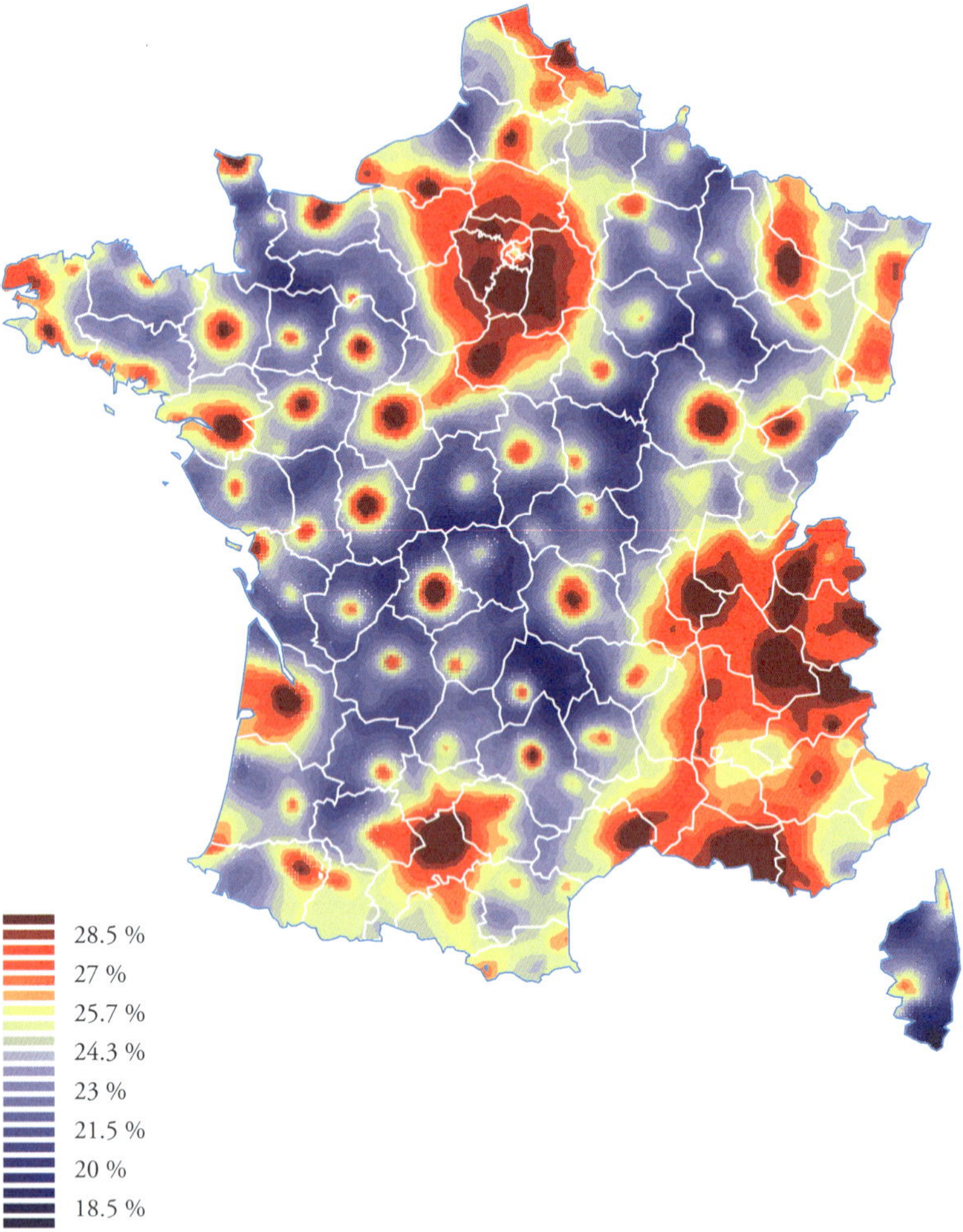

地図6-7　2009年の「中間的」職業

労働力人口中の中間的職業のパーセンテージ

るのだ。大都市とより小さな都市の直接の周辺部という間質性の空間を占めるのである。それはこの地図上に姿を見せているが、その例をほんの二、三のみ挙げるなら、モルレ、ヴァランシエンヌ、サント、バル・ル・デュックといった都市である。こうした中間的職業の地図を見ると、昔の労働者カテゴリーは、空間も含めて、上流階級に接近した技術系エリート層と、都市中心部から遠ざけられ、粉々になって農村空間の中に拡散している、熟練度の低いプロレタリアートとに分裂し始めたということが見て取れるのである。

事務・商店労働者、女性、国家

われわれは脱工業社会の最も大量の、おそらくは最も特徴的な社会・職業カテゴリー、事務・商店労働者を、最も後に残して来た。このカテゴリーは、労働力人口の二八%を占める。それに対して中間的職業は、二四%、工場労働者は二一%、上級管理職および上級の知的職業は一七・六%、商業的手工業者、企業主は六・五%、農業従事者は二%である。事務・商店労働者の八〇%は女性である。そのすぐ後に続く中間的職業の女性率は、五三%にすぎない。

この集団の中に男性が稀少であるのは、この集団が社会生活の中で自律的であり得ない、さもないと独身が一般化する結果になりかねない、ということを示唆している。事務・商店労働者たちは、工場労働者、管理職、もしくは技術員の妻となるのであり、この多様な絆のせいで、事務・商店労働者の地理的分散が引き起こされざるを得ないのである。彼女らの空間内への定着は、他の集団のそれに依存することになる。男性が八〇%に達する工場労働者集団も、その伴侶を外部に、まさに事務・商店労働者の中に求めなければならないのであるから、このような推論の仕方は、女性差別主義の気配がないわけではない。なぜ男性の職業の方が、女性の職業より、世帯の居住地を決定する力が強いのか、という話になるわけだ。

事務・商店労働者の地図(地図6―8)を一瞥するなら、その分布には意味が欠落しているという印象を抱くことになる。都市が明快な集中の極となっているわけではない。いくつかの大きな地帯が標定できるが、これもまた何らかの決定作用を直ちに喚起することからほど遠い。アルプ・マリチーム県からオート・ピレネ県まで国土の最南部に水平に続く軸、ジロンド県からニエーヴル県まで国土を横断する幅広いベルト地帯、そして第三の地帯は、パリ盆地の北部および北東部を覆っている。事務・商店労働者のこうした地理的分布の背後には、いったいどのような一貫性があるのだろうか。この集団の率が最も少ない地域を確定するような読み取りをしてみるなら、カトリック教とのマイナスの関連が示唆される。昔の脱キリスト教化地帯、早期の共和主義地帯には、事務・商店労働者が多いのだろうか。この仮説は、ばかげたものではないが、不十分であるのは確かであろう。カトリック教の敵役的効果は、世俗性による促進の可能性より、はるかに明瞭に見える。パリ盆地の世俗主義的中心部は、事務・商店労働者の数が全国平均以上に増えることを、あまり助長しているようには見えない。

マイナスの関連ではなく、プラスの関連を探すなら、政治的な分野とのかなり直接的な絆を見出すことができる。直ちに核心に進むとしよう。政治的な分野と言っても、イデオロギーや宗教や政党へ

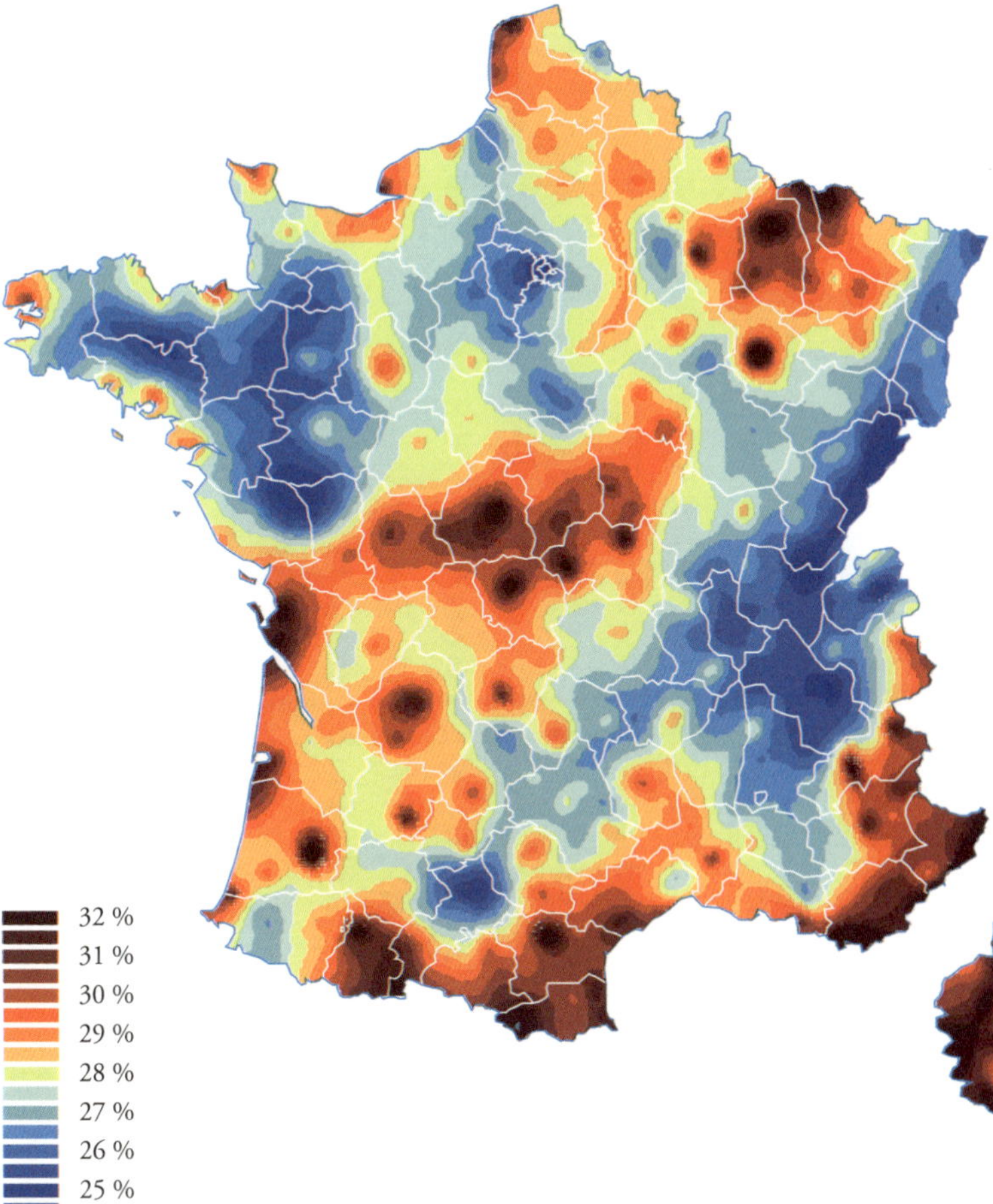

地図6-8　2009年の事務・商店労働者

労働力人口中の事務・商店労働者のパーセンテージ

の同調といったものではない。国家とその被雇用者のことである。われらが脱工業社会では、国家の力は奇妙なことに新自由主義イデオロギーの強さと共存している。国家の力は、重くのしかかる税金の圧力や国家のために働く公務員の数で測定することができる。国家は定義そのものからして、フランスの国土の至るところに臨在するものであるから、同質的なものであるはずであろうし、国土の全域に公平に公務員を配置するはずではなかろうか。

管理職、中間的職業、事務労働者、それに多少の工場労働者を含む、国家公務員の人口比率を示す地図（**地図6－9**）には、公務員が三二％から三五％に達する地帯が、ひじょうに単純な形で姿を現わす。一つは広大な南フランスで、ニエーヴル県まで達しているが、ただしローヌ・アルプ地域圏を取り囲むように迂回している。もう一つは、ヴォージュ県からパ・ド・カレ県に至るパリ盆地の北部と北東部である。小都市はきちんと姿を見せるが、大都会は姿を見せない。

逆に、西部内陸部、パリ盆地中心部、ローヌ・アルプ地域圏、アルザスでは、公共部門に雇用される労働力人口の比率は、二五％に落ちる。この地図の姿は、いまや分離してしまった「教育の活力と経済的活力」の組み合せで、説明することができる。南部においては、高学歴の女性の流入が国家に人材を供給し、北部では、工業の退潮が国家の相対的なヴォリュームを増大させているのである。この基本的地図には、われわれが政治的解釈に踏み込んだ時に、再び出会うことになろう。

本章の文脈という、より限られた範囲では、とりわけ公共部門の地図と事務・商店労働者の地図の間の繋がりを見なければならない。経済主体としてのかぎりで、国家はとりわけ、大量の事務労働者

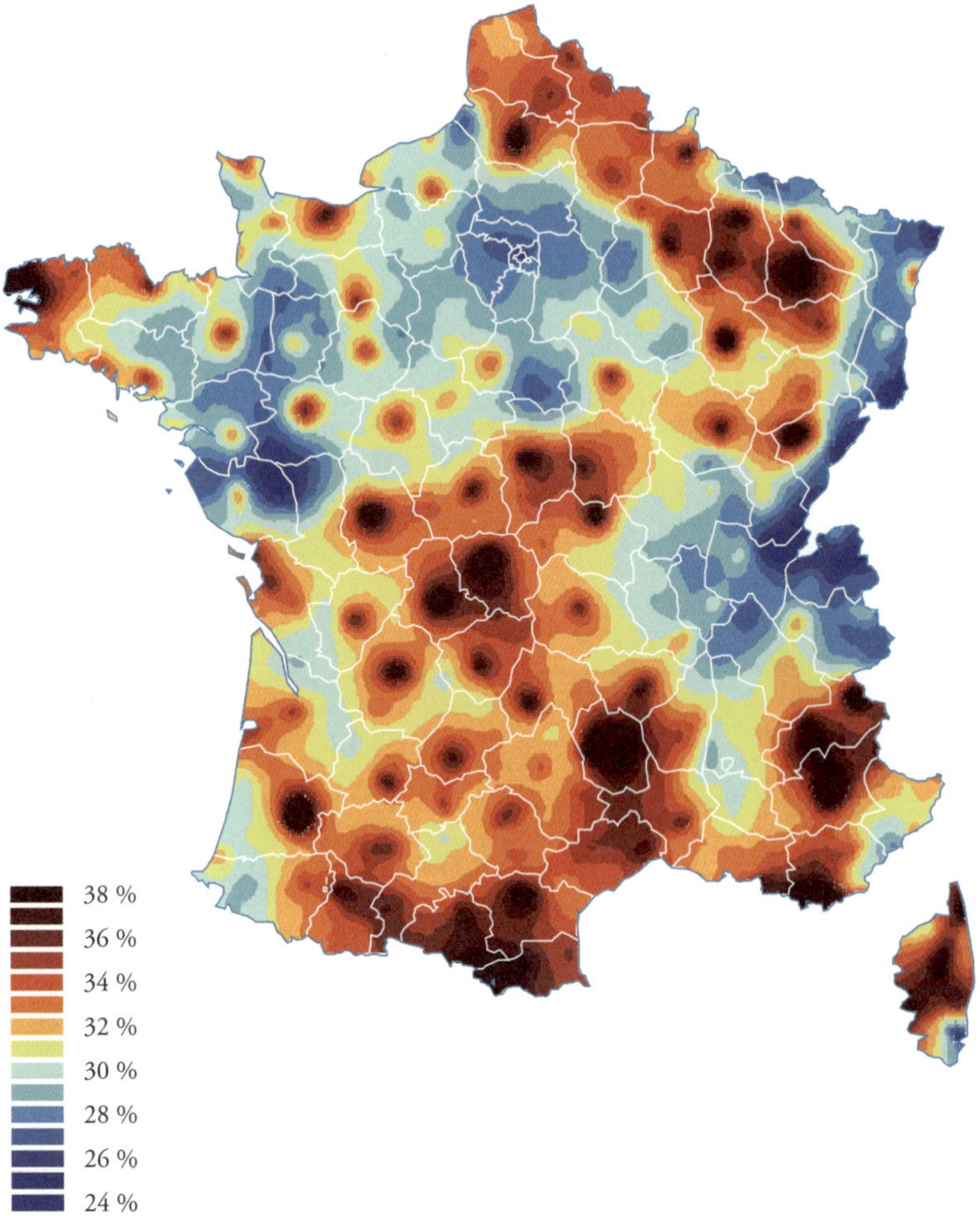

地図6-9　2009年の国家公務員

労働力人口中、公共部門で働く者のパーセンテージ

を動員する第三次産業部門で業務を行なうものである。とはいえ事務労働者の中の三分の一だけが、公共部門に属するにすぎない。その事実を踏まえるなら、国家が事務労働者の空間的配置に影響を及ぼす力は、より著しいものと見えて来るのである。国家は、国土の同質性を保障するために、その従業員を均等に配分することはしないが、私企業部門の活力とバランスをとるように業務の一部を配置ないし維持している。とはいえこの地図は、最適な配置を示唆するにはほど遠い。北部ならびにパリ盆地北東部の衰退する工業地帯における公共業務のヴォリームが相対的に大きいことは、完全に正当化されるとしても、南フランスにおける国家の活力は、やや強すぎるように見える。これは、地域間の正しい均衡政策の反映というよりは、公務への依存という地域的伝統の反映なのである。

第7章

経済的不平等

経済的不平等の拡大は、おそらく未来の歴史研究者にとって、インターネット、中国の台頭、女性解放、同性婚とともに、この第三千年紀の初頭の特徴の一つとなるだろう。新自由主義の正統教義の神殿の一つであるOECDも、ついにそれを憂慮するに至っている。OECDの発表する研究の多くが、所得の不平等を測定する最良の尺度の一つであるジニ係数の全般的増加、もしくは国民所得のうち最も給与の少ない一〇%が取得する部分に対して、最も恵まれた一〇%が取得する部分が増大していることを、浮き彫りにしている。(1) OECDは、こうした不平等の前進の中で経済的グローバル化が果たした役割を矮小化しようとしている。ここに所属する経済学者たちは、銀行の経済学者たちと同様に、傭兵である。しかしそれは大したことではない。国際貿易についての最も正統教義的な自由主義理論が認めた解釈を、彼らが拒否しているからと言って、これらの研究に経験的な興味深さが無くなるわけではないのである。

ジニ係数は、〇から一の間で変動する。すべての所得が等しい場合は〇、国民所得の全体をたった一人の人間が取得する場合は、一である。OECD諸国全体について、税ならびに社会関連納付金を移転したあとの所得で測定したジニ係数は、一九八〇年代半ばには〇・二九〇だった。それは二〇一〇年前後には、〇・三一六に達している。しかし、全般的な動きもさることながら、国同士の差異の変遷も実に興味深い。

フランスは、ベルギー、ハンガリー、ギリシア、トルコと較べると、不平等に対して長いあいだ抵抗して来たという点で、例外をなすようにも見える。最も高い所得の勝ち誇った前進というのは、早くも一九七〇年代の終わりにアメリカ合衆国とイギリスで始まった（景気後退の直前において、ジニ係数はそれぞれ〇・三八と〇・三五であった）。一九八〇年代末になると、不平等は全般化し、ついには二〇〇〇年代初頭に、ドイツ、スウェーデン、ノルウェー、デンマーク、フィンランドのような、伝統的に平等主義的な国々にまで及ぶことになる。ここで出発点と動きとを混同してはならない。不平等という点に関してフランスでは、一九六三年から二〇〇七年までの間、ジニ係数は低下したが、その出発点がもっと高かったのである。ドイツでは、不平等の上昇は、フランスの水準（〇・三〇）に達したにすぎない。スカンディナヴィア諸国は、最後には増加が及ぶことになったにしても、依然として最も平等主義的であり続けている（〇・二五前後）。

ＯＥＣＤからマルクスへ

われわれとしては、以上のようなＯＥＣＤのメソッドに留まるつもりはない。各国において、富裕者の世界はロシアのマトリョーシカ人形のようなものとなっている。一〇％の富裕層の中には一％の最富裕層が隠れており、またその中には〇・一％の最富裕層、さらにまたその中には〇・〇一％の最富裕層、という具合にどこまでも行く。富裕者の世界は不平等的なのだ。トーマス・ピケッティは、その比較研究の中で正当にも、一％なり〇・一％なり〇・〇一％なりの最も高い所得分布の特殊な変遷の仕方に注意を喚起した。それは、ＯＥＣＤが人々の注意を引きつけておこうとする一〇％の富裕層というものとは、著しく様相を異にすることもあり得るのである。例えばフランスの場合、上位一〇%の所得の増加は、その大部分が一%の者の所得の増加に引きずられて起っているのであって、残りの九%にとってプラスの変化はきわめて慎ましいのである。真の勝利者はもちろん〇・一%の者であり、その中には実業界の人間、プラス、歌手とか俳優とかサッカー選手とかが何人か入っている。彼らは大抵は慎ましい階層の出身だが、時として現今の不平等によって、資本家階級の恥部を隠すイチジクの葉に変えられている。

フランスは二〇〇〇年が近付く頃まで、不平等への抵抗を続け、同質性を保っていたが、第三千年紀の最初の一〇年間になると、最も高所得の層がついに上層一〇%の塊から分離するに至った。カミーユ・ランデが述べているように、「最初のデシル〔一〇分位数〕のレベルの所得に対する最後のデシル〔最富裕層〕のレベルの所得の比、といったタイプのデシル間比較に基づく不平等の指標は、それゆえ当然、近年見られるひじょうな高所得者間の格差の爆発的拡大に対しては盲目である(2)」。

このような最高所得者間の爆発的格差拡大があったからと言って、フランスは、最先進国圏できわめて不平等な国となるわけではない。国民所得のうち一%の最富裕者が独占する部分は、二〇〇〇年前後に、税等の移転前(税込み)で、七・八%であった。それに対して、日本では八・二%、ドイツでは一一・二%、イギリスで一二・七%、アメリカ合衆国では一六・九%であった。この時点でフランスより平等主義的であったのは、唯一、六・〇%のスウェーデンのみである(3)。それにしても、ドイツの上層階級の勢力の意外な強さには、注目しておくべきだろう。これはデシルを規準とする分析では覆い隠されていて、目に見えない。

OECDの一〇%ごとの分析手法と、トーマス・ピケッティの用いる一%による分析技法とを組み合わせるなら、人口の大部分をなす大衆を、的確に定義されない一握りの上層分子に対置するだけで済ませてしまわない、階級間の力関係のモデルを描き出すことができる。そのモデルは、真の上層階級(上層一%、しかしより精密な研究なら、さらに上層〇・一%に的を絞ることも行なうべきであろう)と、上層中流階級(一%に続く九%)を区別し、両者を対比するのである。こうすると、フランスの変遷の特殊性が明らかとなる。フランスでは、時期的に遅かったとはいえ、上層階級はともかく大衆から切り離されるのに成功した。しかし上層中流階級は、大衆に接合されたままで、戦後の平等主義モデルから抜け出すことがなかった。したがって、一七八九年の革命につながった階級の布置が再び作り出されているのである。貴族階級[*1]が、民衆から切り離されていただけでなく、社会の政治的均衡の根源である上層中流階層からとりわけ切り離されていた、あの布置に他ならない。アリストテレス以来[*2]、この階層をより慎ましく、「中流階級」という表現で指示するのが慣例になっている。フランソワ・オランドは、フランス社会の主要な問題として、移民ではなく、富裕層——暗に一%ないし〇・一%の最富裕者——を指名することによって、大統領に当選したわけだが、これを可能にしたのは、この勢力配置に他ならない。

われわれの分析は、例えば金融ブルジョワジーと教育・研究管理職を区別するものであるが、これは支配集団間の対立抗争の具体的な研究につながって行く。それは、マルクスが『フランスの階級闘争』の中で提出している研究と異なるが、しかしそれにきわめて近い(4)。

一％の最富裕者がどこに居住するかを探るのに、地図は必要ない。彼らの大部分は少なくともパリないし地方大都市の一つに邸宅を構えていることは、分かっている。逆にジニ係数とデシルの地図は、地域の社会的均衡を描き出すことを可能にしてくれる。しかもそれらの地図は、どれほどまで上層一〇％の者が豊かで、下層一〇％の者が貧しいのかを、地域的に目で見ることができるようにしてくれるのである。とはいえ、不平等に対するフランスの関係を理解しようと思うなら、上層一％の者は国土のある一点に集中しているけれども、その影は全国システムの全体に及んでいるということを、決して忘れてはならない。

アダム・スミス、平等、道徳

経済学者たちの魔法にかかった世界では、不平等にも意味がある。経済的な意味が。これらの富と貧困の専門家たちの抱く己の学問分野の内的論理に対する信念は、理解できる、というよりは実のところ、そうした信念を抱く者が経済学者なのである。しかしその信念は、それ以前の宗教的ないし哲学的伝統との本格的な決裂を表わしている。これらの伝統は、人と人の間の富の不平等の原因を、道徳の側に、と言うよりはむしろ不道徳の側に探し求めていた。聖アウグスチヌスやルソーを引用するのは、いささか安易であろう。経済学を創設した父であるアダム・スミスも、それに関して大きな飛躍を見せたわけではないことは確認しておこう。彼に言わせれば、不平等は、個人の知性、能力、もしくは固有の効率性によっていささかも正当とされるものではない、それは社会的分業の結果にすぎない、というのだ。特権者たちが現在、自分の所得は他の者の所得より「価値がある」、自分の特権は経済的有用性がより大きいのだから正当なのだ、と主張しているのは、『諸国民の富』の著者を困惑させただろうし、もしかしたら悲しませたかもしれない。スコットランド人のスミスは、人間の平等を信じていた。経済的不平等の広がりは、これから見るように、教育や宗教という、経済外的な要因に大幅に依存しているのであるが、そうした経済的不平等の検討に入る前に、以下のような、アダム・スミスの説明の一つを参照しておくのも有益だろう。

「現実には、個人間の生来の才能の違いというのは、われわれが思い込んでいるよりははるかに小さいのであって、人間の適性はさまざまに異なり、人間が成熟した年齢に達した時に、さまざまに異なる職業によって人間同士が区別されるのは、そのためであるように見えるけれども、そうした適性というのは、多くの状況において、分業の原因ではなく、むしろ結果なのである。およそ対蹠的な職業に就く人間同士、例えば哲学者と担ぎ人足の間の差は、持って生まれた本性によりは、はるかに習慣と教育とに由来するように見える。この二人の職業人生の当初、その人生の最初の六、七年においては、二人の間にはおそらく、両親や友人たちも目につく違いなど気づくこともなかったほどの類似があったはずである。この年頃、もしくはすぐ後に、二人はきわめて異なる仕事に使われ始めた。その時から二人の間には、差異が生まれ、それが少しずつ拡大して行って、今日、哲学者の虚栄心がただの一つも類似を認めることに同意しないであろうというほどになってしまったのである」[5]。

今日われわれが立ち向かわねばならない虚栄とは、自分の言葉の重みを過大評価する哲学者たちのそれであるよりはむしろ、自分は自分の所得に値すると信じ込んでいる金融関係者の虚栄心である。

以下に掲げる八枚の地図（**地図7－1から7－8**）は、フランスの国土の中で不平等を分析することを可能にしてくれる。読者諸賢は、まず手早く力動的なシークエンスを観るように一通りすべてに目を通して戴きたい。これによって、一つの出現、一つの過程を把握し、ある意味で将来へと投企することができるのである。これらの地図のそれぞれを詳しく読み取るのは、その次の段階でなければならないだろう。これらの地図は、順番に、最裕福者の豊かさ、最貧困者の貧しさ、ジニ係数で測られる不平等、所得の配分の上層デシルと下層デシルの比、全体の失業率、五十五歳以上の者の失業率、十五歳から二十四歳の者の失業率、そして最後に親が単身の家族を、フランスの国土の中に位置づけて行く。われわれとしては、失業とは不平等の基本的指標の一つと考えている。

宗教的特権

富裕者から貧困者へ、老人から若者へと進み、片親家族にまで来た時に、感じ取る必要があるのは、不平等を説明するに当たって、二つの変数が重要性を増すということである。それは、第一の決定要

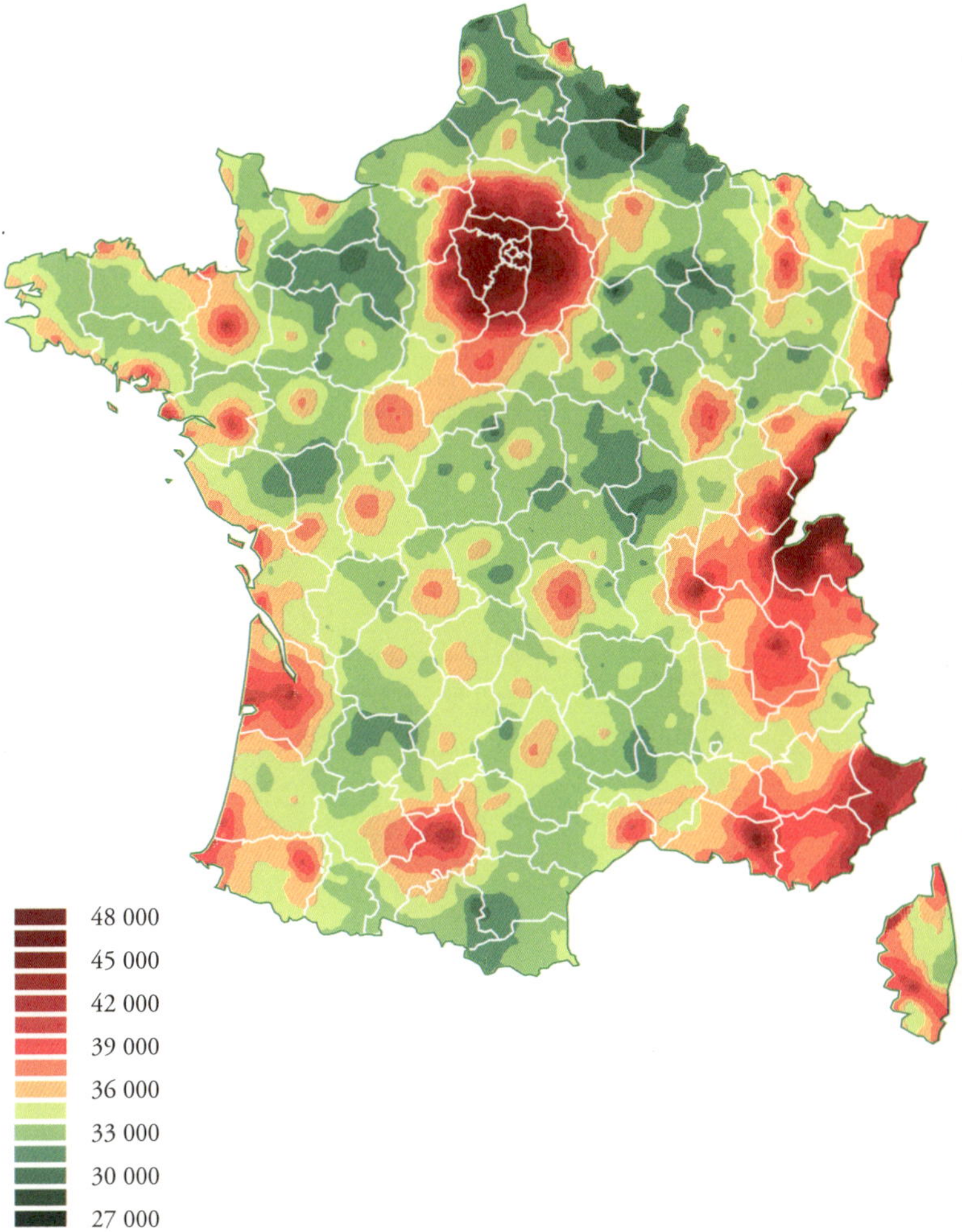

地図7−1　富裕者の中の富裕者

最後のデシルの年所得（10%の最高所得者の下限の額）（2010年、単位はユーロ）

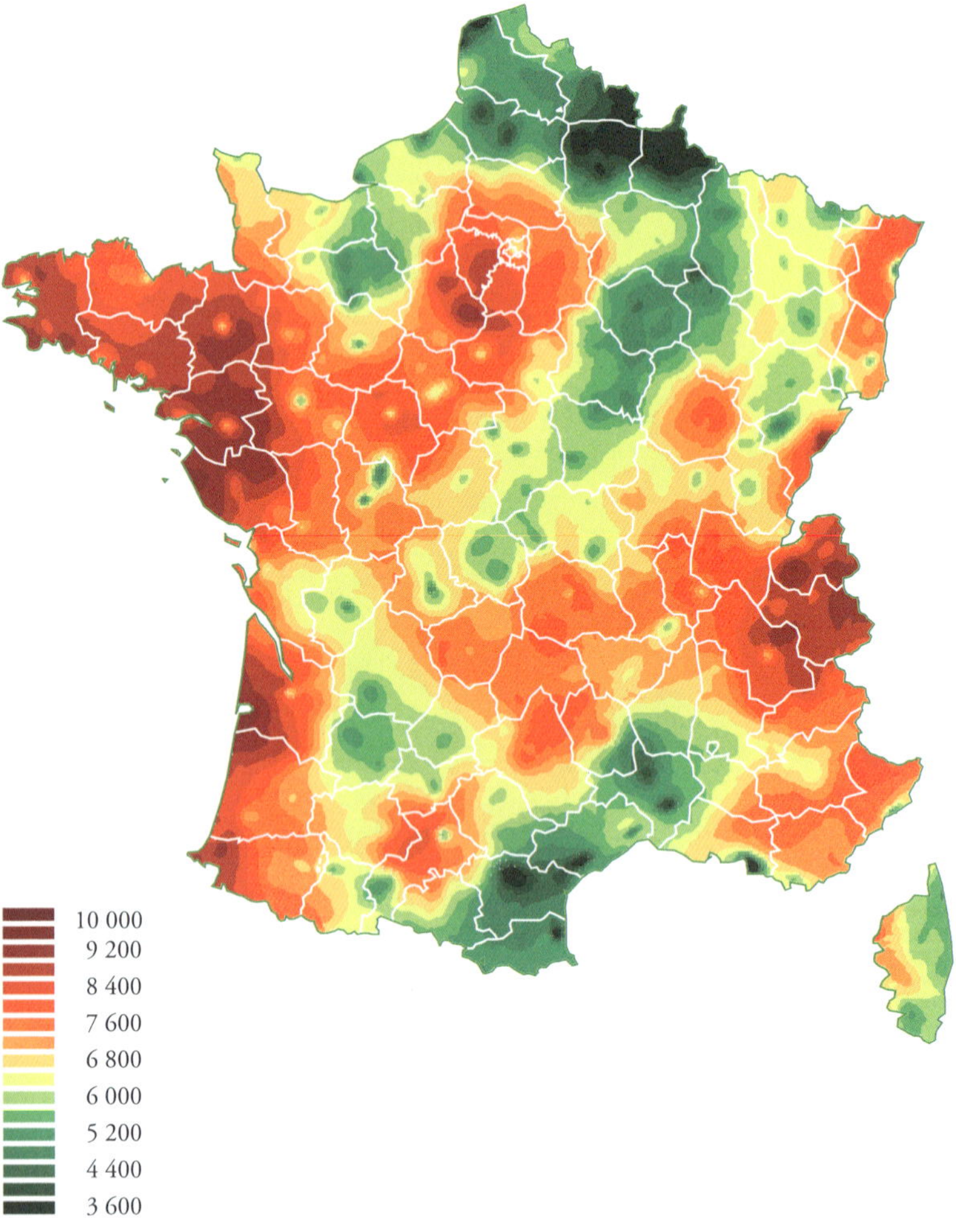

地図7-2　どれほど貧しいか？

最初のデシルの年所得（10%の最低所得者の上限の額）（2010年、単位はユーロ）

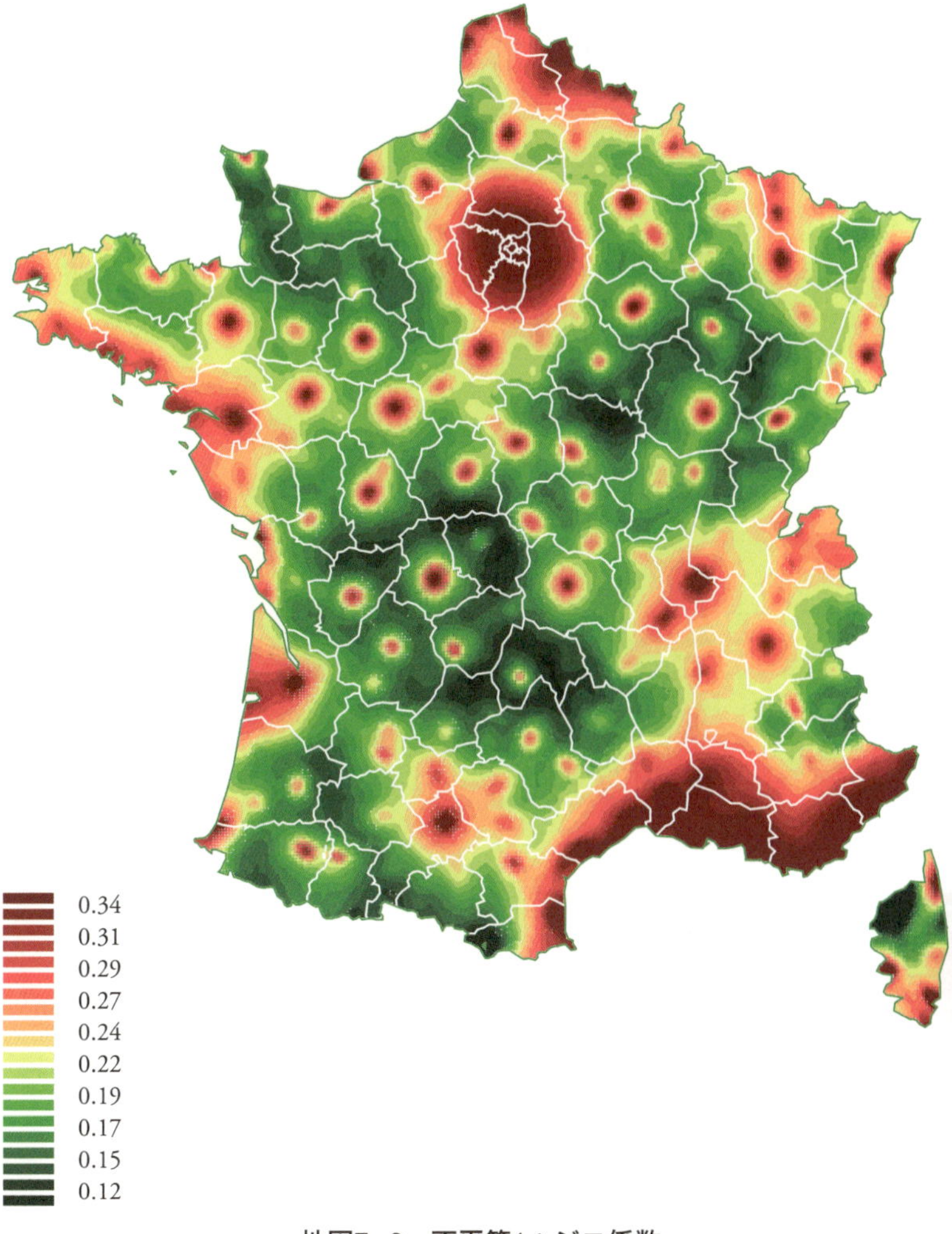

地図7−3　不平等1：ジニ係数

2010年における消費単位ごとの所得の不平等

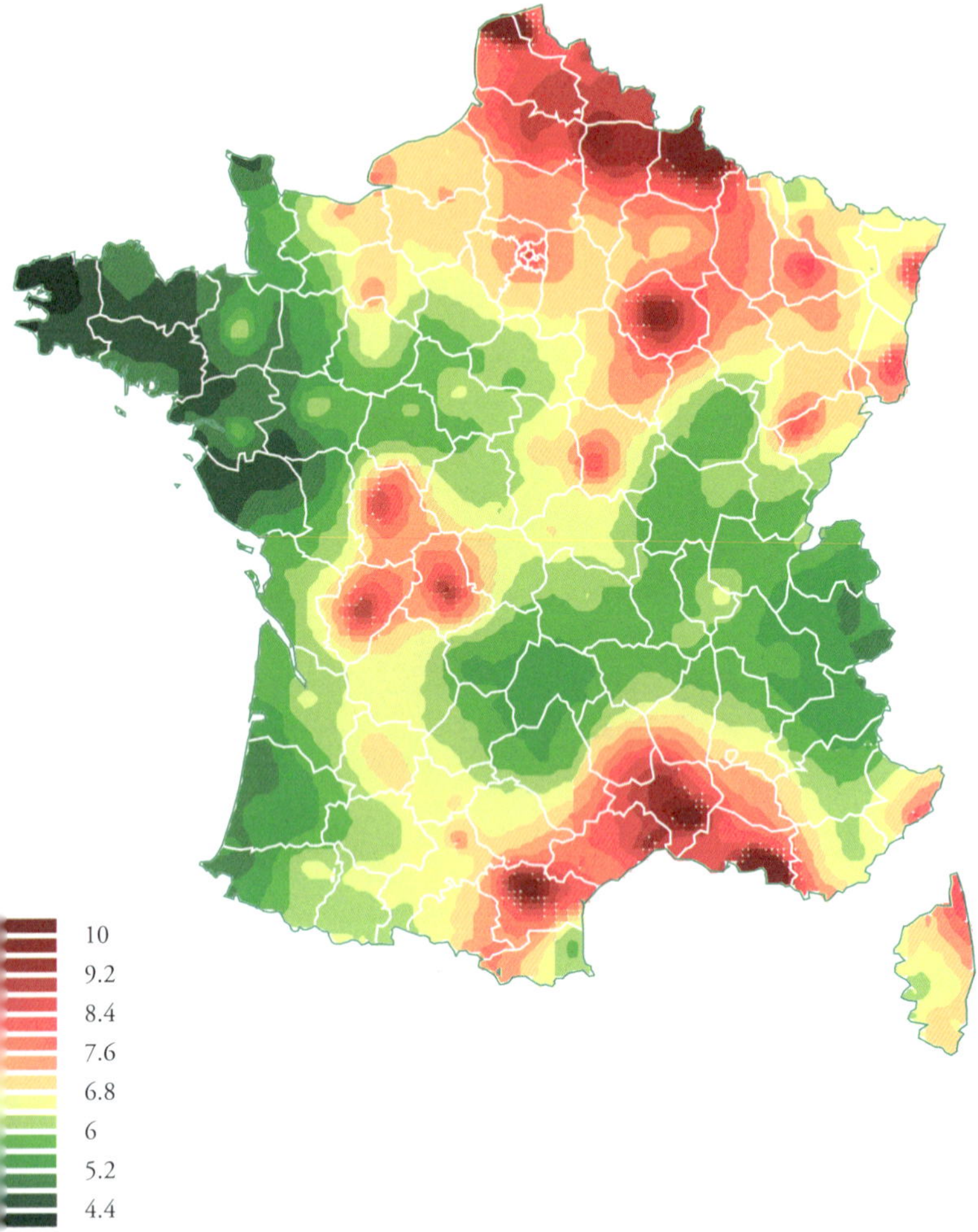

地図7−4　不平等2：デシル間の比

2010年における最後のデシル（最富裕）の所得と最初のデシル（最貧困）の所得との比［前者を後者で割ったもの］

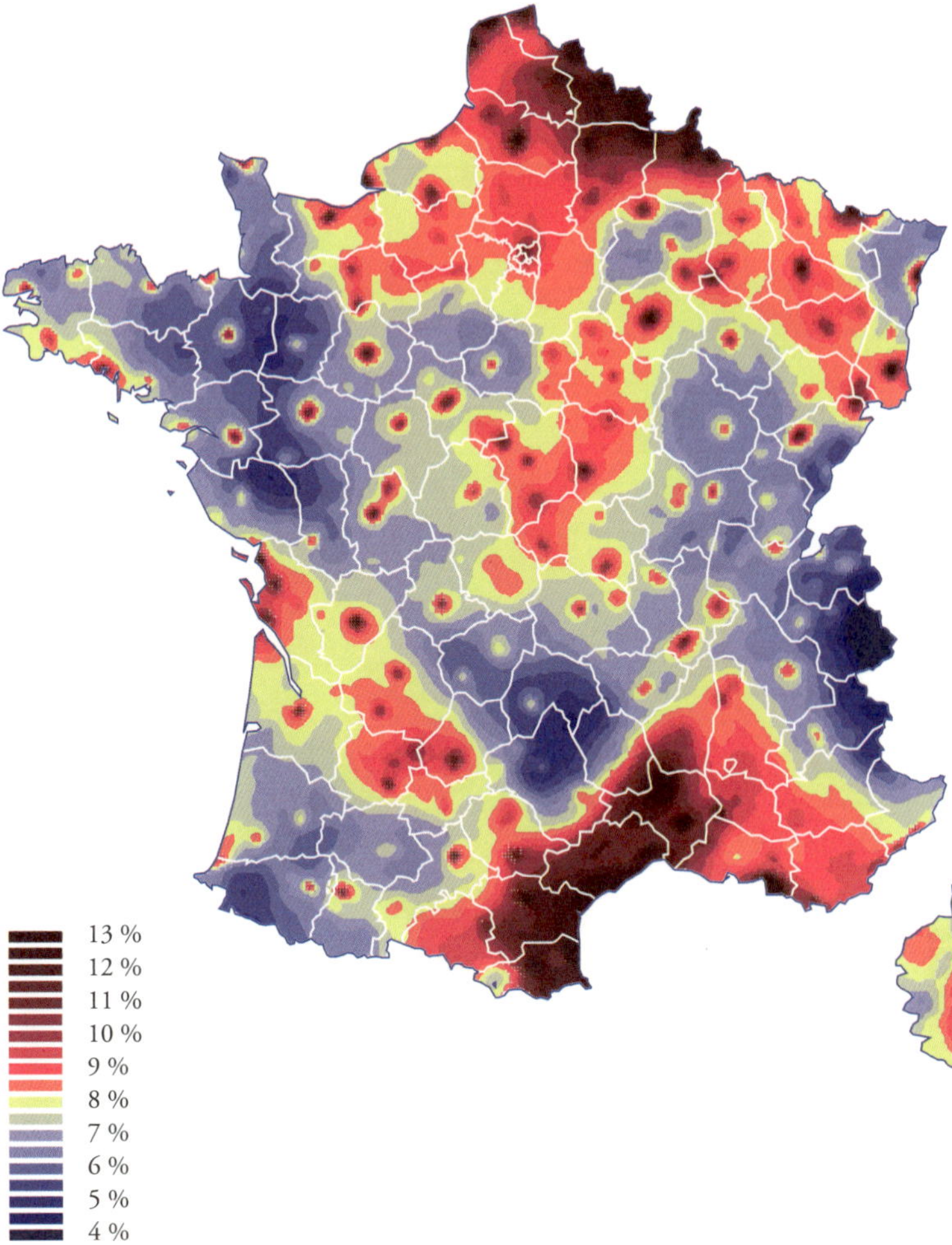

地図7-5　2008年の失業率

25歳から55歳の男性について

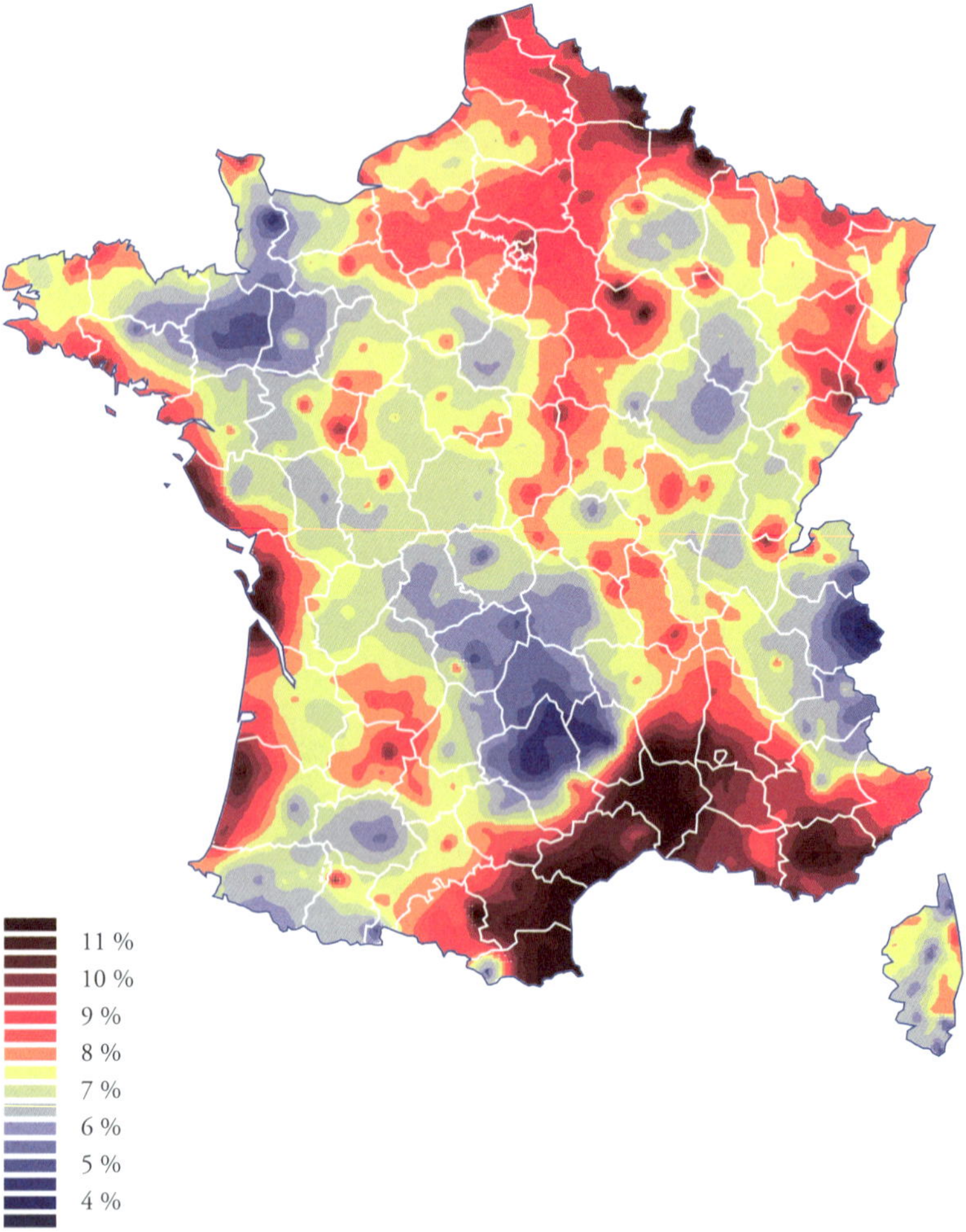

地図7-6　定年前失業

55歳から65歳の労働力人口についての2008年の失業率

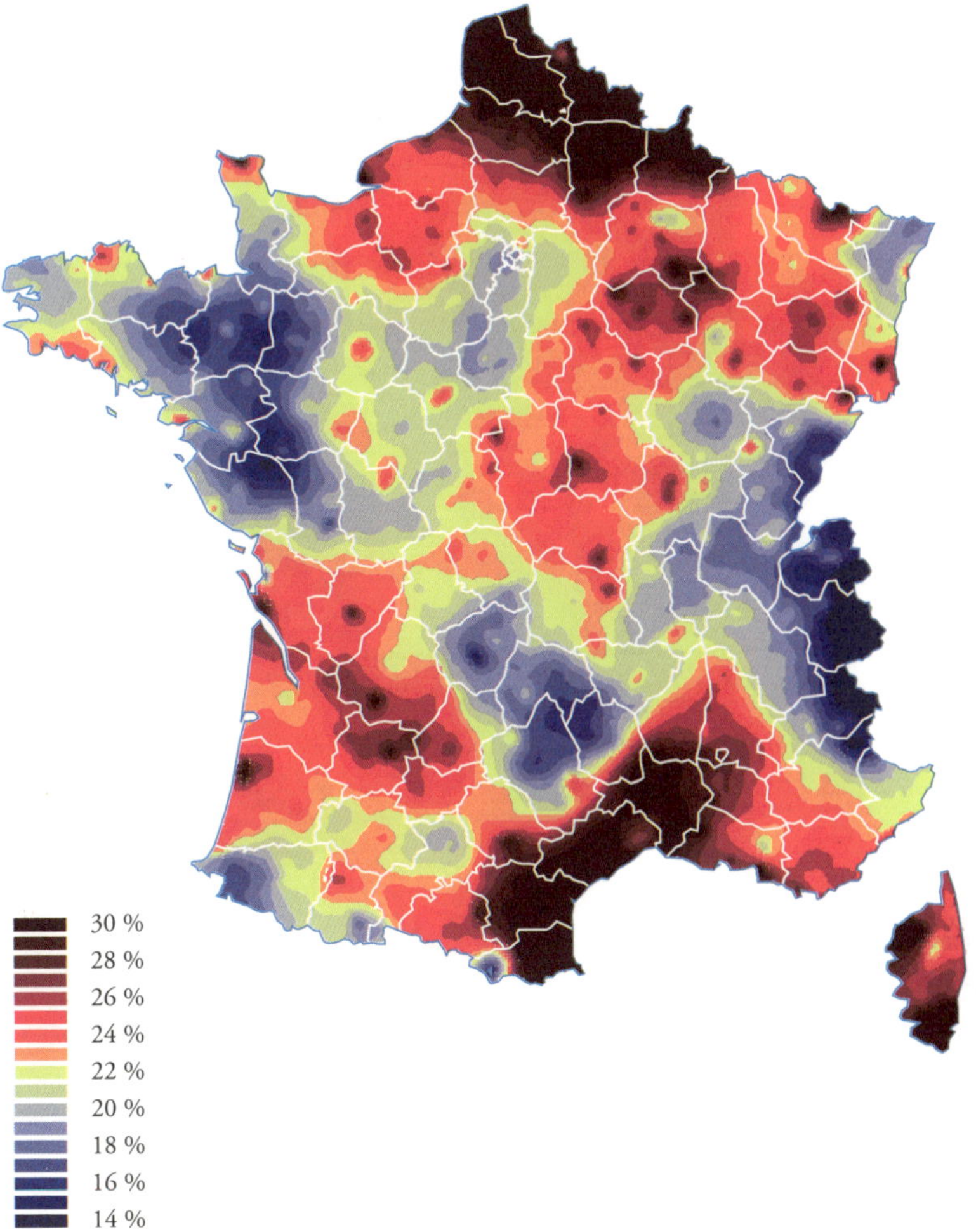

地図7-7　若者の失業

16歳から24歳の労働力人口についての2008年の失業率

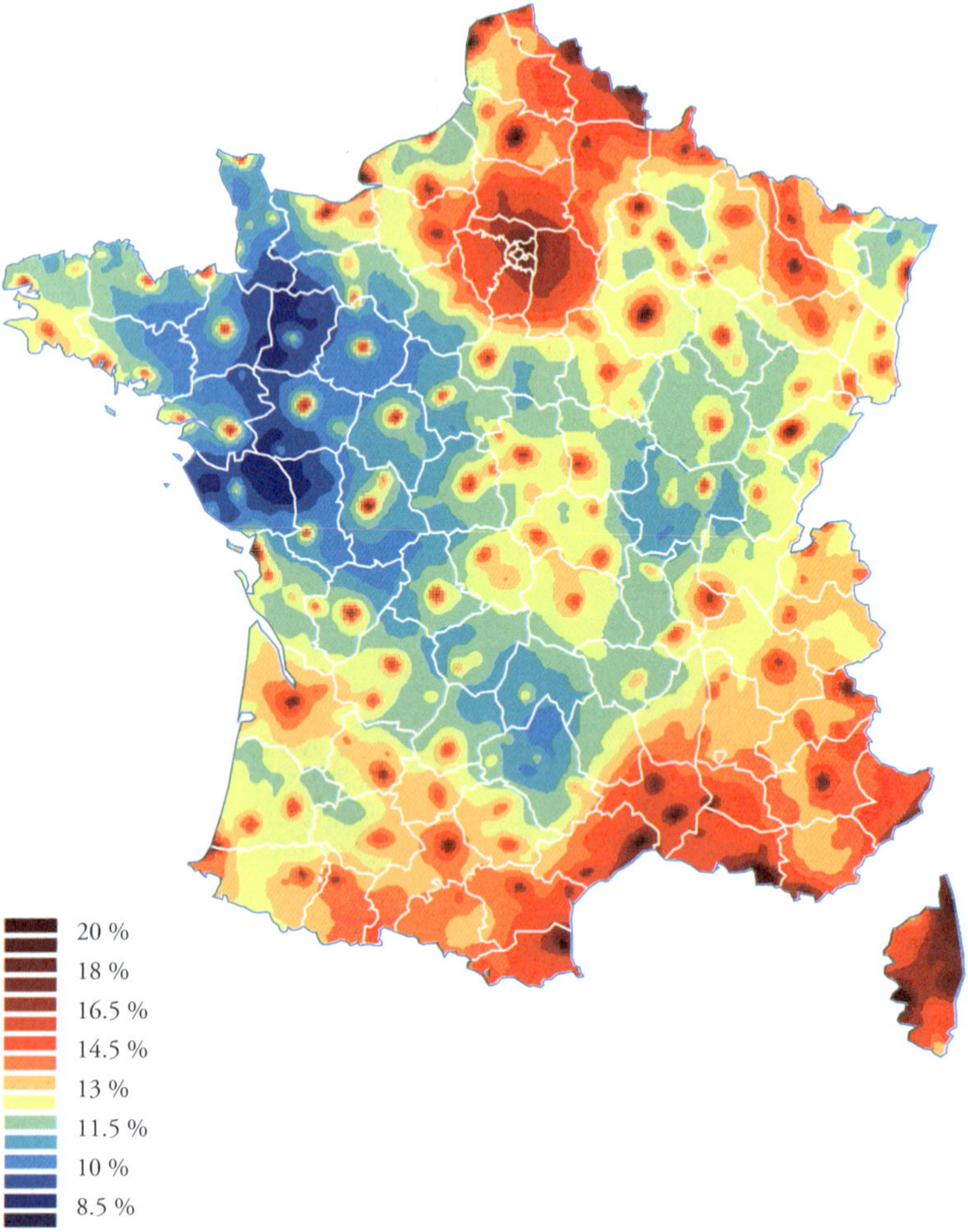

地図7-8　片親家族
2009年における家族の総数に対するパーセンテージ

因としては教育であり、第二の決定要因としては、宗教、もしくは宗教の不在である。不平等は、ますます教育水準の低い地帯に広がって行くが、それらの地帯それ自体は、フランスの国土の中でかつて脱キリスト教化された地帯である、ということがますます頻繁に起こるのである。この稿を執筆している現在もまだ適合調整は終了していない。

地図7－4は、上層デシルと下層デシルの比によって不平等を記述している。**地図7－7**は、それをさらに剥き出しの形で、十六歳から二十四歳の者の失業率を通して把握している。この双方とも、教育の地域間不平等を詳しく示す第2章の地図（**地図2－3、2－4、2－5**）に、近い傾向を見せる。

ここで因果関係の連鎖を一段遡るなら、不平等の地図や失業の地図は、「早期の脱キリスト教化 対 晩期カトリック教」の対立を示す地図（第1章の**地図1－5**および**1－6**）の参照を示唆していることもまた、認めなければならない。われわれはそこで、一九八五年から一九九五年までの最終的な教育の伸張の理由を理解するために、カトリック教がその牙城において最終的に消滅することによって誘発された特殊な活力と、「ゾンビ・カトリック教」のプラスの効果とを、喚起した。つまり、かつてのカトリック圏で、現在の経済の状況において保護層として機能する職業的・技術的専門化が優勢なのは、カトリック教会が伝統的に肉体労働に対して示して来た愛着で説明がつくとしたのである。これと対称的に、昔の革命派地帯、とくに共産主義の伝統を持つ住民集団が、これに較べて良好な成績を――教育にせよ雇用にせよ――収めていないことを強調することもできるだろう。貧困の、ということはつまり不平等の特殊的な拡大が、次第にこれらの地域に刻み込まれていくのを目にするのは、特段に辛いことである。これはまさに、共和派のであろうとボリシェヴィズムのであろうと、革命のメッセージというものの悲劇的な反転ではなかろうか。

共産主義以後の鬱病

この反転の理由を理解しなければならない。それはフランスの謎の一端をなしているのである。かつて世俗化された住民集団はイデオロギー的・文化的な落ち込み状態にあるのだと想像することは不可能ではない。彼らは、西部、アルザス、アルプス山地、中央山塊、ないしバスク地方のカトリック教徒たちが知的解放のプラスの感情を抱いていることに、無言で悲嘆にくれながら、反応しているのである。共産主義の信念の崩壊がフランス社会に及ぼした鬱病的効果を過小評価するのは間違いだろう。フランス共産党は、それが支配下に置いていたパリ郊外でブルジョワ的教養への紛れもない信仰を抱いていた。それが万人の手の届くものであって欲しいと願っていたのである。またトックヴィルがその正当な価値を評価していたあの革命的道徳性を持ってもいた。[6] われわれは第1章で、共産主義は、シュンペーターの定義を拡大した意味で保護層であったと述べた。つまり、資本主義的合理性の冷ややかな世界の中で個人の行動の枠組をなす価値体系という意味においてである。[7] ところが実質的に、民衆階層が共産主義の影響下にあった地域では、フランス共産党の消滅以降、マイナスの現象が累積していることを、確認せざるを得ないのである。この地域の失業率は、たしかに部分的には、雇用者側がカトリック教で人格形成を行なった従順な住民集団の方を好むということで説明がつくかもしれない。しかし古い世俗主義地域の教育が抱える問題は、共産主義の内爆の結果もたらされた意味＝方向の喪失が重くのしかかっていることの方がより重要であることを示唆している。この現象は複合的であり、これを解明しようとしたら、まるまる一冊の本が必要になるだろう。単なる問題の特定の段階である現段階において確実と言えるのは、フランス社会の一部は、虚偽の中にとは言わないまでも、記憶喪失の中に生きているということである。革命への信仰、そして特殊的には共産主義への信仰は、現実に存在した。しかし恥の概念が、最後はそれにまとわりつくことになり、その結果、崩壊を体験した共産主義世代とその子どもたちにとって、将来への信頼の喪失、進歩の概念の放棄が引き起こされたのである。このような解釈は、後に見るように、共産主義と平等の実践との間には、[*3] 邪悪なとは言わないまでも、複雑な関係があったとする、この解釈とは異質だがしかしこれを補完する仮説を排除するものではない。しかし定量化するのは困難であるにしても、共産主義以後の鬱病は、フランス社会にとって、かなりの文化的・社会的エネルギーの損失となったのである。

さらに言うなら、将来において、これとよく似た発作が「ゾンビ・カトリック教」を襲う可能性も、排除されない。革命的地域とカトリック地域のたどった歴史は、時間的にずれている。教会の規律から解放されたばかりの周縁部諸州は、今日のところ、己が近年において地上の世界へと開かれた結果として生じた熱狂を享受している。再び見出された自由がもたらす幸福が、もはや神の不在を埋め合わせることができなくなる時が、いずれやって来るだろう。

われわれが相手にしているデータは、変動の真っ最中であるから、ここでどんなものにせよ、最終的な結論を出すことは差し控えておくべきであろう。ここに提示された八つの地図はいずれも、それ自体価値のある魅力的な詳細をたっぷりと盛り込んでいる。そのうち最も重要なものをいくつか取り上げてみよう。

富裕者の中の富裕者

地図7―1は、各地点において、最も恵まれた一〇％の個人（もしくは消費単位）(8)が見出せる所得のハードル［下限額］を示している。このハードルが高ければ高いほど、それだけ富裕者は富裕だということになる。所得は、社会的移転前［税など込み］のものである。色の等級は、消費単位につき年二五〇〇〇から五〇〇〇〇ユーロまでの変動、つまりはところによって二倍に達する変動を示す。パリ地域の特権者たちは、もちろん国全体に君臨している。しかしいくつかの南フランスの大都市には、きわめて恵まれた社会集団――ブルジョワジーか？　貴族か？――が根強く残っていることが観察される。例えば、ボルドー、トゥールーズ、そしてマルセイユではなくむしろエクス、そして引退した富裕者に特化しているニースである。北フランスの都市、とくにレンヌ、ナント、リヨンは、地図上により慎ましい現れ方しかしておらず、リールは全く姿を現わさない。プロヴァンス・アルプ・コート・ダズュール地域圏に、本当に富裕な富裕者たちが蓄積しているのは、意外でもなんでもない。逆に、沼の周りに蛙が蝟集するように、彼らがスイスの近傍に集中しているのは、紛れもない驚異である。スイスと金の関係はよく分かっているが、国境沿いにきわめて高い所得水準が集まり、さらに加えて、フランシュ・コンテの大部分とアルプス山地北部を覆う大きな模様があるという現象の規模の大きさは、あらかじめ想定できたものを凌駕している。所得等級の上位一〇%が、アルザスでもきわめて隆盛しているらしいのを見ると、最後には全体的に東部国境効果があると感じられるようになる。その要因は多数あり、勤務先が国境の向こうにあるフランス人に高所得者が多いとか、ドイツ人、スイス人、ピエモンテ人、リグリア人［いずれもイタリア人］がフランスに邸宅を構えるといった要因が、混じり合っている。しかしフランスの外縁部は、全体として、高所得が本当に高所得である世界として姿を現わしている。この奇妙な国境地帯における政治的右傾化に、この事実がどのように影響したかは、のちに見ることになる。

どれほど貧しいのか？

地図7－2は、住民の［最も貧しい］一〇%が見出される消費単位ごとの所得のハードル［上限額］を示すものである。定義上当然ながらきわめて低いこの水準には、富裕者についてよりも著しい拡散が見られる。すなわち、ハードルは年に三〇〇〇から一〇〇〇〇ユーロに分布しているからである。地域ごとの不平等の総合尺度（**地図7－3と7－4**）が、富裕者間の所得格差より貧困者間の所得格差によって左右されるのは、これで説明がつく。近年の古典的貧困の地帯は、地図上で濃い緑色で姿を現わし始める。それはパリ盆地の北と東、地中海沿岸部の中央部並びに西部、それに加えて、近年の相対的な教育絡みの欠乏の結果として、トゥールーズとボルドーとアングーレームの間に広がっており、かつさらに進行して行く緑の染みである。これらの地域では、消費単位の〔下層〕一〇%の所得は、年に六〇〇〇ユーロ以下、つまり月に五〇〇ユーロ以下である。

「特権的」貧困者という言い方をするのは、ためらわれる。だからそれほど貧困でない貧困者、と言うことにしよう。ハードルが年収八〇〇〇から一〇〇〇〇ユーロに達する者のことである。すると地図の上に、ブルターニュ、ヴァンデ県、アルプス北部、アルザスを含む、カトリック教の地図がオレンジや赤で姿を現わし始める〔**地図7－2**を参照〕。とはいえ宗教ですべてが説明されるわけではない。パリ地域は一つの円弧によって、ロワール川地方に結びつけられているが、これはこれらの地域の民間経済の特殊的活力が、最も恵まれない者の所得にプラスのインパクトを与えていることを表わしている。上層一〇%にとって東部国境効果があったのと対称的に、「大西洋」効果があることが感じ取られる。それはその上コタンタン〔ノルマンディ半島〕の付け根まで伸びている。西海岸全域に沿って、貧困者はそれほど貧困に見えない。ここで、五十五歳以上の者の失業率を示す**地図7－6**を見てみると、説明の要素が一つ見えてくる。この地図上には、全体の失業を示す**地図7－5**の上と同様に、地中海沿岸の南フランスと北部という、失業の大地帯が姿を現わしている。ただし、後者については、きわめて緩和された形であるが。しかしそれと同時に、奇妙な「大西洋の壁」が形をなして来るのが目に入る。ラ岬からビアリッツの岩礁まで伸びるこの回廊の中では、五十五歳以上の者の失業率はしばしば八%を超える。これは定年前退職の変種であるとの仮説を立てないわけにはいかない。大西洋沿岸部は、おそらく最も恵まれない者たちにとって、富裕者にとっての東部国境、つまり避難所なのである。双方の場合とも、移住の動きはある程度の年齢の者の動きでしかあり得ない。二〇一〇年前後にあって、あらゆる階層において、特権というのは大抵の場合、世代的な側面を含み持っているのである。ルイ・ショーヴェルは、『世代の運命』(9)の中で示している。すなわち、複数の年齢集団は、ある時点において社会の中で共存するものだが、第二次世界大戦以降は、互いに異なる行程をたどることになる。歴史の中の他のいかなる時代にもまして今日において、老人たちは、まずまず妥当な退職年金を手にして、給与の縮小や失業にあまり撹乱されないで済んだ人生を完了する。彼らは大抵は自分の住居を所有している。これはおおむね、一九三〇年から一九六〇年の間に生まれた世代である。いまや貧困化の途上にある若者たちは、今日の老人のように相対的に保護された老人になれない恐れがきわめて高い。大西洋沿岸部の定年前退職による失業は、おそらくは一つの幸福な時代の終着点を印しているのである。

シングルマザー

この不平等についての検討の仕上げを、本来の変数からずれた変数によって行なおうと思うが、それには訳がある。ずれていると言っても、家族と出生率の検討においては同じように姿を見せて当然の変数、すなわち片親家族の分布である。片親家族は、その八五％が、シングルマザーのケースとなる。実際、先進国圏での貧困というものは、すべてが所得の不均等推移の結果として生じるものではない。婚姻の絆の脆弱化それ自体が、経済的困難を生むのであり、自律的な要因として不平等の分布に作用を及ぼすのである。片親家族の比率を示す地図（7－8）を見ると、都市中心部の大部分はくっきりと浮び上がっている。ただしレンヌとナントは、その限りでない。シングルマザー（簡単に言えば、この概念は、離婚して子どもを引き取った者と、夫が死亡した者とを含む）で労働する者は、都市中心部と郊外の間を毎日移動することはできないわけである。またしても別の海岸効果が、ブルターニュ（とくに南部）、ノルマンディ、ピカルディの海岸と、そしてとりわけ地中海沿岸部に観察できる。とりわけ地中海沿岸では、片親家族比率は、フランス中で最も高い。五十五歳以上の失業者の場合と同様に、単身の母親の行動様式には、困窮と合理的調整が混ざり合っていると、想像されるのである。福祉国家の支給する諸手当は、必ずしも場所に結び付いているわけではなく、最も快適にほど遠い地域の住民のためのものというわけではない。移動性の高い近現代社会にあっては、逆境はしばしば、海岸部の、しかも時として陽光に恵まれた地域へと人々を誘うものと見える。

とはいえ片親家族の地図の大略は、従来のフランスの宗教的極性を参照するのに適している。片親家族は、とくに西部、ピレネ・アトランチック、中央山塊の南、アルプス山地の北部、フランシュ・コンテ、アルザスで少ない。しかしカトリック教の地図がすべてを説明するわけではない。ブルゴーニュ、ポワトゥー、そしてロワール川流域では、これらの地域が昔の世俗主義地帯に属するにもかかわらず、シングルマザーはとりたてて多くはない。

またいくつかのピークについては、現地の文化の宗教に関わりのない要素によって説明することもできる。北部は、労働者・鉱夫的文化基底によって、地中海地域は、移民の流入にもかかわらず、特異なる家族文化が生き残っていることによって、説明できるのである。われわれは第4章では、北部の労働者文化の中に男性と女性の役割の強固な分離があるのを指摘した。第1章では、地中海沿岸部に見られる男性中心の独特の家族類型を定義している。労働者的北部でも、地中海岸の南フランスでも、女性の解放は、強度な性的特徴を持つ文化にとって特有の問題を生み出し、その結果、より多くのカップルの決裂を引き起こすことになると、仮定することができるのである。

要するに、カトリック教の基底と片親家族の比率の低さとを結びつける規則は、絶対的ではない。しかし変遷は完了していないのであり、この昔のパラメーターに適合する調整の活力ある過程を仮定することを禁じるものは、何もないのである。

結婚による調節の消滅は、カトリック地帯も含めて、新たな近代性の中心的特徴の一つである。ここにわれわれが捉えているのは、カトリック教の伝統の強い地域では、もしかしたら婚姻の絆が不在であっても、パートナー同士の絆の安定性はより大きいのかもしれず、その事情がここに把握されているということかもしれない。それこそは、法的形式が消滅したのちにも、それによって枠付けられていた行動が残像のように残る現象の好個の例に他ならない。

共産党、教会、平等

要するに地図の分析によって、われわれは現実の平等と夢見られた平等の間の矛盾に突き当ることとなった。対応関係はまだ完全ではないにしても、経済的不平等に最も侵されている地域は、本書第

1章の末尾で、平等の観念に先験的に最も執着している地域として定義した地域である。それはそれらの地域の人類学的構造が、兄弟は平等なもの、村人は連帯的なものと定義していたからか、もしくは、カトリック教の早期の退潮によって、人間を早期に教会の階層序列的な考え方から自由にしてしまったからである。平等主義的な地域では、しかしながら男性も女性も、二世紀の間、保護層を奪われたままになった。保護層をなしているのは、すでに消滅したにもかかわらず、相変わらず直系家族と宗教的枠組の二つなのである。大革命から二世紀以上にもなって、フランス共産党が消えてしまった今日、われわれは次のような厳しい現実に直面しなければならない。すなわち、具体的な平等は、革命の企ての平等主義的個人主義が君臨して来たフランス中央部よりも、個人を強固に統合する、フランス周縁部の社会統合主義《ホーリズム》的社会の中に、より保存されて来た、という現実である。

実は、フランスの国土の中に見出されるのは、ヨーロッパ大陸規模で姿を見せている逆説に他ならない。ドイツ圏とスカンディナヴィアの諸社会は、平等主義的な人類学的・宗教的基底を持たない。これらの地では、農民的家族構造――ドイツやスウェーデンでは直系家族、デンマークでは安定した遺産相続規則を持たない核家族、ノルウェーではこの二つの類型の混交――は、本当に平等主義的であったことは一度もない。唯一フィンランドのみは、部分的に、平等主義的にして権威主義的な共同体家族型に属している。ただし、スウェーデンのプレゼンスと影響でひじょうに緩和された形の共同体家族であるが。スカンディナヴィア圏全域とドイツの三分の二に及んでいるプロテスタント教はどうかと言えば、救霊予定[*4]の概念によって、人間の形而上学的平等の観念を公式に拒絶している。

人間は、何と生まれる前から、永遠なる神のまことに平等に欠ける選択によって、「永遠なる」生かそれとも死かの宣告を下されている、ということになる。しかしドイツは、つい最近まで、経済的にはフランスより平等主義的であった。スカンディナヴィア圏はどうかと言えば、近年だいぶ風化しているとはいえ、それでもつねに平等主義的である。現実の平等と夢見られた平等とは、どうやらあまり同じ歩調で歩んでいない。

フランスの謎の中核に不平等の伸張に対するフランスという国の抵抗を据えるのであれば、地域的データを積み重ねれば積み重ねるほど、この謎は深まって行く。たしかにフランスという国は全体として公式に、平等というものに愛着している。しかし不平等の伸張に対する抵抗がより有効であったのは、フランスの国土のうち、平等の観念への関心が少ない部分においてなのである。

この逆説の解決へと進むためには、政治の場における平等という価値の作動の仕方を検討する必要があるだろう。この問題に取りかかる前に、われわれとしては、住民の移動性はきわめて現実のものであるにもかかわらず、フランスの各地域の文化は、なぜいまでも「それぞれの独自性を保ちつつ」活発であることを止めないのか、その理由を理解しなければならない。移民の流入が場所の記憶に変更を加えることがなかったのはどうしてなのかを、説明する必要があるのである。

第8章

移民流入とシステムの安定性

フランス人は大いに移動する。二〇〇四年から二〇〇九年までの間に、二十歳から二十五歳の若者の二六％、二十五歳から四十歳までの者の二二％、四十歳から五十五歳までの者の八％が、居住する県を替えている。このテンポで行くと、各人は生涯で少なくとも一・七回、県を替えることになる。同じ期間に、居住する市町村を替えるのは、さらに頻繁であった。県から県への移動の他に、同一県内での別の市町村への移動が加わるのであるから、当然である。あらゆる年齢層を合わせて、フランスに居住する者の二五％は、最近五年間に少なくとも一度は、別の市町村に転居している。この動きの頻度は、**地図8－1**に見るように、地域により、都市圏の規模により、きわめて異なる。フランス北東部と中央部は、新たな到来者をあまり受入れていないが、大西洋沿岸部とその近隣の大都市では、住民の三分の一近くが、この五年以内に転居して来ている。このように住民が撹拌されて混交しているのに、それぞれの地域の人類学的行動様式は、どのようにして維持されるのか。各フランス人の人格には、新たに居を定めた場所の風俗慣習に瞬時にして適応してしまう能力が備わっているのだろうか。セネガルには「みなが片足で歩く村に着いたら、自分も片足で歩いた方がいい」という諺があるが、この諺がまさにフランスで具体化している、ということだろうか。実際にはブルターニュ人も、アルザス人も、ピカルディ人も、ブルゴーニュ人も存在せず、本質的に、ブルターニュ、アルザス、ピカルディ、ブルゴーニュが、存在するだけである、ということなのだろうか。

しかし、この即時的適応の道が、ルーマニア人、モロッコ人、トルコ人には閉ざされているらしいのはなぜなのか。流入移民のディアフォワリュス[*1]たちによれば、これらの人々は、受け入れ国の慣例・

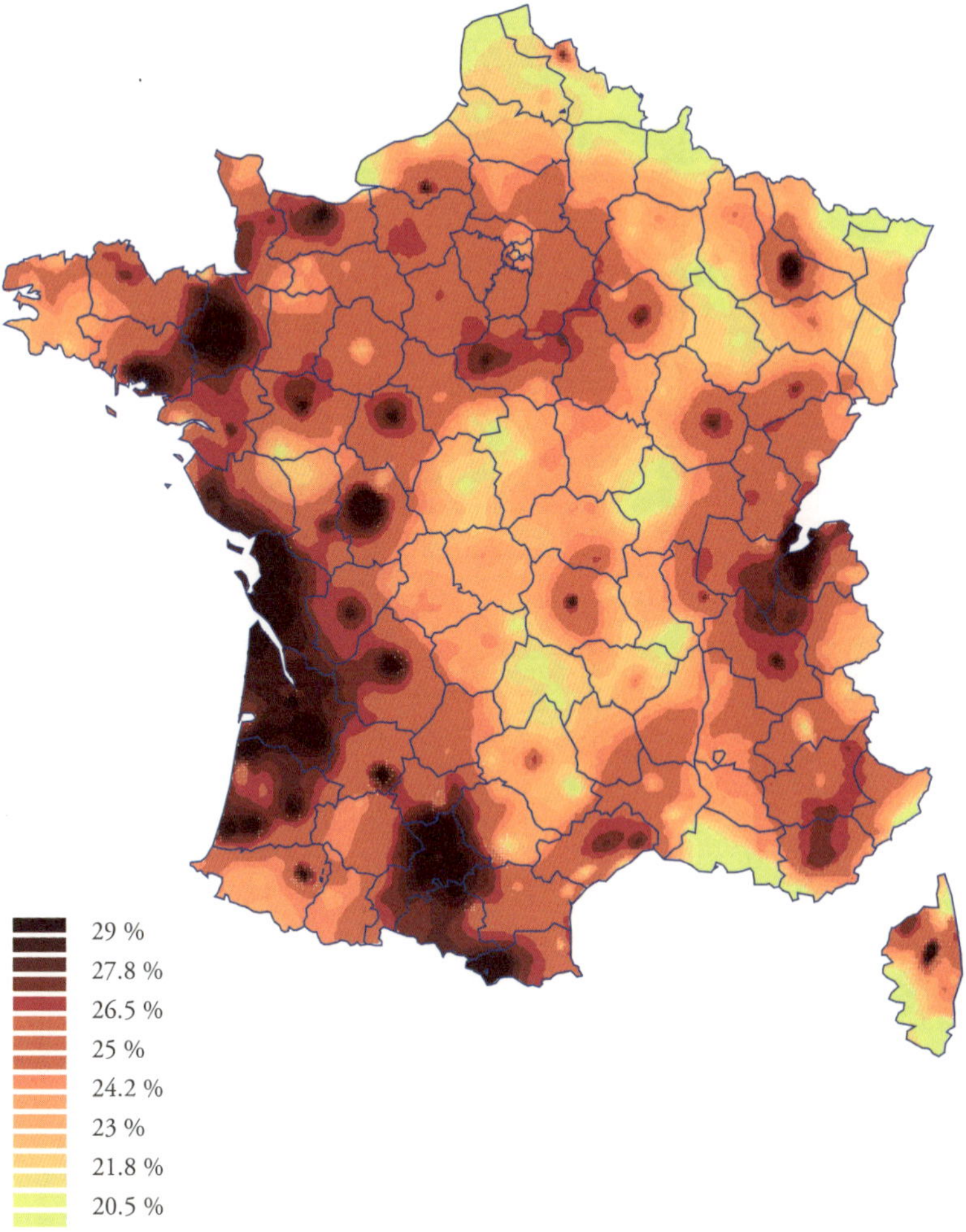

地図8−1　全般的移動性

2008年の居住者中、2003年に当該市町村に居住していなかった者のパーセンテージ

習慣を身につけるには、五世代にも及ぶ努力をしなければならない運命にあるというのである。風俗慣習を即座に変えることを可能にする摩訶不思議な性格などというものが存在して、フランスの住民のみが、出身地域の特性とは無関係にそうした性格を所有する、などということがあるだろうか。そんなことはありそうにない。

国内移住の強度と地域的特殊性の維持とは、明らかに矛盾するように見えるが、この二つが両立しているのには、より単純な説明がある。個人が一生の間に行なう移動の一つ一つは、実は互いに無関係ではない、ということである。人はしばしば出身地に戻るし、同じ文化圏に属する近隣の県から県へと循環するのである。際限なく繰り返し同じ場所を通り過ぎる遊牧民の行程と同様に、国内移住はしばしば同じ場所での堂々巡りに似ているわけである。この説明を、相互補完的な二つのやり方で検証することにしよう。まず始めに、出生の県と死亡の県の比較を、出生から死亡までの間に起こった移住を消去して行なう。次に、前世紀における家族名〔苗字〕の空間的漸進を測定するのである。

撹拌混交の場所、安定性の場所

地図8－2は、出生した県で死亡した者の比率を示す。これらの者たちは、生涯の一部を他の県で過ごしたかもしれないが、死ぬ時は出身地に戻っていたわけである。

地図上で色の薄い地帯では、そうした者は少数派である。拡大パリ地域、マルセイユを中心としつつリヨン地域も包含する、広大な南東部がそうした地帯であり、多少度合が低くなるが、トゥールー

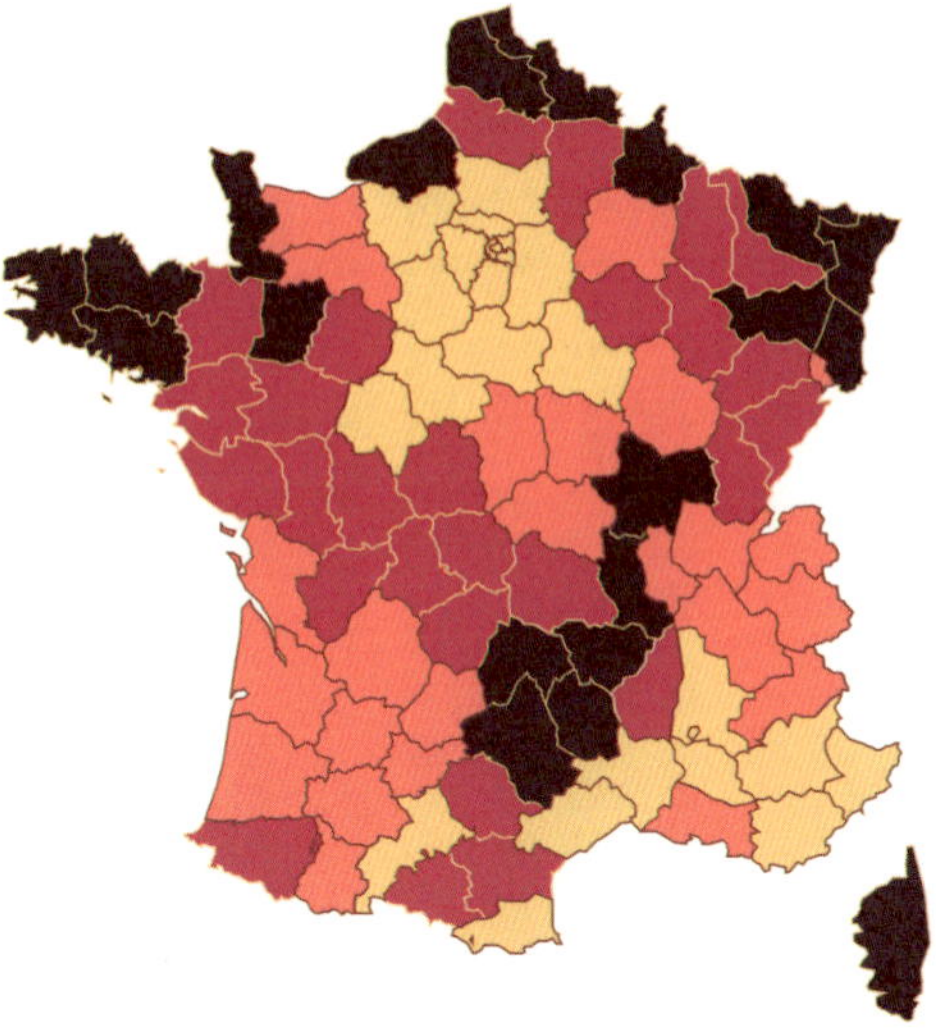

地図8−2
出生した県で死亡した者
2000年から2009年の
パーセンテージ

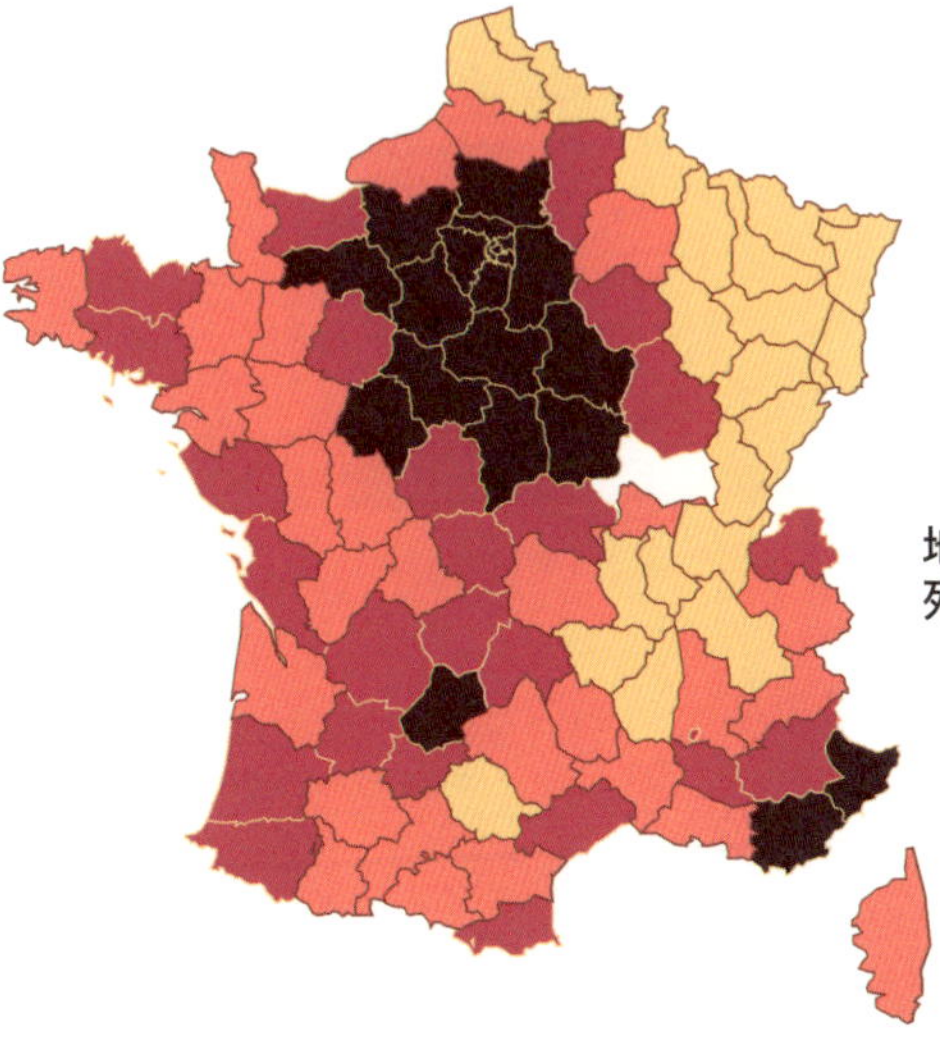

地図8−3
死亡者中パリで生まれた者
2000年から2009年の
パーセンテージ

ズからボルドーに至る南西部もそうである。大河の流域が住民の移動の軸をなしている。流域の境目と国境で、移動の動きは止まる。〔これらの地域では〕七五％の者は、生まれた県で死ぬのであり、おそらくその県で生涯の大多数の部分を過ごしたのであろう。こうした安定性の地域は、フランスの中でも宗教的な地域の中に見出される。それは正常な現象である。活気溢れる賑わいの大中心地から遠ざかれば、伝統的な枠への組み込み構造の維持は助長されるからである。

全体で六〇％の者が、生まれた県で死ぬ。最も近い二五の県の出身者の死亡が二三％、イル・ド・フランス地域圏出身者の死亡が一〇％、遠くの県の出身者の死亡が七％である。この数値が風俗慣習の存続の理由を説明している。個人の三分の一以上は、出身地に繋がれたままである。実質的に遠く離れた地から到来した者は、別の習慣・慣行を担っているとしても、多数の住民の中に溶け込んでしまう。彼らは多様な遠隔地からやって来たので、同じ地方出身という同質的な集団をなすわけではないからである。残るは、一〇％のイル・ド・フランス地域圏出身者である。その中には、かなりの比率で定年退職者が含まれる。

パリの役割

これら、広い意味での流入パリ移民の比率は、**地図8－3**で確認できるように、地域によってひじょうに変動する。カレからジュネーヴに至るフランスの縁においては、流入パリ移民は死亡件数の五％に達することはない。逆に西部と南部では、その比率はしばしば二倍に達する。パリとの人口統計学的つながりというのは、フランス・システムのきわめて重要な要素である。そのつながりが緩いということは、全国的絆の弱体化を助長しかねない人類学的自立性の指標である。人口統計学的自立性は、ローヌ・アルプ地域圏と、とりわけより北方で顕著であり、この地では、この自立性が国民意識の危機と極右への支持とに貢献していると想定することができる。とはいえ単純な決定作用を想像してはならない。極右は、パリ地域の出身者の多い地中海沿岸部でも、きわめて存在感が強いからである。しかしパリ地域の出身者だけが、この地域の国内流入移民であるわけではない。遠くの県の出身者も南東の諸県では頻繁に見られるのである。これは他の地域では、きわめて稀なのであるが。ヴァール県とアルプ・マリチーム県の死亡者の三〇%は、北部、東部ないし西部の遠く離れた県で生まれている。こうした国内の流入移民は、北部や東部では死亡数の五%に以下にすぎない。南仏人はしばしば、自分の土地にいるような気がしない、まるで外国人のような気がすると言う。こうした場合、侵入されているという感情が、極右への投票を増進させることにもなる。南仏人は必ずや、侵入者の出身地を南に見定めているに違いないが、しかし人口統計学的現実からすれば、それは北にあるのである。地中海沿岸の南フランスを混乱に陥れているのは、あらゆる方角からやって来た「本物の」フランス人なのである。

縦の断層　プランタジネット帝国 対 ロートリンゲン

「あらゆる方角」というのは、表現としていささか強すぎる。遠くの県出身の移住者たちは、南ならどこでも構わないと、無差別にやって来るわけではない。北東部の者は南東部に、北西部の者は南西部にやって来るのである。**地図8－4および8－5**は、二〇〇〇年から二〇〇九年までの間にヴァール県とピレネ・アトランチック県で死亡した者の出生県を示している。対照は鮮烈である。バスク地方［ピレネ・アトランチック県］には、セーヌ・マリチーム県やパ・ド・カレ県からの方が、はるかに近いアルデッシュ県やローヌ県からより、より頻繁に人が来るのである。同様に、ヴァール県には、アヴェイロン県やオート・ガロンヌ県、あるいはもちろんメーヌ・エ・ロワール県からよりも、モーゼル県やコート・ドール県から人がやって来る。この二つは、孤立したケースではない。同じような確認は、南西部と南東部の他のすべての県についてもなされるはずである。茶目っ気たっぷりな歴史家なら、東部にはゲルマン的なロートリンゲン[*2]が、西部にはイングランドのプランタジネット帝国[*3]が、いまでも存続していると示唆するかもしれない。歴史と土地の起伏の激しい抵抗。フランスでは人の行き来は、重なり合った二つの要素からなる縦に走る障壁によって、依然として妨げられている。一つはパリ地域、これは大きな黒い穴のように、近くを通りかかる者を引き寄せる。もう一つは中央山塊で、これこそその名［真ん中にある大きな塊］の示す通りの障害に他ならない。

東と西の間のこの縦の断層から生じる帰結は、深層に及ぶ。フランスの国土の東半分と西半分における、それぞれ独立的な社会的・政治的行動様式の接近を引き起こすのである。

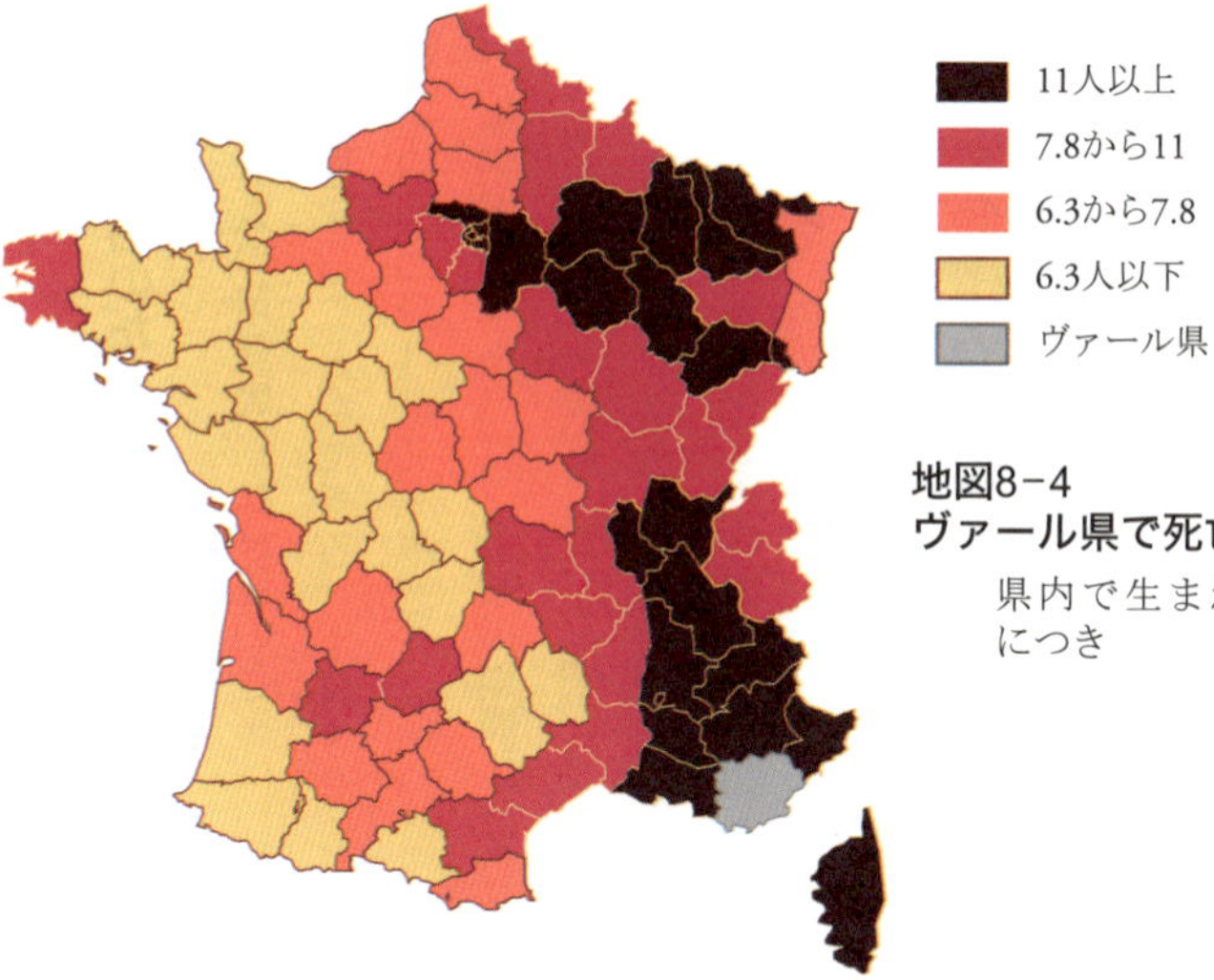

地図8-4
ヴァール県で死亡した移住者
県内で生まれた者1000人につき

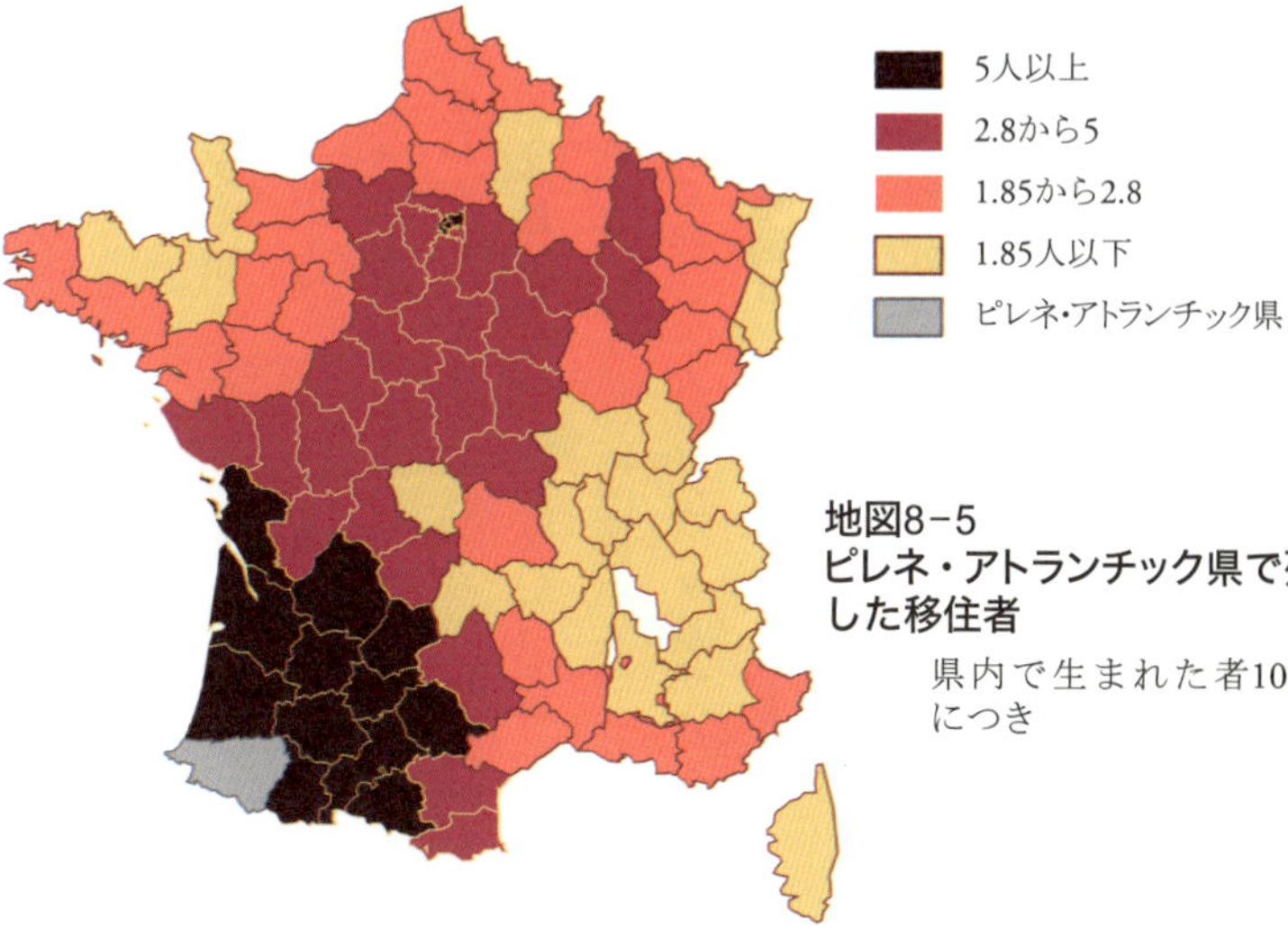

地図8-5
ピレネ・アトランチック県で死亡した移住者
県内で生まれた者1000人につき

家族名のたどる道

フランス人の用意周到な移住のさまは、時の流れの中での家族名〔名字〕の分布をたどることによっても、把握することができる。INSEE〔国立統計経済研究所〕は、一八九〇年から一九九〇年までの期間を四つに分けた二五年ごとについて、同じ父称〔名字〕の者の県ごとの出生の分布を発表している。名字というものは、最初の期間には特定の地域にきわめて限定されているが、次いでゆっくりと拡散して行く。実際、県と県の間の移住の件数がきわめて多量であることを思い出すなら、実にゆっくりとした拡散と言うべきだろう。われわれとしては、それぞれが、互いに明確に異なる地域に特有の三つの名字を地図化してみた。すなわち、ブルターニュの父称、ル・ビアン、アルザス・ロレーヌのミュレール、オクシタニィのファーブルの、三つである。**地図8－6、8－7、8－8**は、これらの名字の分布を、二五年の四つの期間の継起について示したものである。まず当該の名字の者の出生の半分以上を含む諸県がきわめて濃い色で示され、次いでそれに続く四分の一、次いで一五％を含む諸県がやや薄い色で示される。そこでこの三番目までの色の中に、九〇％が集まっているということになる。さらに薄い色の中に、次の五％が含まれ、そして最後に、残り五％の出生が記録された諸県が来るわけである。

ル・ビアンの場合は、まさに模範的である。この名字の者の出生の五〇％は、一八九〇年から一九一四年までの間には、ブルターニュの二つの県で起きており、その九五％が起きたのは、わずか五県

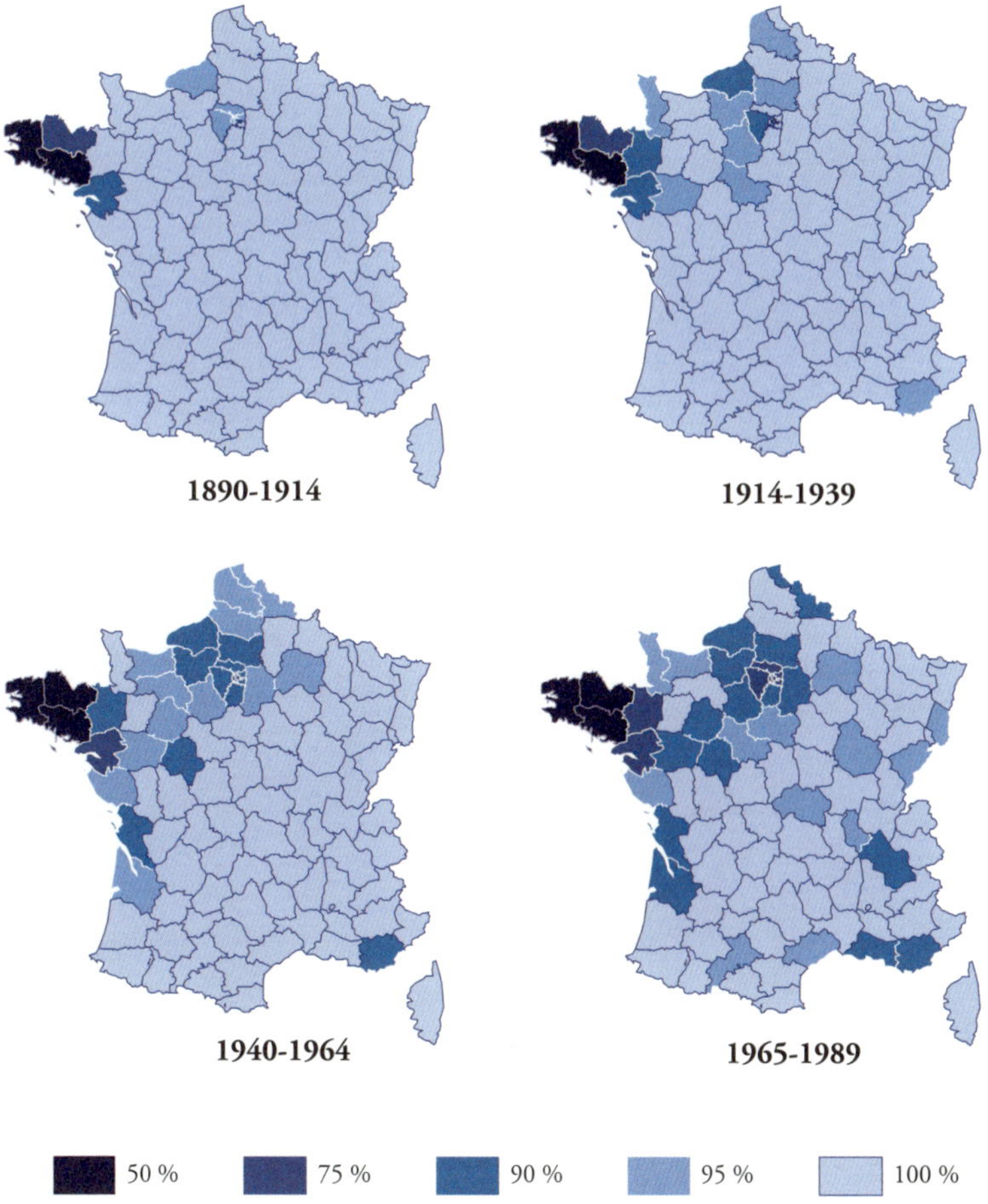

地図8−6　名字ル・ビアンの者たち

1890年から1990年の家族名［名字］ル・ビアンの地理的拡大（この名字の者の出生の50％は、濃い青の県、75％はやや濃い青の県、ついで90％、95％と続く）

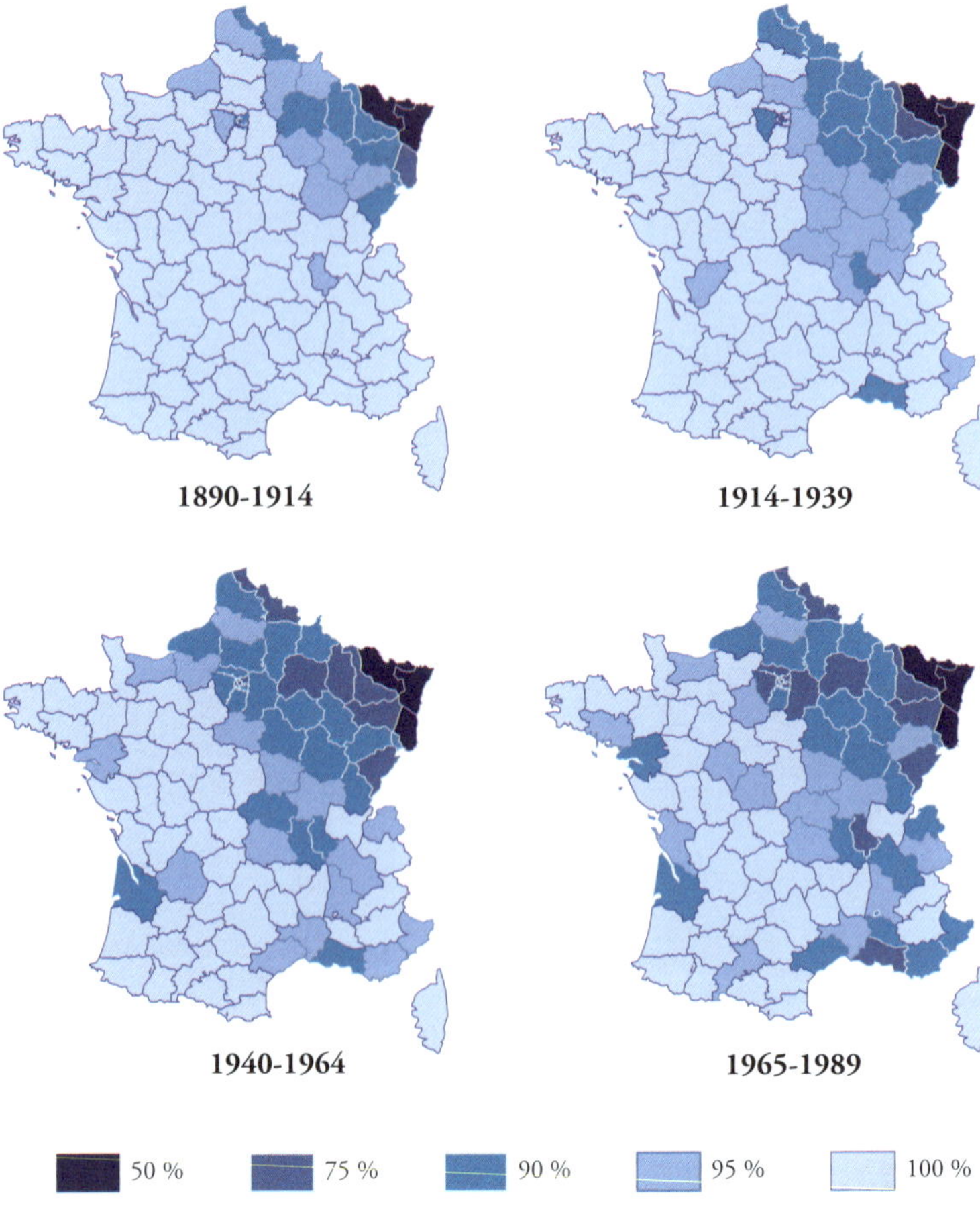

地図8-7　名字ミュレールの者たち

1890年から1990年の家族名［名字］ミュレールの地理的拡大（この名字の者の出生の50%は、濃い青の県、75%は中くらいの青の県、ついで90%、95%と続く）

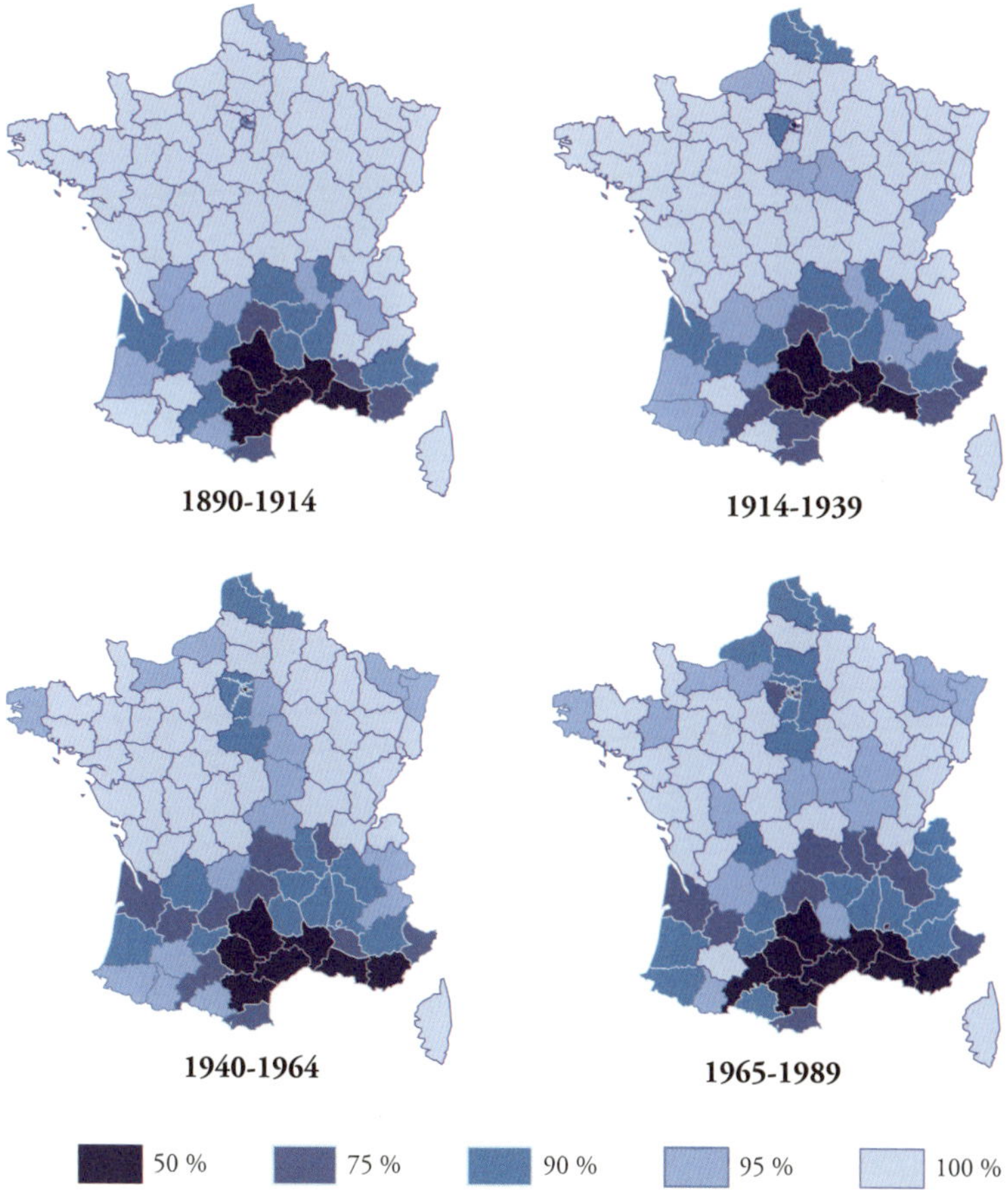

地図8-8　名字ファーブルの者たち

1890年から1990年の家族名［名字］ファーブルの地理的拡大（この名字の者の出生の50%は、濃い青の県、75%は中くらいの青の県、ついで90%、95%と続く）

であり、それもパリ地域の外においてである〔地図上では、パリ地域の一部も含まれているように見えるが〕。次の二五年の間に、漸進はゆっくりと行なわれ、フランスの北西の四分の一に限られた。一八九〇年から半世紀後になっても、出生の七五％は、まだ四つのブルターニュの県に集中している。ル・ビアンがヴアール県に出現するのは、ロリヤンやブレストとトゥーロンの海軍工廠と海軍基地の間の人の行き来の結果である。もっとも近年の期間においても、ブルターニュへの集中は維持されており、出生の七五％はブルターニュの五県とパリ地域で起きている。これに続いて登場する諸県での現れ方は、厳格な論理に従っている。すなわち、ブルターニュから発して、海岸沿いにかつ大河に沿って進み、次いで、リール、リヨン、マルセイユ、トゥールーズ、モンペリエ、ディジョン、ランスといった大都市に出現するのである。

ミュレールの方は、最初から、ル・ビアンよりやや拡散して姿を現わしている。アルザスから北東の国境沿いに、台形をなして分布している。しかし次の段階になると、きわめてゆっくりと漸進する。最も近年の期間には、ローヌ川の谷を通って地中海に到達し、ナントやボルドーのようなフランスの残りの部分では稀ないくつかの大都市に定着する。とはいえ五〇％は、いまだにアルザス・ロレーヌの三つの県の中に留まっている。その現在の分布は、ヴァール県の死亡者の出身地の分布ときわめて類似する。このことは、より全般的なレベルでの移住の描く模様を、細かなレベルで確証するものに他ならない。東部と北東部の諸県で生まれた者は、南東部に移る傾向があるわけだが、それだけでなく、個々の家系も同じように振舞うのである。

最後の名字であるファーブルの行動様式は、やや異なる。この名字は、当初から前二者より広がっており、ガロンヌ川流域からイタリア国境までの、広大な地帯に分布している。この名字の者の出生の七五％は、一〇の県で起こっているのである（これに対して、ミュレールとル・ビアンの場合は、三つの県）。しかしその後になっても、状況はあまり変わらない。ファーブルと名乗る者たちは南フランスに閉じこもったままで、わずかに最近の期間にパリ地域の方角にささやかな先端を伸ばしているにすぎない。今日でも、アルビジョワ十字軍[*4]の時と同じく、北フランスが南に侵入するのであって、その逆ではない。それはおそらく、南の方が太陽がよりふんだんに降り注ぐからではなく、南は出生率が低く、人口上の不足が補填されねばならないからなのである。

個人の死亡地と名字の地理的分布とは、国内移住の本質的な性格を明るみに出す。国内移住は、短い距離で少しずつ行なわれるのである。遠くから来た移住者は少数派であり、出身地もかなり多様である。それゆえ彼らは急速に現地の行動様式に適応しなくてはならない。またパリ地域は、近くからの移住者にとっても遠くからの移住者にとっても、再配分の要《かなめ》の役割を果たす。パリから来た者は、どんなに遠く離れた地域においても変化を促進するが、だからといって、現地の気質をないがしろにするわけではない。なぜなら、移住して来た県と昔つながりがあった者が多いからである。こうした要素すべてが、文化的な境界を消し去るのに貢献する。ブルターニュ、アルザス・ロレーヌ、地中海沿岸、リヨン地域といった、特色ある歴史的な極と極の間には、広大な移行地帯が横たわり、インターフェースとなっているのである。ブルターニュなりアキテーヌ、その他の文化的に典型的などんな地域であれ、それがどこから始まるのか、明言することのできる者はいない。これらの過渡的移行が、フランスを一つにつなぎ合わせているのである。十九世紀末に、ドイツの地理学者、フリードリッヒ・ラッツェルは、その著書『人類地理学』の中で、この均衡のことを次のように記述していた。「個々人の場所の移動によるゆっくりと進行する平和的移住は、数世紀の時の流れの中で、その累積効果によって、大量移住よりもはるかに重い影響を残した(1)」と。

外国からの移民流入は、第二次世界大戦までは、ユダヤ人移民と、ポーランド、ユーゴスラヴィアからの移民を除いては、近い距離で少しずつというこの動きのモデルに従って行なわれて来た。しかし戦後は移住の本性が変わった。移民の統合の困難の原因は、今日、文化的な差異にあるとされているが、この困難の一部は、実は移住の地理的形態の変化の結果なのである。

外国人の到来

早くも十九世紀の後半から、外国人はフランスに移民として流入し始めた。フランスの人口増加率は低かったので、農業と工業への労働力の供給がもはや十分になされなくなっていたからである。北部では、農民の子どもが労働者と鉱夫になったのに対して、ベルギー人が彼らの代りに農業労働者となった。同様のメカニズムが、イタリア人を南東部に吸い寄せた。**地図8-9**に見るように、これらの外国からの移住は、現在の国内移住と同じ規則に従っている。つまり、フランドル、バーデン、ヴュルテンベルク［いずれもドイツのライン川沿い］、ピエモンテ［イタリア北西部］、フランス語圏スイス、カ

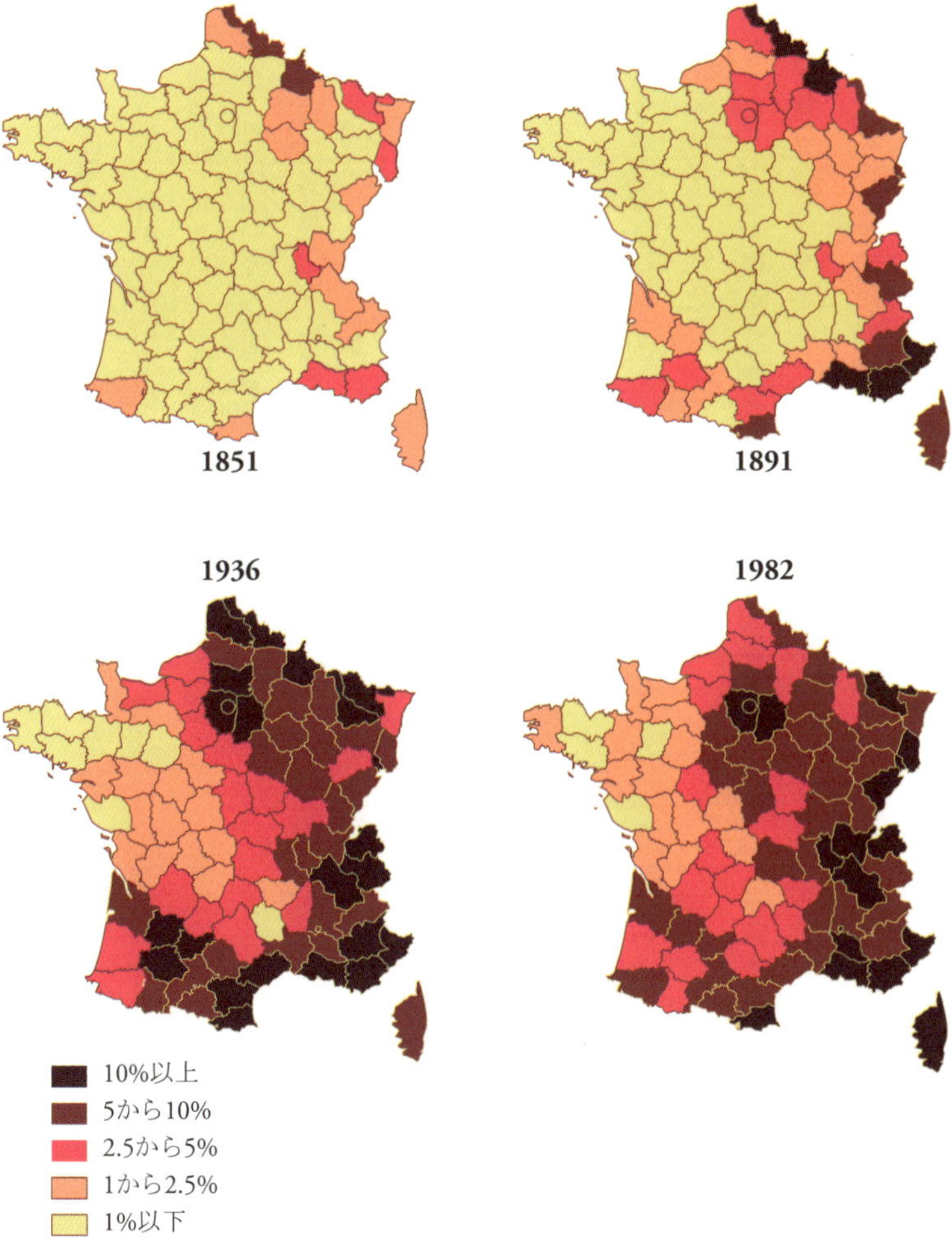

地図8-9　外国人

1851年、1891年、1936年、1982年における、総人口中の外国人のパーセンテージ

タルーニャといった移民の出身地の近隣の国境沿いに分布している。地図は、一八五一年以降、地上の国境線と地中海沿岸部から外国人がゆっくりと前進して来るところを示している。二十世紀初頭までその近隣に集中していた移民流入は、その後、第二次世界大戦まで、地域を拡げて行く。一九三六年の地図と一九八二年の地図を比較してみると、移民流入は最終的には不動化する傾向があることが分かる。それは、流入が止まったからではなくて、同じ場所に積み重なる一方で、フランス国籍の取得と他国［出身地］への出発とで減少する量も大きかったからである。

移住のモデルの変化は、両大戦間時代にさかのぼる。一九二〇年代には、労働者不足が重篤化し、経営陣はより遠くのポーランドやユーゴスラヴィアに労働力を求めざるを得なくなった。すると出発地と到着地の間に、例えばポーランド人鉱夫とその出身地との間に、断絶が生じることとなる。ユダヤ人は一九〇五年以降、東ヨーロッパから直接パリへ到着した。このケースはきわめて少数派的であるが、こうした変化を先取りしていたことになる。(2) 出身文化と移住先文化との間の伝統的な過渡的移行のメカニズムは、もはや機能することができなくなった。そこで二つの極端な解決策が、「移民流入のイデオローグ」たちによって想定され始める。一つは、全く純然たる同化であるが、これは移民が自分たちの行動様式と文化的属性を即時的に放棄することを意味する。これが駄目なら、外国人労働者を急速に交替させるローテーション方式ということになり、これは一九六〇年代には「ピストン輸送」という名で呼ばれるようになる。

第二次世界大戦前には、フランスの人口停滞のせいで、同化が容易に優位に立っていた。一九四五年以降は、ベビーブームと死亡率の低下によってフランスの人口の増加が再び始まり、「ピストン輸送」の概念が前面に押し出されるようになる。

そこで移民労働者たちは、近隣に移住するのではなく、都市や工業的郊外に大量に居住することになる。外国人移民の到来は、自然発生的になされたものではない。一九二〇年代の初頭のポーランドやユーゴスラヴィアの移民の時と同様に、大工業グループのリクルート担当者たちが、今度はアルジェリアやモロッコの奥地まで出向いて、人手を探したのである。彼ら移民労働者は、マントやナンテール、ヴィルールバンヌやソショーに定着したが、それらの都市から一〇キロの小都市や村には、居住することはなかった。

まず始めにアルジェリア人、モロッコ人、チュニジア人、次いでトルコ人とサハラ以南のアフリカ人は、定着後間もなく、ゆっくりと最初の定着地から移転し、フランス国籍を取得して、フランス国民全体の中に溶け込むことができた。しかし同じ国からその後新たに到来した者は、先行者たちと同じ地域に定着し続けたのである。**地図8-10a**および**8-10b**は、一九八二年と二〇〇八年にフランスにおいてアルジェリア人がどこにいるのかを、先ほど家族名について行なったのと同じ手続きを採用して、示したものである。アルジェリア人人口の総計のうち五〇%までを含む集団が居住する諸県は、濃い青で塗られ、七五%までの諸県は中くらいの青色、九〇%と九五%までの諸県は薄い青で塗られている。これを見ると、一九八二年にも二〇〇八年にも、アルジェリア国籍の住民の五〇%は、パリ地域と一二の県に集中しており、一方、五%しか受入れていない県が四七ある。二つの例外を除いて

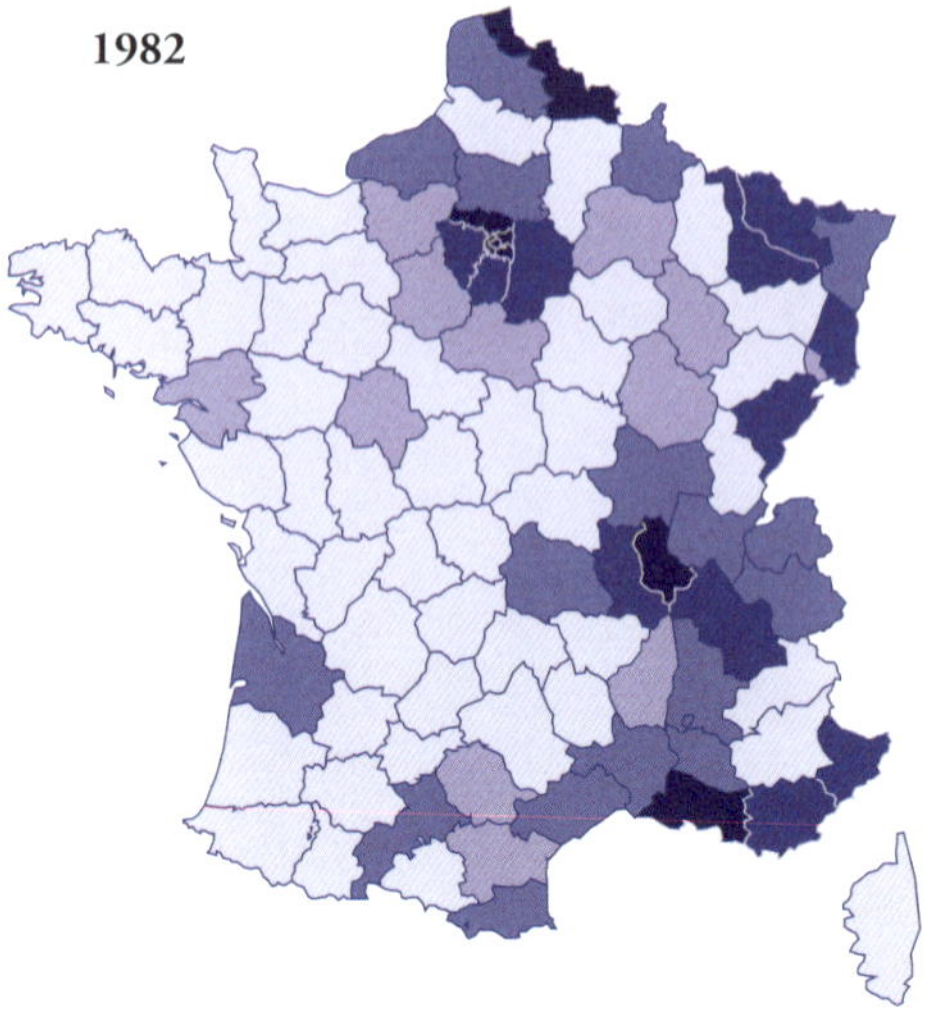

地図8－10a
1982年のアルジェリア人

50％は濃い青の県、75％は中くらいの青の県、ついで90％、95％と続く

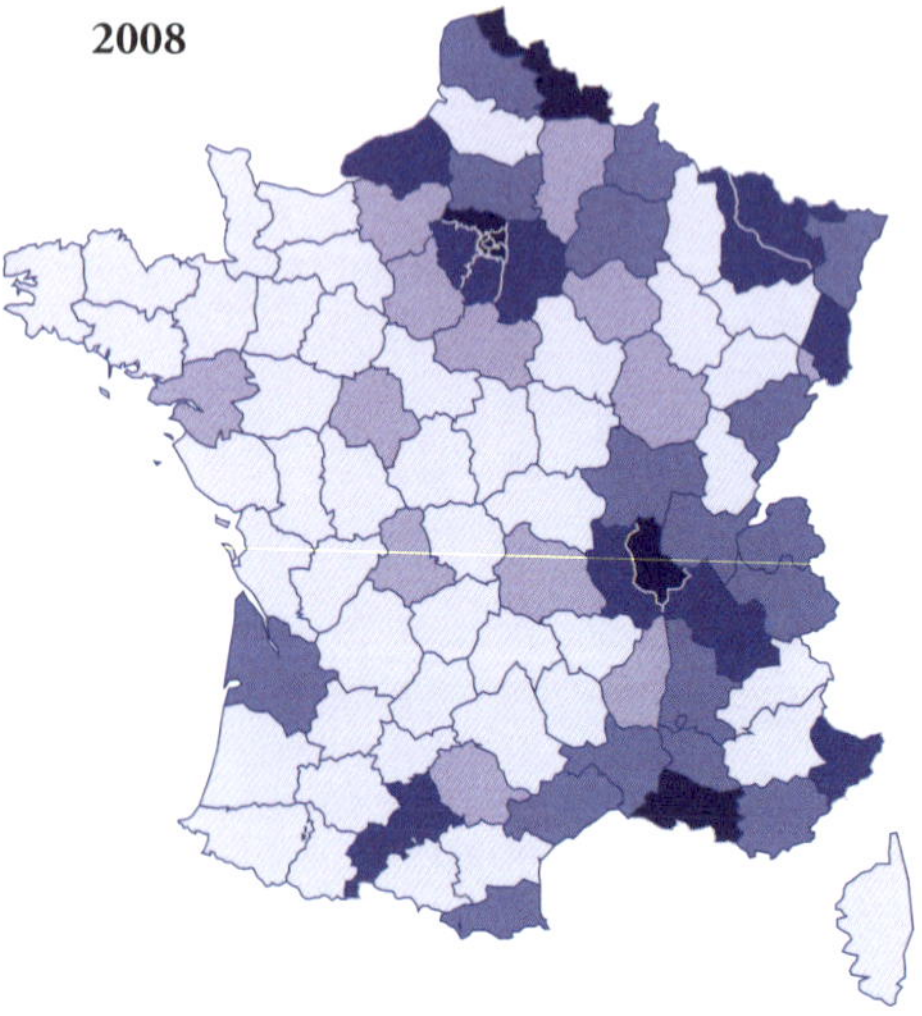

地図8－10b
2008年のアルジェリア人

50％は濃い青の県、75％は中くらいの青の県、ついで90％、95％と続く

は、一九八二年にも二〇〇八年にも、アルジェリア人の居住者がいる県は同じであり、彼らが滅多にいない県も同じである。一九八二年のアルジェリア人の比率と二〇〇八年のそれとの間の相関性は〇・九九を超えている。それが不動であることの証左に他ならない。

最近の到来者

モロッコ人とチュニジア人は、それぞれ異なるが隣接した場所に定着した。定着の固定性は、アルジェリア人のそれと類似している。彼らはアルジェリア人にわずかに遅れて到来したにすぎない。それに対して、より近年の、サハラ以南と非ラテン系ヨーロッパ諸国からの移民は、より昔の移住者があまり占拠していない、新たなテリトリーを見つけなければならなかった。一種の棲み分けが行なわれ、アフリカ人はフランスの北西の四分の一の部分に、ヨーロッパ人は南西の四分の一の部分に定着した。両方とも、出身国とは何の連続性もない地に定着したわけである（地図8－11aおよび8－11b）。

この現象は、フランスだけに見られるものではなく、全ヨーロッパ規模で観察される。スペイン人とポルトガル人、次いでユーゴスラヴィア人、ギリシア人、イタリア人は、雇用が見つけられる最も近い国へと向かった。しかしモルダヴィア人、イラク人、ウクライナ人、ルーマニア人といった最近の到来者には、そのような可能性はなかった。彼らはチャンスを与えてくれるけれども、先行者たちがまだ手を付けていなかった、ポルトガル、スウェーデン、フィンランドという国々に移住したのである。これら諸国では、二〇〇〇年以降、彼らは時として最も多量の外国人労働力を形成した。

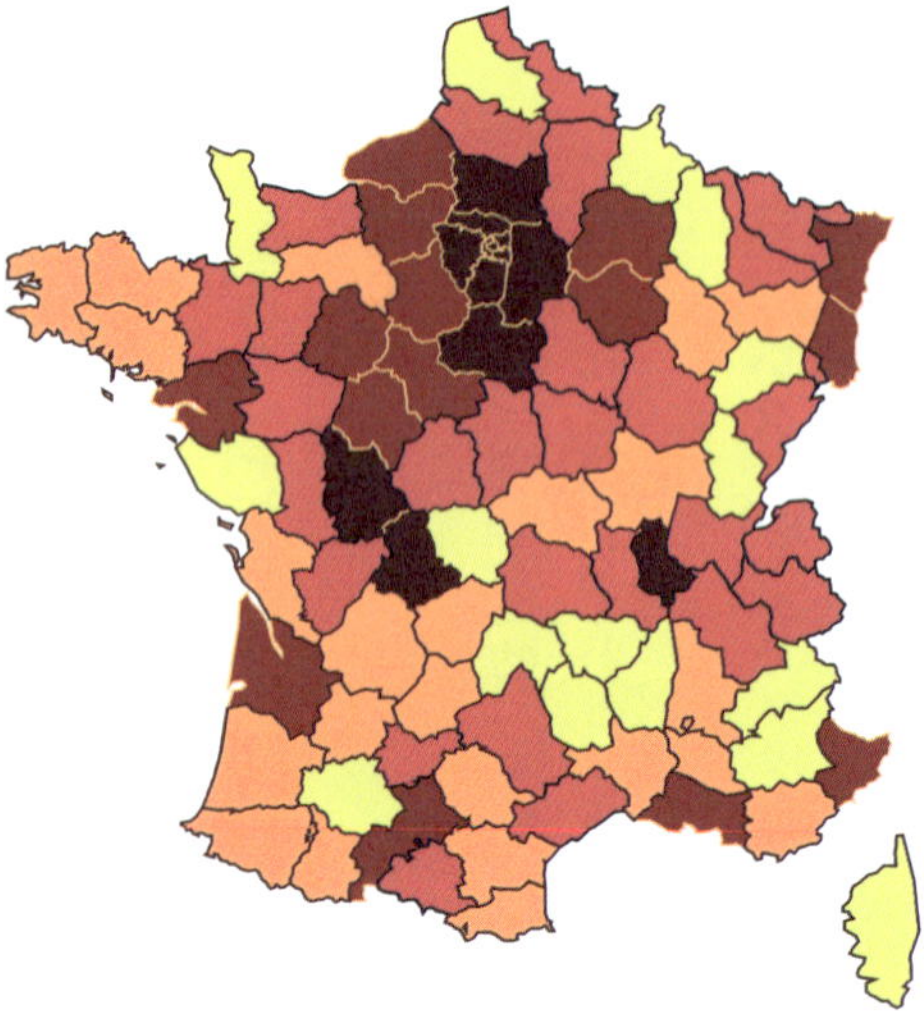

地図8－11a
2009年におけるサハラ以南出身の外国人
総人口中のパーセンテージ

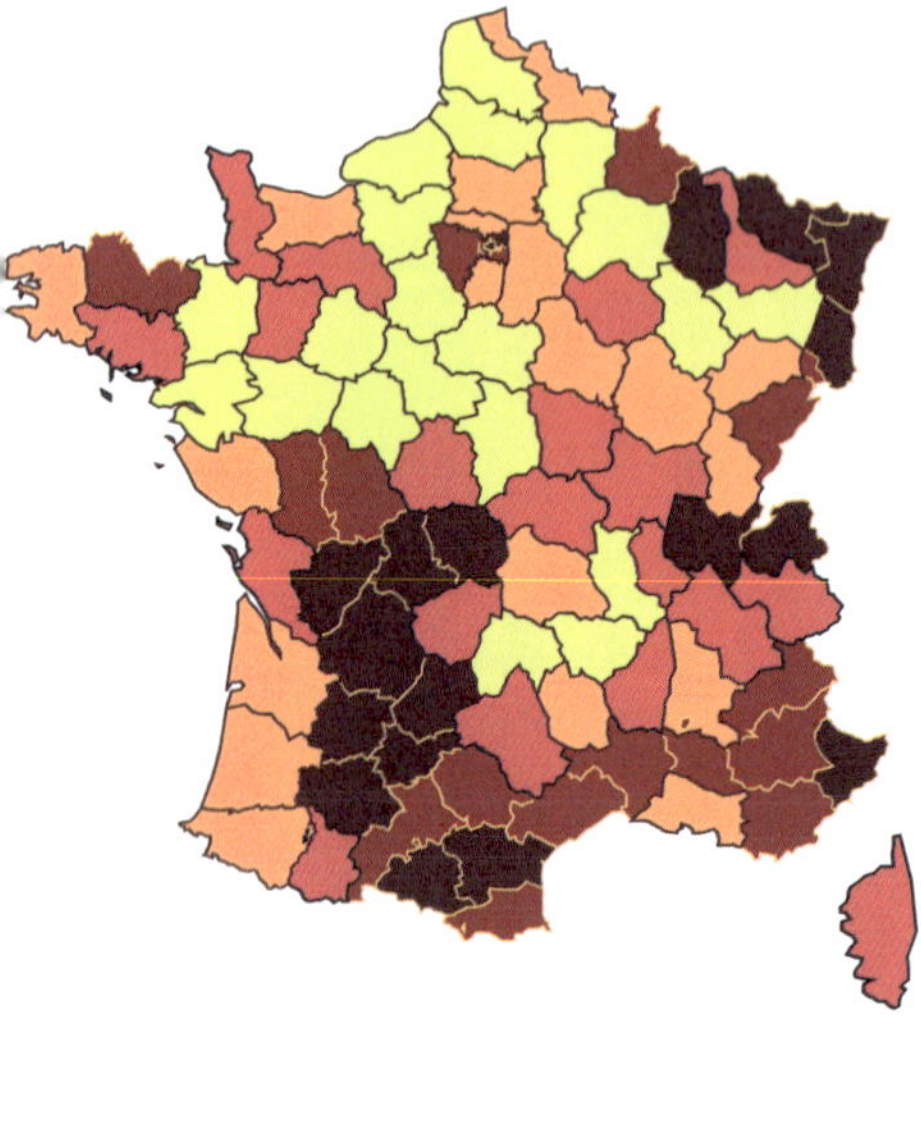

地図8－11b
2009年における非ラテン系ヨーロッパ人
スペイン人、ポルトガル人、イタリア人以外のEU出身外国人のパーセンテージ

外国人と帰化者　拡散の停止

栄光の三〇年間に移住して来た、アルジェリアやその他の国からの移民は、フランス国籍を取得したのちには、フランス国内にすでに長く居住するのであるから、家族名について観察されたモデルにしたがって、当初の居住の極に隣接した地域へ、次いでより遠隔の地域へと拡散を開始しても良さそうなものだった。しかし実際は違った。それは、「外国人」の数と「移民」の数を市町村レベルで比較すると、明らかになる。この「移民」というカテゴリーは、外国人とフランス国籍を取得した帰化者とを足し合わせたものである。もし拡散が起こったのであれば、外国人はその当初の定着地点、つまりパリ・リヨン・マルセイユを結ぶ線上の都市的諸県と北部とロレーヌの工業的諸県で、相対的により多数であったはずである。逆に移民は、これら最初の到来の極の外でより多数となったはずである。**地図8-12**は、現地レベルでの移民のうちの外国人の比率を示すものだが、これによると事態は逆である。外国人が移民のうちの重要な部分をなすのは、フランスの中西部と北西部、それに東部国境沿いである。

理由はいろいろある。ブルターニュとペリゴール地方にはイギリス人定年退職者が居住すると思われるし、フランシュ・コンテとアルザスには、スイス人やドイツ人の居住者がいると思われる。もう一度言っておくが、侵入者とは、考えられているような者ではないのだ。北アフリカからの移民で帰化した者がフランスの国土に拡散したのならば、移民流入の到着地帯——アルザスを除いて——の周

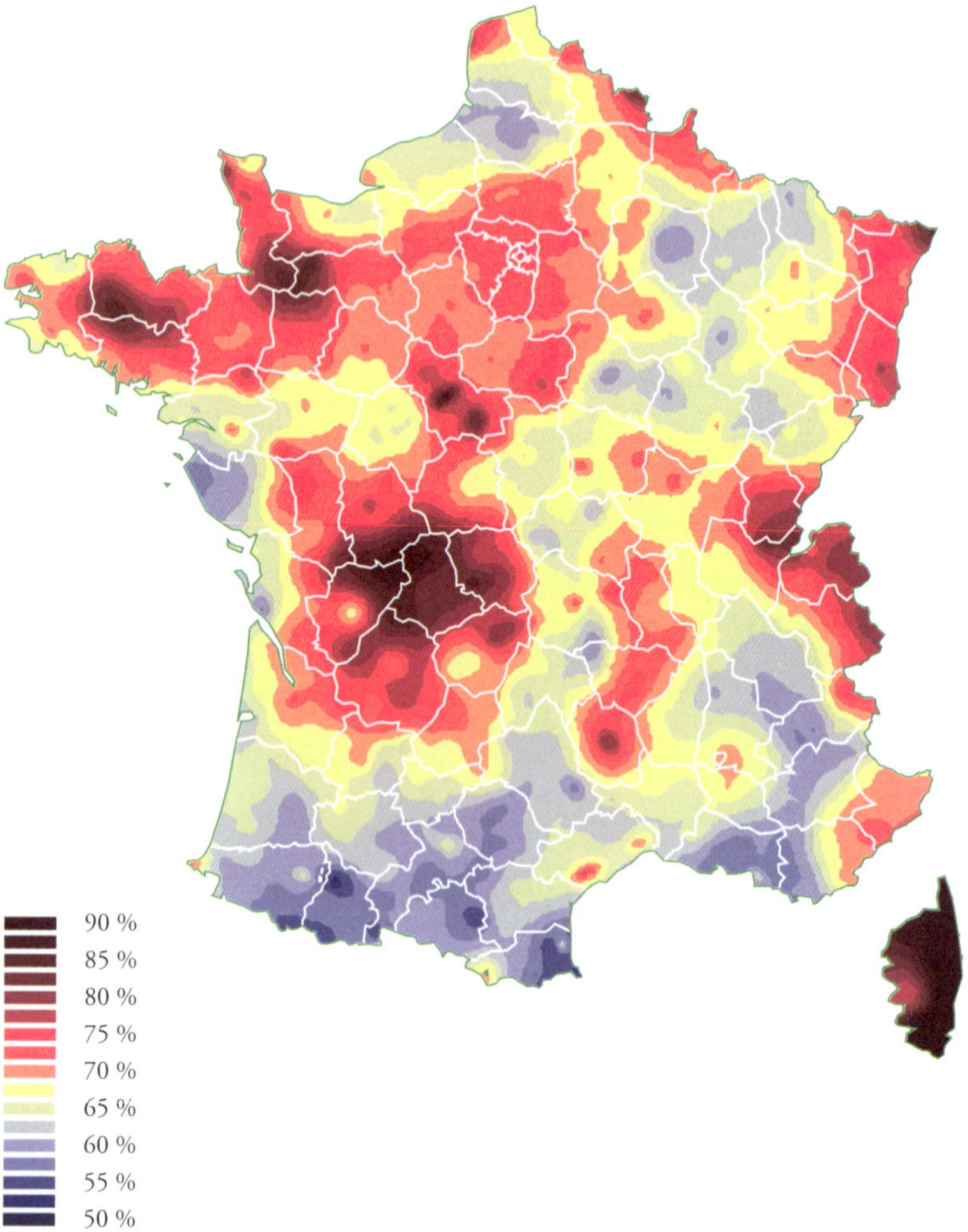

地図8-12　移民人口中の外国人のパーセンテージ
2008年の国勢調査

縁地域では、帰化者はもっと多数に上っただろうし、ということは、移民に対する外国人の比率はもっと低くなったはずである。

拡散の休止　混交婚による証明

移民のフランス社会への組み込みについて、二つの大規模なアンケート調査が、一七年の間隔を置いて、INED〔国立人口統計学研究所〕とINSEE〔国立統計経済研究所〕によって実施されたが、これを参照すれば、混交婚の分析によって、戦後フランスに到来した集団のフランス社会への参入には特殊なモデルが存在することを検証することができる。ここでもまた、アルジェリア人とその子どものケースを見ると、事態がよく把握できるようになる。第二世代の混交婚率は、急速に上昇したが、一九九二年から二〇〇八年までの間、ある程度の休止を見せた。地理的拡散の不在が、いまだ完了に達していない婚姻拡散に反映しているわけである。

ここに、ベアト・コレとエマニュエル・サンテリが発表した表を全文再録してみる。これによって、移民の子どもたちがどのように結婚しているか（もしくは内縁関係で暮らしているか）を、配偶者を国籍だけでなく出身によって区別しつつ、観察することが可能になる。[3] ところで、二〇〇八年において、アルジェリア移民の子孫たる男性の四六％と女性の四一％は「中心的フランス社会」の中で結婚している、つまり、両親がフランス人の子どもと結婚しているか、混交婚カップルの子どもか、彼らの出身とは無関係な出身の子どもと結婚しているが、それぞれ五四％と五九％の者は、その出身集団の中

表8　移民の外婚と内婚

配偶者	同じ地域からの移民（%）	同じ地域からの移民の子孫（%）	移民を先祖とせず（%）	その他（%）	外婚率（%）
移民（ないしその子孫）男性の出身地					
アルジェリア	**30**	**24**	**31**	**15**	**46**
モロッコ	33	25	34	9	43
チュニジア	29	8	34	29	63
サヘル*5	32	9	38	21	59
トルコ	62	18	11	9	20
南ヨーロッパ	7	13	59	22	81
ヴェトナム、ラオス、カンボジア	15	9	41	35	76
移民（ないしその子孫）女性の出身地					
アルジェリア	**34**	**25**	**25**	**16**	**41**
モロッコ	44	27	17	13	30
チュニジア	51	13	16	21	37
サヘル	57	6	12	26	38
トルコ	75	18	4	3	7
南ヨーロッパ	10	15	55	20	75
ヴェトナム、ラオス、カンボジア	9	23	41	32	73

その他：混交婚夫婦もしくは地理的に他の地域からの移民から生まれた子。
出典：Beate Collet et Emmanuelle Santelli, « Les couples mixtes franco-algériens en France ; d'une génération à l'autre », *Hommes et Migrations*, n°1295, janvier-février 2012, p. 62.

で結婚している。アルジェリアから到来した個人と暮らす（三〇％と三四％）か、同じ文化地域出身の親から生まれた者と暮らす（二四％と二五％）かしているのである。

これはコップが半分満たされていると見るか、半分空だと見るかという、典型的な状況に他ならない。これらの率を、南ヨーロッパ――イタリア、スペイン、ポルトガル――から来た移民の子どもの率と比較するなら、アルジェリア人の内婚率はいぜんとして高いと考えて差し支えない。ユダヤ人はフランス大革命によって一七九一年に解放されたが、混交婚を開始したのは、ようやく第一次世界大戦後になってからである。こうしたユダヤ人と比較するなら、アルジェリア人のフランス社会への吸収は、休止があったにしても、きわめて急速とみなすべきであろう。

この表には実に豊かなデータが含まれており、その中には、トルコ人集団の閉鎖性がより大きいこと、アジア人集団の開放がより急速なことなど、われわれが策定した戦後の動向の中心的モデルに対する逸脱も窺える。これらの差異は、ある種の移民文化が見せる抵抗や、ある種の集団に対するフランスの特殊的態度で、説明がつく。とはいえそれらの差異は、長期的には、標準モデルに対する一時的変動を意味するにすぎないだろう。ちなみに、サハラ以南からの移民は、標準モデルに合致しているようである。

さらに言うなら、ある種の軸への移民の集中傾向が執拗に存続するとしても、また混交婚の前進に休止が起こるとしても、近現代フランスの風俗慣習への移民の急速な適合を妨げることにはならない。それはまさに、一七九一年から一九一四年までの間にユダヤ人がたどった道であった。

都市の新たな役割

とはいえ移民流入の形は変遷を止めない。移民はますます、栄光の三〇年間のあの文盲の労働者とはあまり似ていない高学歴の個人からなるようになって行く。最も若い到来者は、大都市に定着する。**地図8-13**は、とくに明解である。これは移民の中での十五歳から二十四歳までの若者の比率を、市町村レベルで示したものである。すると大都市圏が浮かび上がってくる。多くの者が学生なのだから、それも当然なのだ。

しかしまた、フランスの北西部四分の一は私企業の活力の地帯であるから、経済的側面も大きいことが窺われる。雇用不足に直面して、移民の若者は取り敢えず身を寄せる場所のある都市に賭けるしかない。彼らの社会的・空間的組み込みは、――もちろんあらゆる差異を捨象しての話だが――中世以降のユダヤ人の組み込みを思わせないでもない。ユダヤ人は土地を所有し耕作することを禁じられていたため、都市に特化することとなった。この当初の不利は、伝統的農業社会の状況の下では、巨大なものとしてのしかかっていたが、歴史の次の局面が都市的局面となるに至って、同じように巨大な有利点へと転じたのである。このデータの中に未来の推移を見分けようとするなら、第二・第三世代の虐げられた「ブール」［マグレブ系二世］たちにも、あらゆる出身地から近年やって来た者にも、このような逆転の可能性があることを、想定せざるを得ない。

現在の統合のメカニズムは、停止したわけではないが、特殊である。外国人の吸収は、異なる文化

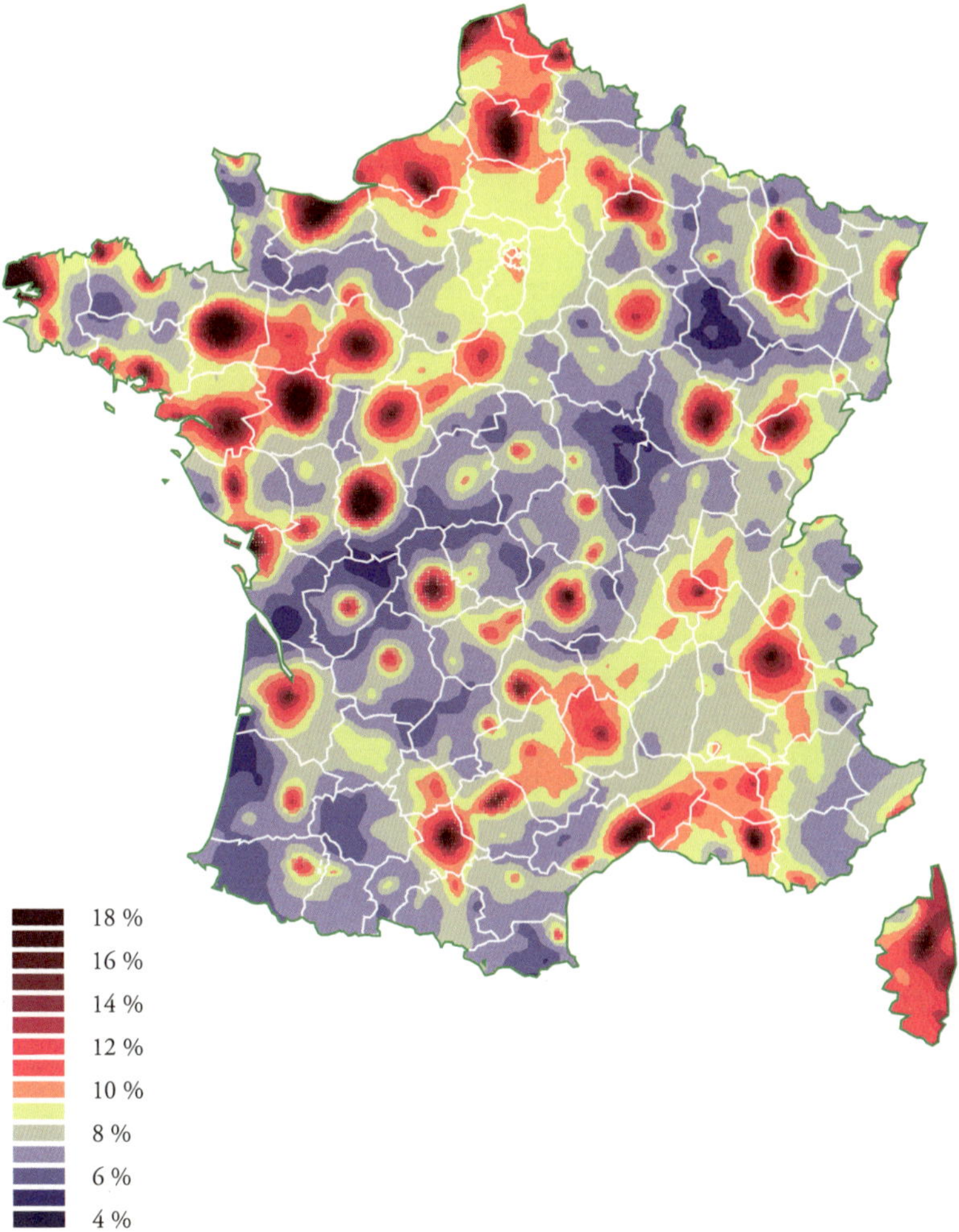

地図8-13　青少年外国人

外国人人口中の15歳から24歳の青少年のパーセンテージ（2008年の国勢調査）

を有する地域間の円滑な移行を担保していた近隣移住によってもたらされるものでは、もはやない。移民が大都市圏に、つまりはその教育上のポテンシャル、その富、その政治的決定への近接性によってフランスという空間を支配している場所に居住する結果として、起こることなのである。

要するに、今のところ拡散が休止しているとしても、新たな到来者たちは大きな教育上の資産——OECDの最新の統計によれば、フランス人の平均資産を上回る——を持っているだけに、やがて拡散の加速化が始まることは、大いに考えられる。移民と移民の子どもたちは、今日、フランスの都市郊外や都市中心部で、大きな不利を背負っている。しかしながら、移民の若者たちの空間内での位置取りは、彼ら自身とその子孫が、将来において、フランス文化の中心部にいることを保障しているのである。この将来は、それほど遠い先のことではなく、すでに現在のことだとさえ言える。ジャメル・デブーズ[*5]とオマール・スィ[*6]の成功は、彼らの才能の如何を超えて、社会学的意味を帯びているのである。

このところ、民衆階層の中ではなく、奇妙なことに、郊外の不安に本当に苦しんでいるわけではないインテリゲンチアのある種の部門に、新たなイスラム恐怖症が出現するなど、嫉妬が広がっているが、これの意識的ないし無意識的なメカニズムのいくつかは、移民の地理的・文化的中心性によって説明がつく。とはいえここにおいてわれわれは、政治的なものの境界に差し掛かった。われわれとしてはこれから、政治的なものもやはり、教育なり経済なりと同様に、場所の記憶と場所の論理を逃れることはできないことを、目にすることになろう。政治的なものの危機は、まさに現実のものであり、根が深く、全く現代的なものである。しかしその大筋は、伝統的な人類学的・宗教的空間の中に書き込まれるのである。

第9章

全員、右へ

容赦なく分断されたフランス――これが、二〇一二年の大統領選挙の第二回投票の結果を見てまず最初に感じることである。この結果は、**地図9－1**に示されている。オランドは、多くの地域で、とくに東部国境沿いで、有効投票の三分の一を集めていないが、南西部とブルターニュでは、時として三分の二以上を獲得している。実に対照的な結果であるが、しかしこの背後に隠された投票の意味とは、二世紀以上も続いた世俗主義的なフランスとカトリック教支持のフランスとの間の戦争の終結が調印された、ということなのである。左派の政権復帰は、逆説的なことには、フランスの政治システムの全般的右傾化の結果に他ならない。二〇一二年のフランソワ・オランドの選挙と一九八一年のフランソワ・ミッテランの選挙を系統的に比較してみると、不可避的にこのような結論に到達することになる。

一九八一年には、政治勢力の布置は、極左（主に共産党）、左派（社会党）、中道、右派の四つの色合いからなっていた。二〇一二年には、色合いは相変わらず四つであるが、それは左派、中道、右派、極右と名付けられる。有権者の総体は、色合い一つ分、移動した。極左はほとんど消え去り、極右が政治の舞台に長期的に腰を据えたのである。

右傾化現象は、フランス特有のものではない。先進国の大部分、とくにヨーロッパに観察される現象である。この右への移動の原因は、どこでも同じである。もちろん、ソ連の内爆と共産主義の信用失墜という政治的イデオロギー的現象があった。しかし、以下のような、各国の国内的な社会的原因の方が、長期的にはより強力である。すなわち、平均余命の延長のせいで絶えずその量が増大して行

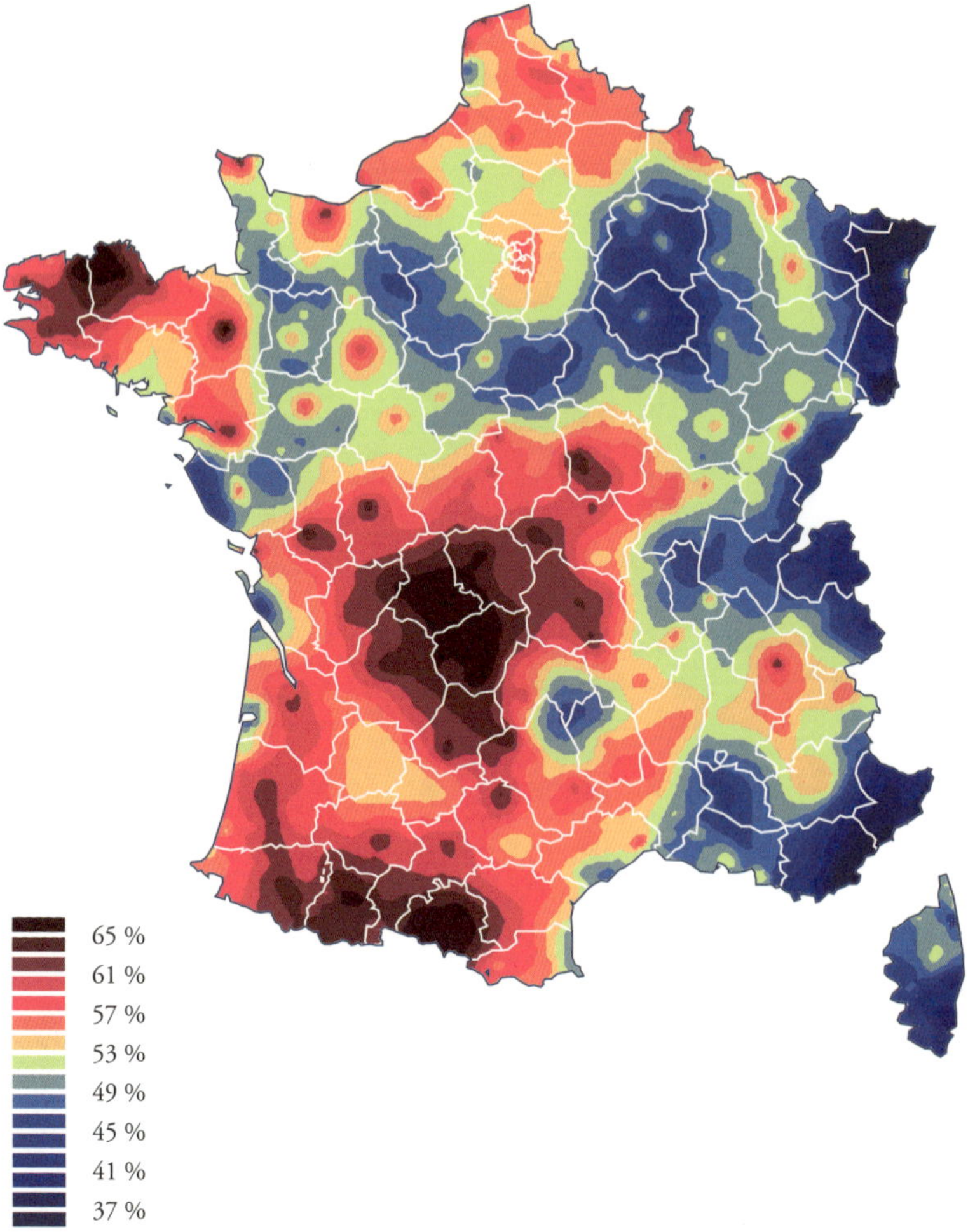

地図9－1　2012年の第二回投票でのオランド

2012年の大統領選挙第二回投票でオランドに投じられた票のパーセンテージ

く高齢者たちが富裕化すること、新たな教育絡みの階層化が、人々がとりわけ下の者に似ることを恐れるような社会を作り出したこと、個人主義的アトム化によって、集団的行動の土台が突き崩されたこと。以上三つのテーマは、フランスを扱う本書の中に反復して登場するが、先進国のそれぞれにおいても、取り上げられて然るべきものであろう。このように原因が普遍的であるのと対照的に、有権者総体の右傾化に適応するための政党の調整は、大幅に変動を見せる。イタリアでは、ジャンフランコ・フィニの極右は、シルヴィオ・ベルルスコーニの右派によって吸収・消化され、中道と左派は分裂したが、最後は接近した。イギリスでは、右派は急進化し、ブレア流の労働党主義は、保守主義のテーマへ向かう動きを正統なものとし、極右は相変わらず台頭するのに四苦八苦している。スペイン、ポルトガル、ギリシア、アイルランドでは、右派と左派は、力関係の均衡を維持しながら、平行して保守主義の方へと移行した。このため短い間隔で政権交替が頻繁に起こることとなった。

ではフランスではどうなのか。表面上、右傾化は、左派の大統領、左派が多数派の国民議会、左派が多数派を占める上院、二二の地域圏行政府のうち二〇を左派がとることによって、決着がつけられた。しかし掲げられる言葉や公約や政治姿勢を超えて、地図によって明らかにされる現実とは、各政党が己の右側に新たな支持層を探し求めかつ見出すという一種の追い抜きレースが始まった、ということに他ならない。この競争には、一時的に社会党が勝利した。しかしその原動力となったのは、右派であった。UMP［民衆運動連合］が極右へと逸脱したことによって、中央にスペースが生まれ、社会党が急速にそこに侵入したのである。社会党はすでに、衰退の一途をたどる共産主義と左翼主義の支持層を回収することで、勢力を強化していたのであったが。政治勢力布置の真ん中に社会党が闖入して来たことは、かつての政治的中道に混乱を巻き起こした。まずフランソワ・バイルー[*1]の躊躇、次いで彼のオランド支持を生み出し、同時に新中道派の存在感の全面的喪失を生み出し、その結果、新中道派はUMPに埋没してしまう。政治の立役者たちが世論の右傾化に直面してもたついているうちに、有権者は、昔の傾斜線にしたがって、己自身のテンポで変動したのである。ミッテランからオランドに至る左派の得票の変遷は、そのメカニズムを見事に具現している。

オランド、教会、国民戦線

一九八一年のミッテランの得票率は五一・七六％、二〇一二年のオランドの得票率は五一・六三％であった。この二つのスコアはほぼ同等であるが、その同等性の下には構造地質学的な規模の地殻変動が隠されている。ミッテランが一九八一年の、そしてオランドが二〇一二年の大統領選挙第二回投票において獲得した票のパーセンテージの差を、地図（9－2a）上に書き写してみると、二つの大きな変化が一目瞭然となる。右派カトリック教の消滅と極右の伸張である。ミッテランに対してオランドが長足の進歩を遂げている地帯（赤色）は、昔の宗教実践の牙城であった。すなわち、ブルターニュ、西部内陸部、バスク地方、中央山塊の南東側であり、足りないのは、アルザス、ロレーヌ、フランシュ・コンテ、ローヌ・アルプ地域圏の一部であるが、その理由は間もなく分かるはずである。左派をエリゼ宮［大統領府］に導いた最終的大躍進は、カトリック教地帯で実現したのである。

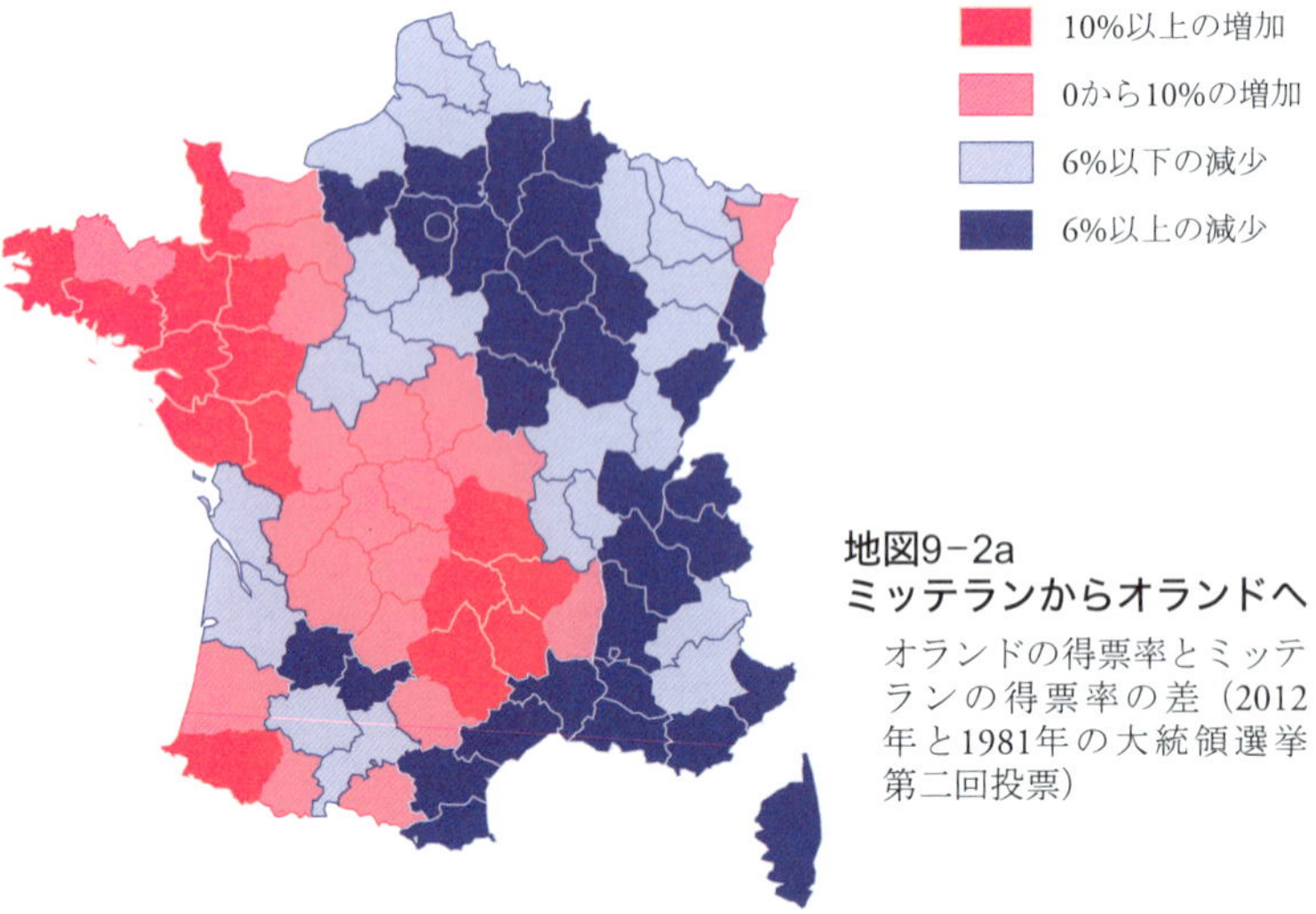

地図9－2a
ミッテランからオランドへ

オランドの得票率とミッテランの得票率の差（2012年と1981年の大統領選挙第二回投票）

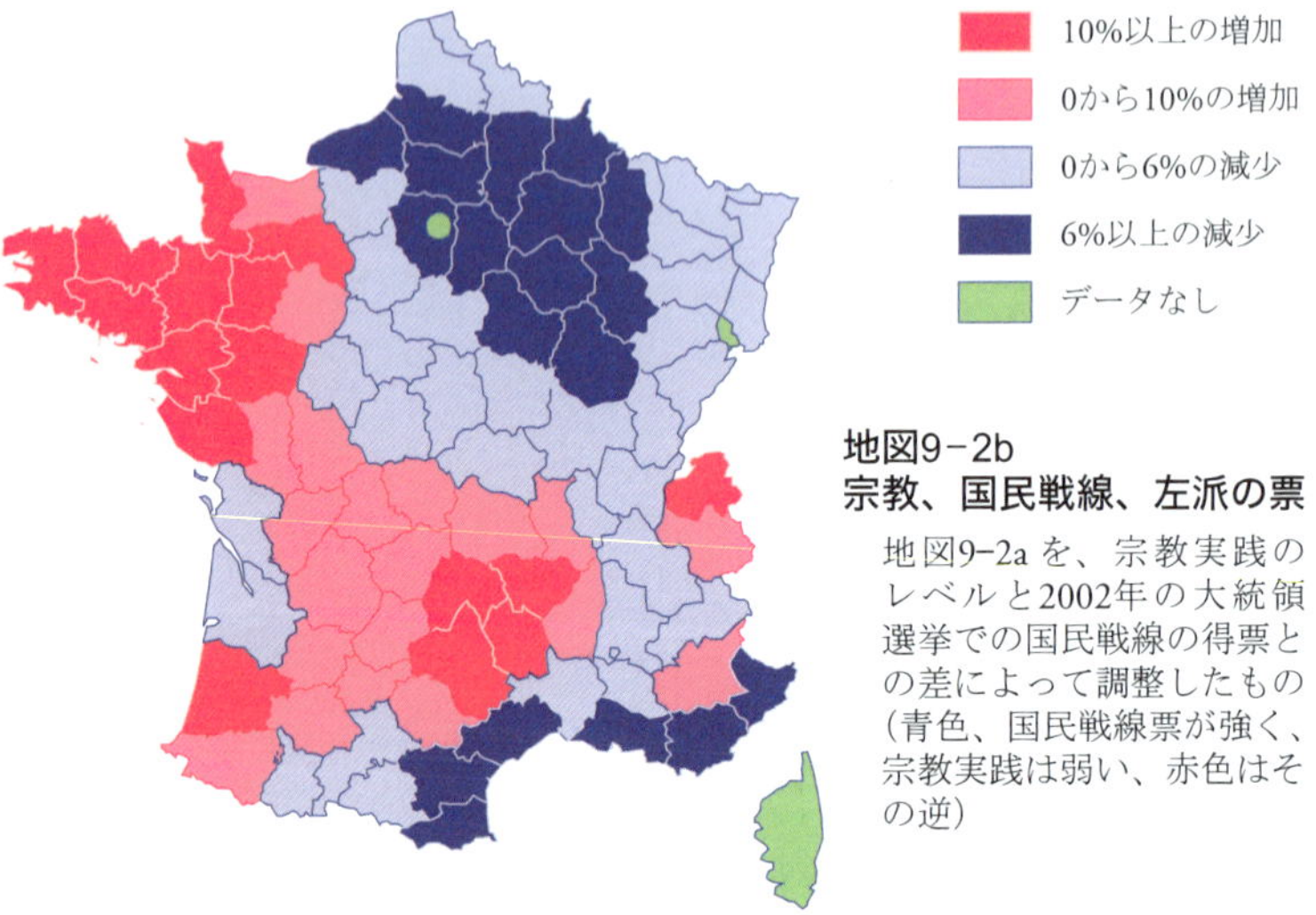

地図9－2b
宗教、国民戦線、左派の票

地図9–2aを、宗教実践のレベルと2002年の大統領選挙での国民戦線の得票との差によって調整したもの（青色、国民戦線票が強く、宗教実践は弱い、赤色はその逆）

地図9－3は、二〇〇二年の第一回投票の左派の得票を累積したもの――第二回投票にジョスパンが進出できなかったので、このような近似値で間に合わせざるを得ない――に対する、二〇一二年のオランドの前進の度合を測定するものだが、この地図もそのことを証明する。

ではここで、一九八一年から二〇一二年までの全期間に立ち戻り、左派が獲得したものよりも失ったものについて、検討してみよう。オランドの得票率がミッテランのそれより明確に劣る地域は、地中海沿岸周辺、ローヌ川流域、パリ盆地北東部、ガロンヌ川中流域であるが、これはいずれも国民戦線の牙城なのである。

教会と国民戦線という二つの説明の鍵は、他のあらゆる説明要素を凌駕するということは、容易に検証することができる。戦後の宗教実践の標準的水準――オランドに有利な要因――と二〇一二年におけるマリーヌ・ル・ペン［国民戦線］の得票率――不利な要因――を組み合わせた地図を描いてみるだけで良い[1]。適合した統計方法によって、県ごとに宗教実践の水準の効果からマリーヌ・ル・ペンの得票の結果を差し引くのである[2]。**地図9－2b**は、以上の操作の結果を示すものだが、それは、オランドの得票とミッテランの得票の差を示す**地図9－2a**とほとんど同一である。したがって、**地図9－2b**は**地図9－2a**をほぼ完璧に説明しているということになる[3]。

教会と国民戦線という二つの原因だけで、すべてが説明できるわけではない。それほど抗いがたい決定作用がここに機能しているというのは、素晴らしいと言えば素晴らしいが、不気味だということになってしまうだろう。しかしながら、二つの地図の間の差異にも、それなりの社会学的意味がある

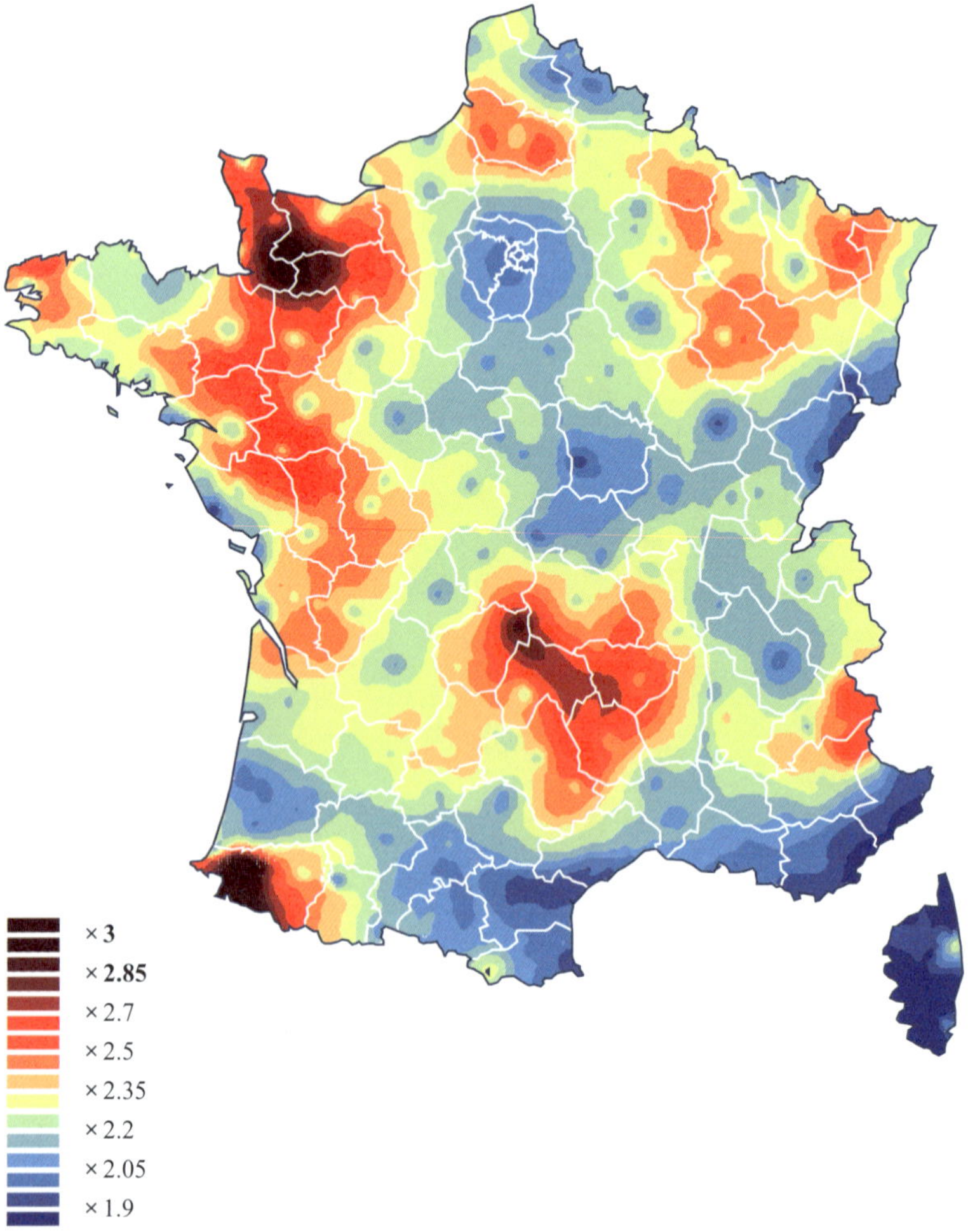

地図9-3　ジョスパンからオランドへ

オランド支持の票（2012年の大統領選挙第二回投票）と2002年の大統領選挙第一回投票での左派（ジョスパン＋ユー＋シュヴェンヌマン）の票の比

のである。メッスからニースに至る東部国境沿いの一帯では、ミッテランに対するオランドの減少は、カトリック教と国民戦線の得票との組み合せによって予想された減少より大きい。それは**地図7－1**が突き止めている、金持ちの中の金持ちのフランスに他ならない。

またパリ盆地の北東部、人口密度の少ない広大な一帯では、オランドの減少は予想より大きい。この地域は、第1章で見たように、平等主義的核家族と集村という人類学的特徴と、「下の者」に似ることへの恐れを促進する、教育絡みの困難の率が高いという文化的特徴を有する。

最後に、パリとその第一環状都市圏では、左派の得票の前進がとくに顕著であった。この二つの地図の尺度は、県となっているので、より精緻な分析が明らかにしていることを目にすることができない。実はパリとほとんどすべての大都市圏で、都心部は左派に移行しているのである。ここにおいては、貧困化の一途をたどる高学歴の若者の役割が重要である。

極左の消滅

一九八一年から二〇一二年までの間、宗教実践の退潮と極右の台頭という、左派の得票の構造的変遷の二つの主要な原因は、時の経過の中でどのように絡み合ったのであろうか。国民戦線が出現したのは、一九八四年のヨーロッパ議会選挙の際である。この選挙は直ちに、同党の安定的だが地域的ばらつきのある地理的定着のありようを確定したように見えた。見た目では、それと同時に共産党が崩壊した。しかし選挙分析的には、この二つの現象の間につながりはない。一九八四年の国民戦線の得票と、フランス共産党が得票率一八％を上回った最後の年である一九七八年における共産党の得票の間の相関関数は、ゼロだからである。共産党の内爆によって解放された票は、あらゆる政治勢力分布図の中に振り分けられるが、大抵の場合、棄権の中に姿を消して行く。その時以来、第二回投票で、世俗主義地域からの票は社会党に行かなくなる。共産党の得票は、地理的かつ形而上学的に、フランスの中で最もカトリック教の弱い圏域からもたらされていたのだからである。

トロツキストは、一時、昔からの政敵たるスターリニストが打倒されたのだから、今や己の天下だと考えたかも知れない。実際、彼らの得票は上昇し、最終的には二〇〇二年の大統領選挙の第一回投票で一〇％を超えるところまで行った。しかしふくらんだ餅がへこむのに大した時間はかからなかった。二〇一二年に、フィリップ・プートゥーとナタリー・アルトーは、二人併せてわずか二％の得票に達したにすぎない。大きな減少が記録されたのは、どこか。**地図9－4**を見ると、とりわけ北部と中部という、共産党が最大の得票を収めていた二つの地域がそれであることが分かる。かつてフランス社会党の牙城であった、キリスト教の強い西部もまた、晩期左翼主義の退行地帯なのである。

トロツキスト票はどこへ行ったのか。共産党の場合と同様、それを突き止めることは不可能である。しかし、共産党の場合と同様、この票も選挙の第二回投票で左派が獲得することはもはやない。左派の得票の中に占める世俗主義成分の新たな弱体化は、ここからもたらされる。共産主義とトロツキズムの蒸発してしまった今となっては、ジャン＝リュック・メランション[*2]の得票の地理的分布（**地図9－5a**）は、もはや極左のそれと一致することはない。それは第一回投票におけるオランドのそれ（**地**

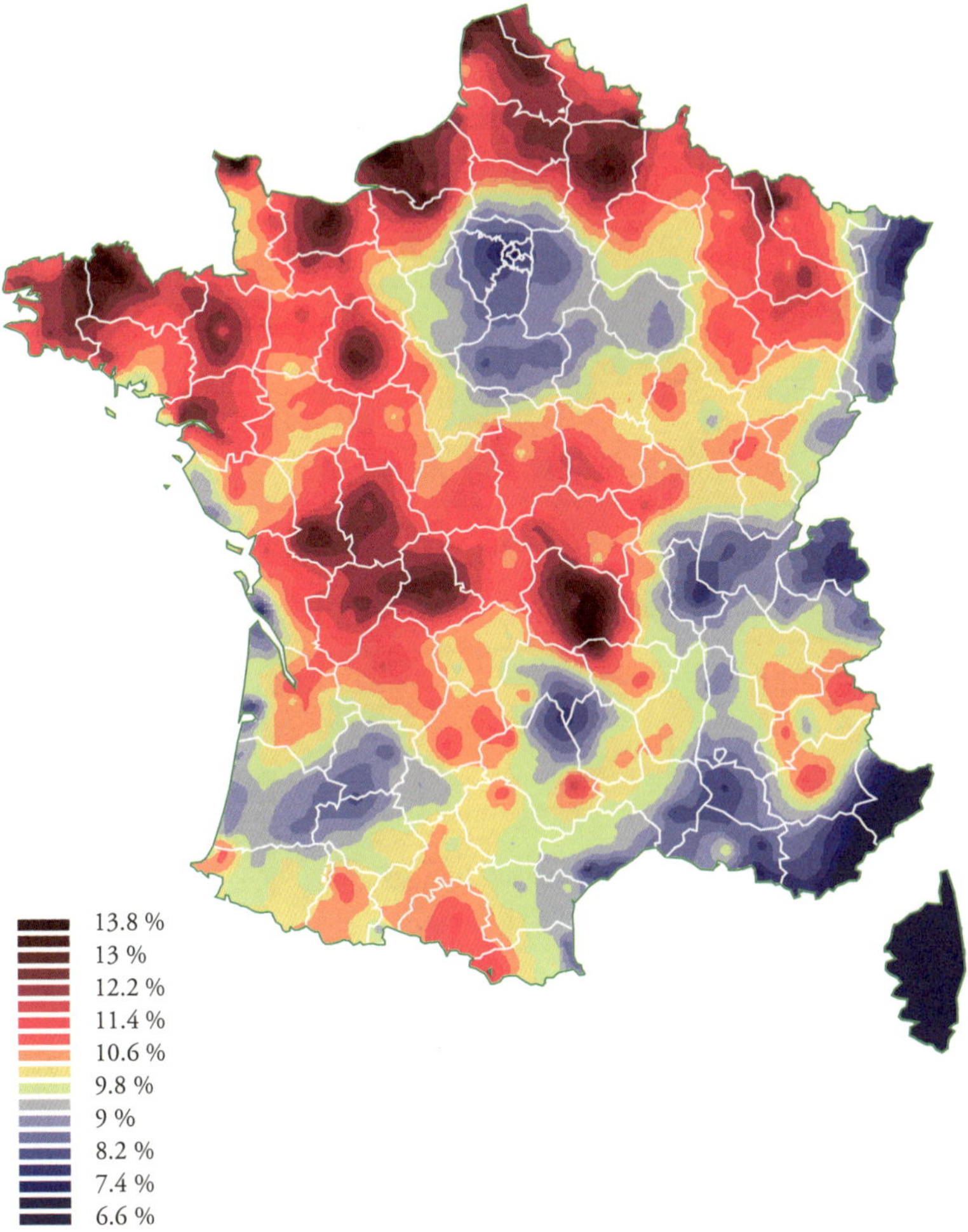

地図9-4　トロツキストの転落

2002年の大統領選挙第一回投票に対する、2012年の大統領選挙第一回投票のトロツキスト候補の減少（2002年と2012年の得票率の差）

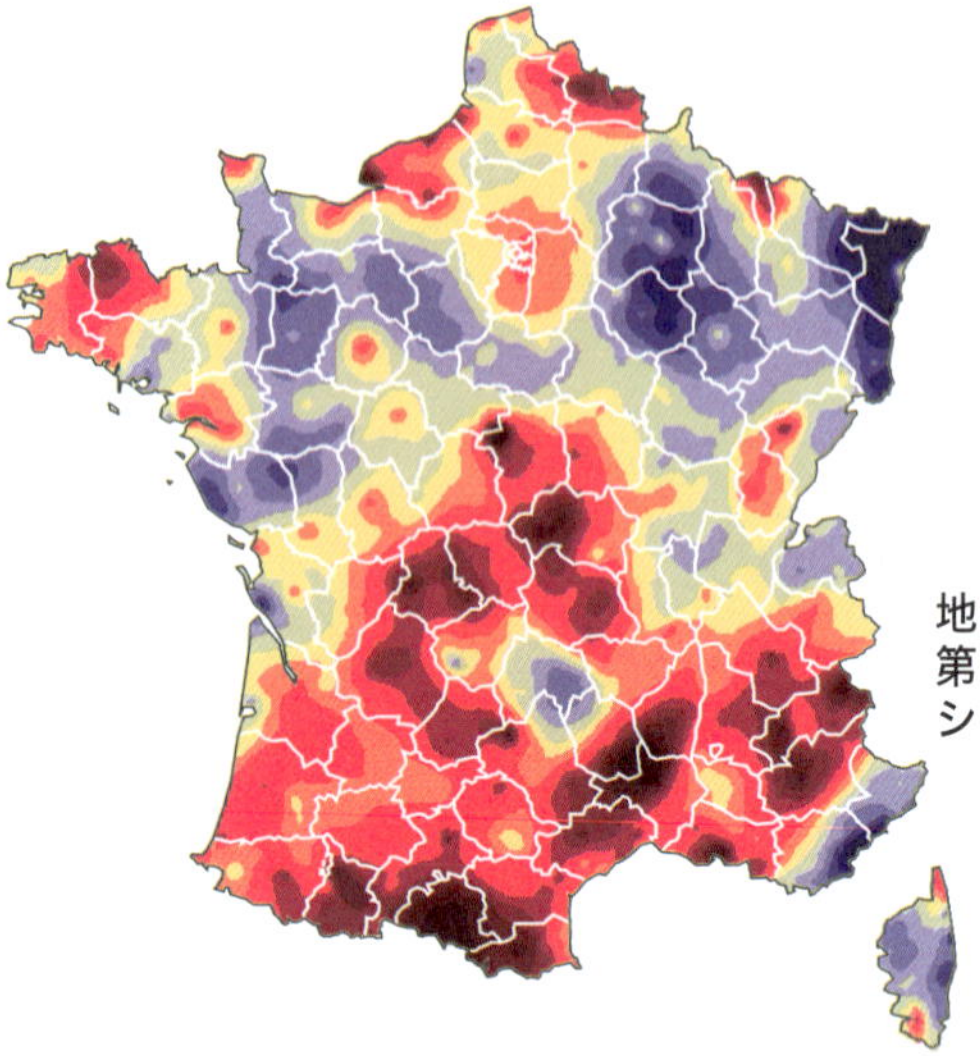

地図9-5a
第一回投票におけるメランション

2012年の大統領選挙第一回投票おける得票率

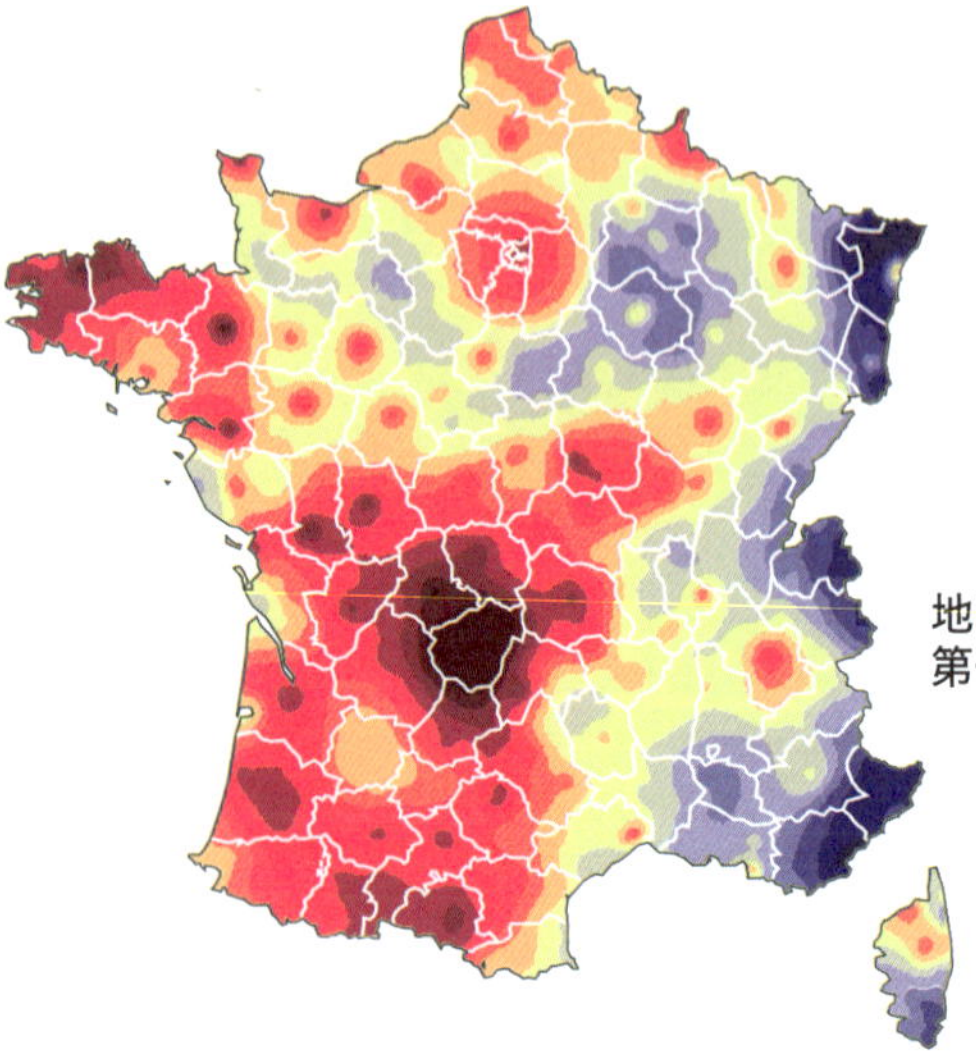

地図9-5b
第一回投票におけるオランド

2012年の大統領選挙第一回投票おける得票率

図9－5b）と似ている。この二人の社会主義者は、フランスを分割しているわけではなく、同じ領地で狩りをしているのである。二人が、ハードな極左とソフトな社会主義的左派の対立ではなく、社会主義的左派の二つの解釈を代表している証拠に他ならない。

サルコジとバイルー　コンプレックスをかなぐり捨てた右派と心ならずも右派

極左の右の方への移動は、もしその支持票がすべて己の支持対象に忠実であったとしたら、左派を安定化させ、その勢力の現状を維持する以上のことはなしえなかっただろう。ところが社会党の勝利を可能にすることになるのは、中道への社会党の目覚ましい移行なのである。社会党は、カトリック教の伝統に棹さす有権者集団のその懐において多数派となるのである。これは一九六〇年代半ばに始まった動きの最終段階に他ならない。

究極的な喜劇の第一幕は、二〇〇七年に上演された。ニコラ・サルコジが、その選挙運動に際して、政治マニフェストと発言を右傾化させることを決意したのが、それである。彼は当選した。UMPは、二〇一二年に、その急進化の代価を、しかも利子を付けて支払うことになる。すなわち、単なる大統領選挙での敗北だけでなく、その支持層と組織構造の解体という代価を。地図9－6aは、二〇〇二年の右派の得票に対する二〇〇七年の第一回投票におけるサルコジの得票の増加の様子を示すものである。この前者は、いずれもRPR［共和国連合］のメンバーである候補者、ジャック・シラク、クリスチーヌ・ブータン、アラン・マドランの得票の総計によって得られたものである。サルコジ票の増加

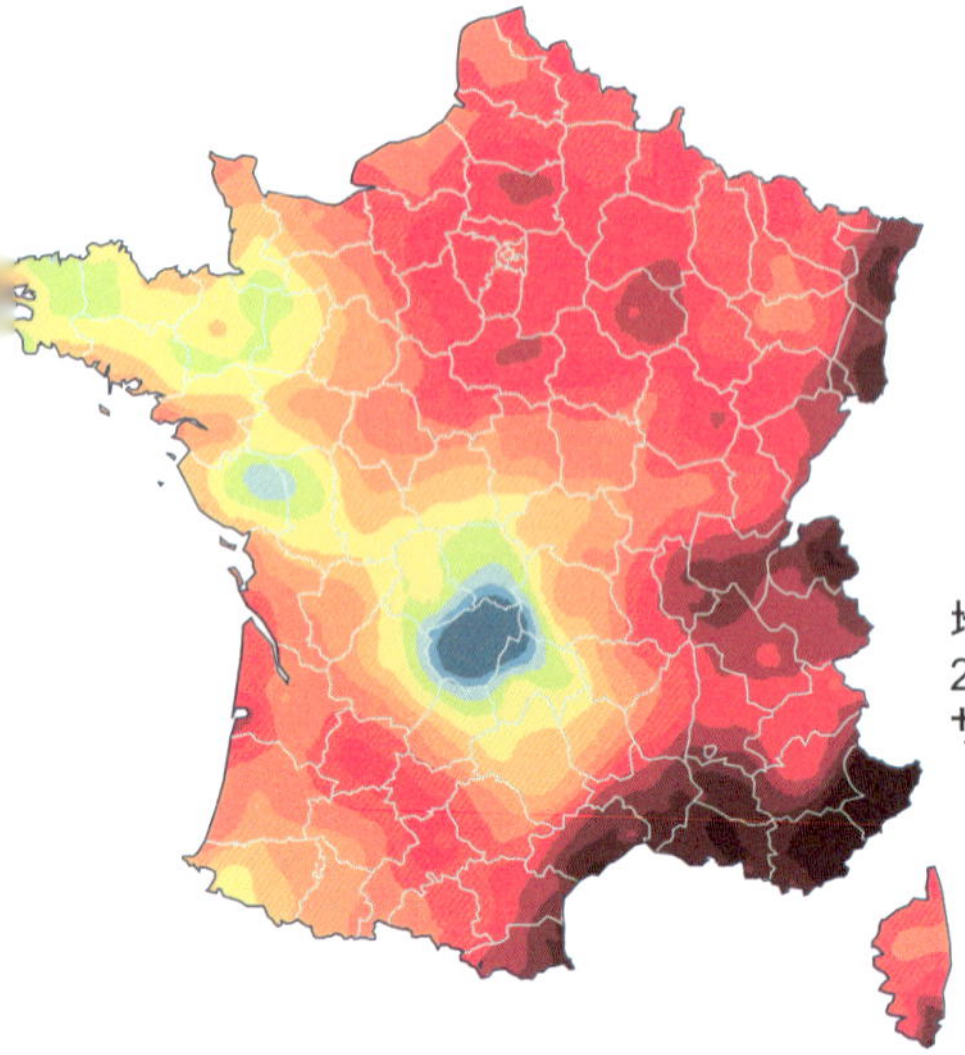

地図9－6a
2002年の右派に対する2007年のサルコジの増加
（大統領選挙第一回投票）

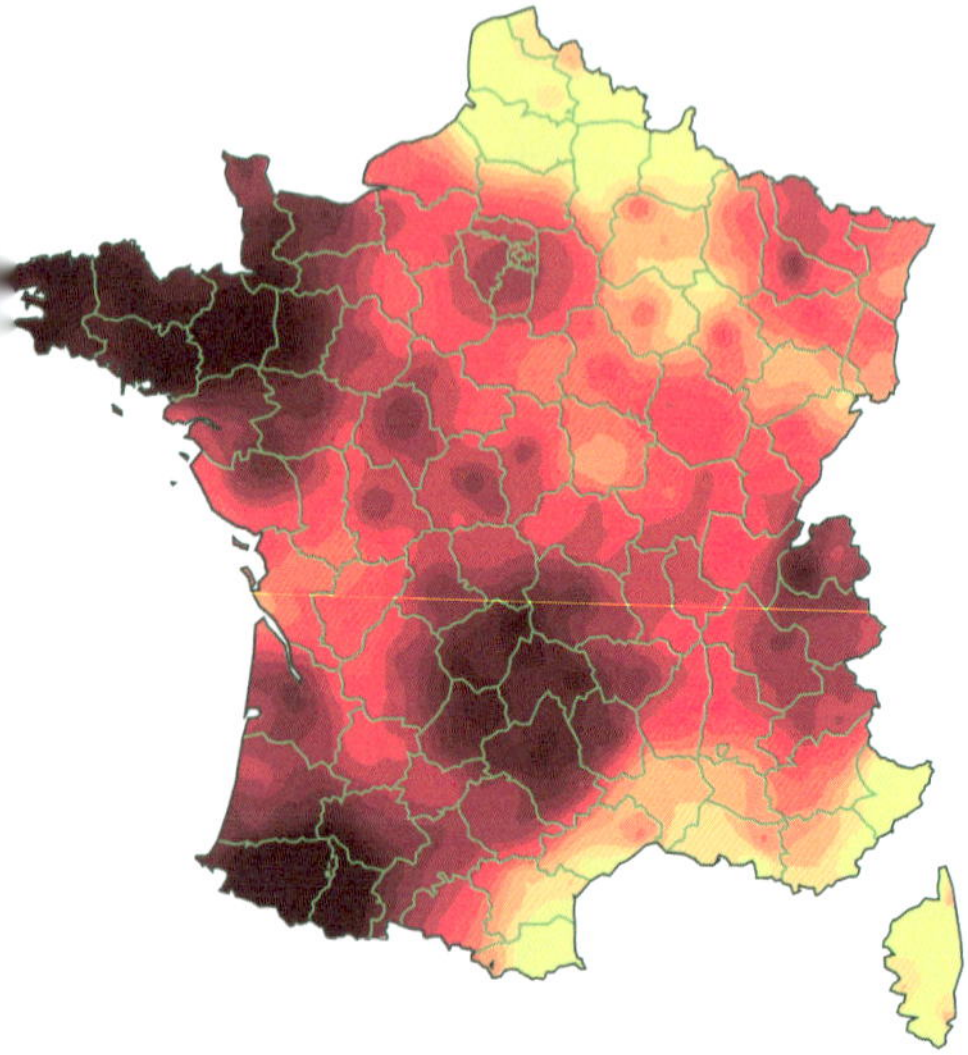

地図9－6b
2002年に対する2007年のバイルーの増加
（大統領選挙第一回投票）

は、正確に国民戦線の得票の地理的分布と同じ模様を描き出す。したがって、強力な右派、もしくはコンプレックスをかなぐり捨てた右派となろうとする賭は、成功したのであり、国民戦線から来た七％近くの票を回収することになった。しかしそれは、犠牲の多すぎた勝利であった。カトリック地域でのサルコジ票の減少は、甚大だったからである。強行軍で右傾化したために、サルコジは、右派の中のキリスト教民主主義成分の顰蹙を買ってしまった。この成分は、彼の台頭以前に、新ド・ゴール主義政党の支持層の中に依然として強固なプレゼンスを有していたのであったが。カトリック教の伝統に根ざす有権者は、右側でのコンプレックスの不在は悪しき教育の結果であると考えた。そこで彼らはバイルーに投票したのである。バイルーの得票率は、二〇〇二年の七・五％から二〇〇七年には一八％に跳ね上がった。上昇の主たる部分は、穏健右派がもたらしたものである。そのことは、彼の票の増加ぶりを示す第二の地図（9-6b）に見る通りである。

右傾化の逆説的な様相は、ここに全面的な規模で現れている。サルコジは、己の政綱を右傾化させたがゆえに、極右の方に場所を移した。穏健右派の方は、バイルーのいる中道の方へと向かったために、こう言ってよければ、左傾化したわけである。ところがバイルーの方は右傾化した。このように右側から支持がもたらされたという事実によって、彼の支持層の重心が右の方に移ったからである。この配置転換の大騒動は、右派と左派の境界を変更することはなかったが、それを相互浸透が可能なものにした。極左という厄介なお荷物からほとんど解放された左派と、右派のうち、極右との和解を受入れない部分との間の支持者たちの移動は、間違いなく容易になったのである。

喜劇の第二幕は、二〇一二年の大統領選挙で演じられる。サルコジは、経済の破綻の状況の中で特段のアイデアもなかったため、二〇〇七年と同じ勝負に打って出ようとするが、賭金を競り上げる。しかし今度は、国民戦線の支持層は、「スピン・ドクター」〔PR担当参謀〕ことモーラス主義者のパトリック・ビュイッソン[*3]が繰り広げた外国人嫌いの慎みのない開陳に追随しなかった。マリーヌ・ル・ペンは、二〇〇二年の大統領選挙第一回投票での父親とブルーノ・メグレ[*4]を併せた得票を、二ポイント足りないだけで、ほぼ回復した。二〇〇七年と二〇一二年のそれぞれ第一回投票の間のサルコジ票の減少の地図（地図9－7a）は、二〇〇二年と二〇〇七年の間の彼の票の増加の地図と、それほど異ならない。しかしきわめて重要な違いがある。歴史の復讐である。サルコジは、二〇〇七年に得た国民戦線票を失っただけでなく、バイルーの許に移ったキリスト教民主主義票を回収しなかったのである。カトリック教地域で彼の票が明らかに増えたのは、唯一ヴァンデ県で記録された例に留まる。そこでは、二〇〇七年に立候補したフィリップ・ド・ヴィリエ[*5]が二〇一二年には立候補しなかった。

UMP支持層の穏健派の票は、二〇〇七年にはサルコジに投じられず、二〇一二年にも本来の場所に戻って来ることがなかったわけだが、ではそれはバイルー陣営にきっちり腰を据えたのであろうか。どうもそうらしい。しかしその結果、MoDem〔民主主義運動〕は右の方へずれることになり、ちょうど二〇〇七年にサルコジがUMPにもたらしたのと同じ効果を引き起こすことになった。すなわち、中道主義の中の最も左のグループは、その反動でオランドに投票したのである。要するにバイルーは、右側で票を獲得しながら、左側で失い、結局二〇一二年には、二〇〇二年の得票率に立ち戻ったにす

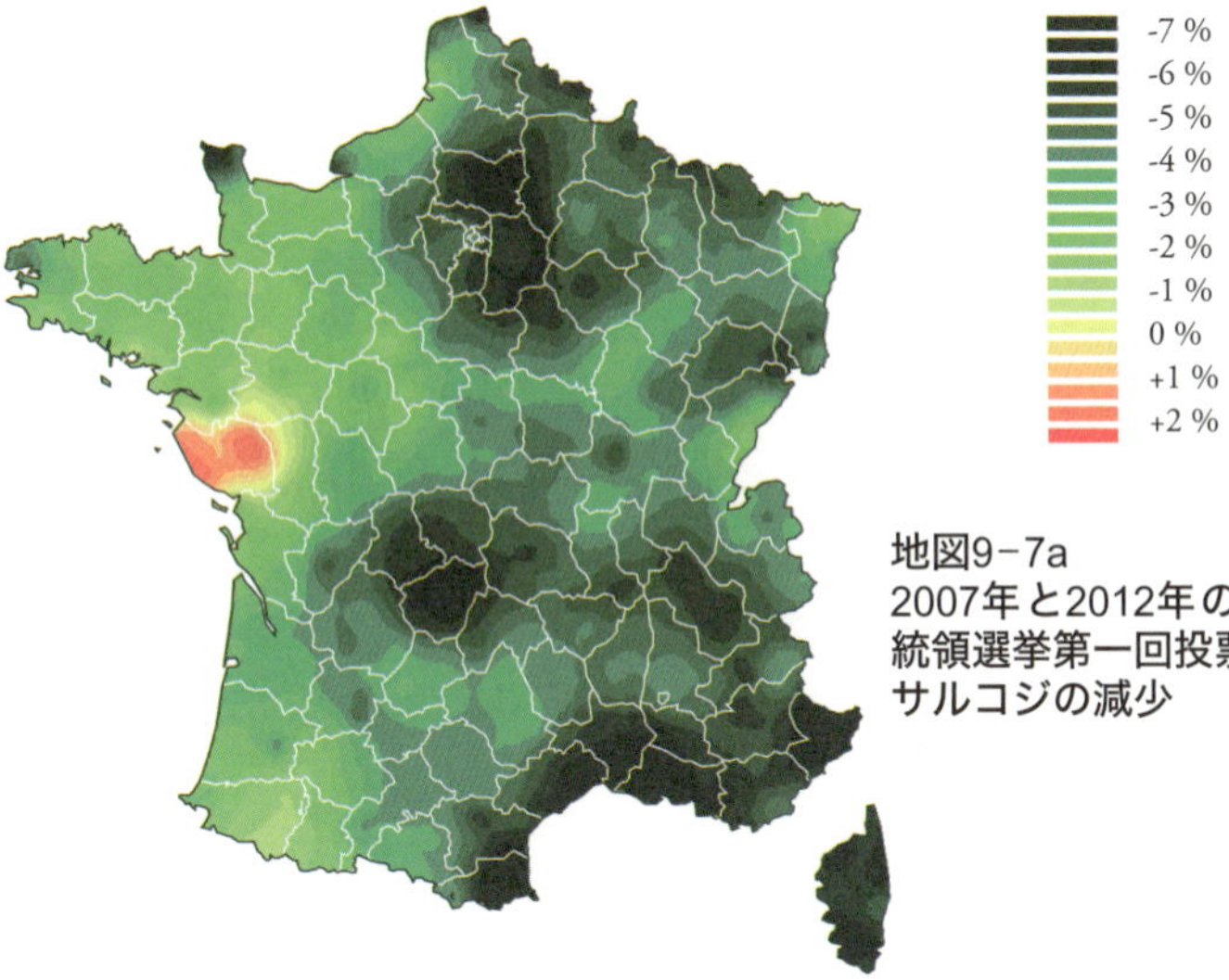

地図9−7a
2007年と2012年の二つの大統領選挙第一回投票の間でのサルコジの減少

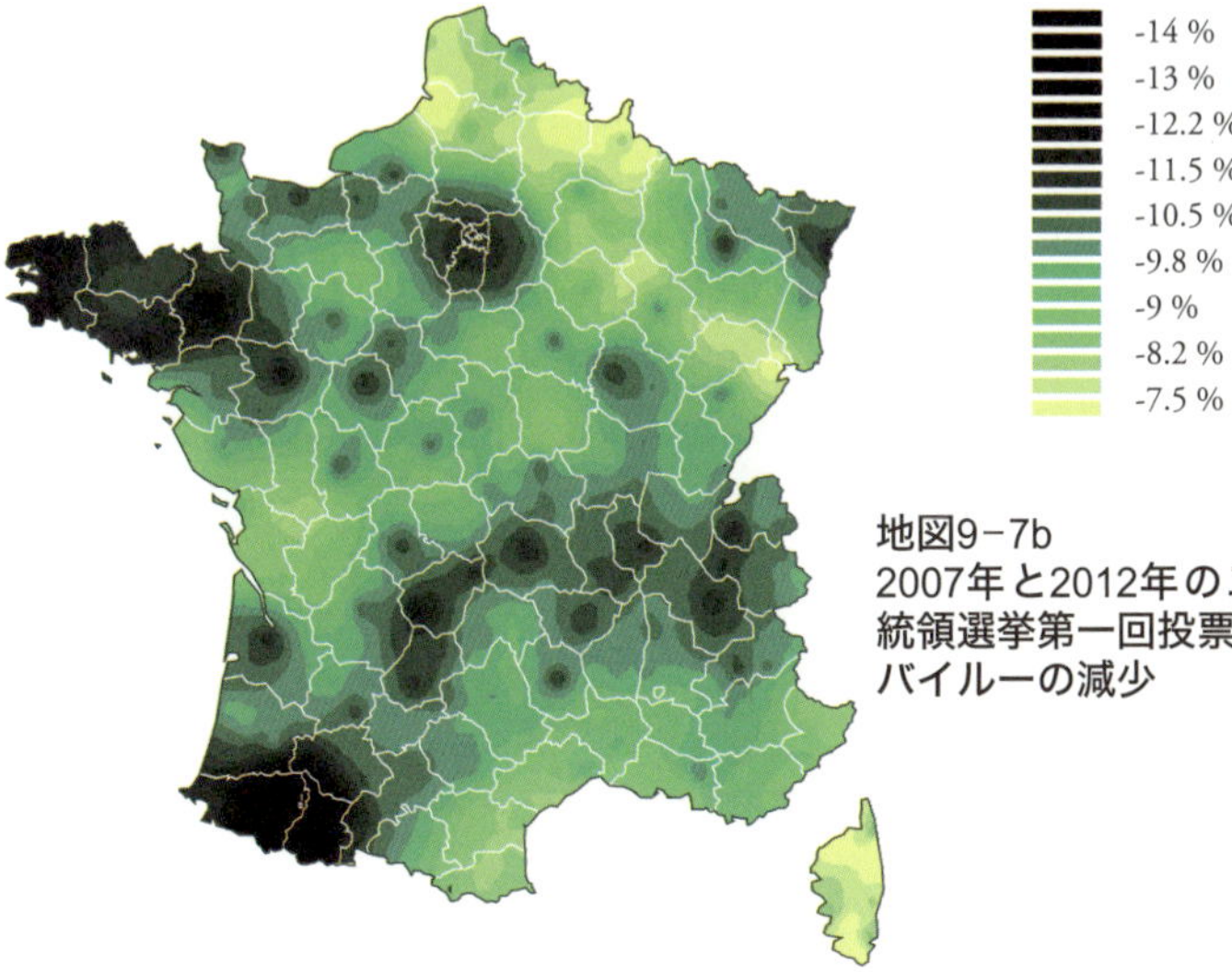

地図9−7b
2007年と2012年の二つの大統領選挙第一回投票の間でのバイルーの減少

ぎない。二〇〇七年から二〇一二年のバイルーの減少の地図（地図9-7b）は、二〇〇二年から二〇〇七年までの増加の地図（9-6b）に非常に似ている。とはいえそれに加えて大中の都市におけるより大きな減少があり、それは二〇一二年の大統領選挙第一回投票での左派の増加と合致している。

長期的に見た右派とカトリック教の動向

このような変遷は、自分の支持層の中身を的確に理解していない政治家たちの成算のない賭の結果なのだろうか。実際は、議員や大臣や大統領は、カトリック地域の長期的な変遷にどうにかこうにかついて行くということしかして来なかったのである。一九六五年の第一回大統領選挙の際[*6]、またさらに輪をかけて、一九七四年のヴァレリィ・ジスカール・デスタンが当選した大統領選挙の際には、右派の地域と左派の地域の区別は、晩期カトリック教と脱キリスト教化の対立をほとんど完璧になぞっていた。この二つの要素の関係は、徐々に緩んで行き、最終的には消え去ってしまう。宗教実践と大統領選挙第二回投票における左派の候補の得票との間の強度なマイナスの相関性は、一九七四年以来一貫して減少し、二〇〇七年には、次頁の表［表9］に見る通り、ゼロに達する。

ほとんど二十世紀の全期間にわたってフランスの政治の構造をなして来た対立は、要するに存在することを止めたのである。この対立の重要性は、第三共和制の下で普通選挙が成立するとともに出現した。相関性は、一八九〇年から一九〇六年までの間、増大の一途をたどり、早くも一九〇五年には、教会と国家の分離に至る。一九三〇年代からは、安定した高水準に達するのである。

表9　大統領選挙第二回投票での左派の得票と宗教実践の間の相関性

年	相関係数
1965	-0.603
1974	-0.680
1981	-0.570
1988	-0.370
1995	-0.275
2007	-0.004
2012	+0.069

出典：内務省、『ル・モンド』紙の選挙ノート、ならびに François-André Isambert et Jean-Paul Terrenoire, *Atlas de la pratique religieuse des catholiques en France*, 前掲書。

表10　宗教実践(日曜礼拝の参列者)と国会選挙での右派の得票との相関性

年	相関係数
1893	+0.366
1898	+0.529
1902	+0.508
1906	+0.564
1910	+0.364
1924	+0.484
1928	+0.474
1932	+0.556
1936	+0.610

出典：François Goguel, *Géographie des élections françaises de 1870 à 1951*, Paris, Presses de Sciences Po, 1951.

第四共和制の下で、教会と左派の対立は、共産党支持票の比重が増したために、急進化した。教会と革命の間の昔からの対決が再び活性化されたのである。一九四六年と一九五六年の国会議員選挙では、共産党の得票と宗教実践の間の相関性は、マイナス〇・六三という最も高いマイナスの数値に達するが、その後、共産党票の低下とともに、相関性も下がって行く。それは教会と左派の衝突の終わりであった。この衝突は、まさにイタリアにおいて、しょっちゅう喧嘩ばかりしている司祭ドン・カミロと共産党町長ペッポーネのコンビ[*7]が具体例を提供していたものに他ならない。より意識的な、しかし何とも気楽な具体例ではあったが。

ソ連と東ヨーロッパの国家共産主義の終焉は、何らかの役割を果たした。しかしこの変遷の原因は、早くも一九八一年から相関性が低下することが示しているように、それより以前にあるのである。ミッテランが一九八一年の選挙運動ポスターに、小さな教会の写真を載せたのは、左派と教会を和解させようとしているように見えて、さんざん叩かれたものである。実のところは、未来の大統領は脱宗教化の動きに遅れぬようにしていただけで、その動きを促進したわけではない、ということにすぎない。

「ゾンビ・カトリック教」と二〇〇五年の国民投票

それではフランスは、世俗性の中で再び統一された国となったのであろうか。宗教実践についてのアンケート調査によると、規則的にミサに出席する者は今や五％以下であるという事実は、それを暗示しているようでもある。しかしそう信ずることは、宗教の力というものを典礼のみに還元してしまうことになるだろう。「ゾンビ・カトリック教」は、なるほど信仰としては死んでしまったが、社会的な力としては生きており、それが一九八五年から一九九五年までの間、かつてカトリックの宗教実践が盛んに行なわれていた地域で、どれほど教育に活力を吹き込んだか、そしてまた住民の経済的適応を容易にしたかは、これまでの章の中で見たところである。政治も例外ではない。一九九二年と二〇〇五年のヨーロッパについての国民投票は、経済・通貨危機という最重要の領域における「ゾンビ・カトリック教」の政治行動の注目すべき二つの例を提供してくれる。

二〇〇五年五月二十五日のヨーロッパ憲法条約に関する国民投票に対するキャンペーンにおいて、左派は分裂し、右派は極右と対立した。しかし諸政党は混乱したが、それで有権者を混乱に陥れることはなかったように見える。むしろ有権者は、それで却って解放されたのかも知れない。かつてカトリック教の宗教実践が行なわれていた地域は、明らかに世俗主義地域よりもヨーロッパ憲法に賛成票を投じた（地図9－8）。とはいえキリスト教地域で「ウイ」が必ずしも勝利したというわけではない。カトリック教と「ウイ」の組み合せの例外はいくつかあるが、それはどれも都市であって、ランス、オルレアン、ディジョン、それにもちろんきわめて巨大なパリ地域のような都市は、「ノン」が優勢な地帯の中にあって、「ウイ」に有利な結果を見せている。これらの都市はいずれも昔から脱キリスト教化されていたが、ヨーロッパ憲法に好意的なのである。市町村レベルで作成された地図を見ると、票の教育絡みのかつ社会・経済的な側面を直接識別することが可能になる。大学を有する大都市は「ウイ」であり、失業と低所得と激しい格差の地域たる北部とラングドック・ルーションの地域圏西部の経

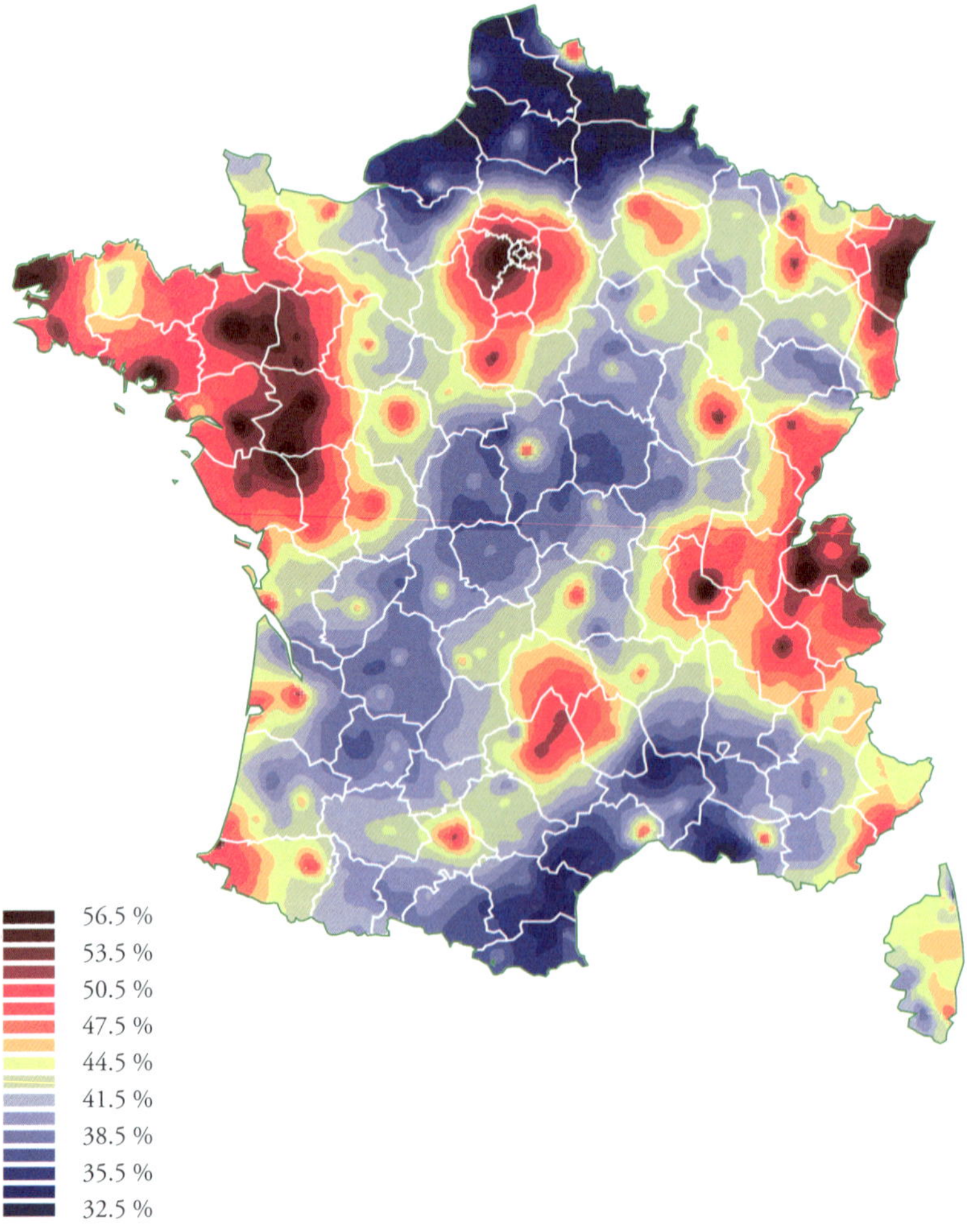

地図9−8　2005年の国民投票への「ウイ」票

パーセンテージ

済的困窮の地帯は、きわめて強力な「ノン」である。

カトリック教地域は「ウイ」の票を投じるというこの地理的分布は、偶然の巡り合わせや一時的な興奮の結果ではなく、むしろ定数［恒常的要因］がもたらした結果である。上院の権限と地方分権化についての一九六九年の国民投票、[*8] ヨーロッパ経済共同体の拡大に関する一九七二年の国民投票、マーストリヒト条約についての一九九二年の国民投票——これらの国民投票のそれぞれに際して、同じ地理的対照《コントラスト》が姿を見せている。つねにカトリック地域は、他の地域よりも容易に「ウイ」を投じ、つねに世俗主義地域は、より容易に「ノン」を投じるのである（**地図9-9**）。キリスト教徒的な、権威に対する服従なのだろうか。一九九二年と二〇〇五年の国民投票を理解するには、この解釈でよしとしても構わないだろう。二つの国民投票はともに、エリート層と民衆の対立を舞台に載せ、昔から脱キリスト教化されており、先頃まで革命的であった中央地帯が、指導者たちの権威を排撃する能力を有することを思い出させたのであるから。しかしこの説明は、一九六九年と一九七二年の国民投票については十分でない。この二つは、まだだれもエリート層の統治能力に疑義を差し挟むことのなかった時代に実施されたものであるからである。

一九六九年以降のすべての国民投票の真の共通点とは、国家から何らかの権限を取り上げ、その権限を、その時々の情勢に応じて、地域圏や県に対して、もしくはヨーロッパに対して委託することを提案するということであった。「ウイ」を投じるのは、全国的な国家の水準を弱めることに帰着した。したがってこれらの国民投票はまた、もはや教会の国家に対する抵抗ではなく、昔カトリック地域で

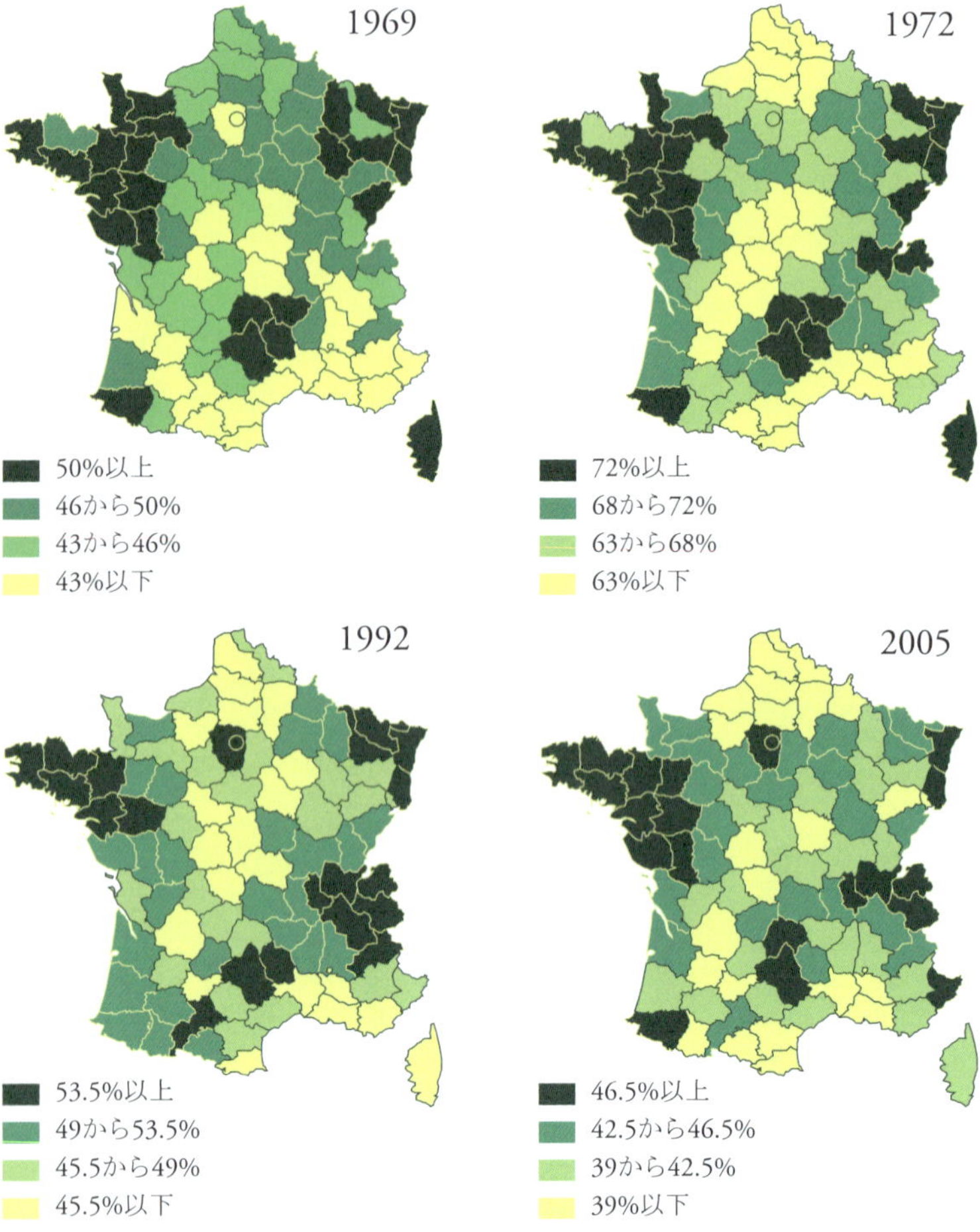

地図9-9　1969年、1972年、1992年（マーストリヒト）、2005年の国民投票での「ウイ」票

県は、「ウイ」票の量によって、ほぼ同数の県を含む四つのカテゴリーに分類される。それらのカテゴリーに対応する率は、国民投票ごとに異なる。

あった地域の、ジャコバン国家への自律的抵抗を露呈させたのである。

これらの態度には、宗教とは関係のない根源を見出すことができる。カトリックの伝統を有する地域は、すでに何度も指摘したように、大部分は周縁的である。これらの地域は、大革命に至るまで、税について票決を行なう議会というような、独特の特典を保持していた。ブルターニュ、ラングドック、ドーフィネ、そしてピレネー山地の小「国家」がそうであった。フランシュ・コンテ、アルザス、ロレーヌは、理論的にはドイツ人の神聖ローマ帝国に属していたのであり、フランドルとアルトワは、アンシャン・レジームの用語では、「外国とみなされて」いた。それに対して「五大徴税請負区域」に編成された中央部フランスは、プロヴァンス、ノルマンディ、ギエンヌ、ガスコーニュとともに、ヴエルサイユの権力に直接従属していたである。一九六九年以降の国民投票は、社会的ヒエラルキーの承認とパリ中心主義への拒絶とを連合する「宗教・周縁」コンプレックスの残存を確認させてくれる。それがごく近年において発揮する全体的な政治的効果は、逆説的である。すなわち、かつての脱中央集権的諸州は、ヨーロッパ国家の建設という企てに直面して、大陸規模の中央集権化への賛同にまわるわけである。

とはいえ、態度の恒常性というものを、過大に受け止めてはならない。またフランス一国規模のものでもある歴史というものも、忘れてはならない。マーストリヒト条約は、有効投票の五一・〇四%で認められたが、二〇〇五年のヨーロッパ憲法の方は、五四・八七%で否決された。カトリックの伝統を有する諸県は、たしかに他の県より「ウイ」が多かったが、そのような言い方をしてしまうと、カトリック系諸県の半数以上で「ノン」が勝利したという事実が覆い隠されてしまう。実は「ウイ」が多数だったのは、以下の一三県にすぎない。すなわち、パリ、オー・ド・セーヌ、イヴリーヌ、ローヌ、バ・ラン、オート・サヴォワ、イル・ド・ヴィレンヌ、フィニステール、モルビアン、マイエンヌ、ロワール・アトランチック、メーヌ・エ・ロワール、ヴァンデ。「ウイ」の牙城は、裕福であるか、もしくは「ゾンビ・カトリック」的——やはりこうなるのだ——である。しかし大きな地域としては、二〇〇五年に「ウイ」とヨーロッパに全面的に忠実であったのは唯一、西部のみであり、その中でコート・ダルモール県のみは、「ノン」を投じている。これは昔からの脱キリスト教化と共産主義と共同体家族の痕跡に他ならない。アンドレ・シーグフリードの予言の通り、西部内陸部は、とくに確固としてエリートの社会的権威を受入れた。それはともかく、作成された地図を見てみると、ヨーロッパに全体として忠実な唯一の地域文化は、大西洋に近く、大陸の中心部から最も遠いところにあった、という冗談のような事態を剥き出しにする。とはいえこの冗談に、何らかの意味がないわけではない。

「ウイ」の空間的収縮に伴って、「ノン」の社会・経済的上昇が起こっている。一九九二年のマーストリヒト条約に関する投票では、「ノン」は工場労働者（六一％）と事務・商店労働者（五三％）で多数であったが、他の社会カテゴリーでは「ウイ」が多数であった。二〇〇五年の投票の特徴をなす社会学的事実とは、民衆カテゴリー（工場労働者では七九％、事務・商店労働者では六七％）での「ノン」がさらに強まっているということ以上に、中間的職業が「ノン」の方に大移動をしたことである。一九九二年には「ウイ」が六二％だったのが、今度は「ノン」が五三％になっている。二〇〇五年に「ウイ」

を投じたのは、上層管理職と高齢者のみであった。しかも後者は大幅に「ウイ」であったが、前者では「ウイ」はぎりぎりで多数となったにすぎない。

カトリック系は十九世紀以来、上層階級と結び付いて来たのであるから、「ノン」という票の有する、民衆的と世俗主義的という二つの側面が互いに矛盾するとはあまり考えられない。ヨーロッパに関しては進歩主義的言説が横行したが、それを忘れて、投票行動の分析の従来よりのパラメーターに思考を集中するなら、「ウイ」という選択は、右派の従来型の票であるということになる。だとすると、一九九二年には「ウイ」が多数で、二〇〇五年には「ノン」が多数になったというこの移行は、左への移動と解釈されるべきだろう。しかしそれは、政党のレベルで観察される全般化した右傾化とは、矛盾する動きと見えるのである。まったくフランスという国は、不思議な国である。

投票の決定における階級、年齢、地域

われわれは二〇一二年の大統領選挙を分析する際、票の社会・経済的ないし社会・人口統計学的決定作用というものを一切考慮しなかった。しかし世論調査の示すところでは、票の分布は、二〇〇五年の国民投票についていま見たように、年齢や社会的カテゴリーによって変わる。オランドの得票率は、上層管理職ではその平均に近く、工場労働者、事務・商店労働者、中間的職業ではより高く、手工業者、商業者でははっきりとより低く、有権者集団という点ではより重要なことであるが、定年退職者においてはより低い。年齢ごとの分布も同じ傾向を見せる。六十歳以上の者は、定年退職者と全

表11　社会・経済的カテゴリーと年齢階層別の投票

社会的カテゴリー	オランド票の%
手工業者・商業者	30
管理職と自由専門職	52
中間的職業	61
事務・商店労働者	57
工場労働者	58
退職者	43

年　齢	オランド票の%
18から24歳	57
25から34歳	62
35から49歳	53
50から59歳	55
60歳以上	41

出典：Ipsos［世論調査会社］による世論調査。

く同様に、右派への投票が多数派である（この両カテゴリーは、かなり大幅に同じ人物たちである）。それに対して、十八歳から二十四歳の者、そしてさらに明瞭に、二十五歳から三十四歳までの者は、左を向いている。

　オランド支持票の分布は、**地図9－1**が暴き出しているように、地域的対照《コントラスト》が激しいが、工場労働者、事務・商店労働者、中間的職業のフランスの国土の中での分布を反映しているであろうか。全く反映していない。見たところこれは矛盾であるが、しかし結局のところ、この外見上の矛盾こそ、この上なく真相を顕現させるものであることを、われわれは見ることになる。

　人口の年齢構成と社会カテゴリーによる分類は、フランスの三万六六〇〇の市町村について分かっているので、もし有権者たちが、ただ年齢のみに応じて、あるいはただ社会的カテゴリーのみに応じて投票したら、市町村ごとにその結果はどうなっていたかを計算することができる。そのためには、年齢層もしくは社会・職業カテゴリーの投票の全国平均に当たる同じ投票率を、すべての市町村に当てはめれば良い。もしこの計算が、事実の中に観察された結果に近い結果へと至るのなら、投票は実際に有権者の社会・経済的立場もしくは年齢によって決定されたという結論を導き出すことになる。ところがこの計算は、年齢の果たす役割についても、社会・経済的構造の果たす役割についても、人の意表を突く結果をもたらすのである。世論調査によって確定される比率に従うなら、北部と東部は年齢が若く民衆階層の者が多い地域であるから、左派支持の投票をするはずだったところ、実際は右派支持の投票をしている。南西部は、きわめて高齢で、工場労働者が少なく、手工業者と小商業者がふんだんに存在するから、きわめて右派支持の投票をするはずであったが、実際は逆に、オランドはその最大の得票率を獲得している。左派の得票が社会・経済的に「合理的」な姿を現わしているのは、最北部においてのみである。果たして世論調査は、非常に不正確なのであろうか。票の計算が間違っていたのだろうか。そんなことは全くない。［世論調査による分布と、実際の投票結果という］この二つの事実の総体は、正確である。投票の変動には、社会的・人口統計学的原因と、地域的原因という、二つの型の原因が存在し得るということを認めるなら、逆説を取り除くことができるのである。

というのも、社会的ないし年齢別変数は、投票の地域的結果をほとんど修正することがないのである。単純だがかなり現実の数値に近い例を挙げてみれば、この点を理解するのに助けとなるかもしれない。高齢者は六〇%が右派に投票し、それ以外の有権者は四〇%が右派に投票するとしよう。高齢者が人口の六〇%を構成する高齢化した地域では、右派の得票は、0.6 × 60% + 0.4 × 40% = 52%となる。逆に高齢の有権者が四〇%を数えるだけの若い地域では、右派の得票は、0.4 × 60% + 0.6 × 40% = 48%となる。こうして得られた二つの地域の間の差異は、投票者の年齢による差異に較べてはるかに少ない。したがって、社会構造もしくは年齢構造による偏差は、地域の文化的決定要因に対して、大した重要性を持たないということになるだろう。後者は、こちらの地域では右派票が六〇%、あちらの地域では右派票は四〇%という投票率を生み出すことによって、はるかに大量の差へと至らしめることもあり得るのである。逆説の解決は、それゆえ地域文化の決定力の大きさを把握することを可能にしてくれる。この点については、次章にて説明することにしよう。

第10章

社会主義とサルコジ主義

社会党候補の得票率はがっちりと固められているわけであるが、これを見るだけでも、深層から由来する人類学的な地域的決定作用の浮上が想起される。大統領選挙第二回投票での社会党候補の票の地理的分布は、二〇〇七年と二〇一二年で厳密に同じであった（地図10－1c、10－1d）。その上、同じ地理的分布は、この二つの選挙の第一回投票における社会党候補の得票率をサルコジの得票率と比較したものの特徴をもなしているのである（地図10－1a、10－1b）。これら四つの地図の間の県単位の相関性は、〇・九七から〇・九八の間を浮動する。この数値は政治科学においてはこの上なく稀少で、きわめて高率であり、停止した世界を思わせずにいない。最も驚くべきは、第二回投票の結果の安定性ではなく、第一回投票での社会党候補の得票率の右派の候補のそれに対する比率と第二回投票での得票率との間の相関性なのである。まるで、第二回投票の結果が第一回投票の得票の中にカプセル状に埋め込まれていたかのようではないか。第一回投票でオランドにもサルコジにも投票しなかった有権者は、第二回投票において、第一回投票でオランドとサルコジに投票した者と同じ率で分配されたことになる。このためバイルーやエコロジストや主権主義者やトロツキストへの支持票がどう動くかについてのコメンテーターたちの思弁は、正しい比率へと帰着することとなった。こうしたことすべては、いまや地域ごとの有権者集団の深層的決定作用というものを相手にして考えなければならないということを、証明している。

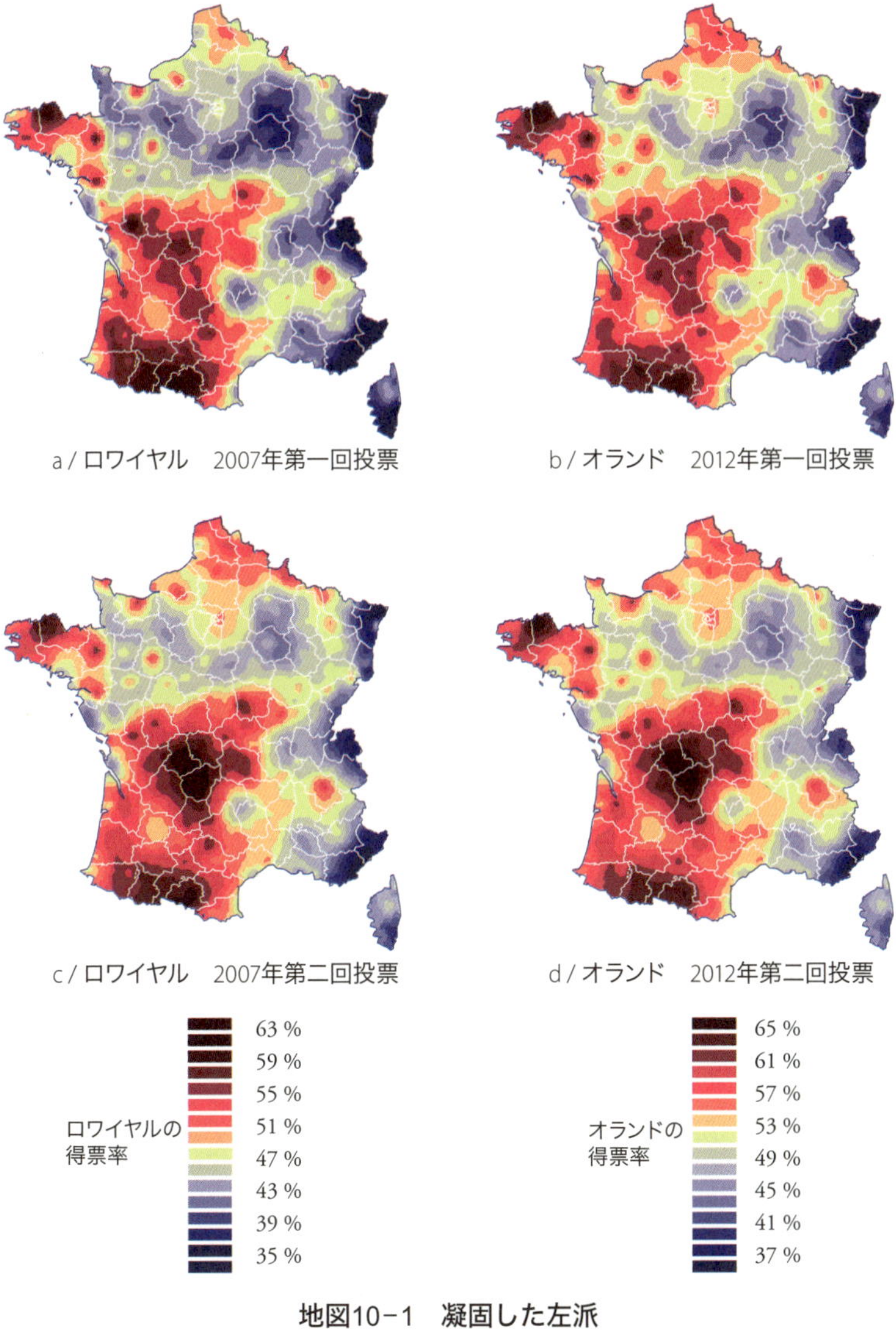

地図10−1　凝固した左派

2007年にロワイヤルが、2012年にオランドが、大統領選挙第一回および第二回投票で獲得した票の、彼らとサルコジの獲得票の総体に対するパーセンテージ

したがって、南西部、ブルターニュ、北部におけるオランド支持票の優越は、これまで世論調査が前面に押し出して来た原因とは別の原因によって説明されなければならなくなる。この段階に至ると、二つの要因が浮上して来る。一つは家族構造、そしてもう一つ、ブルターニュと南西部の場合は、地域的遅れの取り戻しの動きであり、それは教育にも伝統的農業の放棄にも関わるものである。

都市の問題は、後で扱うことにして、いまは措いておくなら、オランド支持票の分布は、複合的家族類型の地理的分布に含まれることが明らかになる。すなわち、南西部の直系家族、中央山塊北西部の共同体家族、ないしブルターニュと北部（地図1－4を参照）を占めていた、明確に定義されない拡大形態である。社会党支持票がこの人類学的基底に適応するという現象は、近年のものであり、せいぜい二〇〇七年のセゴレーヌ・ロワイヤルの大統領選挙立候補に遡るにすぎない。というのも、大統領選挙第二回投票における左派の得票率と家族の複合性の度合との間の相関性は、二〇〇七年に突然増加している。こうしたより深層に由来する変動の原因は、それまでは、その上にある宗教関連の層によって覆い隠されていた、というよりむしろ、活性化されなかったのであるが、世俗主義地域とカトリック地域の敵対関係が浸食されて薄まったことによって、表面に浮上することが可能になったものである。

消滅したと思われていたこれらの地域的な家族類型の多様性が、いまこの第三千年紀の初頭においい

表12　大統領選挙第二回投票での左派候補の得票と、複合家族指標（県ごとの）との相関係数

年	相関性
1965	0.29
1974	-0.19
1981	0.27
1988	0.06
1995	0.12
2007	0.45
2012	0.46

出典：内務省、1999年の国勢調査。

て、この国でこのような重要性を帯びるのは、なぜであろうか。経済競争、賃金の圧縮、失業、移民流入、イスラムといった、グローバリゼーションのあらゆる次元、あらゆる結果に悩まされているこの国で。その答えは単純である。しかし先進国社会の収斂という、今日支配的となっている公理系に、衝突する。すなわち、昔からの家族は、危機にも拘らず、ではなくて、危機のゆえに重要になるのだ。一国規模であろうと、地方規模であろうと、逆境にある社会は、その人類学的深層の中に、逆境に抵抗する力を探し求める。フランスの場合、このメカニズムはまさに、指導的エリートたちが逆に、他の国の近代性に合わせて模倣的に調整することの中に解決策を見出そうと努めている時に、作動するのである。

家族と地域共同体の人類学は、もしかしたら、経済危機に対する対応を分析するための特権的学問分野になれるかもしれない。というのも、個人が解雇や破産の際にどれほど近親者の支えを期待できるかということは、いまや多くの個人にとって、生き残れるか否かの問題だからである。近親者の助けがあれば、路頭に迷うことから救われるが、彼らに見放されれば、路頭に迷う運命となる。ところが複合的家族システムの支援能力は、核家族システムが保証できるものとは、桁違いに大きい。南西部の直系家族であれ、リムーザンの共同体家族であれ、ブルターニュの明確に定義できない家族であれ、拡大家族というものは、個人に対する実践的な援助を助長する。片親性のような分解メカニズムの影響を受けている北部の家族形態は、家族の成員への支援においてそのような有効性を有するようには見えない。

　個人への援護に積極的なトゥールーズ風もしくはブルターニュ風複合家族は、その社会統合主義《ホーリズム》的な考え方が、危機によって再活性化されることになるわけだが、危機という現象は、当該地域の政治的方向性に強力な影響を及ぼすのである。

　要するに複合家族は、日常生活の中ならびにイデオロギーの中に同時に再浮上を果たしている。これは、実践的レベルでは、両親というカップルと子どもたちのカップルとの間の相互援助を促進するのであり、それはしばしば、経済学者が世代間移転と名付けるものの形を取る。南西部の直系家族は、十三世紀以降、まさにこの型の交換のために発明されたのであった。イデオロギー的・政治的な水準では、直系（もしくは共同体）家族は、社会主義というものを、己自身の再配分の慣習行動のフランス全土への拡大として捉えている。南西部の場合、国家への愛着は古くからの伝統であり、この地域における公職というものの勢力の強さの中にそれが生命を保っていることは、われわれが再発見したところである（**地図6－9**）。

反対にナンシーからラヴァルまでの広大なパリ盆地は、東部の平等主義型であれ、西部の超核家族型であれ、ともかく核家族地域であるわけだが、そこではこれと同等の保護層は存在しない。逆に家族的個人主義が、経済的個人主義を涵養することになる。そこで個人間・世代間の競争は、それに見合うイデオロギーとして、新自由主義をある程度承認することになる。この姿勢は、国家を擁護し公職を尊重するという社会主義的政綱とは相容れない。この核家族地域のいくつかは、脱工業化によって荒廃したのであったが、これらの地域が右派に同調する理由が、分かりかけて来たようである。オランドが複合家族の地域で勝利したのに対して、サルコジは核家族地域で勝利した。彼のテーマ系がウルトラ個人主義的なものであったにも拘らず、なのか、まさにそのせいで、なのか。

東と西の時差　社会主義的農村性とサルコジ主義的脱工業化

パリ盆地はサルコジ票が優勢であり、オクシタニィの中心部はオランド票が優越するとしても、社会党票と複合家族のつながりと、核家族と右派票のつながりは、不完全である。とくに東部においてそうである。ドイツ的直系家族の国たるアルザスも、不完全な直系型が優越するローヌ・アルプ地域圏も、社会党に投票していない。プロヴァンスの父方近隣居住の核家族型もまた、社会党支持の効果はいささかも出していない。

フランス本国の東部に見られる右への転換の理由を理解しようとするなら、過去二世紀にわたる文化的・工業的過去を、これらの場所の記憶の中に組み込まなければならない。その過去は、全国システムの東と西とでは、同じでないのである。

これまでの諸章の中で、われわれは東部に、集村的居住条件、早期の識字化、そしてそれに続いて、急速にして完備した工業化を連合する歴史的複合体《コンプレックス》が存在することを把握した。これに対して西部の複合体《コンプレックス》は、要素ごとに一つ一つ反対になる。すなわち、散村であり、教育のテイクオフの遅れであり、第二次世界大戦後まで生存手段としての農業が大量に維持されて来たことである。これらの地域の記憶は、低開発と貧困のきわめて近い過去、とりわけ二三世代遡るだけの過去へと向かう。過去の困窮がどのようなものだったかを知りたければ、祖父母のことを考えるだけで良い。それに対してフランス本国の東部の有権者たちが祖父母のことを想起するなら、もちろん豊かではないが、それなりに近代的で、工場は汚くきつかったにしても、進歩の観念を実体験していた世界というものの思い出に突き当ることになる。彼らがいま体験しているのは、この世界の死なのである。

アキテーヌ、ブルターニュ、アンジューでは、複合家族の地域でも、超核家族の地域でも、戦争以降は、教育も、農業者の職から工場労働者、事務・商店労働者、教員、管理職といった職への移行も、すべてがプラスの方向に動いて来た。これらの地域では、社会的上昇と文化的前進は、直近の過去の記憶に関わる現実であり、それは危機にも拘らず、現在に対しても楽観的な意味を与えている。これとは反対に、大幅な景気後退という状況において、昔の進歩が風化している東部には、社会的悲観論が蔓延していると想定することができる。楽観論というものは、かなり自然に、肯定的な人間観と社会生活の協同的なヴィジョンを保持している社会党の方へと人を向かわせる。このような選択が現実に適合しているかどうかは、ここでは問題ではない。悲観論は、個人と個人の競争と弱者の切り捨てを容認し推奨する右派の方へと向かわせることになる。この選択が現実に適合しているかどうかということもまた、ここでは問題ではない。

フランス本土の東の部分と西の部分は、家族構造の面ではそれぞれ異種混合的であって、その全般的構図は、北は核家族が多数派的であるのに対して、南は、度合はさまざまに異なるとしても、ほぼ一様に複合的、というものである。第8章で分析した移住という要因は、西と東それぞれの空間内での一様化のメカニズムを作り出している。われわれはすでに、二つの明瞭に異なる移住領域を浮き彫りにしてみせた。一つはパリ地域と中央山塊の西側にあり、もう一つは東部にある。この二つの地帯のそれぞれの内側での動きは、共通の態度の出現を、保証するわけではないまでも、促進すると想定することはできる。そのそれぞれの中で、最も強力な人類学的システムが、ヘゲモニーを握ろうとして戦っている。家族システムの量的圧力、教育の活力、都市ネットワークの力、移住の強度、こういったものを組み合わせて判断するなら、西部では複合家族の価値観の圧力が、実際上は西部内陸部の超核家族地帯にかかって行くこと、東部では核家族の価値観の圧力が、実際上はローヌ・アルプ地域圏にかかって行くことを、予言することができるのである。ローヌ・アルプ地域圏では、直系家族が不完全であるため、適応のメカニズムと社会主義的価値観からの分離とが、容易に進行する条件がある。西部内陸部のケースは、さらに興味深い。

この地域の独自性はすでに指摘したところであるが、われわれの分析カテゴリーからすると、不一致が浮び上がる。この地域の家族構造は個人主義的なものであり、これは右派の方へと向かわせるが、その最近の過去は社会的テイクオフであり、それは左派へと向かわせる。西部内陸部は、政治的にはこの二つの相矛盾する傾向の働きかけを受けていることが感じ取れる。その西の部分、東部ブルターニュは、すでに左派の方へと引きずられている。その中部と東部は、いまのところ右派に留まっているが、この同調は脆いことが感じ取れる。この沈黙の国の散村的居住環境は、地域的協同の潜在力を本来的に包蔵しており、それはとくに活力あるカトリック系私立学校によって制度化されていたことを、忘れてはならない。カトリック教の転落は、他の地域と同様、ここでも起きており、地域が左派へと転換する可能性も問題となるはずである。都市、とくにアンジェ、ラヴァル、ル・マンは、すでに右派の海に浮かぶ左派の島となっており、この大いにあり得る征服の前線基地となっている。この可能性が実現するなら、西部内陸部を反革命の魂にしていたあのジークフリード線の突破が果たされることになろう。

左派の都市

左派は二〇〇七年と二〇一二年に観察された限りで、地理的固定性を見せているが、左派が家族構造と近い過去における農村性の地図への適合を果たしたということは、歴史の終わりではない。それは歴史の一契機にすぎず、左派の都市的活力はすでにその契機を乗り越え始めている。それは、サイズの異なる市町村ごとに別々に作成した政治地図の比較が、示すところである。**地図10－2a**、**10－2b**、

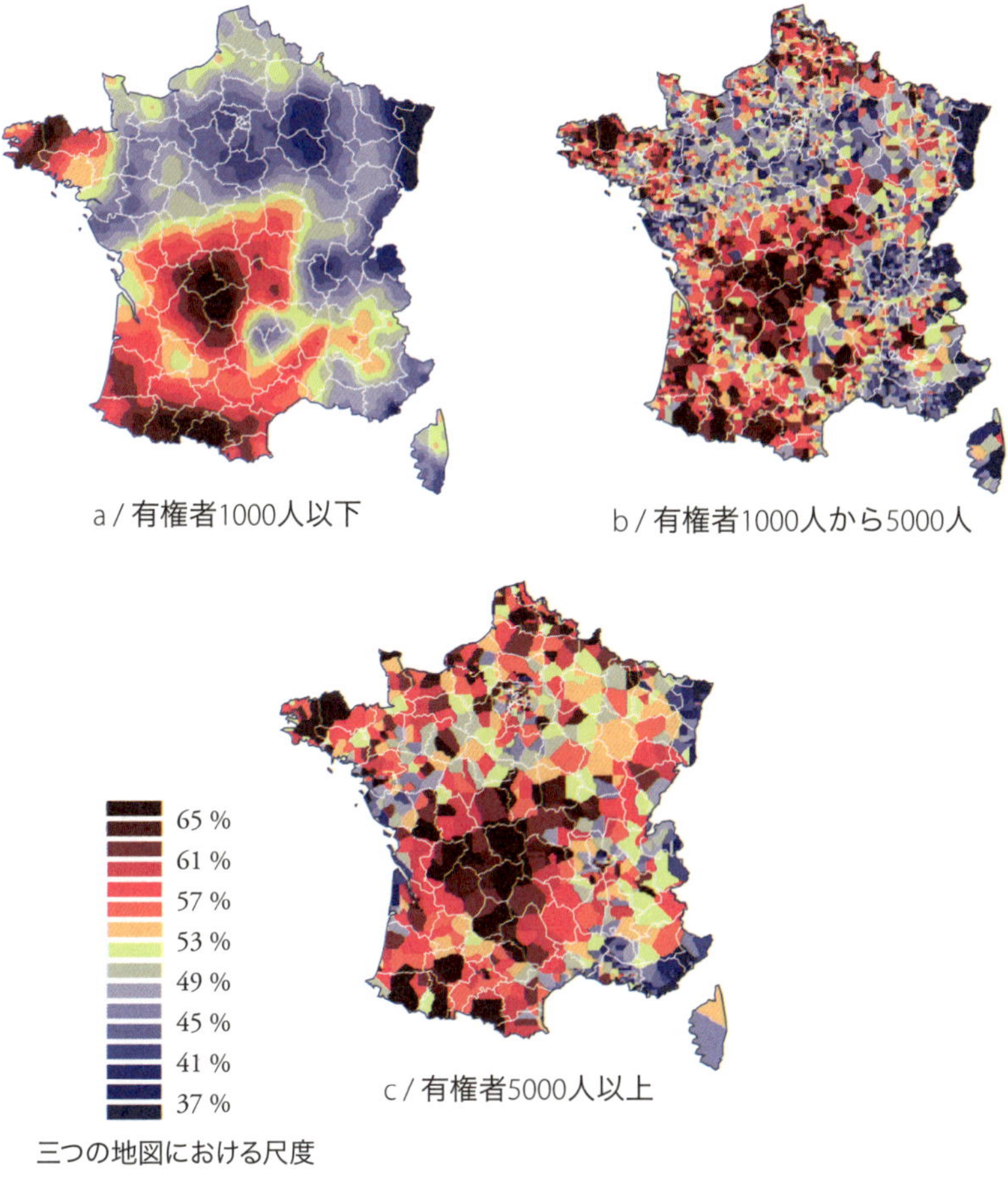

地図10-2　都市の左派

2012年の大統領選挙第二回投票でのオランドの得票の市町村のサイズ別のパーセンテージ（有権者数1000人以下、1000から5000人、5000人以上）

10－2cは、それぞれ有権者一〇〇〇人以下、一〇〇〇人から五〇〇〇人、五〇〇〇人以上の市町村ごとの、左派と右派の空間を描き出している。フランスの国土に描き出される基本的形態は同じであるが、しかし、市町村のサイズが大きくなると、社会党のレベルは上がり、有権者五〇〇〇人以上になると、東部国境地帯を除いて、右派が優勢であったところではほとんどどこでも、右派の優越を示す紫色が、二大勢力の均衡点たる黄色に取って替わられているのである。パリ盆地の中心部は、オランド票に浸透されてしまう。ここにもまた、未完成ではあるが、しかも散漫な都市的形態においてであるが、左派による首都の支配という現象が、はるかに明瞭かつ大量に見出されるのである。

本書で分析された多くの現象とは反対に、都市における左派の勢力伸張は、政治学の従来型の変数によって説明されるように見える。都市の人間は、大抵は若く、高学歴で、貧困化の過程にある。これらの要素の組み合せは、フランス的文脈においては、一般的に左派へと向かわせるものである。しかしこうした左派への方向性というのは、自明のことではない。他の国では、高学歴で貧困化した若者たちが極右へと転じたこともある。一九三〇年のドイツが、とくにそうであった。フランスでも、国民戦線票は、人口の半分の学歴の低い層を勢力基盤としているのは確かであるが、しかしその層も、一九七〇年代以降、相当な進歩のお陰を蒙っているのである。この有権者たちを右派へと向かわせるのは、学歴上の困難を抱える一二％の底辺に同一化すまいとする拒否に他ならない。

パリ盆地の諸都市、とくに首都パリは、その住民が多様な州や国の出身であるにも拘らず、いかなる形でも複合家族の価値観に支配されることはあり得ない。この地の本来的原型である核家族型が、中世以来、移住して来た者が持ち込んだ複合的家族システムをすり潰してしまうのである。それはちょうど、アメリカ合衆国において、アングロ・サクソン的原型が、移民たちの複合的家族システムをすり潰すのと同じである。パリ地域はそれ一つで、アキテーヌ、ブルターニュ、ミディ・ピレネ地域圏を併せたよりも、人口が多いが、今日、そのパリ地域を左派が支配していることから、われわれとしては、フランスの左派は、その地盤に眠る人類学的諸価値のおかげで多様であり続けると、断定することができる。［かつては相異なる人類学的基底を地盤としていた］共産党と社会党という政党的二元性が［共産党の消滅によって］消滅したことにより、社会党の内部そのものに、人類学的価値の複数性が存続することになった。さらにまたこの地には、経済生活の国家管理主義的な考え方と自由主義的な考え方との間の果てしなき対立が存在することも、確認できる。この現象は、人類学的な用語を用いて、「直系家族の価値と核家族の価値の対決」とコード化し直すことができる。対立は単に、国家管理主義対自由主義、もしくは権威 対 自由という対にのみ関わるわけではない。パリ的核家族は、平等主義的にしてかつ自由主義的であり、南西部の直系家族は、不平等主義的にしてかつ権威主義的なのである。

右派の国境地帯

市町村レベルで作成された政治地図を見ると、フランスの国土の東の縁に、全く予想外の国境現象の存在を検知することができる。アルザスの北部から地中海までの国境沿いに、ほとんど途切れることなく、サルコジ票は他の場所の追随を許さない高水準に達している。唯一の途切れは、オート・アルプ県であるが、そこは有権者がきわめて少ない。ベルギー国境とスペイン国境は、この現象と無関係である。ここにおいて、サルコジ時代を通じて大陸部で〔つまりコルスを除いて〕唯一左派の手を逃れていたアルザス地域圏の、右派への同調は、「ドイツ的」な性格を持つものでなく、国境的性格のものであるということが分かる。結局、フランスの国土の統合性からすれば、その方が安心なのである。もし「サヴォワ」とか「コート・ダズュール」といった〔同じく国境地帯に属する〕自律的地域が存在したとしたら、それらの地域もまた、サルコジの惨敗にも拘らず、左派の手を逃れたことだろう。

この国境地帯の右派への同調を、一先ずは経済的現象と見なすことができる。一風変わった、しかしまことに理屈に適った経済的現象である。先に提示した富裕度と所得格差の地図は、この長く伸びる国境地帯の繁栄を浮き彫りにしていた。それは、国境を越えて他国で働くフランス人の労働の結果であると同時に、外国からフランスの国土に避難して来た、縮小版のドパルデューやジョニー[*1]の住居があるということの結果でもある。とはいえフランスには、これほど右派が強く、しかもこれほど大規模な地帯は、他に存在しない。もちろんパリ地域、ボルドー、トゥールーズ、リヨン、エックスに富裕の砦が存在するのではあるが。そこで第二段階として、国境というものに特殊的に連合するイデオロギー現象が存在することを認める必要がある。そうした地帯では、富裕者が住民全体を強力に右派の方に引きずり込むことがあり得るらしい。その力は、〔大革命の頃に〕西部の小貴族たちが配下の農民の票を支配していた時代以降、一度も目にしたことのないような強さなのである。

東部国境地帯は、ニース周辺を例外として、気質的にはどちらかと言うとヨーロッパ的であるが、しかし極端に走ることはなく、二〇〇五年の国民投票〔ヨーロッパ憲法について〕には僅差で「ウイ」を投じた。〔その慎ましさは〕右派への熱狂的支持とは比較にならない。ジュラ県からオート・プロヴァンス県〔正確には、アルプ・ド・オート・プロヴァンス県〕までの国境地帯は、とくに国民戦線を高く評価しているわけではない。この点は、次章で見ることになろう。この地帯全体の唯一の特殊性とは、それゆえ右派への強力な同調ということになるが、それは右へのいかなる過激主義も、ヨーロッパ主義的ないかなる過激主義も排除している。二〇〇七年のサルコジへの支持票も同じ結果を示しているのであるから、それは安定的な姿勢ということになろう。この現象の研究のためには、国境の向こう、バード・ヴュルテンベルク、フランス語圏スイス、ピエモンテ、リグリアの政治的変遷の詳しい検討が必要となるであろうから、われわれとしては当面、これについての最終的説明は持ち合わせないわけである。とはいえとくに裕福なこれらのヨーロッパ規模の地域は、右派の態度を担っており、それを周囲に広めているということを、仮定しておこう。

国境をまたいだ右派イデオロギー圏が存在するという仮説を検討するために、富裕者のヨーロッパの地図を作成することは緊急の課題である、ということは認めなければならない。もっともこの問題は、グローバリゼーションの支配的問題系からは外れているように見える。この国境地帯の超サルコジ主義は、右派は金に執着するあまり反国民的になったという決まり文句に、先験的にかなりうまく合致してしまうのではあるが。とはいえ、グローバリゼーションの神話というのは、権力者の権力に好意的であれ敵対的であれ、一般的に、土地から切り離された、捉えどころのない富というイメージをわれわれに差し出す。それは、ロンドン株式市場からニューヨークのそれへ、次いでニューヨークから東京へ、お日様を追いかけて、コンピュータからコンピュータへと地球を一周し、夜明けに日の出とともにわれわれの方へと戻って来るわけである。そうだ、金は世界をめぐる。全くその通り。しかし金を所有する生身の人間は、われわれの作成した地図の上では、地上に釘付けになっており、必ずしもつねに華々しい大都会に居住するわけではない。彼らは弱々しく、国境に居住し、いつでもあっちかこっちの方向に逃げ出す構えであることが、感じ取れるのである。

左派、右派、平等

北部を除けば、オランド票が勝利した地域は、フランスの西部と南西部に位置している。そこは伝統的に、住民がボカージュ［帯状林］の中で別々に孤立した農地経営を行なう散村的居住環境の下に暮らしていた場所である。

社会党の得票と住民の集村性との相関性は、家族の複合性について観察されたのと類似した様態で変遷して来たが、(1) 二〇〇七年に突然の急変が見られる。それまではほとんど関係はなかったのが、マイナスの相関性を示すようになった。社会党票は、居住環境が集村的になればなるほど少なくなるのである。

われわれはここにおいて、枢要な問題に対面する。人類学的・宗教的基底の研究に充てられた第1

表13　大統領選挙第二回投票での左派候補への票と住民の集村性指標との相関係数

年	相関性
1965	-0.05
1974	-0.14
1981	0.18
1988	0.06
1995	0.08
2007	-0.43
2012	-0.43

出典：内務省、SGF［フランス総合統計］。

章において、われわれは、集村的居住環境と、家族内ないし近隣関係での平等主義との間のつながりを強調した。この相関性がマイナスになったということは、フランスの国土の中で、左派と平等主義的価値観とが対立関係になったことを示唆している。われわれはまた、フランスならびにヨーロッパにおける、イデオロギー的平等主義と所得の平等性の間の不一致を強調した。社会党は、その最も安定的な地盤を、ミディ・ピレネ地域圏やブルターニュ――オランドはそれぞれ五七・九四％と五六・三五％の票を集めた――のような、深層の人類学的構造が、兄弟同士、人間同士の平等への信念を必ずしも優遇することのない地域の中に見出している。しかしそれらの地域は、所得という点では平等主義的であり得るのである。

単に実際的な楽観論者ならば、貧困者が貧困すぎることはなく、富裕者が富裕すぎることもないこの西部において、左派が勝利を収めたことを喜ぶだけでよかろう。しかしわれわれは、イデオロギーも重要だと、未来を定義することと全国規模の集団的行動にとって不可欠だと、考える。そこでわれわれとしては、人間と階級の形而上学的平等をそれほど信じていない地域で、見事な多数派の支持を得て選ばれたフランソワ・オランドの姿を、気がかりに思わなくてはならないのである。非平等主義的イデオロギー地帯で左派が強く、平等主義的な地帯で右派が強いというのは、逆説的な現象であり、もしかしたら病理学的な現象かもしれない。

というのも、それと対称的に、中世末期以来、兄弟と人間の平等の観念に愛着を示していた地帯において、サルコジ（ならびに、次章を見るなら、国民戦線）が繁栄していることも、驚くべきことだと言えるからである。大革命を担ったパリ盆地の中核たるシャンパーニュ地方で、サルコジの多数は県レベルで言うなら、オーブ県で五五・四％、マルヌ県で五五・三％、オート・マルヌ県で五四・五％に上る。これらの数値は、民衆諸階層も含めて、左派への拒絶があることを暴露する。IFOP［フランス世論研究所］所長、ジェローム・フルケのご好意により、われわれはフランス本国の二一の地域圏（コルスのデータは不十分）のそれぞれについての、民衆カテゴリーにおける投票意思の推算をご伝達戴いた。選挙戦期間の異なる日付において実施された世論調査を総合することによって、これこれの地域圏における民衆階層の中での候補者の得票率はいかなるものであったかを推算することを可能にするだけのサイズに達したサンプルを得ることができるのである。

大統領選挙第二回投票において、全国規模で工場労働者と事務・商店労働者を併せたフランソワ・オランドへの投票は、五六％であった。したがって、ニコラ・サルコジへの投票は四四％だったわけ

表14　フランソワ・オランドへの民衆階層の推定支持票（%）

アルザス	43
アキテーヌ	62
オーヴェルニュ	55
ブルゴーニュ	61
ブルターニュ	72
サントル［中央］	54
シャンパーニュ・アルデンヌ	48
コルス	0
フランシュ・コンテ	56
イル・ド・フランス	58
ラングドック・ルーシヨン	53
リムーザン	66
ロレーヌ	55
ミディ・ピレネ	64
ノール・パ・ド・カレ	60
バス・ノルマンディ	69
オート・ノルマンディ	54
ペイ・ド・ラ・ロワール	58
ピカルディ	49
ポワトゥー・シャラント	54
プロヴァンス・アルプ・コート・ダズュール	48
ローヌ・アルプ	50

出典：IFOP［フランス世論研究所］。

である。ブルターニュでは、工場労働者と事務・商店労働者の社会党票は、最大の七二％に達した。そこでこの州の場合は、民衆階層は本当に左派であると考えることができる。アルザスではオランド票は、投票数の四三％で、少数派であった。アルザスはフランスで最も右派の地域であるから、意外なことではない。プロヴァンス・アルプ・コート・ダズュールは、社会的に最も無構造化的な地域圏であるが、四九％である。しかし社会党候補、オランドは、シャンパーニュ・アルデンヌの民衆階層でも、得票率四八％にすぎず、少数派であり、ピカルディでも四九％であった。

ここで注意すべきなのは、部分を全体と取り違えることであり、とりわけ少数派部分を全体と取り違えることである。すでに本書の序論で見たように、パリ都市圏は、パリ盆地[2]の平等主義的中心部の住民の六〇％を集約している。人類学的・宗教的観点からすると、パリ都市圏の価値観は、シャンパーニュやピカルディのそれと同じく、自由主義的にして平等主義的である。ところでイル・ド・フランスでは、住民全体でオランド票は五三・三二％であったが、外国出身者を大量に含む民衆階層では五八％であり、これはミディ・ピレネやブルターニュより低いが、かなり明瞭な多数派であることに違いはない。ここには、社会階級と空間の間の相互作用を把握できる。人類学的には平等主義的個人主義の地帯において、出身としては混交的な民衆階層は、大量の貧困化した高学歴の若者との接触下に置かれ、左派である。パリ盆地全域は、事実上、パリ都市圏の周縁部をなすわけであるが、この広大な都市周辺地帯には、より遠方から来た、高学歴階層から切断されたフランス出身の工場労働者および事務・商店労働者が流れ込んでおり、彼らは右派へと転換した。

左派の楽観論者なら、フランソワ・オランドは、イル・ド・フランスを含むパリ盆地の全域で、得票率五一・五四％で勝利したことを確認するであろう。右派の楽観論者なら、ニコラ・サルコジが得票率五一・九九％で、イル・ド・フランスを除いたパリ盆地で勝利したという事実を強調するだろう。大革命を行なったあの古き平等主義の大地の周縁部の民衆階層からはねつけられた左派と、その地で繁栄する、落ち着きなく動きまわる右派、これはある種政治的病理とも言うべきものを暗示している。いまや国民戦線と、その近年の変貌に取り組むべき時である。

第11章

国民戦線の変貌

有権者の右傾化がどのようにして進行したのかを示すために、われわれは第9ならびに10章で、伝統的諸政党を、フランスにおいて行動様式を誘導する深層の構造物、つまり宗教と家族に突き合わせた。そこで起こった変化は、万華鏡を回すと、色のついたガラス片が別の組み合せをとるときに生じる変化に似ていた。ガラス片そのものは、本質的には変わることがない。ところが一九八一年のフランソワ・ミッテランの最初の当選のすぐ後に、新しいガラス片が、突然姿を現わした。国民戦線とその主役たる政治扇動者〔ジャン＝マリ・ル・ペン〕である。国民戦線は、フランスの右傾化の現実を剥き出しにしてみせた。これの突然の出現と発展によって、ガラス片はどのようにして出現し、変遷し、安定化するのか、を観察することが可能になったのである。国民戦線といえども、万華鏡を逃れることはできず、他の多くの政党がかつてたどった、昔ながらのお決まりの道をたどった。かくも多くの地図を検討した後に、二〇一二年の大統領選挙でのマリーヌ・ル・ペン〔ジャン＝マリの娘〕の結果の地理的分布（地図11−1）を初めて一瞥するなら、何やらなじみ深いものという感じがするのである。しかしジャン＝マリ・ル・ペンが、フランスの極右は統計的には無に等しいという伝統的な配置の中からいきなり飛び出して、浮上したときには、そのようなことはなかった。父から娘へと替わった中で、多くの変化があったわけである。国民戦線は変動の途上にある。それも二つの次元において。一つは、大都市とその近隣ないし遠隔の周縁部農村地帯との対立という、近代的な次元、もう一つは、またしてもわれわれをフランスの宗教地図に立ち戻らせる、昔ながらの次元である。

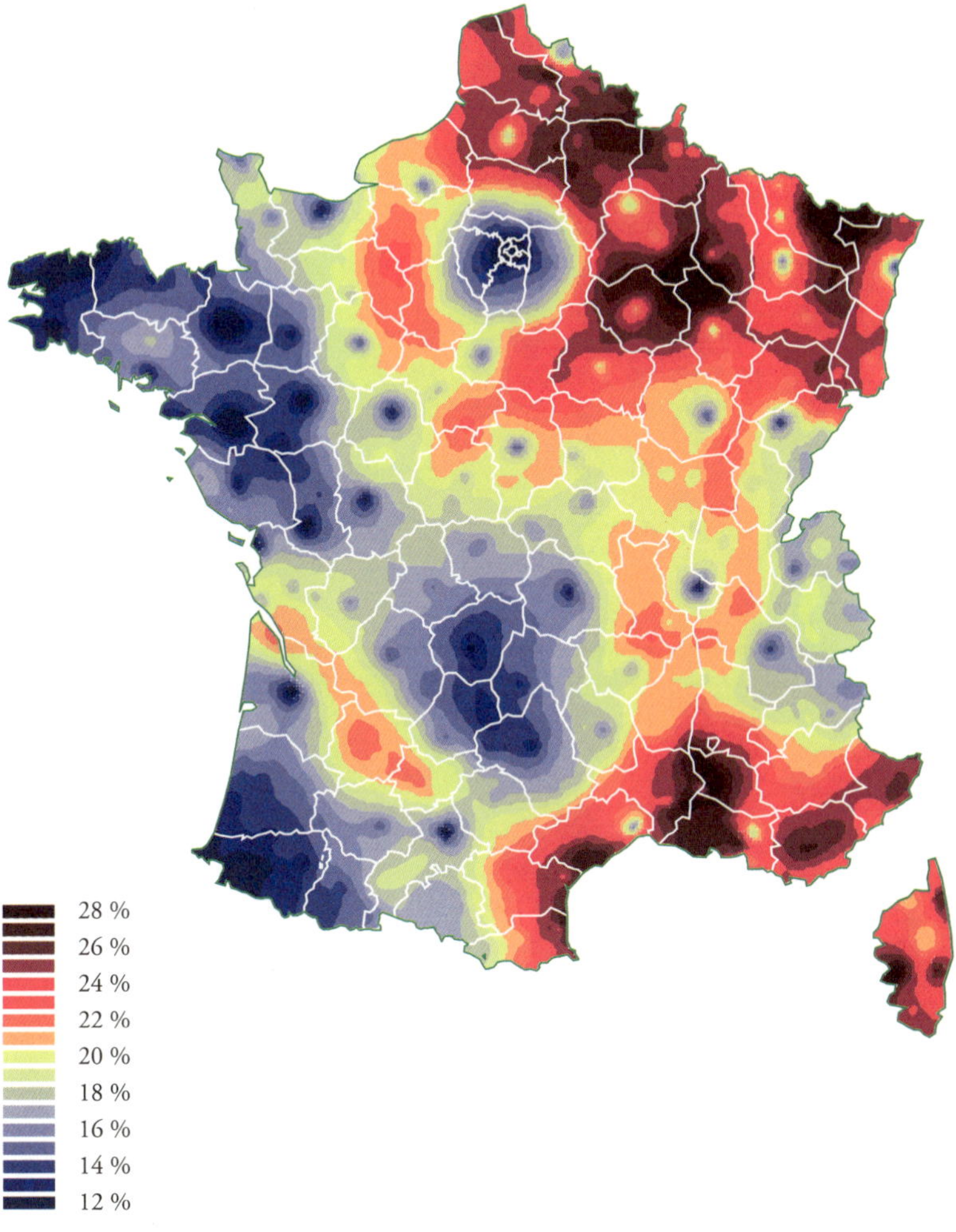

地図11-1　マリーヌ・ル・ペン、2012年

2012年の大統領選挙第一回投票でマリーヌ・ル・ペンが獲得した票のパーセンテージ

不意の出現

国民戦線は、プージャード主義とOAS[1]〔秘密軍事組織〕を整理するために、一九六〇年にル・ペンによって創設されたものだが、長い間、低迷していた。一九七八年の国民議会選挙での得票率は〇・二%にすぎず、まさかこの党が、一九八四年のヨーロッパ議会選挙で得票率八・五%を得て浮上するとは、だれも予想しなかった。しかし考えてみると、いくつかの前兆はあった。例えばその一年前に行なわれたドルー市議会議員選挙で、ル・ペンの副官であるジャン＝ポール・スティルボワが、右派と協定を結んで、社会党候補のフランソワーズ・ガスパールを破っていたのである。この出来事自体が、説明のつかないものに見えた。政治史の中では、ドルーは、モーリス・ヴィオレット[2]が創始した、急進党の最も左派の成分であるヴィオレティスムの全国的中心地として知られていたからである。説明が与えられなかったのと、国民戦線の出現が時間的に共産党の後退と合致したために、多くの者が、共産党の支持者が国民戦線に乗り換えたと結論付けた。両極端はくっ付くのだ、と言われたものである。この説明は不正確である。それは**地図11－2**を観れば分かる。この地図は、一九八四年の国民戦線の出現地帯と、凋落の直前、一九七八年の国民議会選挙での共産党の強固な地盤とを比較したものであるが、この選挙で共産党は一八%の票を得ていた。地中海沿岸と、パリ市そのものを含むパリ地域の一部とは共通する地帯となっているが、この二カ所を除けば、二つの党の地盤は合致していない。共産党はフランスの北部と中央山塊の北西部で強く、国民戦線は極東部とリヨン地域に地盤を持って

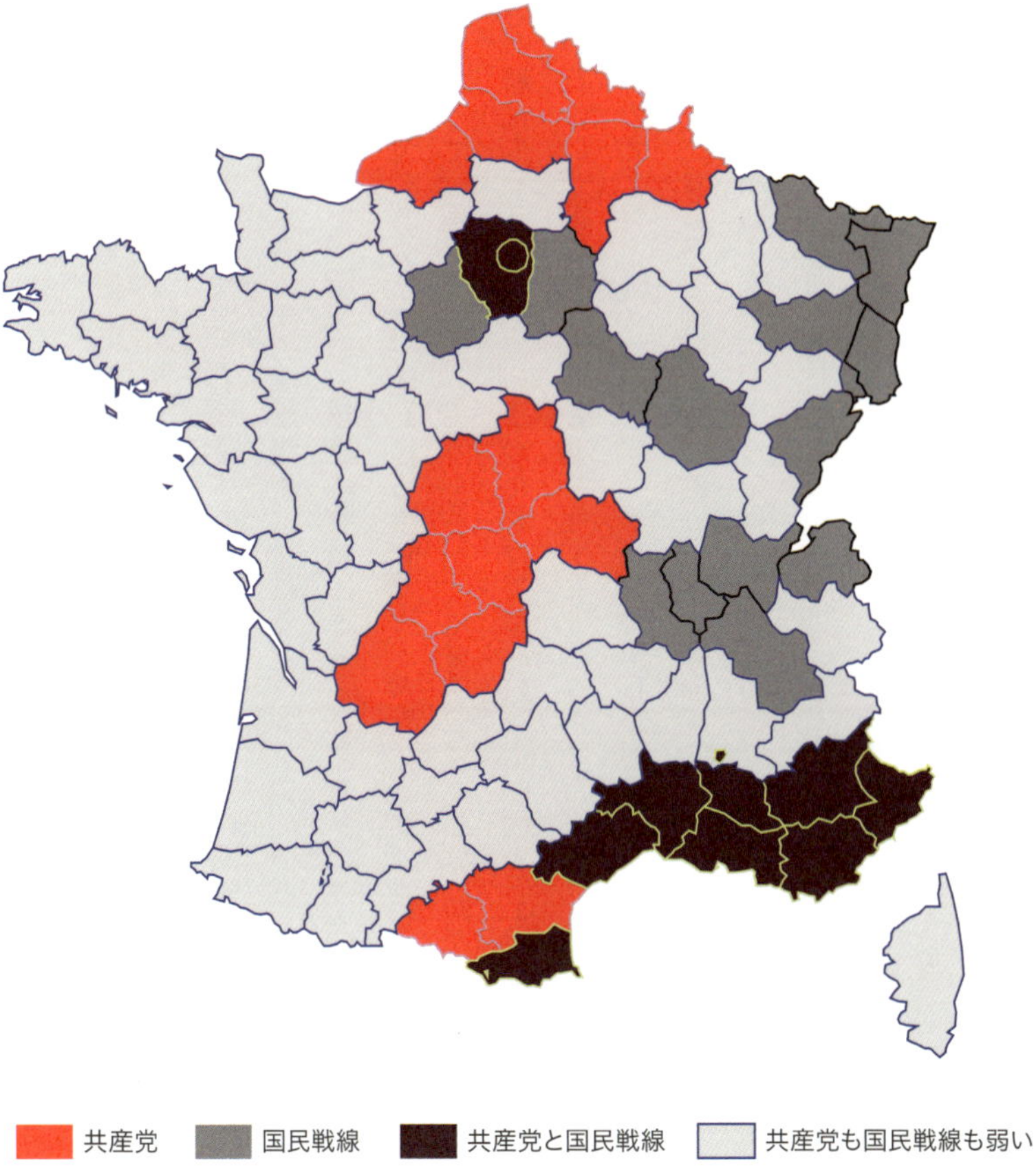

地図11－2　1978年の共産党と1984年の国民戦線の強固な地盤

いた。[1]

極右が始めに繁栄していた地盤というのは、容易に特定できる。それは、理の当然であるが、移民流入と安全の欠如［治安問題］という、二つの支配的なテーマに照応する。実際、一九八四年の国民戦線の得票分布（地図11－3a）は、同じ時期の暴行傷害に関する住民の苦情の分布（地図11－3b）とよく似ている。[2] 一九八二年の国勢調査におけるマグレブ人の分布（地図11－3c）[3]との合致は、さらに明瞭である。となると、犯罪者と移民の脅威にさらされたフランス人は、これらの害悪を一掃すると約束している政党に投票した、ということになり、政治の王国では、ものごとは万事単純である、ということになってしまう。しかし安全の欠如［治安問題］は一九八四年に始まったわけではないし、外国からの移民も一九八二年に始まったわけではない。その両方とも、同じ場所で十年以上も前から存在していたのに、国民戦線への投票を促すことはなかった。一九七八年には、ル・ペンはこの二つのお気に入りのテーマを訴えながら、〇・二%の票しか獲得していないのである。国民戦線への支持票を生み出したプロセスを理解するには、一つの余因子を方程式の中に導入する必要がある。それは先行する要因にきわめて近いが、同一ではなく、この国の深層人類学との最初の架け橋となるもの、すなわち「密集居住的」住民集団である。これが農村において古来より根付いているということが、逆説的ながら、都市的生活様式のきわめて近年の変動を理解することを可能にしてくれるだろう。

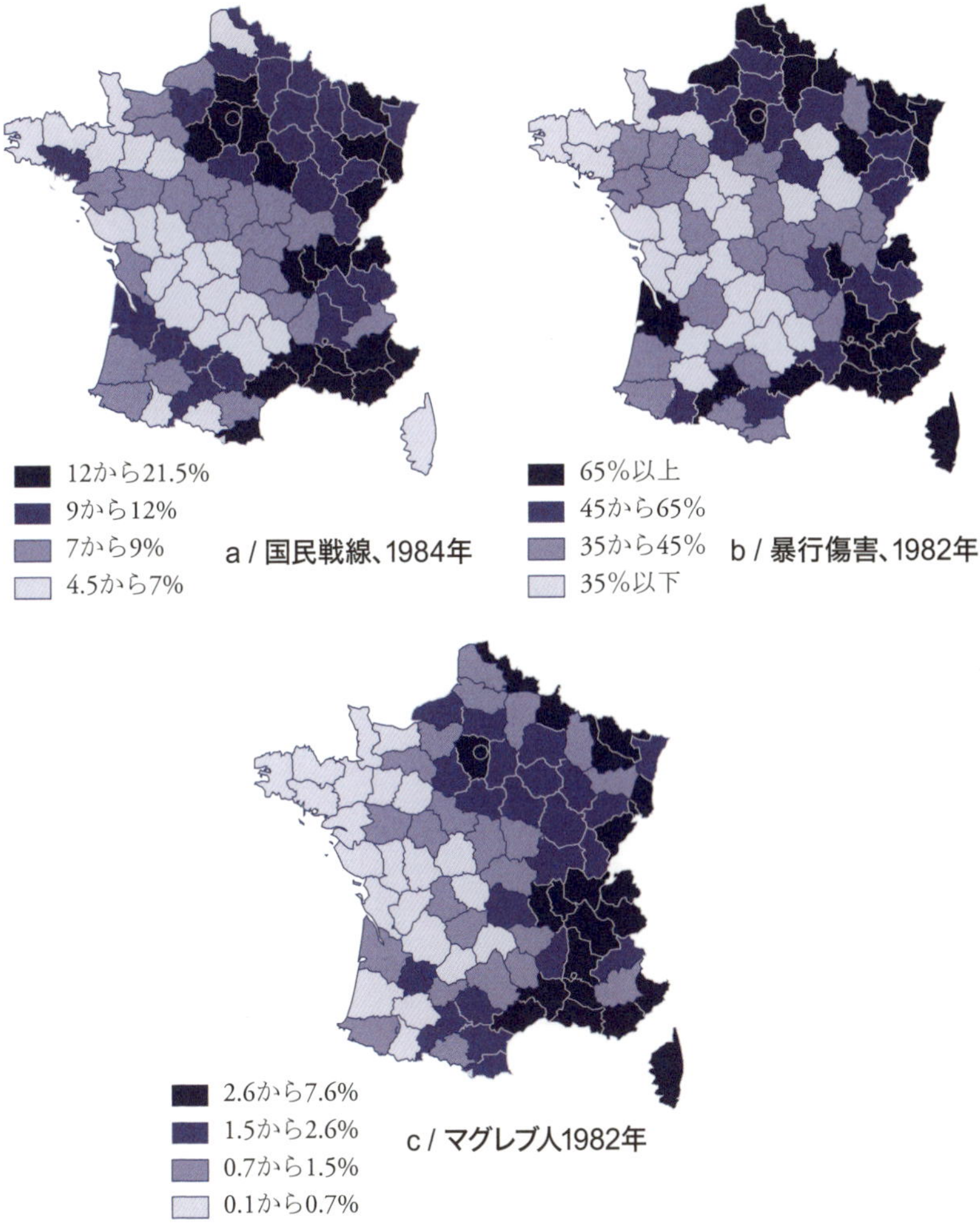

地図11-3　1980年代初頭の、移民、安全の欠如（治安問題）、極右

1984年の国民戦線の得票率
1982年の100,000ヘクタール当りの暴行傷害に関する苦情の数
1982年におけるアルジェリア、モロッコ、チュニジア国籍者のパーセンテージ

村から郊外住宅街へ

二十世紀の末尾に一つの極右政党が闖入して来たことと、古くからの国土と風俗慣習の区分との間には、どのような関連が存在し得るのであろうか。この区分は、マルク・ブロックによれば、「ケルト人、ローマ人、ゲルマン人、スラヴ人という歴史的に証明済みの民族より[4]」以前から存在するものである。彼は、フランスの国土のこうした分割を説明するには、「もっと遠くに、わが国の各地域を創り出した、先史時代の無名の住民たちにまで遡ることができなければならないだろう」と述べた。極右の得票を安全の欠如なりマグレブからの移民によって説明することへのわれわれの批判は、これによってさらに正当とされるはずである。先史時代から今日まで、国民戦線はいつ出現してもおかしくなかった。ところが一九八四年になって初めてくっきりと姿を現わしたのはなぜなのか。最も近年の都市的近代性が風俗慣習に及ぼした作用が、集村的居住環境の地域と散村的居住環境の地域とで異なったからである。

北部の集村的居住環境と広く開かれた畑とは、ブロックによると、「大きな社会的凝集力、容易に共同体的になる心性」を要求する。これに対して、ボカージュでは、「孤立した家屋が、これとは別の社会制度と別の慣習、［つまり］集団生活や肘と肘をつき合わせたつき合いを逃れる可能性と逃れたいという欲求とを前提とする」。こうした対照的な社会的現実は、前者の場合には、三圃制輪作と共同放牧地［休耕畑］によって、後者の場合は、耕作の自由と草原と休耕地の私的専有によって培われたものである。集村的居住環境の地域で国民戦線を可能にしたのは、社会的繋がりの崩壊に他ならない。

一九七五年以降、フランス社会の景観は、都市の構造の弛緩、次いでその周辺への拡散によって、一変したが、それがもたらした帰結は、場所によって異なるものとなった。国中どこでも、フランスの世帯はモーター化され、生活様式を変えた。界隈の小さな商店を見捨てて、ショッピング・センターで買い物をする習慣を身につけたのである。また今後は、労働とレジャーのために、自宅からますます遠いところへ行くようになっている。集村的居住環境の地域では、集団的生活は中身が空洞化し、社交性とご近所の関係は荒廃した。それに対して散村的居住環境の地域では、それまで困難であった他人との出会いが、生活様式の変動によって容易になり、自動車と大規模店が、新たな社交性を可能にするようになっている。

国民戦線への支持票は、隣人は見知らぬ他人となり、安全への脅威とみなされるという、集村的住民集団の地域の苦悶を表現している。国民戦線の二大テーマは、犯人を指名することによって、空虚への恐れを癒すための対処をすると、提案しているわけである。

伝播と凝固

集村的居住環境の地域の広大に開かれた畑は交通を容易にするが、国民戦線のテーマが伝播したその速さは、これで説明がつく。国民戦線のテーマは、まず始めに北部と東部の広大な平原で、しかしまた大河沿いならびに地中海沿岸に広まったのである。識字化が広まったのも、そのようにしてであった。それは十七世紀以降、各人が住いの近くの学校に通うことができた、ということのお陰で広まったのである。これらの地域においてはまた、犯罪の発生率も高い。ガブリエル・ド・タルド、アルフォンス・ベルティヨン、セザール・ロンブロッソといった犯罪学者たちがすでに十九世紀末に強調していたように、住民の密集的居住は、接触と機会を増大させることで、犯罪を助長する。最後に、集団的生活は、労働の分業の一層の進展を伴うものであるから、移民の定着は、集村的居住環境の地域においてより容易だった。彼ら移民は、ボカージュの孤立した農家では提供できないような雇用を、集村の中で、一般的には社会的序列の底辺においてではあるが、見出すことができたのである。第8章で見たように、最初に移民流入があると、それがさらに別の流入を引き起こすことになるのであるから、今日、移民が見出されるのは、集村的居住環境の地域においてであるのは、当然である。もちろん当然ながら、都市と都市周辺部の市町村により一層見出されるのではあるが。

政治的意見のこのような伝播方法が本当に存在するのかどうかを証明するのは、難しい。それを証明するには、カフェのカウンターや、家族の食卓や、労働の場での会話の現場を取り押さえることができなければならないだろう。とはいえ一九九五年の国民戦線の得票を市町村レベルで示す地図（**地図11－4**）は、伝染に特有の模様を浮び上がらせる。四つの極が区別される。最も重要なのはアルザスとロレーヌにある。次の二つは、パリ地域とリヨン地域であるが、とはいえその中心部はすでに空洞化している。まるで支持票は、衝撃波のように広がった、とでもいうようだ。四つ目の極は、ロー

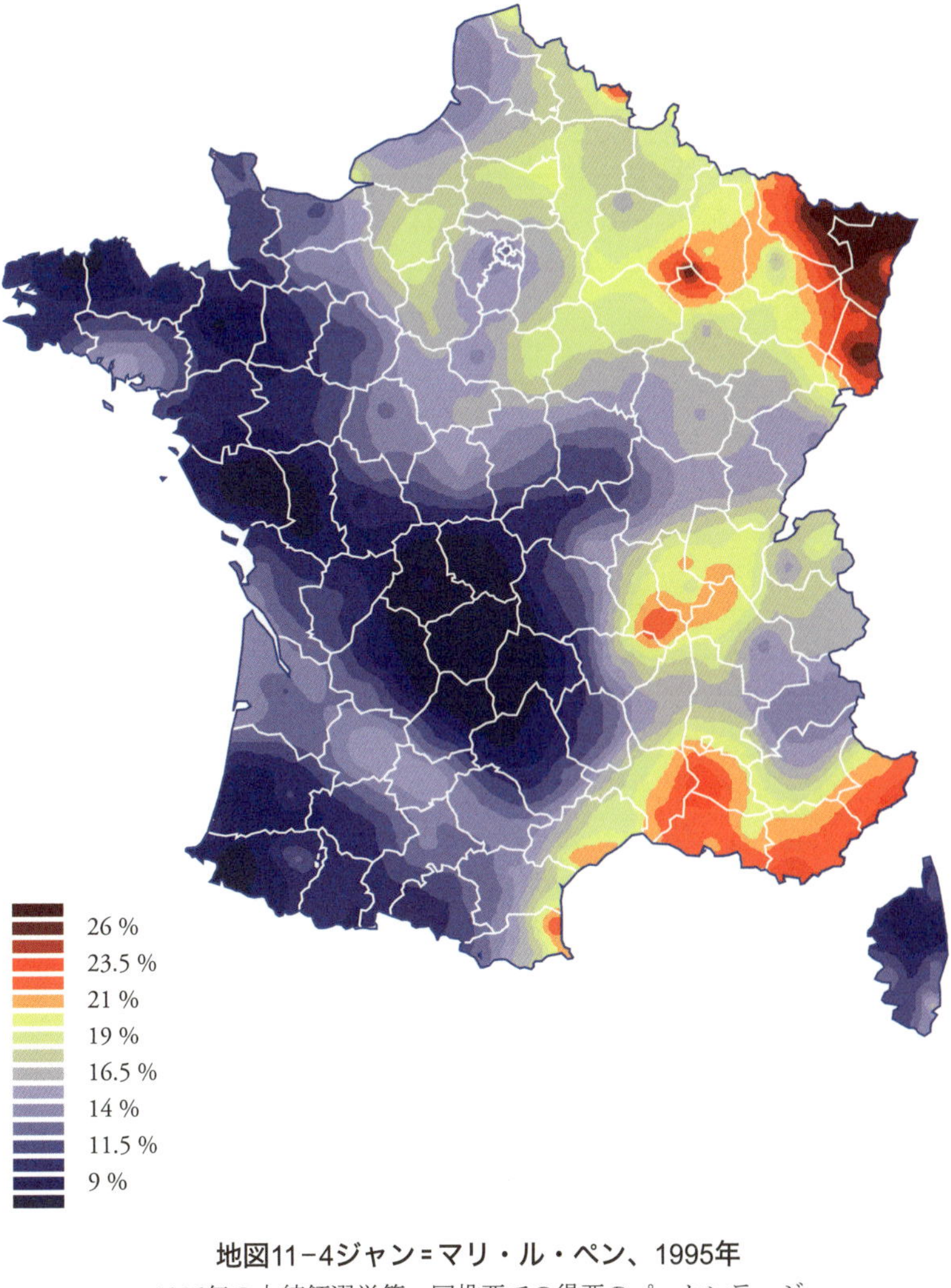

地図11−4ジャン＝マリ・ル・ペン、1995年

1995年の大統領選挙第一回投票での得票のパーセンテージ

ヌ川渓谷の下流域で、それはすでに地中海沿岸部へと放射状の広がりを見せている。これらの結節点から発して、細い繊維が交通の軸、一般的には主要河川の流域を進んで行く。すなわちガロンヌ川、アリエ川、パリからルーアンまでのセーヌ川、そしてオワーズ川、オーブ川、イョンヌ川、マルヌ川といったセーヌ川の支流である。この波が及んでいない地域のリストは、マルク・ブロックが挙げた以下のようなボカージュの地域のリストをなぞっているようである。

「ブルターニュ全域、コタンタンとその東と南の、カーン、メーヌ、ル・ペルシュの平野を取り囲む丘陵地域、ヴァンデとポワチエのボカージュ、中央山塊の大部分――泥土質の平野はその一つ一つが囲い柵の見当たらないオアシスに他ならないので、これは除外するが――、ビュジェイとジェックス地方、南西の果てのバスク地方……以上が、囲い地の国々の地図である(5)」。

第1章で検討した、集村的居住環境と平等主義的遺産相続の繋がり――アルザス以外での――を考慮するなら、この合致は、国民戦線の支持票と平等の理念の間に、いささか倒錯的とはいえ、当初より関連があったことを示唆している。

注意深く地図を見てみるなら、ブルターニュ全域が全く極右票を免れているわけではないことが分かる。モルビアンの中のラ・トリニテ周辺の小さな地域がル・ペンに惹かれているからである。ラ・トリニテは、ル・ペンの生まれ故郷であり、「地元出身」効果というのは、どの大統領選挙にも特有のものである。

国民戦線票の四つの極と「囲い地」の国々との間には、まるで最初の爆発で放射された微粒子が受ける抵抗がますます強まって行くような、漸減効果が見られる。唯一、現在のサントル〔中央〕地域圏を構成する諸県のケースでは、抵抗はより弱い。第1章で見たように、これは人類学的・宗教的特徴としては混合的な特徴を有する地域であり、この地ではしばしば、逡巡的な行動様式が見られるのである。

父親ル・ペン、停止する

移民と治安問題は、選挙向けの議論でしかなかった。より深層の不安を隠すための遮蔽幕、と精神分析家なら言っただろう。国民戦線をこうした鎮静剤的機能を超えて、その先まで前進させるためには、父親ル・ペンが、危機と関連するような経済的・社会的政綱を提示する必要があっただろう。メグレと〈大時計クラブ〉[*3]の彼の友人たちは、そのことを理解した。しかし、自分が調剤した妙薬に満足し切った年老いたリーダーの反対に突き当った。ル・ペンは、己のフェティッシュたる二つのテーマにしがみついたのである。

そこで、一時は電撃的であった国民戦線の前進は、停止する。一九八八年、一九九五年、二〇〇二年の大統領選挙を追跡してみると、得票率一四・四%、一五%、一六・九%と、成長は続いていたが、そのテンポは緩やかになっていた。ル・ペンの全体的得票率は、これらの選挙でまだ少しずつ増大していたとしても、彼の支持者の地理的分布は、まるでガラス状に凝固してしまったように見えたのである。それは、一九八四年のヨーロッパ議会選挙と一九八八年、一九九五年、二〇〇二年の大統領選挙での国民戦線の得票の分布を描く**図11－5**の四枚の地図が、示すところである[6]。

塹壕に立て籠ってばかりでは、新たな動きを起こすことはできない。二〇〇二年の大統領選挙の第二回投票にル・ペンが進出したことは、大部分のコメンテーターからは、大々的な前進と見なされたが、実際には不動化にすぎなかった。第一回投票から第二回投票まで、ル・ペンは実質的前進を果たしていない。

サルコジ、極右を立て直す

この段階に至って、ル・ペンはもはや右派にとって脅威ではなくなり、障害となっていた。ル・ペンを遠ざけるために、サルコジは治安と移民という得意の二つの議論を、再び開始した。この戦略は、短期的には、つまり二〇〇七年には得策だった。第一回投票において、国民戦線の票の三分の一近くをもぎ取ることに成功したからである。中期的には、これが国民戦線をその停滞から引き出すことになった。この上ない生兵法の使い手たるサルコジは、からくりの仕掛けを動き出させてしまったのだ。どんな形でそうなったのかを見るには、より精巧な地図が必要である。そこでわれわれは、二〇〇二年と二〇〇七年の間の、ル・ペンの絶対的後退ではなく、彼の相対的後退の地図、つまり、二つの第一回投票の間に、彼が後退した比率を示す地図（**地図11－6**）を作成した。このようにすると、地理的

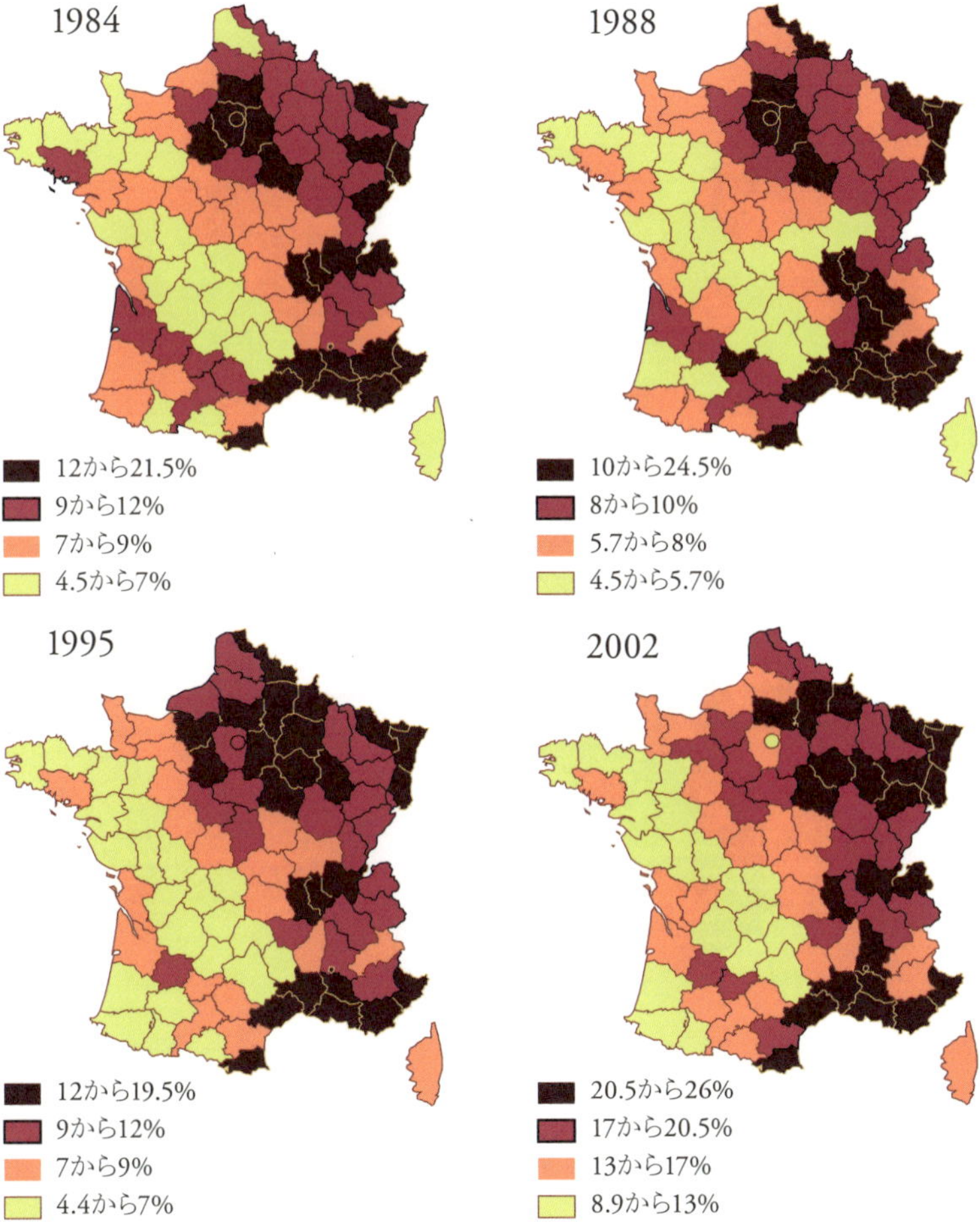

地図11−5　国民戦線、1984年、1988年、1995年、2002年

得票のパーセンテージ（1984年はヨーロッパ議会選挙、あとはいずれも大統領選挙）

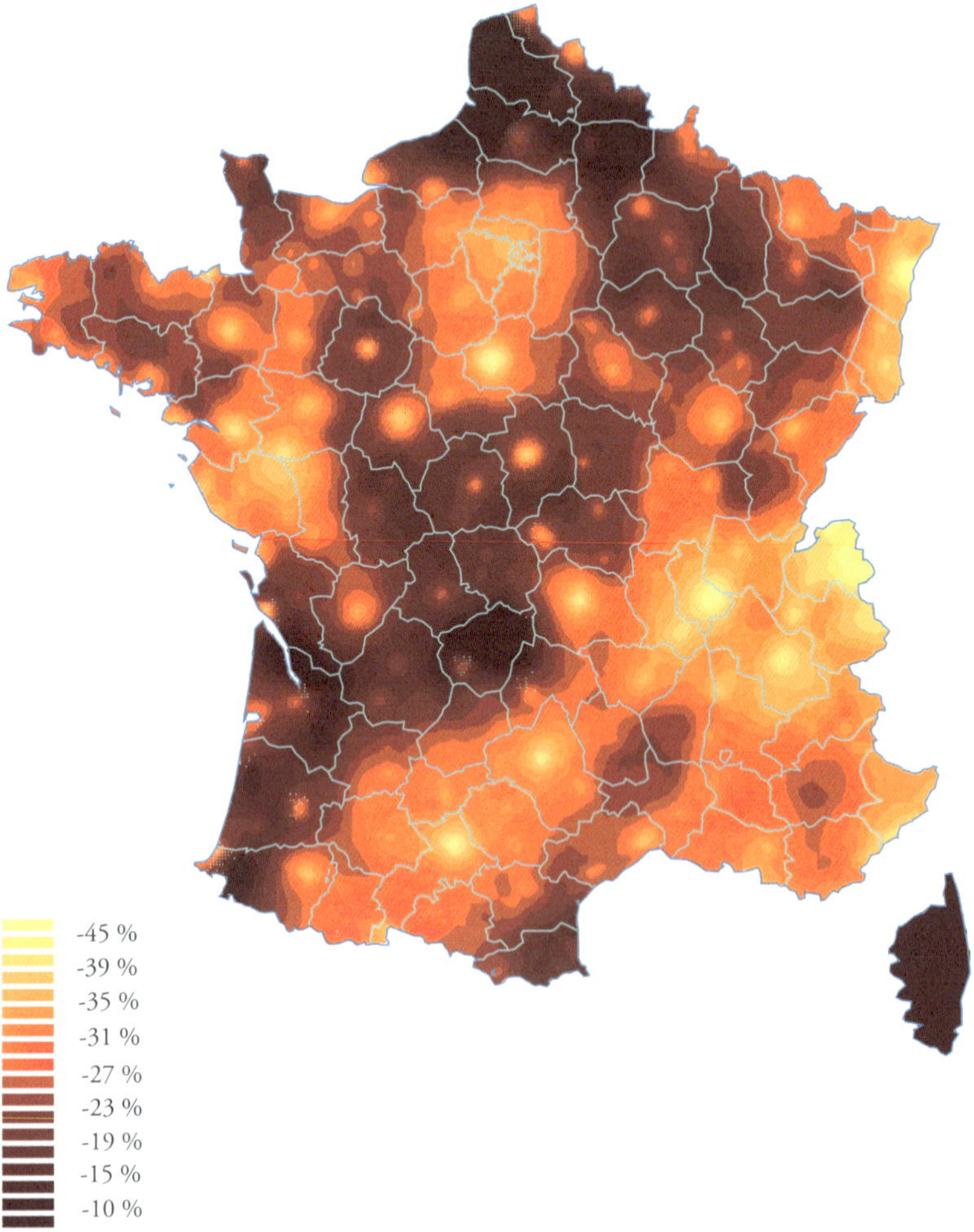

地図11-6　2007年におけるル・ペンの後退

2002年の第一回投票におけるル・ペンとメグレの得票率との比較
(後退が激しいところは、薄い色で示される)

分布構造の不動性（地図11－5）は、打破される。国民戦線の後退は、重要な都市圏であればあるほど、深刻（黄色）なのである。すなわち、パリでは六〇％以上の後退、リヨン、リール、ストラスブールでは五〇％以上、ボルドー、トゥールーズ、ランス、レンヌでは四五％以上の後退である。一九八四年から一九九五年までの間に、おずおずと積み上げられた後退は、強調され、一般化されるに至った。国民戦線の地盤は、もともとはどちらかと言えば都市的であったのだが、農村的なものとなった、とまでは行かずとも、少なくとも地域的には拡散したのである。それは新たな政治的展望の開幕に他ならない。国民戦線は、今度こそ、貧しい者の、社会の落ちこぼれの党、単に外国人嫌いの党と定義される政党ではなく、何らかの社会的メーセージを担う党と定義される政党になることができる。[7] メグレが先取りした方針転換は、始まることが可能であった。国民戦線の全国的拡大が、再び始まる可能性があった。

北東から南西へと長く伸びるこのパリ盆地では、ル・ペン票が最善の抵抗（栗色）を見せたところであるが、このパリ盆地の姿を通して、脱キリスト教化されたフランスの亡霊が近付いて来るのが、目に見えるではないか。

娘ル・ペンと民衆諸階層

マリーヌ・ル・ペンは、この力学を的確に理解した。そしてこれらの新たな反資本主義的傾向を活用しようとした。そして、二〇一二年の選挙運動の最初期には、ストラスブールでの演説の中で、もはやフランス人を出身で差別することは止めなければならないと主張して、移民に関して方針転換を開始することさえやってのけた。ところが父親の方は、移民出身の者からフランス国籍を剥奪するなどと語っていたのである。この方針転換は、短命に終った。国民戦線の党官僚が黙殺したためというよりは、競争相手が戦術上の誤りを犯したと思い込んだサルコジが、直ちに外国人恐怖症的攻勢を仕掛けたためである。そのとき、共和派的右派と言われる陣営は、アイデンティティと治安に関わるテーマ系の先鋒部隊となったのである。

ニコラ・サルコジもパトリック・ビュイッソンも、国民戦線の支持層が変貌を遂げつつあることを理解しなかった。マリーヌ・ル・ペンは、ただ一点を除いては、二〇〇二年の父親とメグレの得票の合計を回収することで満足したように見えた。しかし、最も重要なのは、票の地理的分布が、再び動き出したことなのである。**地図11-7**は、二〇一二年の大統領選挙第一回投票におけるマリーヌ・ル・ペンの得票と、二〇〇一年のル・ペンとメグレの票の合計との間の差を表わしている。国民戦線の当初の四つの極――アルザス・ロレーヌ、パリ地域とリヨン地域、地中海沿岸部――において、青で示される後退は、相当なものである。

同じ地図の上に、一九九五年と二〇一二年に国民戦線が最も高い比率の得票を挙げた二五の県を書き込んでみると、国民戦線の変貌を総合的な形で把握することができる（**地図11-8**）。大規模な地域に関わる動きの口火が切られたのである。二〇一二年になおも先頭を切っているのは、地中海沿岸部とロレーヌの諸県だけで、パリ地域とリヨン地域は脱落している。実際上、ル・アーヴル・ベルフォー

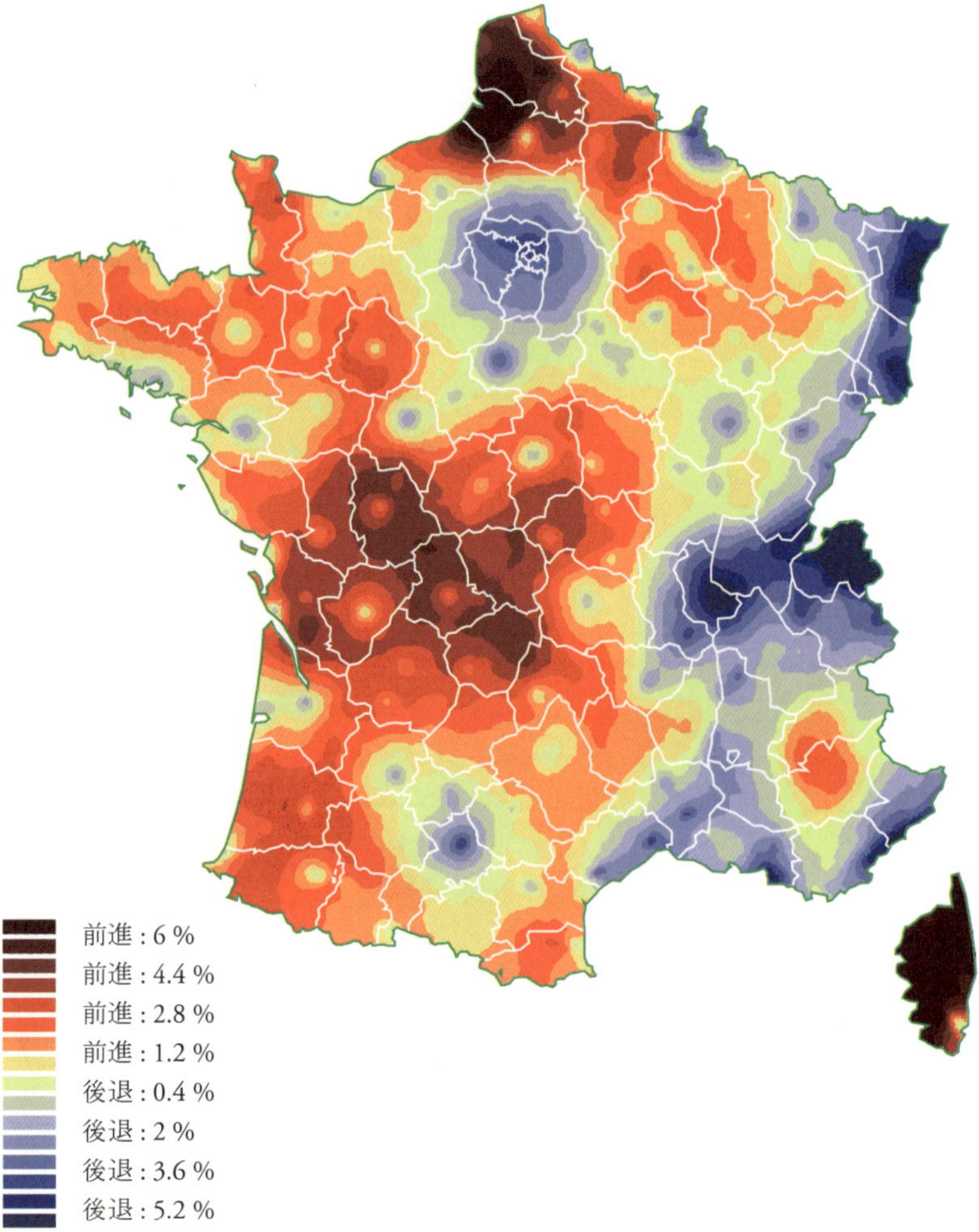

地図11−7　2012年のマリーヌ・ル・ペンの前進と後退

2002年の父親とメグレの得票の総計に対する
（二つの選挙での得票率の差）

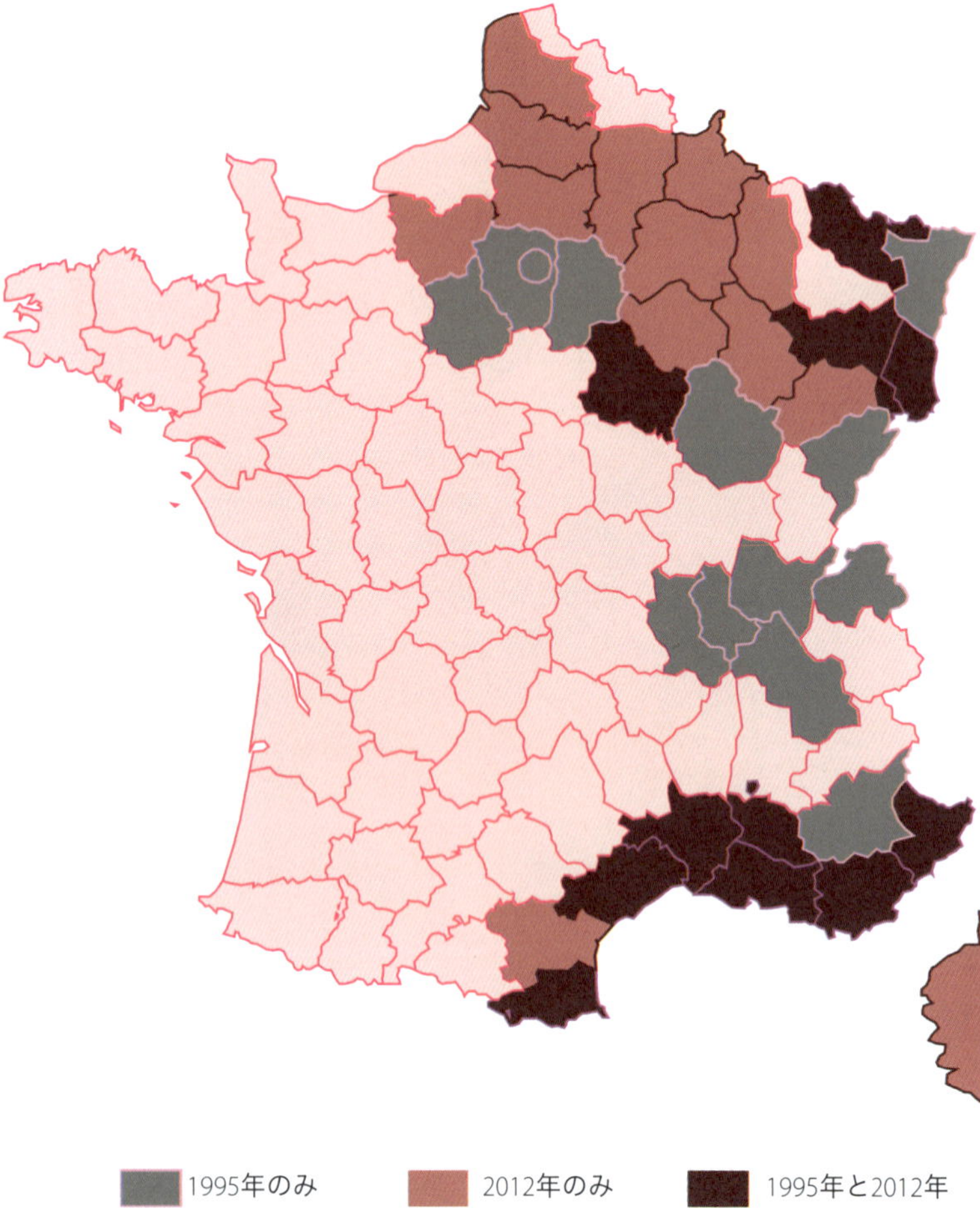

地図11-8　極右の新たな牙城

1995年と2012年に国民戦線の得票が高かった25の県：二つの時点に登場するのは茶色、1995年のみに登場するのは灰色、2012年のみに登場するのはマゼンタ

ルの線より北の県はすべて第一線に上がって来ている。例外をなすのは、ルーアン、リール、ナンシー、ストラスブールのような大都市の中枢部である。これらの極の空洞化のメカニズムとしては、すでに一九九五年にその端緒がパリとリヨンで把握されていたが、いまやそれは全面的に展開している。

それ以外の至るところで、そしてとくに、それまで国民戦線の魅惑の歌声に耳を傾けて来なかったフランスにおいて、前進は大幅であり、時として五％を超える。すなわち、ポワトゥー・シャラント、リムーザン、そしてとりわけノール・パ・ド・カレ地域圏とソンム県である。必勝選挙区としてエナン・ボーモンを指定したのは、偶然の選択ではなかった。この炭鉱地帯は、二〇〇七年に国民戦線の票が後退に抵抗した唯一の場所であった。それは、二〇〇二年から二〇〇七年までの相対的後退を示す**地図11-6**で検証することができる。二〇〇七年に小商業者は大量に国民戦線を見捨てたのだったが、それに対して労働者は、国民戦線への忠誠を守った唯一の社会的カテゴリーであった。

国民戦線は、経済的にも地域構成的にも、被支配者の党、教育によっても職業によっても、権力と特権の中枢たる都市から遠ざけられ、都市周辺部と農村部へと追放された弱者たちの党となったのである。これらの支持者たちが、強固な地域的帰属もなく、しばしば複数の県の接触面に居住していることは、彼らが地理的アノミーの状態にあることを示唆している。パスカル・ペリノー[8]に続いて、政治学者たちは、このような支持者群を記述するために、「左派ル・ペン主義的」という語を口にするようになった。実際、労働者の数は、都市周辺部地帯や県境地域でより多いのであるから、彼ら政治学者の言うことは間違っていない。しかし見捨てられているという感情に重くのしかかっているのは、

表15　2012年のマリーヌ・ル・ペンへの労働者票（%）

アルザス	46
アキテーヌ	23
オーヴェルニュ	35
ブルゴーニュ	34
ブルターニュ	25
サントル［中央］	44
シャンパーニュ・アルデンヌ	38
コルス	—
フランシュ・コンテ	57
イル・ド・フランス	27
ラングドック・ルーシヨン	36
リムーザン	29
ロレーヌ	38
ミディ・ピレネ	15
ノール・パ・ド・カレ	43
バス・ノルマンディ	29
オート・ノルマンディ	41
ペイ・ド・ラ・ロワール	25
ピカルディ	32
ポワトゥー・シャラント	38
プロヴァンス・アルプ・コート・ダズュール	29
ローヌ・アルプ	35

出典：IFOP［フランス世論研究所］。

労働者としての生活条件より、どうやら国内追放者としての位置取りなのである。彼らの政治的態度を形作るのは、労働者という社会的・経済的定義よりも、非都市的な（オリヴィエ・モンジャンの本のタイトルをもじって言うなら）[9]生活条件の方なのである。国勢調査で労働者と自己申告するのは、これらの地理的に「遠ざけられた者たち」なのではないか、とさえ考えられる。都市中心部とその第一環状帯に住む労働者は、技術者と自己申告するのを好むであろうから。

中心と周縁というモデルは、おそらく同時にいくつもの地理的水準で機能する。ジェローム・フルケが伝えてくれたデータ[10]は、より上位の空間的尺度において、国民戦線票の同心円的波及のメカニズムを確証する。

地図11－9は、地域圏レベルしか把握しない。しかしそれでも、ある種の爆発が窺える。シャンパーニュとロレーヌの辺りに位置する焦点から発して、労働者の国民戦線票は、同心円を描いて広がり、近隣の地域に到達しているように見える。労働者の極右票は、全国的尺度では三〇％程度であるが、アルザスでは四六％、ノール・パ・ド・カレ地域圏では、四三％、オート・ノルマンディ地域圏では四一％、フランシュ・コンテでは五七％……に達している。もちろん、これらの数値には偶然的変動の要素が含まれるけれども。

移民よさらば

都市周辺部の民衆階層との遭遇をきっかけとして、国民戦線は、当初の営業財産から遠ざかった。

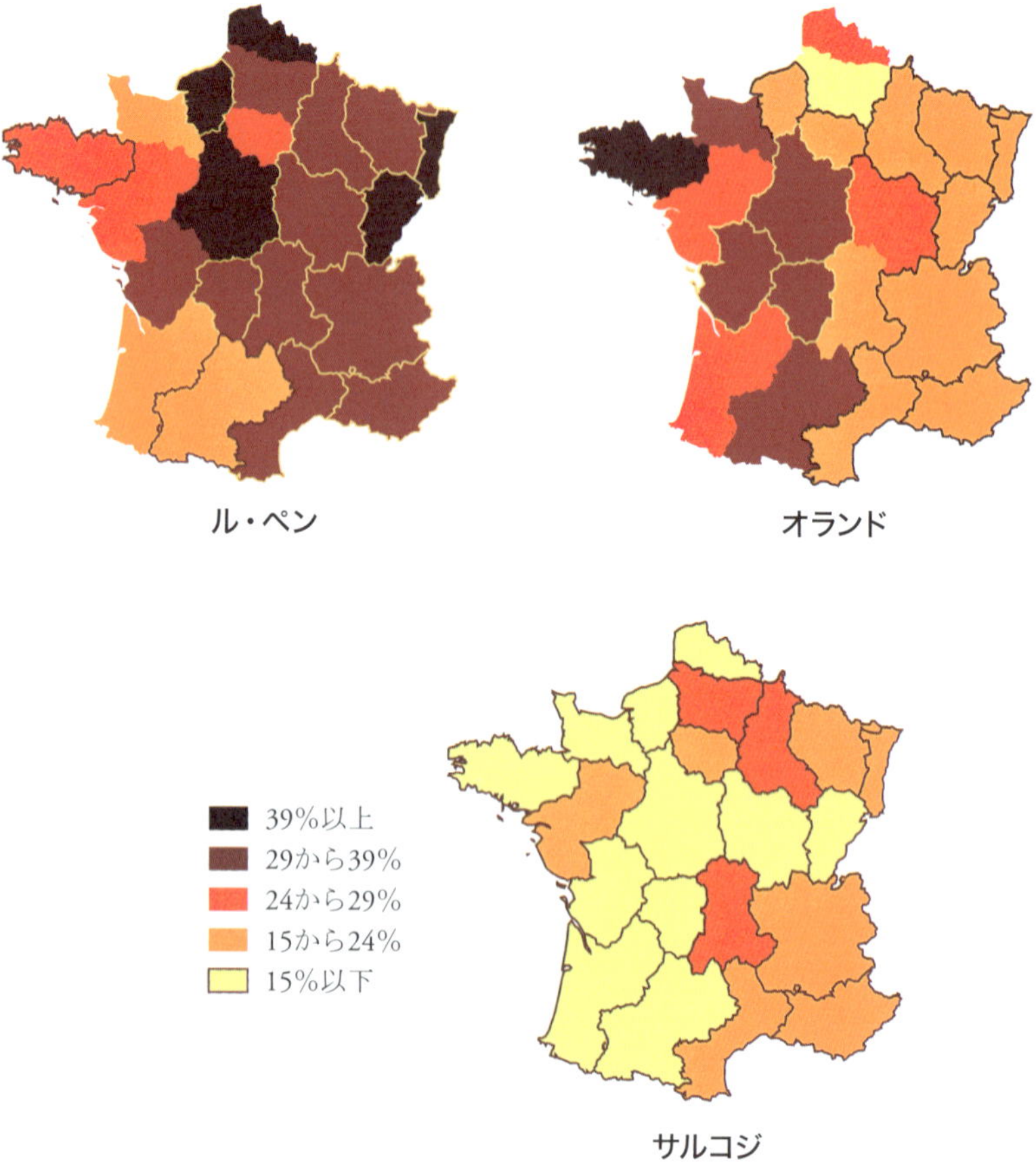

地図11−9　2012年の工場労働者の票

2012年の大統領選挙第一回投票で、ル・ペン、オランド、サルコジに投票する意思を表明した労働者のパーセンテージ

移民問題の優越という問題について、党のリーダーたちの踏ん切りがつかなかったとしても、支持層が移民という問題系から抜け出すことが妨げられることはなかったのである。政治に関する解説は、政治的指導者たちの態度決定（それは、時としてメディアに演出されたものにすぎない）を過大に評価して、しばしば有権者の投票行為とその動機を見ようとしない。

世論調査が久しい以前から示しているところによると、フランス人の抱く懸念の中で、移民の問題はいまや、賃金とか失業といった経済的テーマのはるか後塵を拝している。またわれわれは、最近五年間の選挙結果において、アラブ人だとか、「マグレブ人」だとか、イスラム教徒だとかは、フランスの選挙生活を構造化する決定的な要素ではないということも、承知している。UMPは、繰り返しアイデンティティにまつわるキャンペーンを行なったが、それは失敗に終わり、いまや同党は、大統領府の、国民議会の、上院の、そしてフランス本国のほとんどすべての地域圏の支配権を失うに至った。しかしわれわれの地図作成法によれば、有権者の意思決定要因を、はるかに直接的かつ深層的に知ることが可能になるのである。

国民戦線票はマグレブ人の実際の存在との関係において、どのように空間内で位置するのか、は測定することができる。われわれとしてはここで、あまりも単純な機械的な答えを求めることはしない。知っての通り、歴史の中には、スケープゴートとして名指しされた集団の実際の具体的現存とは直接関連しない外国人排斥的衝動の急激な増進の事例は、無数にある。ユダヤ人の数は、ドイツよりもポーランドの方がはるかに多かったが、それでも反ユダヤ主義がイデオロギー・政治界の全域を構造化す

表16　国民戦線票とマグレブ人の現存

国勢調査の年	選挙の年	国民投票票とマグレブ人の現存の間の相関性
1982	1984	0.85
	1986	0.79
	1988	0.79
1990	1989	0.75
	1992	0.67
	1993	0.67
1999	1997	0.55
	1998	0.60
	2002	0.46（メグレ支持票の%を併せれば0.38）
	2004	0.45
2008	2004	0.46
	2007	0.19
	2010	0.15
	2012	0.10

出典：内務省、『ル・モンド』紙（選挙ノート）、INSEE。

るに至ったのは、ドイツにおいてであった。とはいえ、マグレブ人の現存と突き合わせた極右票のフランスの国土内での地理的分布、そしてそれ以上にその変遷が、国民戦線票というものについてのいかなる理解にとっても本質的に重要な要素であることは、認めなければならない。

国勢調査はそれぞれ、さまざまな国籍の出身者の県ごとの比率を示してくれるので、選挙ごとの国民戦線票を直近の国勢調査におけるマグレブ人の分布と比較することは可能である。**表16**は、一九八四年の出発点において極端に高かった相関性（プラス〇・八五）が、その後一貫して減少し続け、今日では実質上ゼロになっていることを、鮮やかに示している。

二〇〇二年には、メグレ票をル・ペン票に合算すると、すでに相関性ががくんと落ちているという事実は、メグレの現状分析がこの変遷を先取りしていたことを示唆している。国民戦線票とマグレブ人の比率との相関性の減少は、始めから連続的であったが、相対的にゆっくりとしていた。二〇〇七年が、一つの断絶を画しているという事実は、分析の正しさを確証してくれる。国民戦線の支持層は、この年から性格を変えたのである。国民戦線が民衆階層の中で伸びて行くことが、国民戦線を移民問題から遠ざける。マグレブ人の存在と極右票との繋がりが切り離されるのと、移民の居住する都市中心部や郊外からの国民戦線の撤退とは、表裏一体で進行する。

移民問題への関心の低下は、都市周辺部の民衆諸階層にのみ関わる事柄ではない。より都市中心部的区域とフランス社会のより上の階層に、新たな型の外国人恐怖症が出現したことを、われわれは見逃さない。マグレブ人への敵意は、民衆諸階層からは退出したが、イデオロギー的抽象性の度合を一段上る形で、最近五年の間に、イスラムへの固着となった。きわめて多数の著作者たちのイスラム恐怖症が、プレスの一部に中継されて、多数派的ではないまでも、フランスの政治生活の重要な一要素をなす新たな社会的事実となっている。このイデオロギー的生産活動は、サルコジとその顧問、パトリック・ビュイッソンの頑迷さの原因となったばかりでなく、より深層において、党首の座をめぐるフランソワ・フィヨン[*4]とジャン＝フランソワ・コペ[*5]の対決の際に顕在化した、UMPの右傾化の原因ともなった。この現象は、中産階級における不安の上昇を表わしている。第8章で記したように、移民の最大の居住地が都市中心部であることが、この現象を説明するのに一役買う。イスラム恐怖症のインテリゲンチャと移民とは、現実に隣同士であるわけではないが、同じ都市的世界で生活しているのである。

起こり得る変遷

現在の他のどの勢力よりも、国民戦線の分析には、動きという用語を用いることが必要である。過去において、どのようにして大きな宗教的・政治的潮流が、革新の場――フランス本土内もしくは国境の外に位置する――において危機から生まれ、フランスの国土の中を旅し、やがて、その後数十年間にわたって安定的である最終的な受け入れ空間を見出すに至ったか、その様態は識別することができる。相対的に近年の例を挙げるとしよう。フランスの社会主義と共産主義の歴史は、当初は混迷に満ちたものだった。一八四八年の社会主義的民主主義者から始まり、次いでゲード主義者、アルマーヌ主義者、ヴァイヤン主義者、改良主義者たちが並び立ち、やがて一九〇五年の統一に至るが、一九二〇年のトゥール大会で［社会党と共産党に］分裂する、等々。しかし時の経過とともに、やがて第二次世界大戦の直後に、普通選挙が確立し安定したという恵みのお陰で、かなり調和のとれた地理的分布が生み出されることになる。すなわち、フランス中央部と地中海沿岸部は共産主義の地盤となり、南西部、ラングドック、西部プロヴァンス、ならびに北部というフランス周縁部には、社会主義が定着した。現実には、共産主義は脱キリスト教化地帯の中枢部を根拠地とし、社会主義は、周縁部の中でキリスト教化が最も弱い部分を根拠地とした。その両方の場合において、濃密な家族型と補足的な親近性を持っていた(11)。

国民戦線は、このようなメカニズムの例を、早送りで見せてくれる。それは近代的伝達手段によって同質化され、体系化されている。国民戦線は、集村的居住環境と、治安問題と、移民問題という脆弱な環境の中で、伝統的な社会的繋がりの崩壊から生まれた。一時は凝固し、次いで内爆するかに見えたが、それがむしろ幸運であった。出現地点では弱まったが、いまや新たな領域の征服へと歩み出すばかりになっている。われわれの市町村レベルでの地図作成法は、二〇一二年の地図［**地図11-1**］の上に、国民戦線の動きを直接読み取ることをほぼ可能にしてくれるのである。

世論調査で定義される選挙民の社会学は、国民戦線への投票はいまや労働者の間に大きな反響を見出しており、また中間的ないし低い教育水準に強固に結び付いているということを、すでに示してくれた。本書のさまざまな章で提示されている地図は、教育水準に関する主要な繋がりを、具体的に示している。国民戦線票は、基本的には、フランスの国土の中での労働者の分布を示す**地図6－1**には、引きつけられているようには見えない。もちろん、それと絶対的な矛盾関係にあるわけではないにしても。逆に、フランスの国土の中での二十五歳から三十四歳までの免状なしの居住分布を描き出す**地図2－5**には、引き寄せられていることが分かる。今一度念のため言っておくが、このような照応は、免状なしの者だけが国民戦線に引きつけられているということを示すものではない。われわれが何度も強調したように、社会的転落の恐れは、教育ピラミッドの下半分全体の不安の根源なのである。

主要な例外は、パリ地域圏である。そこでは免状なしの者はもちろん多数に上るが、大量の高等教育学歴者の群れに取り囲まれている。技術系の中間階層の率は、明らかに低い。恐怖が少なければ疎外も少ない。国民戦線の地図は、イル・ド・フランスを南から迂回し、ウール・エ・ロワール県にまで擬足を伸ばし、南フランスの方へ二次的進展路を伸ばしている。国民戦線の最終的到達地はどこなのかはまだ見えないが、しかし予感はある。教育上の困難と国民戦線票の繋がりの完成点と思われるガロンヌ川下流域には、国民戦線の勢力がすでに及んでいるが、当面それはまだ、極右票の地図の上にも、免状なしの地図の上にもくっきりと姿を現わしている、北方と地中海沿岸の大きな塊から切り離されて孤立している。

教育水準の決定作用の力の強大さは、他の巡り合わせも生み出す。失業（**地図7－5**）と不平等（**地図7－4**）を引き起こすからである。

われわれはまだ説明の旅の終着点に完全に到達したわけではない。第2章で示したように、最も近年の教育上の進展は、「ゾンビ・カトリック教」という保護層によって助長された。この保護層は、文化的発展のこの最終局面において、若者を組織的な枠組の中に編成する力を、フランスの国土の中の古くから脱キリスト教化された諸地域の空虚よりも持ち合わせていた。教育上の困難とその社会的帰結——不平等と失業——を記述する変数が、いずれも、フランス中央部と地中海沿岸部という脱キリスト教化の広大な空間へと立ち返って行く傾向を見せる、その究極の理由こそ、これなのである。この過程はまだ終っていない。ここでもまた、われわれの市町村単位で起伏をならした地図作成法は、地図の上にこのゆっくりとした動きを読み取ることを、ほぼ可能にしてくれる。パリ盆地という大きな模様は、ポワチエというハードルを越えて、ガロンヌ川下流域と接合しようとしているように見える。そして地中海沿岸部の空間も、ローラゲというハードルを越えて、やはりガロンヌ川流域に近付きつつある。この動きは、免状なしの地図［地図2－5］、若者の失業の地図［地図7－7］、上位デシル［一〇分位数］と下位デシルとの比の地図［地図7－4］の上では非常に前進しているが、本来的に東部の政党である国民戦線の票に関しては、前進の度合はいささか劣る。しかしポワチエとローラゲというハードルを固定する留め金が、すべての変数について飛び散って［急上昇して］しまうことも、ないわけではない。国民戦線票の場合は、最終的には、［当初からそれを拒絶していた］散村的居住環境という伝統的障害を完全に打ち破る必要があるだろう。東部での極右の低下がさらに進むなら、アルザスを切り離して、この過程を完成させることになろう。もしこの動きが終着点に達するなら、国民戦線は、長い忍耐強い旅を終えて、かつての共産主義と同様に、脱キリスト教化の土壌をほぼ回復することだろう。共産主義が極右へと地滑りしたという仮説は、一九八五年には誤りだったが、二〇二〇年には完全に誤りとは言えなくなるかもしれない。しかし二〇二〇年における共産党と国民戦線の地理的合致というのは、あくまでも偶然の巡り合わせに過ぎないだろう。つまり、昔からの宗教的空虚という第三の変数の作用の結果、起こったことなのである。このような変遷は、国民戦線の指導部を、その民衆的支持層の気質との現実的矛盾に投げ込むことになろう。国民戦線の指導部は、われわれの見るところ、その極右としての古い文化的基底——反平等主義、反共産主義、反ユダヤ主義、反アラブ主義——に依然としてきわめて近く、一方、支持層は、古いフランス革命的基底から、それほど遠ざかっていない。したがって国民戦線は、フランス共産党の転落よりも急速な転落を経験することになりそうである。フランス共産党のイデオロギーの方は、フランスの歴史と完全に矛盾するものではなかったのであるが。

結論

その深層部分において、フランスはそれほど具合が悪くはない。教育水準、出生率、平均余命、自殺率は、一定の安定期に達した社会というイメージを与える。この社会の上と下の縁の辺りはかすれているが、中心部――人口の九〇%――はしっかりと持ちこたえている。フランスは、金融の自由化と工業の衰退を免れることはできなかったにしても、他の先進大国よりはしたたかに、物質的不平等の増進に抵抗して来た。

政治的過激派［極右と極左］の勢力伸長は、このような安心できる健康診断書を否定するもののように見える。そう考えるとしたら、それはトロツキスト支持層がほとんど消滅したことを、忘れていることになる。トロツキストの得票は、十年で一〇%以上から二%以下へと下落した。またそれは、先進国の大部分で見られる右傾化を、ことさら悲劇ととらえている、ということでもある。有権者が右へと地滑りするのは、獲得された裕福さのエゴイズムが蔓延しているからであり、また、底辺の一〇%に転落する恐怖が、脱工業化に脅かされる四〇%の技術教育学歴者の間に、とくに広がっているからである。工業の破壊と極端な失業率とを生み出した経済運営の不条理のせいで、民衆的有権者層は急進化して、右の方へと移動したのである。逆説的なことに、それはとくに、その人類学的基底からして異議申し立ての素地がある、古くからのパリ盆地の平等主義的・世俗主義的個人主義地域で顕著だった。この動きは、完成に達していない。しかし国民戦線が、東部に位置する本来の「反マグレブ的地盤」から脱却しつつ、フランスの国土の古くからの脱キリスト教化的中央部空間の方へと移動しつつあるというのは、本当らしい。国民戦線現象は、嘆かわしいことだが、その恐怖に脅えるほどのことではない。国民戦線の拡大能力の範囲内に明瞭に限定されているからである。UMPの急進化の方が、よほど憂慮すべきことである。不安が中産階級の中で高まっている。

第二次産業部門の崩壊は、たしかにある種の破産を思わせるが、その病的加速化が始まったのは最近である。工業的・科学技術的基盤を立て直さなければならないということは、フランスの人的能力、とくに、理科系グランド・エコールが代表する相当な潜在力を考えるなら、乗り越えがたい障害とは考えられない。ただしそのためには、グランド・エコールが、生産的活動に従事する能力がなく、もっと悪いことには、己を教育してくれた国の利益にもとるような投機を仕出かしかねない「トレーダー」しか養成しようとしない考えを捨てる必要があるのだが。

しかしながらメディアが伝えるフランスの姿は、死に瀕した、統治しがたい国というものである。フランスが抱える困難は、経済のグローバリゼーションへの適応を迫られた、きわめて先進的な社会というものが抱える普通の困難にすぎないはずである。とはいえフランスの状況は、すでに序論で述べたように、指導階級が、フランスの深層における作動様式、フランスの進化を誘導する人類学的・宗教的諸構造について無知のままであることによって悪化している。わが国の指導者たちの手持ちの経済・金融ソフトは短絡的であるため、彼らはフランス特有の歴史的・社会的力学の存在に目を向けることができない。この力学に従う動きは、それを最適化したりそれに適応したりすることはできても、それに逆らったりそれを打破したりはできないものなのである。超自由主義的《ウルトラ・リベラル》「金融」の君臨とは、単に金銭の支配を表わすだけでなく、人間についての抽象的な見方の支配を表わすものでもある。

この抽象的な人間像を、政治家だけでなく、銀行家や巨大グループの経営陣も内面化している。印刷され、譲渡され、交換されるいくつかの通貨記号こそが、生命だということになってしまう。そうだとすれば、人類学とは、金融の反意語に他ならない。

「すべてがそれほど具合が悪いわけではない」とする断定は、また反自由主義的破局論にも反論を突きつける。フランスは、教育が行き届き、さらに最近六〇年――経済の栄光の三〇年間と文化の栄光の三〇年間――に獲得したものによって豊かであり、その社会的国家は、いささかも風化していない。グローバリゼーションに異議を唱える者がいるが、イデオロギー的反逆が何らかの深刻な反抗へとつながることもない。それは軟弱な社会であって、世論調査ではグローバリゼーションを拒否しておきながら、外国貿易ではグローバリゼーションに巻き込まれており、二〇〇五年にヨーロッパ新自由主義の承認を求められた時は、投票で「ノン」を突きつけておきながら、その二年後に、有権者の総体が国民投票で否決したものを、国会議員たちがリスボン協定で承認した時には、いささかの反撃もなす力のないところを露呈してしまった。反体制派は著しく無能で、政権を取って、社会をして反自由主義への道を歩むようにさせることができないが、彼らの政敵たちもまた著しく非力で、無制限の自由主義を押し付けることができない。

破局論を用いて、ますますきつくねじを締めようとする自由主義者たちの破局論と、呪いの言葉を投げかけるだけにすぎない反自由主義者たちの破局論、この二重の破局論は、右と左が己の人類学的基盤を一部交換してしまった政治的ごちゃ混ぜ状態が続いた結果である。左派は平等の観念を適用する力がないといってしばしば嘲笑される。そんなことを言うなら、右派の方も、不平等の正当性に確信が持てず、福祉国家を疑問に付すことができていないというその弱さを、強調されて然るべきだろう。まさにこの点において、イギリスの保守党員やアメリカの共和党員と比較してみるなら、UMPは、「強い」右派も含めて、まるで中道左派の政党のようになってしまう。平等を信じる支持者たちを恐れて、「共和派」と言われる右派は、国民戦線の尻馬に乗って、外国人、マグレブ人、イスラム教徒を、己自身の無力さを埋め合わせるスケープゴートにしようとしているように見える。フランスの社会的空間の中で展開する平等と不平等の対決をチェスの試合に喩えるなら、恒常的な「ステールメイト」［手詰まり］であると言わざるを得ないだろう。金融市場は自由化されたが、課税の重さは増大し続けている。銀行は利益を吸い上げているが、社会保障も何とか持ちこたえている。腕相撲は果てしなく続く。これが昔のように、左と右の勝負であると考えたら間違いだろう。左派と右派が、それぞれ己の人類学的空間にどのように組み込まれているかを研究した結果、われわれは、なぜこの両者が、不平等とグローバリゼーションに直面して、二つの一貫性ある態度を確定することに苦しんでいるのかが、理解できた。イデオロギー面では、社会党は気づかぬうちに、不平等的成分の影響を受け、UMPは、下から忍び寄って来た平等主義に土台を掘り崩されたのである。ちなみに実際上、物質的不平等への抵抗は、フランスの国土のより宗教的な周縁部でより効果的であったが、それはおそらく、資本に対するマルクス主義型の闘争よりは、金銭に対する教会の伝統的な不信の念の方に由来するのである。

フランスの抱える問題を特定するということは、われわれに言わせれば、フランスの具合が特によろしくない、と断定することではなく、フランスの条件の特殊な点が何かを明らかにすることに他ならない。フランスを近隣諸国と較べてみると、人類学的にはより複雑であることが目につく。このように断定するのは、他の諸国の多様性をわれわれ二人の研究者が過小に評価しているという、目の錯覚の結果ではいささかもない。イギリスは、スコットランドに直系家族地域が広がっていることを除けば、家族の面では強固な核家族地域であり、平等主義的な遺産相続慣習を持たない。この人類学的基底は、不平等の急速な上昇を可能にした。ドイツは、多少の微妙な差異はあるものの、つねに直系型の家族構造に支配されており、そのためにここでは秩序、序列、行動の連続性が確保されている――ただし、人口増加の連続性はこの限りでないが。この両国には、フランスの人類学的細分状態やフランスの国土を構造化している直系家族と平等主義核家族の両極分解に似たものは何もない。

逆に宗教面では、フランスの異種混合性はより大きいと断言するのは、軽卒であろう。ドイツの国土は、カトリック教とプロテスタント教の対立によって分断されている。フランスに「ゾンビ・カトリック教」が存在すると考えるなら、ドイツにもその同類がいると想像することができるはずである。さらにそれは、最近政権を握った「ゾンビ・プロテスタント教」と向き合っている。かつての［再統一以前の］西ドイツは、半ばカトリック、半ばプロテスタントであったが、どちらかと言えば、南部と西部のカトリックによって支配されていた。この宗教上の均衡は、再統一によって破綻した。ルター派のドイツ民主共和国［東ドイツ］が、本来あるべきところに立ち返ったことによって、プロテスタントが多数派の国というドイツのステータスが再建されることになったのである。この現象は、プロテスタント教とナショナリズムの間の緊密な繋がりを知る者にとっては、グローバリゼーションという文脈の中で、枢要なことと思える。イギリスは、外見上は一様にプロテスタントと見えるが、その宗教史の専門家たちは、序列を尊重する点でカトリック教に近く、イングランド南部で支配的な英国国教と、諸宗派とスコットランド教会のプロテスタント教とが対立していることを、承知している。この亀裂が、十八世紀以来、この国を構造化しているのである。保守主義的な南イングランドと、労働党と自由民主党の強い周縁部という風に、国が政治的に分割されているのを見ると、この亀裂は今でも政治・社会生活に作用を及ぼし続けていることが分かるのである。

フランスの国土の人類学的細分状態が依然として存続していることを示すということは、フランスが脆弱であると示唆することを意味せず、逆に、そのようなものとしてのフランスが相変わらず存在していること、そのようなフランスは、適応のための力を、模倣的な行動の中にではなく、むしろ自分自身の中に探し求めなければならないということを、明らかにすることに他ならない。というのも、真の問題とは、人類学的多様性と世界市場が必要とする中期的専門化とをきちんと踏まえた経済・通貨政策を、いかにして決定するかということである。生産が金融に対して自律的であった古き良き時代のように、放っておいても心性と経済が自動的に適合するというようなことは、もはや保証の限りではない。われわれは良き適応を考えつくかも知れないが、悪しき適応を考えつくかも知れないのである。フランスの指導者たちが管理運営しなければならない国とは、中位の強国であって、それは他の先進国と比べて、長期的には人口動態のバランスは良いが、教育上の達成としては中くらいで、しかも上の水準と下の水準とに大きく両極分解している。エリートたちの言説は、数十年前から、「外からの強制への適応」を特権化している。それはすなわち、外国モデルの模倣によって進められる改革に他ならないが、その処方がアングロサクソン流の柔軟性と、ドイツ風の規律と、その雑種たるスカンディナヴィア風柔軟社会保障のどれにするかで揺れ動いている。あるがままの世界を考慮に入れることが自明にして緊急の必要性であると、われわれは考える。しかし現に存在するがままの世界とは、あるがままのフランス人、その多様性と無秩序の中に生きるフランス人を内包するものに他ならない。しかし決してこの国のエリートたちは、社会生活の核心をなし、歴史の軸を決定するものたる心性の自立性とその慣性［急速に変動しない性格］とを自覚しているようには見えない。

例えば、〈強いフラン〉政策は、無理にでもフランス工業にドイツないし日本型の適応を行なわせようと目指すものだった。平価切下げを拒むことによって、工業が一段階上昇せざるを得なくし、力ずくで工業を労働コストの心配から解放しようというわけである。ドイツと日本は、直系家族の国であり、教育と工業の発展は、地域的に連合し、人的に接合されている。このような国では、厳正な通貨政策は、刺激剤として作用することができる。こうした地域的・人的な巡り合わせがフランスで存在するのは、アルザス、ローヌ・アルプ地域圏、それに、戦略的理由から国家が航空機産業を移植したトゥールーズ周辺に限られる。これらの三つの地域のケースでは、直系家族と教育と工業の連合という通有のプラス効果が確認される。しかしフランス工業の主要部分は、核家族と中位の教育潜在力の地域たる北フランスに存在する。現実に存在する工業は、その地では、教育的力量が土地の記憶によって手工業的・科学技術的伝統と組み合わされ、最大の勢力伸長を果たすというような事態に依拠することができないのである。〈強いフラン〉政策の結果は、第二次産業部門の破壊、というものであった。

私たちはフランス人であり、私たちが持っているもの、私たちがそれであるところのものを用いてことを行ない、私たちの長所と欠点とを抱えながら生きなければならない。フランスに、人類学がフランスの国土の上にばらばらに据え付けた生ける諸力の間の結合を確保してやれるのは、唯一国家の介入のみである。

とはいえドイツ・モデルへの選好は、フランスの人類学的性格と無関係なわけではない。序論で述べ、本書全体を通して研究したところであるが、わが国は自由主義的かつ平等主義的な中心成分の重大な弱体化と、国を形作る人類学的・宗教的諸力の間の均衡の新たなる破綻に苦しんでいる。一歩進むごとに、個人を強固に統合する「社会統合主義《ホーリズム》」的な周縁部の社会の、教育上の勢力伸長と経済的優越が観察された。これらの社会においては、社会的環境による個人の形成は、複合家族的基底やより強固な宗教的刻印の結果として実現する。オック語系南フランス［オクシタニイ］が、次いでカトリック諸州が、一九七〇年頃、次いで一九九〇年頃に、相次いで教育上の発展の頂点に達する。逆にフランスの国土のうちの中心部ならびに地中海沿岸部の、昔から脱キリスト教化されている部分では、経済的・社会的困難が山積した。この部分は、相対的な教育上の弱さによって沈滞しているわけだが、この現象は、個人にとっての保護層をなしていた共産主義イデオロギーの、たしかにあまりにも急激な死によって、さらに悪化しているのである。

この新たな状況に合わせて政治は調整を行なった。社会党が、社会統合主義《ホーリズム》的地域——主にその西部——で覇権を握り、右派は、国土のうちの平等主義的個人主義の部分（二〇一二年のパリ地域は除く）で支配的であり続けた、というのが、その調整の結果である。ここで、右派の支持者の総体を想起してみるなら、その政治的・社会的な上層部においては、右派はカトリック教によって社会統合主義《ホーリズム》的伝統にかつて結びつけられていたし、現在も結びつけられている、ということになる。

最も近年においては、社会統合主義《ホーリズム》的で、カトリックの伝統もしくは昔からの社会主義の伝統を有する周縁部のフランスが、フランスの全国システムの支配権を握った。それはなんらかの陰謀によって実現したことではなく、この諸地域の方が文化的活力がより旺盛であって、その無意識的な効果——おそらくは一時的な——によって実現したことである。このフランスであれば、ドイツを讃嘆することもあり得る。ドイツと同類ではないまでも、その序列への敬意と相対的な有効性とによって、多少なりともドイツに似ているからである。いずれにせよ、しばしば無政府主義的で反逆的な、平等主義的個人主義のフランス中心部に比べれば、ドイツに似ている。

フランスの困難は、人類学的・宗教的成分を不断に同位相に置く必要があるという点に存する。フランスの歴史の中には、調和の時代もあれば不一致の時代もあったことが分かる。共和制による総合は、肯定的なモメントであった。支配的な平等主義的個人主義の中央部は、周縁部の抵抗を尊重するすべを身に付けたのであった。しかし現在この国は、パリ地域の量的巨大さにも拘らず、遠心分離的諸傾向の作用を受けており、この現状は、いささかも最適なものと考えることはできない。

経済のグローバリゼーションは、とりわけそれが国家の衰退のイデオロギーと結び付いているところでは、自動的に遠心分離的諸傾向を助長する。それはドイツのような同質的な国には、特段の問題を突きつけることはない。ドイツは連邦国家であるが、連邦という多様性は、現実の人類学的異種混交性を反映したものではない。しかし経済のグローバリゼーションは、スペインとイタリアを解体させかねない。この両国の最も豊かな州――スペインではカタルニア、イタリアでは北部――は、国家の拘束を逃れて、自分だけが優位な競争力を利用しようとしている。フランスは、非常に特異なケースとなる。フランスの歴史の中心をなして来た、昔はより発達していた部分が、次から次へと押し寄せる外からの強制に痛めつけられているのであるから。

したがって、抽象的に割り出した経済目標をフランスの目標として定めるということは、実際上はしばしば、人口の一部分が無用であると宣言すること、ある種の集団を彼ら自身の社会の中でのけ者にしてしまうことにしか行き着かない。若者や、労働者や、移民の子どもは、無用の部品となってしまう。彼らのことは、何とか教育して面倒を見てやろうとはしている――フランスの指導階級は残酷であるというよりは、それ以上に無能力なのである――が、経済機構は彼らには使い道がないと考えている。改革と呼ばれるものは、最終的には、こうした模倣的経済政策にとって「何の役にも立たない」部分を取り除く剪定を行なうことでしかない、ということになりがちなのである。

フランスはどのような国かを理解することは、この時代、この工業の壊滅、市民たちの不安、指導者たちの狼狽の時代にあって、もちろん重要である。とはいえわれわれが行なった地図作成の調査から導き出される結論は、フランスのケースを大幅に超えた一般的な結論となる。本書の中でわれわれは終始、忘れられた社会的要因の、地下に眠る強力な作用力を見せつけられた。家族構造と形而上学的な信仰とは、消滅の一途をたどっていると思われていたが、地域に深く根を下ろし、場所の記憶によって永続して、相変わらず社会的・経済的変化の方向を誘導しているのである。危機と懐疑の状況にあって、人類学的・宗教的基底の役割は、かえって強まっているとさえ感じられる。しかし、フランスという国は言語面では統一されているとしても、フランスの各州は、社会的・経済的生活に必要な力をそれぞれ己の過去の中に探し求めているわけであるが、それでは他の国々については、どんなことが言えるだろうか。それら諸国は、大抵はフランスより同質的であって、グローバリゼーションのゲームに参加している。そうした国々で、人類学的・宗教的な効果がより強力であるのは、明白ではないだろうか。世界中至るところで、人口統計学者は、経済学者の提唱する収斂モデルの妥当性に首を傾げている。このような収斂は、最も先進的な諸社会の出生率指標の中にいささかも感じられないのである。

このような結論は、例えばアメリカ合衆国や日本のような、自立的な国の指導者たちに、理論的もしくは実践的問題を突きつけることはない。逆に、フランスとヨーロッパの指導者たちを、恐るべき困難の前に立たせることになる。フランスの指導者たちは、地域的多様性に立脚して、国の統一性を維持しなくてはならず、ヨーロッパの指導者たちは、何しろすでにヨーロッパ統一の計画に踏み出しているのだから、収斂することを止めた諸国社会の深層における歴史的諸傾向に対応しなければならないのである。

［付］ 著者インタビュー

――エマニュエル・トッド氏とエルヴェ・ル・ブラーズ氏に聞く――

（聞き手） I・フランドロワ
石崎晴己
（テクスト作成） I・フランドロワ

――本書『不均衡という病　フランスの変容 1980–2010』は魅惑的な本ですが、学術的には、「居住環境」という新たな要素が、トッド人類学にもたらされています。この点を説明して下さいますか。

トッド　二つあります。まず、私は家族システムの専門家で、家族システムをそれ自体として研究すると同時に、イデオロギーと社会生活に対して家族システムが及ぼす影響を調べるために家族システムを研究しています。居住環境という変数は、共著者、エルヴェ・ル・ブラーズが重視する変数です。そこで家族システムと居住環境という二つの変数を採用することにしたのです。二つの変数の一致と小さな不一致を書き出しました。大抵は、集村的居住環境は核家族と照応しますが、必ず、というわけではありません。しかし実際は、二つの変数の一致とか不一致とかは重要ではないのです。本書の目的は、伝統的な人類学的基底を確定し、個人の集団への統合の度合を測定することですが、それは、それが近代性をどのように説明するかを突き止めるためです。家族システムと居住環境様式の間の相互作用を説明することが目的ではありません。同様に、居住環境様式と家族システムと宗教的伝統の力の間の相互作用を説明することが目的でもなく、これらすべての伝統的な要素を組み合わせて、地図を作成し、フランスの各地域を区分するのが重要でした。きわめて個人主義的な地域、きわめて集団的な地域、そして中間的な地域という風に。これは非常に経験主義的な作業だったのです。

ル・ブラーズ　「居住環境」は、「トッド＝ル・ブラーズ」的総合です。私はフランスにおける、集村的居住環境と散村的居住環境の違いにかなり固執して来ました。これは、偉大な歴史学者、マルク・ブロックが、フランス空間の内部での風俗慣習の差異を説明するために、大幅に利用したテーマですが、エマニュエルは、これは家族システムの区別とうまく組み合わせることができる、と考えました。そこで家族人類学と近隣関係人類学の融合が可能になったわけです。特に、例えばパリ盆地の北西部と北東部の差異を、より的確に取り扱うことができるようになりました。これがなければ、この差異はかなり感知するのが難しかったでしょう。

――人類学的基底には、直系家族のような複合的家族システムは、近代化が進行するにつれて解体していく、という問題が付きまといます。そうなると、家族システムに由来する心性も変ってしまうのではないか、ということになる。そこでトッド、あなたが見出した解決法は、家族システムによって培われた当該地域の心性は、学校や職場などの地域社会のさまざまな組織によって維持され、機能し続ける、という説明法でした。

トッド その通りです。しかし本書執筆の過程においても、文化の伝承についての私の考え方は変わりました。土地の記憶という概念が出て来たのです。それはエルヴェの着想です。そこで考えたのは、家族システムというのは、世代の継起だけではない、一定の地域で配偶者の交換をするものだ、だから家族システムの概念には、すでに地域という概念が含まれる、家族システムとは、これこれの地域における家族的価値観のことなのだ、ということです。私は討論を通して、また自分自身でも、変遷し続けまして、今では価値観の伝承のメカニズムについて、以前とは考えを変え始めたと思います。初期の著作の中で、家族システムとイデオロギーの照応を観察した時、私が抱いていた価値観モデルはいささかフロイト的、精神分析的なものでした。つまり、子供への価値観の伝承はきわめて強力なプロセスであって、人格形成の深層に刻み込まれるそうした強力な価値観が、イデオロギーに作用を及ぼし、永続していくのだ、というわけです。しかし今はむしろ、実は価値観というのは、地域の中で強力に働き、永続していくが、個人のレベルではそれほど強力でない、と考えるようになっています。つまり個人個人が価値観を抱く度合は強くはないが、個人の数が多いので、システムはなかなか変らないのだ、個人がこの価値体系から抜け出そうとしても、システム全体には何の影響も及ぼさない、というわけです。

このモデルはまた、フランスでは国内移住が多数行なわれますが、こうした国内移住によって個人は価値体系を変える、というのを説明することを可能にします。模倣的行動、等々が起こるのですが、それはまさに変化であるわけです。

――なるほど。とかく考えられがちなのは、工業化、都市化、要するに近代化とともに、古い家族構造が解体し、核家族、それも特に絶対核家族だけが残り、多様な家族システムが培ってきたそれぞれ特殊な心性は消え失せ、絶対核家族に対応する心性が浮上する、というものですが、そうではないわけですね。

ル・ブラーズ　それはまさに近代性の思想です。しかしエマニュエルも私も、イギリスの大歴史研究者、ピーター・ラスレットの薫陶を受けた者ですが、ラスレットの有名な功績の一つは、核家族が工業化以前にイングランドの大部分で広範に存在していたということを、経験的に示したことです。通常は、工業によって、若者が所得を得る道が開かれ、それで家族というものが解体され、核家族が創出されたと考えられていたわけですが。

——本書の中で、お二人は、収斂はないと言明し、「危機と懐疑の状況において、人類学的・宗教的基底の役割は強まっている」（結論）と言明しています。

ル・ブラーズ　家族構造だけでなく、多くの分野で、収斂はありません。収斂という観念は、ユートピア的観念で、大抵の場合、検証されません。例えば出生率です。フランス国内でも、ヨーロッパ内でも、出生率の収斂はありません。各国社会の発展の論理からして、むしろ分岐の方が優勢になります。収斂というのは、つねに強いられたものなのです。

——いずれにせよ本書は、ある意味で、人類学の賛美の書となっています。本書の結論でお二人は、人類学という学問分野を金融というものに対置し、人類学とは、人間を抽象的なものに還元してしまう「金融の反意語」だと述べています。

トッド　まさにその通りです。私は、経済を管理する人々、ユーロを創設した人々の根本的な誤りは、人間というものについて非常に表面的な見方をしている、とりわけ近代性とはどこか一点への収斂だと考えている、という点だと思います。フランスの例が示しているのは、フランスというのはきわめて多様な国で、収斂はない、ということです。現在、危機にある最先進諸国で何が起こっているかを理解するための正しい作業仮説とは、最先進国社会は、収斂ではなく分岐の道にあるということを理解することです。極端な言い方をするなら、このフランスを扱う本は、私にとってはいささか、世界中で何が起こっているかを理解しようとするための部分的な下書きなのです。危機はむしろ伝統的な価値観の凝固を招来するというのは、私が東日本大震災に遭った日本の東北地方を訪れた時に抱いた直観です。日本と東北の人々がこの苦難を、彼らの基本的な助け合いの価値観に依拠して乗り越えようとしているのは、明らかに目につきましたので、私は「なるほど、そうなのか」と呟いたのです。ですからこの本はフランスについての本ですが、その理論的・実践的帰結は、完全に全世界に関わるものだと、私は思います。それに本書の基本的着想は、日本で東北を訪れた際に抱いたものです。東北は日本でも最も伝統的な地方の一つですが、フランス人からすると非常に近代的でもあるからです。日本では、あらゆるものが近代的です。日本は本当に、近代性というのは各地の文化システムの消滅ではないということを実感できる、理想的な場所です。しかしフランスは、文化的多様性について検討するには理想的な場所です。何と言っても、日本に比べてはるかに異種混交的な国なのですから。

――ではここで、中心的テーマに入りたいと思います。本書の第二のポイントは、あなた方はそうした人類学的方法であるがままのフランスを再検討なさった、そこで確認されたのは世俗主義的な自由主義的・平等主義的地域の衰退だ、ということです。この地域は、近現代史の、フランスだけでなく全世界の近現代史の主たる推進力でした。

ル・ブラーズ　ええ、平等主義的・共和派的な世俗主義地域は、現在、最も元気のない地域です。平等主義地域には、パリ盆地のそれと、地中海沿岸部のそれの二つのタイプがありますが、その理由は必ずしも同じではありません。パリ盆地では、遺産相続の平等性のゆえに、より大きな平等性が発達しましたが、地中海沿岸部では、平等主義的遺産相続は、それほど強くありません。しかしその地域は、十九世紀には最も共和主義的でした（モーリス・アギュロン[*1]の研究やナポレオン三世の行なった国民投票を参照）。

――この自由と平等の地域は、おそらくイングランドとともに、近代性というものを創り出したのであり、「大きな物語」、啓蒙という「物語」の主要な舞台でした。全世界の人々は、明治維新以来の近代日本人も、この地域の魅力に心を奪われ、この地域に導かれて近代化の道に踏み出したのです。つまりこの地は、われわれにとって近代化のモデルでした。その地が、転落し、意気消沈して鬱病にさえなっているというのは、お二人が好まない言葉かもしれませんが、まさに「歴史の終わり」に他なりません。

ル・ブラーズ　いいえ、「歴史の終わり」ではありません。一つの循環です。この地域がこの後、再び躍進する可能性は十分あります。言わばメダルの裏側でして、事実は、共和派的でなかった、宗教的であった地域が近代性の中に入って来たということなのです。本書にある通り、われわれの「ゾンビ・カトリック教」というテーマは、ここから来ます。

トッド 私としては、一時的衰退と言いたいところです。この平等主義的個人主義の衰退が一時的であることの根本的な理由は、それがパリ地域で起こっているという点です。パリ地域は、それだけでパリ盆地の半ば以上をなしますが、それは、考えられるあらゆる移民の流入の到達点ですから、いま新たなスープが作られつつある大きな鍋のようなものです。世界各地から来た住民が非常に高い混交婚率で融合しつつあり、その肌の色を変えつつある地域です。ですから今は無秩序化し、細分化しており、できることと言ったら、せいぜい二〇〇五年の郊外の暴動[*2]ぐらいのものですが、二〇三〇年、二〇五〇年には、パリ地域は世界の驚異の一つとなることは、請け合いです。この地上のすべての人種・民族が融合した世界で稀な地域の一つとなるでしょう。ですから、一時的な衰退なのです。

同様に、カトリック地域の強大さもまた一時的なものにすぎません。現在の周縁部地域が強いのは、つい最近カトリック教から抜け出したばかりの一時的な興奮状態があるからですが、ゾンビ・カトリック教は永遠ではありません。それの衰弱は予想できますし、広義のパリ地域における新たなフランス文化の出現も予想できます。パリ地域は今のところ不活発ですが、実は、あらゆる肌の色、あらゆる宗教の互いに異なる住民の融合を前提とした新たなフランス文化を集中させることになります。

――次に興味深いのは、保護層の概念です。お二人はこのシュンペーターの概念をきわめて自由に活

用しています。保護層とは、厳しく苛烈な資本主義にさらされた時、住民を保護する価値観、道徳、慣習の層で、周縁部では、カトリック教もしくはゾンビ・カトリック教が、それになります。

ル・ブラーズ　自由に活用しているというご指摘は、その通りです。シュンペーターはこの概念を、オーストリアの非常に上層の公職、外交や銀行についてのみ用いています。彼はこう言います。近代化があった、ブルジョワジーは、貴族を斥けて、権力の手綱を握った、ところがよく見ると、銀行と外交のトップにいる者は、大部分が貴族の名前を持っており、ブルジョワジーでそこにいる者は、存続した貴族たちの下僕にすぎない、だから保護層は別の形で残っているのだ、と。

ところが私たちにとっては、「保護層」というタームは、まことに魅力的なのです。これを別のレベル、民衆階層のレベルに移し替えると、ぴったりと適合します。

それに、これとは違った論理もあります。金融関係で国家が何もしてくれないとき、家族や宗教というより古い保護層に頼るのは、全く当然のことです。貧窮のとき、まずは最も近しい者に頼ろうとします。教会の方は、やや込み入っていて、これは国家から独立した組織です。アメリカの歴史学者、シュザンヌ・ベルジェの『農民 対 政治』[*3]という素晴らしい研究がありますが、これはフィニステール県の農民が、国家の政治機構から独立していかに自らを組織したかを示しています。それははるかに幅広い保護層で、家族や近隣関係より大きな共同体の規模で機能します。

――それに対して、ずっと前から脱キリスト教化されている世俗主義地域では共産主義が保護層だったと、いうわけですね。

トッド　このモデルは、共産主義を人類学的・宗教的シークエンスの中で捉えるもので、経済史との関係は副次的です。フランスにおいて共産主義は、その絶頂期には、空間的にカトリック教会との相互補完的な位置を占めていました。ですから、共産主義の地図はカトリック教の地図とネガの関係にあったのです。それは宗教的な地図で、共産主義は、最後には世俗性という宗教的空間を占めることになりました。しかしこの最近分かった真実は、すでにマルクスの個人史の中に存在していました。マルクスは、宗教批判から出発したのですから。

ル・ブラーズ　フランスは長い間、カトリックの伝統が強く残る地域と、脱キリスト教化された地域に二分されて来ました。聖職者は、「砂漠の中で」説教をしているようなものだと、言っていました。われわれはすでに前作『フランスの創建』の中に「マルクスとイエス」と題する地図を載せました。当時の社会学者たちは激怒したものですが、最もカトリックの信仰が強い二五の県と最も共産党が強い二五の県を示すもので、本書にも再録しました［**地図1－8**］。

――世俗主義地域は、まず啓蒙［光明］[*4]があって、そのあとに大革命、そして共和国、世俗主義が来ますが、そのあとに共産主義が来るということになるわけですね。しかしその共産主義は、ソ連のような、社会・経済・政治制度としての共産主義ではなく、純粋にイデオロギーとして生きられた共産主義です。実現された共産主義よりはるかに純粋なものです。

トッド 私は若い頃、共産党員でしたが、その私が共産党について非常に良い思い出を抱いているのは、そのせいです。フランス共産党は、モスクワにコントロールされるスターリン主義政党でしたが、文化的価値観、相互扶助の価値観を持っていました。それにフランスは、非常に文明化された民衆諸階層、労働者階級を擁していました。

この点を述べた上で、ロシアとの類似について語ることができます。共産主義は、経済面ではきわめて効率の悪いイデオロギーでした。しかし共産主義が崩壊したあと、ロシアでは長い間、さらにひどい状態が続きました。それは集団的信仰であり、個人の生活はこの集団的信仰によって組織立てられていたからです。しかしフランスで共産党が崩壊したとき、それもやはり集団的信仰だったのです。その時はそれに気付きませんでしたが。それは行動を構造付け、人々に安心感を与え、進歩の観念を培っていました。現在のフランス社会の危機の一部分、民衆階層の中での存在の意味の喪失、等々は、共産主義の危機なのです。ですから、パリの郊外、このフランスの中心部において、ロシアで起こったのと何か関連のあることが起こったのです。これは大発見だと思います。何しろ、共産主義というのは単におぞましいだけのものだ、あれはスターリニズムだ、それを厄介払いしたのは素晴らしいことだ、とだれもが考えていたのですから。個人的な具体例を二つほど挙げましょう。十六歳から十八歳の頃、私は共産党の活動家でしたが、私の属していた細胞の思い出です。一九六八年で、私がバカロレアに通った年のことです。五月革命の後の選挙がありました。私は共産党のポスター貼りに参加しました。午前三時に起きて、右翼と追い抜きレースをやるなど、もう楽しくて仕方ありませんでした。ところがある日、私が知的ブルジョワ家族の出なので、細胞の書記は「エマニュエル、もういい、ポスター貼りはやめにして、バカロレアの試験勉強をし給え」と言ったのです。彼はルノー社の鋳物工でした。共産党というのは、こういうものだったのです。もう一つの例は、当時、党のシンパがいました。有権者で、細胞の周りをうろうろし、しょっちゅう反アラブの、本当に不愉快なことを口にしていましたが、ある日、共産党に入りたいと言い出しました。すると件の細胞書記は彼にこう言ったのです。「いいかい、お前、そいつは出来ない相談だ。お前のような人種主義的な言動をする奴は、そうしたいなら党に投票したって構わないが、フランス共産党に所属する資格はないんだよ」と。こういうものだったのです、共産党は。その後、共産党は崩壊し、驚いているうちに、国民戦線が伸して来ました。ですから、共産党には、本当に素晴らしい積極的な価値があったのです。

ル・ブラーズ　しかしそれは純粋にイデオロギーだけであったわけではありません。彼らは地方権力を持っていました。共産主義はある型の社会でもあったのです。カトリック教と同じように、国家に抵抗して、脱キリスト教化された地域で、ある型の社会を作り出したのです。共産主義型の相互扶助というのがありました。ある時期には、CGT（労働総同盟［共産党系労働組合連合体］）は、慈善活動のシスターの代りだと考えられていました。企業内にいる労災で傷害を負ったすべての者の面倒を見ていました。できるだけ早く「革命前夜」を来らしめることになどかまけずに、です。これは同時に、重要なのは労働であって、資本ではないという考えを作り出しました。ですからこの地域には、資本よりも労働を要求する産業が、より容易に定着しました。それらの産業は共産党の指導者たちの支援を受けていました。労働者が流入すると、彼らの支持層が増えるわけです。逆に資本家たちは、共産党地域で近代的企業に投資するのは躊躇しました。共産党の市長をバックにストが起こるのは困る、というわけです。かなり単純化しましたが、要するに、彼らはフランスのどこかで、他所とは違う社会を作り出したのです。さらに、国家の行動への過大な期待も作り出されました。これがソ連モデルに合致していたのです。国家が現在のような複雑な社会を管理することができなくなると、これらの人々は途方に暮れてしまったわけです。例を挙げますと、西ヨーロッパ人とソ連人の平均余命の差です。フランス人やドイツ人、イタリア人でさえも、七十八歳くらいまで生きます。ロシア人は六十一歳です。実に大きな違いです。戦後すぐの一九四六年頃のソ連では、病院の設備に巨額の投資が行なわれました。すると余命は急速に伸びました。つまり健康とは、ロシア人にとっては、巨大施設の問題となったのです。一方フランス人にとっては、六〇年代の半ば、あるいはもう少しあとの一九七四年の危機の頃、大きな変化があり、健康は自分自身の個人的問題となったのです。個人の責任というものが芽生えましたが、それはソ連の心性ではあり得ないことでした。それがこのような大きな差がついた原因だと考えられます（もちろんアルコール中毒などもありますが）。ポーランドやハンガリーにも、それは見られます。平均余命は、西側と比べるとはるかに短いのです。ここにおいて、イデオロギーとは、単にイデオロギーであるだけではない、人々の行動をしばることで、社会に物質的な帰結をもたらすのだ、ということが分かるのです。

――さていよいよ**国民戦線**です。お二人の本の構成は、まず基礎的な人類学的要素があり、次いで教育や、女性の解放、脱工業化といった社会生活の基礎、そして政党が来て、最終章で国民戦線となります。つまり国民戦線は、日本語で「クライマックス」と呼ばれるもの、つまり悲劇の大詰めの位置に来るわけです。最後の数行になるまで、私は、国民戦線が世俗主義地域に適合した政党の地位を占めることになるという印象を抱いていましたが、最後にこの印象はいきなり打ち消されました。

ル・ブラーズ　いや、その点は全く違います。国民戦線が前進していること、動きがあることは、示した通りです。それは非常に目につきます。なにしろ二〇〇七年以降、左右の対立は固定化していますから。それを示す地図が四枚あります［**地図10－1**］。賛成票を投じた地域と反対票を投じた地域の対照は、全く同じです。それに比べると、国民戦線は非常に活発です。二〇〇二年から二〇一二年までの間に、国民戦線の地理的分布にきわめて大きな変動があったことを示す地図があります［**地図11－7**］。その変動は、昔の共産党の地盤へと接近する方向に進んでいます。当初は、国民戦線の票と共産党の票の地理的分布の間には、厳密に言っていかなる関係もありませんでしたが、この結果と、マリーヌ・ル・ペンの言説が父親の言説から変化したのを見て、国民戦線は共産党の地位を手に入れる途上にあると、言われるようになりました。しかし彼らはそんなに先まで進むことはできないでしょう。共産党にあったような強固なイデオロギーがありませんから。共産主義イデオロギーは、もちろんいくらでも批判できました。しかしそれは確固としたものであり、一つのヴィジョン、「大きな物語」を持っていました。国民戦線に大きな物語があるとは言えません。それが大きな弱点です。もう一つの大きな弱点は、貧窮者の党であると、銀行から融資を受けるのが難しいという点です。彼らはいま、エリートを育てる上で問題を抱えています。共産党にはこの問題は全くありませんでした。共産党は、たちまちにしてひじょうに価値のある人々、例えば高等師範学校出身者などを引きつけたのですから。

トッド 本書の中で、国民戦線現象についてなされる説明は、新たな教育絡みの階層化に結びつけてなされています。つまり若者の中の四〇%は高等教育に進み、次の四〇%は技術教育を受け、その下が二〇%となります。そして教育の面で停滞し始めた社会の中で、再び下に転落することへの恐れが蔓延しています。国民戦線に投票するというのは、言わば敗者の陣営に属するということになるわけです。それ自体が、ほとんど文化的階級脱落の印なのです。ですから国民戦線への投票がフランス社会の核心部にまで広がることはあり得ません。それに高等教育を受けた若い世代は、国民戦線に対して完全に免疫があります。移民と高等教育学歴者が大勢いる、フランスの核心部たるこの広義のパリ地域では、国民戦線への免疫が広がっています。ですから国民戦線とは、地理的・社会的外縁部の現象であり、学業を多く行なわなかった者、失業中の者の典型的な現象なのです。これはある意味で絶望的な事態ですが、あれがフランスの全国システムの核心部を奪取する可能性は、完全にゼロです。国民戦線はきわめて重要になるだろうという解説も耳にしますが、国民戦線は一九八八年に得票率一四・四%で、今度［二〇一二年］は一七・九%でした。つまり二五年間で三・五%増えただけです。

――お二人の共同作業はどのようなものだったのか、話して戴けますか。

トッド 私はブルターニュの別荘にいて、彼はギリシアの島の藁葺き屋根の家におり、その間でインターネットで連絡を取り合いました。彼は地図を作成し、私に送って来る、私はこれこれこういう地図を作ってくれと頼む、というわけです。私たちは、具合の良い相互補完関係にあります。本書は二人が一緒に書いた二つ目の本です。最初の時はぎくしゃくする場面もありましたが、今回はお互い、相手がどう出てくるか、察しがつきました。

ル・ブラーズ 彼が仮説と考え方を思うがままに次々と繰り出すのを、私はやや押さえつける役回りを果たしました。しかし衝突はありません。何かが巧く行かない時は、何故そうなるのか、理解する必要がありました。ひじょうに興味深いケースがありました。原則としては、左派に投票するのは、工場労働者と事務・商店労働者で、若者も左派に投票します。ところがオランド支持の票――ロワイヤル支持の票も同じですが――の地図を作ってみると、それは逆に、最も高齢者が多く、ミッテランに投票した労働者が最も少ない地域なのです。地域の社会構造を考えるなら、つまり社会構造が要因として働いたのなら、あるいはせめて年齢構成だけが要因だったのなら、全く逆の地理的分布が得られたはずなのです。それは全く意表を突く出来事で、何故そうなるのか、理解する必要がありました。まず第一に、それは、年齢や社会階級の違いという要因に還元できない、きわめて強力な地域的要因がある、ということを意味していたのですから、本書の正しさを証明していたわけです。同時に、それはやはりいささか不思議でした。その謎を解く鍵というのは、実は社会構造を考慮するだけでは大した違いは出て来ない、ということで、現実にははるかに大きな違いが出て来るのですから、現地のレベルでは、場所の特性、地域の特性というものが、完全に社会構造を凌駕してしまう、ということなのです。しかしこの結論に達するまで、私たちは何度か遣り取りを重ねる必要がありました。

――方法論の問題以上に、お二人はきわめて異なる世界の出身であるというもう一つの相互補完性がありります。さきほど高等師範学校出身で、共産党に惹かれた人物の例が挙げられましたが、それはまさにエマニュエル・トッドの祖父、作家ポール・ニザンを思い出させます。一方、ル・ブラーズ、あなたは未来のローマ教皇ヨハネス二十三世の膝に抱かれて遊んだこともあり、お父様はフランス教会の評議員でした。

ル・ブラーズ　トッドはそのような遺産を継承していますし、私の方は、月に何度も枢機卿や教皇大使といった教会の高位高官を食卓に招くような人物の遺産を継承しています。私の父（ガブリエル・ル・ブラーズ［一八九一―一九七〇］）は、パリ大学法学部の教会法の教授で、学部長もやりました。フランスの宗教社会学の創始者です。外務大臣の宗教関係の顧問で、つまりフランス国内の司教を任命するに当たって諮問を受ける人物でした。ですから私は教会の内部からの見方ができました。トッドは共産党の内部からの見方ができたわけです。

トッド　ですからエルヴェは、生まれながらにして、カトリックのフランスを代表する者であり、私は素晴らしいユダヤ・ボリシェヴィキ的家族出身であるわけです。しかし、言っておく必要があると思いますが、本書の執筆において、共産党の変遷に熱心に取り組んだのはエルヴェです。

ル・ブラーズ 実のところ、この本が存在し得たのは、私たち二人が互に異なるからです。二人は同じ学問分野を選びましたが、多くの点について必ずしも同じ見方をするわけではありません。まさに家族的・個人的経験が異なりますから。良い本というものは、〔異なる要素の〕総合の企てなのです。

――あなた方が本書の中で展開した地図作成の方法論は、他の国にも適用できると考えますか。例えば、はるかに同質的な国と考えられるドイツや日本などに。

トッド ドイツは、家族システムはかなり同質的で、家族構造の多様性は、ほぼ日本と同じくらいのレベルです。宗教的には、カトリック教とプロテスタント教という非常に強い亀裂があり、プロテスタント教も場所によってタイプが二つあります。それにやはり共産主義の痕跡も残っています。東ドイツの共産主義が、ルター派プロテスタント教の伝統の上に重ね合わさっています。ですから何が出てくるか分かりません。それにフランスよりさらに激しい移住がありました。第二次世界大戦直後の住民移動のせいですが、また最近、東ドイツの若者のかなり大きな部分が、西に吸収されたせいでもあります。

ル・ブラーズ データを集め、首尾一貫したものとするのは、膨大な作業ですが、どこでもやることはできます。私はドイツについて仕事をしたことはありませんが、ドイツには統計について問題があります。ベルギー、イタリア、スペインについては、研究しましたが、パラメーターは同じ地位を占めるわけではありません。教会の役割は、イタリア、スペイン、フランスで全く違います。スペインでは宗教が強いのは北部で、十一世紀、十二世紀、十三世紀にイスラムに抵抗した地域、イスラムとならなかった唯一のスペインです。そのことが行動様式の大きな違いを生み出します。例えば、スペインでは、教会と国家の対立は存在せず、教会は国家の側に立つわけです。

トッド　ル・ブラーズは、市町村レベルの正確なデータを用いる、ひじょうに強力な技法を開発しました。すべてのＩＴプログラムは、彼が開発したものです。それにもちろん、エルヴェも私も、日本のファンですから、議論を重ねる中でしばしば、この方法論を日本の統計データに適用できたらいいね、と話し合っていました。日本は完全に同質的な国ではなく、大きな差異がいくつもあります。

――日本について本を書く計画があるのですか。

ル・ブラーズ　ええ。日本には明治以来、非常に良い統計がありますから。トッドは、日本の家族構造をよく知っていますし、これらの差異について研究した日本の歴史学者の友人がいます。

トッド　もちろん日本について研究することはできます。日本では家族的多様性が大きくないということは、先験的に言えます。東北にはより大きな、不平等主義的な家族システムがあります。しかし北フランスと南フランスの対立のようなものは、全くありません。九州には、女性のステータスがより高いシステムの痕跡があることも分かっています。しかし、地図を作成してみると、予期しなかったことが見つかります。ですから、現存する日本に関する統計データに取り組むなら、基本的研究ができるでしょうし、もしかしたら、必ずしも完全に人類学的なものでない、これまでとは違ったものが見つかるかも知れません。

ル・ブラーズ この計画は比較的進んでおり、INED〔国立人口統計学研究所〕に資金を申請することもやっています。しかし当面は、他にやることがあります。トッドが言ったように、予想外のことが出てくるでしょう。それが研究というもので、このような本を作る興味はそういうところにあります。例えば今回、女性のパートタイム労働のデータを入手しました。なんと素晴らしいことに、それはカトリック教の地図だったのです。ゾンビ・カトリック教の証拠がもう一つ見つかったわけです。いくらミサに行かなくなっても、人々は女性を、脱キリスト教化地域とは異なるやり方で処遇し続けていた、というわけです。これこそが、研究の楽しみなのです。全く違ったものが出て来て、われわれは自問自答し、別のものを探すよう仕向けられる。重要なのは、データです。

――あなた方の本は「フランスは気分が優れない」という文で始まり、「結論」の最初の文は「その深層部において、フランスはそれほど具合が悪くない」です。それはつまり、フランス人が抱いている否定的な自己像を論駁して、フランス人を励まそうということでしょうか。

ル・ブラーズ もちろんそうです。冒頭の「フランスは気分が優れない」という文は、本書の存在理由の説明です。本書の目的は、現実にはフランスはそれほど具合が悪くないことを、示すことなのですから。

トッド　具合が悪いのは経済ですが、経済が実際の生活の全体であるわけではありません。

ル・ブラーズ　教育はフランスで目覚ましい飛躍を遂げたものです。この三〇年間で、平均して三年から四年、教育年限が伸びました。数字を挙げるなら、一九八二年に、労働者でＣＡＰ（職業適正証）かＢＥＰ（職業学習免状）などの何らかの免状、場合によっては技術バカロレアを持つ者は、三〇％しかいませんでしたが、今では六五％です。*5

トッド　教育の重要性を軽視しようとする人は、これは本当の教育ではない、とか、今では教育のある者が多すぎるので、経済の中でどう対処したらいいか分からない、とか、学歴のある若者の給与は下がっているので、教育を受けても何にもならない、などと言います。しかし彼らは、教育とはそれ自体が自分に対する褒章なのだということを、理解していません。つまり、教育を受けた人間は、自分自身についての自覚の一段高いレベルに達するのです。こういったことのお陰で、保健衛生・医療の条件や余命の改善が可能になるのです。

ル・ブラーズ　まさにその通り。ただフランス人は、いま君が言ったものに対して、十分準備されていない。このことの鍵は、七五年前後にあるのだ。危機に対して、フランスは他国よりも強いメリトクラシー［功績至上主義］神話を心に抱いた。失業しないためには、勉強しなければならないという神話をね。ＯＥＣＤのグラフを見ると、フランスでは他の国よりも学業期間の延長があったことが、明瞭に見て取れる。バカロレア取得者が二〇％の時と、七〇％の今とでは、同じ職に就くことはできないということを、理解させる必要があったのだ。社会の中での地位が同じではないのだから。しかしもう一つ、経営者たち、産業人たちが、そのことを自覚しなかった、ということもある。労働力が熟練度を増したのだから、生産様式も変える必要があったのに、彼らはルーチンに閉じこもっていた。経営者たちに判断ミス、惰性に流されるということがあったわけだ。たしかに、君の言う通り、教育される必要がある。しかしそれはまた具体的な職業生活にインパクトを与える。ところがそのインパクトが予想されず、ほとんど否定されてしまったのだと思う。

——あなた方は、単純化して言うなら、己自身を知れ、と勧めているわけですね。

トッド 己自身を知る、というだけではなく、己自身を受入れる、ということです。現在フランスで幅を利かせているのは、「ドイツ人のようにする必要がある。ドイツ人になる必要がある」という言説です。私たちの主張は、たとえフランス人であることを止めることに賛成票を投じるとしても、フランス人がフランス人であることを止めることは不可能だ、ということなのです。

(二〇一四年一月十七日　パリのエマニュエル・トッド宅にて)

訳注

＊1 Maurice Agulhon　一九二六年生まれの歴史学者。十九、二十世紀フランス史が専門。

＊2 郊外の暴動　二〇〇五年十一月に、パリ北郊のクリシー(セーヌ・サンドニ県)で、警官の職務尋問を振り切ったマグレブ(北アフリカ)系の若者が、逃げ込んだ変電所で感電死したことをきっかけにして起こった、ブール(マグレブ系二、三世)や黒人系の若者による暴動。一九六八年の五月革命以来三八年振りの

非常事態宣言が発動された。大統領になる前の内務大臣たるサルコジが、若者たちを面と向かって「社会のくず」呼ばわりした映像が全世界に配信されて、火に油を注いだが、サルコジはこの強硬派イメージを利用して、二年後の大統領選挙に勝利したと言える。なおこの暴動の数カ月後（翌二〇〇六年三月）には、首相ド・ヴィルパンが提案したCPE（初回雇用契約）への反対運動が起こり、一部で暴徒化したが、こちらの方は、中産階級の白人系高学歴青年の運動であった。ド・ヴィルパンは、結局この法案を撤回。この挫折がサルコジにとって有利に働くことになった。なお当時、移民系の若者による郊外の暴動を、二〇〇四年三月のスペイン列車爆破テロや二〇〇五年七月のロンドン同時テロと同様の、イスラム系の反西洋テロの流れに位置づける論調がある中で、トッドは、街頭での実力行使というフランス的政治慣行を移民二、三世が実践した、フランス的価値への同化を示す事例と評価している。

＊3　Suzanne Berger, *Les paysans contre la politique.*

＊4　本文訳註　第2章＊1を参照。

＊5　免状については本文訳註 序説＊2、＊3を参照。

訳者解説

石崎晴己

二〇〇七年、サルコジが大統領に就任するや、エマニュエル・トッドは、「ニコラ・サルコジがフランス共和国大統領になるなどということが、どうして可能になったのか？」という文で始まる『デモクラシー以後』（二〇〇八年十月刊）の執筆を開始した。それが描き出したフランスは、これまで国際社会の中でフランスの威信を担保していたアメリカに対する自主独立性にはもはや見る影もなく、新自由主義への定見なき同調に身を委ね、国是であった平等の観念を蔑ろにして、ごく少数の富裕者への富の集中が進行するフランス、言わば、フランスがフランスであったものを失って、「普通の国」に成り下がったばかりか、アノミーとも呼ぶべきものの中に転落して行く惨憺たる体たらくであった。しかしそれは同時に、大なり小なりすべての先進国に共通の事態であり、日本の現状をある意味では先取りしていたとも言える。それから五年、サルコジ大統領が退き、フランスは久し振りに左派の大統領を戴くことになったが、その実情はいかなるものなのか？　本書は、まさにそれを描き出そうとするものに他ならない。

本書は、Hervé Le Bras, Emmanuel Todd, *Le Mystère français*, Éditions du Seuil, mars 2013. の全訳である。

タイトルは直訳するなら「フランスの不思議、謎」ということになろう。ご覧の通り、トッドとその先輩僚友エルヴェ・ル・ブラーズ（ル・ブラ、と標記されていたが、昨年十二月に来日したトッドよりの教示を採用する）の共著である。ル・ブラーズは、一九四三年生まれ、フランス最高の人口統計学者の一人として国際的にも著名で、INED（国立人口統計学研究所）の研究主任を務める。トッドがINEDに入ったのは、八歳年長の先輩研究者たるル・ブラーズのお陰と言う。優れた数学者でもあり、数量統計学の高い技量を有し、統計データを地図化する独特のプログラムを作り上げた。

つまりトッドは、先輩僚友とともに、統計を地図化するという「経験的」、実証主義的な手法で、虚心坦懐にこのようなフランスの現状の分析と解明に取り組んだわけであるが、その前提となる現状認識は、まさに「フランスは気分が優れない」という本書冒頭の句に要約されている。

そして一年に及ぶ、忌憚のない討論の中から導き出された結論は、「不均衡という病」の診断であった。つまり、数世紀前からフランスという国を形作って来た二つの部分――早くから脱キリスト教化され、フランス大革命を実行した中心部と、カトリックの信仰が最近まで根強く残ったフランス周縁部――の間の均衡が逆転し破綻した、ということである。また、この不均衡が現代フランスの病理の根源であるということは、逆に、これまでフランスの二つの部分を規定して来た人類学的基底の効力というものが、二十一世紀になっても依然として発揮されているということであり、政治・経済の指導者たちがこうした基底の力を感知し得ないという「不均衡」が、フランスの「表面的」な経済的・政治的混迷と不順の原因である、ということにもなる。

フランスの二つの部分

フランスという国は、人類学的には、きわめて多様で**異種混交的**とされている。例えば、ドイツは基本的に直系家族の地帯であり、大ブリテン（イギリス）は、スコットランドやウエールズに直系家族地域があるものの、大部分は絶対核家族によって覆われている。イタリアは共同体家族と平等主義核家族が二分している（一部に不完全直系家族があるものの）にすぎない。ところがフランスには、トッドが『新ヨーロッパ大全』で確定したヨーロッパに分布する四つの家族システム（平等主義核家族、直系家族、絶対核家族、共同体家族）がすべて含まれ、さらに中間的な諸形態も見られるようである。世界中でも、このような国は見当たらない。この「異種混交性」についても、本書では、より精緻な分類がなされ、それに基づいてフランスが八つの地域に分けられている（**地図1－4**を参照）。

しかし、宗教的要件も加味した「人類学的・宗教的」要素も加味するなら、何と言ってもフランスは、大きく二つの部分、すなわち、パリ盆地を中心とする北フランスであるフランス中心部と南西部やブルターニュやアルザスからなるフランス周縁部とに分かれることになる。フランス中心部は、基本的に平等主義核家族の分布地帯で、それが産出する自由と平等の価値観が根付いており、早くから脱キリスト教化が進み、十八世紀にフランス啓蒙主義を生み出し、フランス大革命を為し遂げた。その後も一世紀近くに及ぶ闘いの中で、第三共和国という形で共和制を確立し、さらに教育のキリスト教からの解放を押し進めて、政教分離の世俗主義を定着させる。一口で「平等主義的・世俗主義的」地域と呼ぶことができる。

これに対して周縁部は、家族システムとしてはおおむね直系家族によって占められ、それゆえ権威と不平等、秩序と規律の価値観が支配する、気質的には差異主義的な地域であり、カトリックの信仰が最近まで強力であった。この宗教面での二つのフランスの分立は、フランス大革命の真っ最中（一七九〇年）に施行された聖職者市民法への宣誓に対する聖職者の対応の分布を示す地図（1-6）に、すでに鮮明に姿を現わしている。フランスの歴史、フランスという国の形成は、中世以来、パリ盆地の中央に位置するパリの王権による南フランスの征服・統合を中心に、ブルターニュや東部諸州といった周縁部の組み込みによって遂行され、おおむね二十世紀半ばまで、中央部が支配するという基本的構図は変わらなかった。識字化の先進地帯は、中央部の東寄りであり、産業革命以来の工業化でも、サン・マロ（ブルターニュ）からジュネーヴまでの線より北東側が、先進地帯とされて来た。ところが、二十世紀の後半になると、規律や勤勉という直系家族的気質の周縁部が、教育上の成果を積み上げ、やがて政治的にも勢力を伸張するようになる。それに対して中央部は、高等教育学歴者の率が少なく、最低学歴者（免状なし）の率が高く、また失業率も高いなど、文化的にも経済的にも凋落しているらしいのである。

「保護層」「ゾンビ・カトリック教」

ここで本書の重要な概念である「**保護層**」について語らねばならない。「保護層」とは、シュンペーターが、資本主義の発達を記述するために発案した概念で、彼は、資本主義が発達する政治的環境は、資本主義の担い手たるブルジョワジーではなく、貴族階級という前代の指導階層によって整備・維持されたとして、こうした資本主義の発達を保護する環境を担っていた階層を、「保護階層」と呼んだ（シュムペーター『資本主義、社会主義、民主主義』中山伊知郎・東畑精一訳、東洋経済新聞社、第二部、第一二章、二一擁護階層の壊滅、二一〇頁以降、参照）が、この概念をル・ブラーズとトッドはかなり自由に発展的に解釈し、「資本主義的合理性の冷ややかな世界」から個人を保護し、「行動の枠組をなす価値体系」（第七章）という意味で流用した。したがって「保護階層」ではなく、「保護層」と訳した次第である。

カトリックの信仰が強かったフランス周縁部では、まさにカトリック教がそのような「保護層」の役割を果たしていたが、一九六〇年代から信仰の衰退が始まり、ついには宗教的信仰としては消滅した。しかしその後になっても、カトリック教が教えた秩序への従順や道徳遵守や勤勉といった倫理性は残り、人々の行動の規準となっている。これを著者たちは、死んだのちに依然として作用を及ぼす、という意味で「**ゾンビ・カトリック教**」と呼ぶ。したがって周縁部では、かつてはカトリック教が、いまでは「ゾンビ・カトリック教」が「保護層」として機能している、ということになる。カトリック教の死滅は、この地域に一種解放感のような精神的高揚をもたらし、それを「ゾンビ・カトリック教」が担保するモラルが実践的に支える形で、この地の人々は教育面で大きな成果を上げ、高等教育学歴者率が上昇するのである。

「共産主義という保護層」「歴史の終わり」

では世俗主義的なフランス中央部はどうか、と言うと、「保護層」をなしていたのは、共産主義であると、著者たちは言う。これはいささか「歴史の逆転」に類した、意表を突く主張であるが、単に資本主義の冷徹さからだけでなく、個人主義の剥き出しの猖獗による個人のアトム化（孤立化）と利己性の荒々しさからも人々を守り、連帯性や生きる意味や希望を確保するための「保護層」の機能を共産主義が果していた、というのは、一つの大胆な仮説として認めることができなくはない。

もちろんそれはソ連のそれのように、革命によって国家を占拠し、社会を支配するに至った体制化した共産主義ではなく、純然たるイデオロギーと、それに付随する一連の道徳慣行として生きられた共産主義であり、ある意味では、体制化による「堕落」から護られた純粋な共産主義と言えるかも知れない。そしてそれはまさに、啓蒙から大革命、共和国、世俗主義と続く、パリ盆地の伝統的な心性の表出の延長上に自然に位置づけられるものであり、まさに啓蒙から始まる一連の展開の当然の継承者、つまり歴史の本来的な到達点として立ち現われるが、これこそはおそらく共産主義者たちが思い描いていた世界史の発展のイメージそのものではなかろうか。

例えば、アルフォンス・オーラールが十九世紀末に創設したソルボンヌの「フランス革命史」講座の歴史像は、まさにそのようなものであった。それは、単純化して言うなら、フランス革命とロシア革命の「同一視」「混同」に他ならず、ロシア革命は、ということはすなわちソ連体制は、フランス革命が開始した人類解放の過程の進展ないし完成段階である、ということになる。こうした「同一視」現象は、フランソワ・フュレが検知して痛烈に批判したところであるが、おそらくフランス共産党の歴史イメージとして、フランス中央部の住民の多くに浸透していたのではあるまいか。若い頃共産党に加入していたトッドにも、その影響はあったと考えられるが、この「**共産主義という保護層**」の着想はむしろル・ブラーズが提起したものであるらしい。

しかしその「共産主義保護層」地帯で、共産主義は崩壊する。そして、直接間接に共産主義を信奉していたパリ盆地の住民は、恥の意識とともにかつての信奉を否認することになり、将来への信頼と進歩の観念とを放棄する。この事態を著者たちは、鬱病とさえ名付ける（第七章を参照）。

われわれ日本人に限らず、世界の人々が思い描くフランスというのは、おそらくこの「平等主義的・世俗主義的」地域のフランスであろう。近代性というものを、世界の中で初めて形成したのも、イングランドとともに、主にこの地域であり、その意味でまさにこの地は、世界史の主たる推進力となって来たと言える。啓蒙、革命、共和国、世俗主義、共産主義と続く発展的歴史が、この地域を中心として展開した「大きな物語」であるとするなら、この地域の住民は、「大きな物語」の崩壊としての「歴史の終わり」を、己の生身に引き受けて生きた結果、意気消沈・鬱状態に転落しているのである。

そして、この落ち込みないし退廃は、単にフランスないしフランス中央部のみの現象に留まらない。ソ連崩壊後のロシアでも、同じような混乱と自信喪失が起こったことは、周知の通りであるし、フランスとともにかつて西欧最大の共産党を擁していたイタリアでも、おそらく同様の事態がみられたことだろう。さらに言うなら、日本を含めて、世界中にこの「鬱病」状態は広がっていたと言えるかも知れず、もしかしたら今でもわれわれは、そこから回復し切っていないのかも知れない。新自由主義の跋扈は、そのような「虚脱」状態につけ込んで可能になったのかも知れないのである。

前作『デモクラシー以後』は、「宗教的空虚」を問題とし、蒙昧な桎梏として攻撃し続けた宗教が完全に消滅したとき、己の生存の意味の不在に直面するという「勝利者の不幸」（五五頁）が始まると、述べていた。本書はまさに、前作がフランスの一般的な現象として分析していた「宗教的空虚」を、「平等主義的・世俗主義的」地域の現象と特定しているわけだが、ただし、そのように特定された場合の「宗教」とは、共産主義に他ならない。言い換えれば、共産主義という近代イデオロギーの中のイデオロギーは、最も完備した「大きな物語」としての資格で、この上ない「宗教」

であったことが、再確認されるのである。それに対して、カトリック教の完全な死滅は、「ゾンビ・カトリック教」による一種のルネッサンスをもたらしているというのは、まことに「面白い」皮肉と言わねばなるまい。

とはいえ、このようなパリ盆地の未来について、トッドは序文インタビューの中で、意外な楽観的ヴィジョンを提示する。すなわちパリ地域は、世界中から到来するあらゆる人種・民族の移民の融合によって、やがて（二十一世紀半ばに向けて）全く新しい素晴らしい文化的隆盛をみることになるだろう、と。この「予言」は、本文中にはなく、著者インタビューのみで表明されたものであり、これを引き出したのは、このインタビューの特筆すべき功績の一つと言えよう。

不均衡の諸相

『デモクラシー以後』では、フランスの惨憺たる体たらくは、教育の進展によって生じた民主主義の危機（個人のアトム化も含めて）という逆説と、宗教的空虚によって説明されていたが、本書では民主主義の衰退は、右傾化という言葉で分析される。その原因として、著者たちが挙げるのは、高齢化、教育ピラミッドの逆転、個人主義的アトム化の三つである。いずれも、先進諸国に共通する問題であるが、このうち第一と第三は、特段の解説を必要としないと思われる（それにしても、一九三〇年から一九六〇年の間に生まれた老人たちは、「まずまず妥当な退職年金を手にして、給与の縮小や失業にあまり撹乱されないで済んだ人生を完了する。いまや貧困化の途上にある若者たちは、今日の老人のように相対的に保護された老人になれない恐れがきわめて高い」［一七三頁］というのは、何とも戦慄すべき明察ではなかろうか）が、第二についてはいささか解説しておく必要があろう。

識字化の進展は、民主主義の発展の条件であった。しかし、大衆の教育が識字化段階を越えて、高等教育が発達し、高等教育学歴者が増大すると、教育ピラミッドは、かつてのように頂上が狭く裾野が広い三角形ではなく、下が狭い逆三角形に逆転して行く。かつては多数の民衆が上の者の支配に異議を申し立てる、というのが政治の基本的構図であったが、今や大多数の中間層が、少数の文化的「落ちこぼれ」に似ることを恐れる、階級脱落への恐怖が基本的構図となるのである。

不均衡は、政治の領域でも著しい。そもそも近代イデオロギーを分類した『新ヨーロッパ大全』では、フランスを代表する政治イデオロギーは、右派が自由軍国主義（ボナパルティスム）、左派は無政府社会主義であった。ド・ゴール主義は、その出現の様態からして、ボナパルティスムの典型とみなされる一方、無政府社会主義を体現したのは共産党であった（フランスの共産党は、下部の討論による決定が重視された）。要するに、脱キリスト教を前提として成立する近代イデオロギーのステータスを持つと見なされていたのは、フランスではこの二つだったのである。

それに対して、トッドは、脱キリスト教が十分進行していない地域には「反動的宗教イデオロギー」（ドイツではキリスト教民主主義、フランスではキリスト教共和主義）が出現するとしている。社会党は、もともとキリスト教系の労働運動を母胎としており、差異主義的周縁部を地盤としている。そこでかつて（一九六〇、七〇年代）のフランスの政治勢力布置には、平等主義的・世俗主義的地域は左に共産党、右にボナパルティスム、差異主義的周縁部は左に社会党、右に中道右派というマトリックスが綺麗に成立していたことになる。しかし共産党の凋落と平等主義的中央部それ自体の衰退の中で、革新的平等主義地域を地盤とする有力な左派政党が存在しないという一種の「空白」

が生じている。社会党が、この空白を埋めることができないでいることは、例えば、本書中の最近の左派大統領候補（二〇〇七年のロワイヤルと二〇一二年のオランド）の得票率の地図（**地図1-10**）を見ても一目瞭然である。そして、この空白を埋めるかの勢いを見せているのが、国民戦線であるとも考えられるのだが、その可能性はないというのが、著者たちの一致した意見である。

要するに、社会党が、革新的平等主義という、左派としての本来的な基盤にしっかりと依拠し得ないという点が、政治的不均衡の最大の顕現であるが、右派政党（UPM）においても、かつてのド・ゴール主義は見る影もない。ド・ゴール主義の真骨頂は、対米自主独立路線だが、イラク戦争直前の国連安保理で感動的な名演説を行なって、国連軍派遣というアメリカの思惑を粉砕したあのド・ヴィルパンが、大統領候補争いでサルコジに破れた辺りから、超自由主義のグローバリズムへの無節操な追随、さらにはドイツへの追随が主調となったようである。この辺にも、トッドの苛立ちの原因がある。要するにフランスは、フランスらしい政治風土を失いつつあるのである。

では、フランスらしい政治風土とは、いかなるものか。敢えて定義するなら、「平等主義的個人主義の中央部が、周縁部の抵抗を尊重するすべを身に付けた」ことによって可能となった「共和制による総合」（結論）の時代、ということになろう。

とはいえ、政治パンフレットではない本書は、あまり具体的な提言に踏み込むわけにはいかない。そこで本書の提言は、人類学という学問分野の「擁護と顕揚」という形を取る。すなわち、人類学とは、超自由主義的金融が体現する、人間活動を金融のための素材に還元する「人間についての抽象的な見方」とは正反対の、人間の具体性を探究する学であり（「人類学とは、金融の反意語に他ならない」［結論］）、さらに、危機に瀕した社会は、それに対抗する力を「その人類学的深層の中に、探し求める」がゆえに、人類学が「特権的な学問分野」になる条件が客観的に整っている（第一〇章）、との主調である。

「己を受入れる」こと、著者インタビューでトッドはこう説き進める。かつて人類そのものを代表していたかのごとき誇り高いフランス人の自己同一性が、いかに危機に瀕しているかを、改めて実感させるような苛立ちを感じずにはいられない。われわれ日本人にも大いに参考になる勧めではあるが、ただ、あの輝かしい歴史を担った平等主義核家族を自己同一性の根拠とすることのできるフランス人と違って、かつて歴史的誤りを犯す条件であった疑いのある直系家族の民であるわれわれとしては、「己を受入れる」には、十分に屈折と反省を組み込んだ熟慮が必要になるであろう。

人類学の展開

トッドとエルヴェ・ル・ブラーズは、実はすでに三〇年前に、最初の共著『フランスの創建』*L'invention de la France*（一九八一年、アシェット社）を世に問うているが、それもル・ブラーズの地図作成法によるフランスの各地域の動向の詳細な分析が基盤となっていた。その時はまだデータが県単位であったが、本書では地図作成は、市町村単位のデータによって行なわれており、精度が一段と増している。これについては、本書「序説2」に詳細な説明がなされているが、市町村単位のデータによってカラーの微妙なグラデーションが、細胞単位の脳内のありさまのカラー映像を思わせる、万華鏡のような不思議な美しさをたたえる一〇〇〇点近くに及ぶカラーの地図は、本書の「楽しみ」の一つであろう。

トッドは、ル・ブラーズと一時疎遠になっていたようだが、最近（二〇一二年に）『フランスの創建』がガリマール社から再刊された。この刊行は、二人の「和解」の証明に他ならず、そこから本書の執筆のための共同研究が始まったと思われるが、そのありさまは、著者インタビューで具体的に語られている。出自も性格も異なる二人の優れた研究者の一年間の集中的共同作業は、一足す一が三にも四にもなる「研究力の増幅」を見たようである。したがって、本書は必ずしも全面的に、トッドの思想と理論の「自然な」展開とは言い切れない。

例えば、「居住環境」という要素である。これはル・ブラーズが従来より開発してきた観念であり、トッドがそれを受入れた、ということになる。「土地の記憶」という概念も、同様である。また、『新ヨーロッパ大全』においては、家族システムと補足的に農地システムとから構成される人類学的基底が、各地域の住民の心性を、ひいてはイデオロギーを決定する、いわば「下部構造」をなすというのが、トッド人類学の中心的命題であったが、本書においては、そのような「深層＝下部構造」は、「人類学的・宗教的基底」ないし「システム」とされている。つまり、宗教が人類学的なものと同列に置かれているということになる。

こうした「深層」ないし「下部構造」に関するトッドの変遷に、軽く触れておきたい。すなわち、近代化・都市化の進展の中で、複合的家族構造（直系家族など）は解体し、核家族化が進行するように見えるが、だとすると、それに応じて当該地域の心性の方も変化するのではないか、という疑問が呈されるのも当然である。それに対するトッドの対応は、「価値観の伝承は、家庭内のみの事業ではなく、地域の全ての成人――親族、隣人、教師、等々――が参加する社会全体の共同事業」であるとして、「一定地域の人間関係の総体」からなる「人類学的システム」を想定することであった（『移民の運命』参照）が、今回は、さらに踏み込んで、価値観の伝承についての従来の自説が「フロイト的」（つまり「家族内的」）でありすぎたと、率直に認めている。つまり、価値観は家族内の「刷り込み」によって個人の深層に刻み込まれるわけではなく、地域社会に個人が溶け込む形で、受入れられ内在化されるということになる。国内移住によって、個人が移住先の土地の価値観に染まるという現象、ひいては『移民の運命』で提唱された「受け入れ国の全能性」（移民は移民受け入れ国の人類学的システムに順応する）の原則も、このモデルによって適合的に説明されるであろう。

今回の二人の共同研究は、いわば現今のフランスという謎に対して、予断を持たずに虚心坦懐に取り組んだ「経験的」な探究であったが、その結果、彼ら自身もほとんど消滅していると予想していた人類学的・宗教的な決定因が、相変わらず健在であることを、再発見することになった。それは、おそらく人類学者にとって、意外な喜びであっただろう。「人類学の擁護と顕揚」という提言は、こうした「逆境」の中での「謎」の探究から掴み取った喜ばしい確認から発しているのである。

なお、トッド人類学の基本については、初めての読者は、『アラブ革命はなぜ起きたか』に付録として収録されている「トッド人類学入門」などを参照して戴ければ幸いである。また特に西ヨーロッパについては、『新ヨーロッパ大全』、全世界については『世界の多様性』（荻野文隆訳）を参照されたい。なお、トッドの著作はいずれも藤原書店から刊行されている。

著者たちについて

エマニュエル・トッドについては、すでに何度も紹介しているので、ここではまずル・ブラーズについて、本稿冒頭の簡略な紹介をやや補足することにしよう。

ル・ブラーズ家は、ブルターニュ北部（コート・ダルモール県）出身で、ル・ブラーズという姓はブルトン人によくある姓のようである。著者インタビューにもある通り、彼の父ガブリエル［一八九一―一九七〇］は、フランスの宗教社会学の創始者で、パリ大学法学部の教会法の教授、学部長も務め、外務大臣の宗教関係の顧問でもあった。エルヴェ自身は、理工科学校とパリ大学理学部に学び、INED（国立人口統計学研究所）に就職、また母校たる理工科学校を始め、パリ政治学院（シャンス・ポ）、EHESS（社会科学高等研究院）、ENA（国立行政学院）などでも教えている。

著作の数は実に三一点に上り、英語など外国語に翻訳されたものも多い。そのすべてを列挙することは煩瑣であるので、比較的初期のものをいくつか挙げるに留めたい。タイトルから彼の学のありようを感じ取ることはできるだろう。

Les Trois France, Odile Jacob-Le Seuil, 1985.（三つのフランス）

Marianne et les lapins : l'obsession démographique, Olivier Orban, 1991.（マリアンヌと兎――人口統計学的強迫観念）

Le Sol et le Sang. Théories de l'invasion au Xxe siècle, Éditions de l'Aube, 1993.（地と血――二十世紀の侵入理論）

Les Limites de la planète, mythes de la nature et de la population, Flammarion, 1994.（惑星の限界――自然と人口の神話）

Naissance de la mortalité : l'origine politique de la statistique et de la démographie, Gallimard-Le Seuil, 2000.（死亡率の誕生――統計学と人口統計学の政治的起源）

なおル・ブラーズは、これまでに四回日本を訪問しており、二〇〇三年六月には日仏会館の招きで来日し、二〇、二十一日にシンポジウムで発言している。このときは、彼の名はル・ブラと表記されているが、今回ル・ブラーズに改めたのは、上記の経緯による。

トッドについては、私の訳した本の解説でその都度、基本的な紹介を行なっているので、ここではこれまで触れることの少なかった彼の「先祖」について簡単に紹介しておこう。

彼が、サルトルの親友であったポール・ニザン（一九〇五―四〇）の孫であることは、日本でもよく知られている。しかし今や、ニザンその人について知っている読者が少なくなっているのも事実であろう。ニザンと言えば、まず始めに「ぼくは二十歳だった。それが人の一生で一番美しい年齢だなどとは誰にも言わせまい」という、青春というものの身悶えするような苛立ちと同時に、大人たちが押し付ける偽りのイメージへの激しい拒否を集約した、あの処女作『アデン・アラビア』（一九三一年）の鮮烈な冒頭の句を、だれもが思うであろう。ニザンは、フランス国鉄の技師の子としてトゥールで生まれ、フランスの高等教育の最高峰、高等師範学校に進むという、異例の学校的上昇を果たしたが、在学中（二十一歳）に突然、アデン（現在はイエメン領）に出発した。一年余の滞在の間、イギリスの植民地であったこの地に、彼は「ヨーロッパの極めて集約され圧縮された姿」を見、「パリの秘密」を発見した。それは植民者たちが、具体的な人間性を失って、ホモ・エコノミクス（経済人）という抽象物に還元された、その剥き出しの姿であった。帰国後、彼は共産党に入党（一九二七年）、ほどなくアラゴンとともに、共産党が擁する代表的な文学者・知識人として、党内外の要職を託されるが、独ソ不可侵条約（一九三九年）に反発して脱党、第二次世界大戦勃発とともに招集され、英仏軍が水際に追いつめられたダンケルクで戦死する。

作品としては、アデン滞在を語った『アデン・アラビア』の他、当代のフランスの哲学者を、ブルジョワ支配体制の「番犬」として告発したエッセイ『番犬』(一九三二年)、長編小説三点などがある。特に『アントワーヌ・ブロワイエ』は、自身の父をモデルにして、ブルターニュの下級鉄道員の子として生まれ、刻苦勉励の末に機関区長・工場長にまで上昇するが、最後にはブルジョワジーとプロレタリアートの双方から裏切り者と扱われる男の生涯を通して、フランス社会の階級的現実を描き出した傑作である。

ニザンはまた、パリの名門リセ〈アンリ四世〉や高等師範学校で、サルトルの同期生であり、現代文学についてはむしろサルトルをリードした親友で、文壇へのデビュはサルトルよりはるかに早く、サルトルの文壇デビュに向けて、大いに面倒を見てやったという仲であった。後年サルトルは、「ポール・ニザン」(一九六〇年、『シチュアシオンIV』に収録)という長大なエッセイで、二人の交友を情愛を込めて回想し、ニザンの「憎しみの言葉は純金だったが、私のは贋金だった」と述べている。

トッドは、このニザンの娘と、文芸批評家オリヴィエ・トッドとの間に生まれた。オリヴィエについても、語るべきことは多いが、割愛する。ただ、最近のトッドの新自由主義や自由貿易主義への批判の中に、ホモ・エコノミクス(経済人)への批判が明示化されている(「ホモ・エコノミクスとは何か」『環』45号二〇一一年春、に所収)ことは、ニザンの『アデン・アラビア』との関連で、着目すべきであろう。

最後にもう一つ喚起しておきたいことは、本書の二人の著者は、それぞれの家系からして、一方はカトリックのフランスを見事に代表する者であり、他方は「共産主義保護層」地帯のこの上ない代表であるがゆえに、対照的な二つの部分からなるフランスという国を分析する上で、考え得る限り最適のカップルをなしているということ、しかもまことに奇妙な巡り合わせで、二人の家系はともにブルトン人に遡るということ、この二点である。

著者インタビューについて

実はエマニュエル・トッドは、昨年十二月に京都大学の招きで来日し、一週間滞在した。そこでその機会に、本書についての疑問点を質問するとともに、インタビューをお願いし、七日に行なったものである。インタビューは正味二時間。前半は本書について、後半は、現在翻訳作業中の『家族システムの起源』を中心に、トッドの学問的バックボーンを探り、併せて世界の現状について質問させてもらった。その前半は本年一月の『環』56号に掲載された。後半は今後の『環』誌に掲載の予定である。

またこの前半は当初、そのまま採用する積りであったが、やはり共著者二人のインタビューにするべきであるとのトッドの要望に従って、再度インタビューが行なわれることとなった。それは十七日にパリのトッド宅で、基本的に私の質問を主にル・ブラーズに対してフランドロワ女史に繰り返して戴く形で行なわれ、その後、すでに十二月になされたトッドの発言を組み込んだものである。当初は「序文」として掲載する予定であったが、やや長くなったこともあり、末尾に掲載することになったものである。

本原書が刊行されたのは、昨（二〇一三）年三月。しかし内容がもっぱらフランスにのみ関わることと、トッドの単著ではないことから、ただちに翻訳出版が決ったわけではない。しかし、多数のカラー地図の興味深さと、フランスの状況が日本を始め世界の先進諸国に共通の問題を照らし出しているとの認識から、藤原書店社長、藤原良雄氏が出版を決断されたものである。七月始めの決定から、四カ月、他にいくつかの仕事を抱えながらであったが、十二月のトッドの来日までに、初稿は出来上がった。トッドには、慌ただしい日程の最終日に時間を割いてもらい、上記のインタビューの他に、本書の難解箇所についてのご教示を仰いだ。この機会に、改めてトッドと、インタビューに応じて下さったエルヴェ・ル・ブラーズ、そして、私に代って質問して下さり、録音と原稿化を担当して下さったイザベル・フランドロワ女史に、この場を借りて御礼申し上げるものである。

また、特に多数の地図を含む本書の特殊性にもかかわらず、私を叱咤激励しながら、着実に編集制作を進め、予定通りに刊行に到達した、編集担当の小枝冬実氏にも、そして何よりも、いつもながらの慧眼と決断力で、本書の刊行を決定された、藤原氏に、改めて感謝の意を表する次第である。

二〇一四年二月吉日

石崎晴己

(3) 二つの地図の間の相関係数は、r =0.81である。この値はきわめて高く、説明要因としてあげられた二つの原因が、投票の変動の2/3（正確には分散の64%）を説明していることを示している。

第10章　社会主義とサルコジ主義

(1) 家族の複合性（F）の指標と住民の集村性（A）の指標に応じた、第二回投票でのオランド票のパーセンテージの倍数的低下が、これらの要素の影響を具体的に示している。%オランド=51.45+2F −2A（r =0.55）。二つの指標の差は、したがってかなり緊密に社会党票に対応する。

(2) 以下地域圏、イル・ド・フランス、オート・ノルマンディ、ピカルディ、シャンパーニュ・アルデンヌ、に加えて、以下の諸県、イヨンヌ、ロワレ、ロワール・エ・シェール、ユール・エ・ロワール、コート・ドール、ムーズ。

第11章　国民戦線の変貌

(1) 1984年の国民戦線票と1978年の共産党票との相関係数は、0.16であり、これは二つの分布（県レベルでの）の間に関係がないことを示している。

(2) 1984年の国民戦線票と1982年の暴行傷害への苦情との相関係数は、0.65である。

(3) 1982年におけるマグレブ系外国人の比率と1984年の国民戦線票との相関係数は、0.85である。

(4) Marc Bloch, *Les Caractères originaux de l'histoire rurale française*, Paris, Armand Colin, 1934.

(5) 同前。

(6) 1984年から2002年までの十回の全国選挙における国民戦線の得票率の間の45の相関係数は、一つの例外 —— 0.76 —— を除いて、つねに0.8を上回っている。

(7) 旧国民戦線は、ウルトラ自由主義的であった。この姿勢は、小商店主と企業主を越えて、その先にまで支持を広げるのに、馴染まなかった。

(8) *Atlas electoral*, Paris, Presses de Sciences Po, 2007.

(9) *La Condition urbaine*, Paris, Seuil, 2005.

(10) このデータについては、本書 p. 234. を見よ。

(11) クロード・ウィラールがその『フランスの社会主義と共産主義』(*Socialisme et Communisme françaises*, Paris, Armand Colin, 1978) の中で提供している地図は、1849年の社会主義的民主主義者以降のこのメカニズムをたどることを可能にしてくれる。

である。

第７章　経済的不平等

(1) « An Overview of Growing Income Inequalities in OECD Countries: Main Findings », *Divided we stand: Why Inequality Keeps Rising*, OECD, 2011.
(2) Camille Landais, « Les hauts revenues en France (1998-2006): Une explosion des inégalités? », École d'économie de Paris, juin 2007, p. 7.
(3) Anthony B. Atkinson, Thomas Piketty 他、*Top Incomes over the XXth Century*, Oxford, Oxford University Press, 2007.
(4) Paris, Gallimard, 2002 (1850) [マルクス『フランスの内乱』木下半治訳、岩波書店、1952].
(5) *Recherches sur la nature et les causes de la richesse des nations*, Paris, Flammarion, 1999 (1776) [アダム・スミス『国富論』].
(6) 先述、p. 64-65 参照。
(7) 先述、p. 69 参照。
(8) 所得は世帯のレベルでしか把握できないので、個人のレベルでの所得を計算するために、世帯の第一の成人にウェイト1を、それ以外の世帯の成員のうち14歳以上の者にウェイト0.5を、それより若い者にウェイト0.3を割り当てる。世帯中のウェイトの合計が、「消費単位」の総計である。この総計で世帯の所得を割ると、消費単位ごとの所得が得られる。
(9) Louis Chauvel, *Le Destin des générations. Structure sodiale et cohortes en France au XXe siècle,* Paris, PUF, 1998.

第８章　移民流入とシステムの安定性

(1) Friedrich Ratzel, *Géographie politique*, Paris, Éditions régionales européennes et Economica, 1988 (1897), p. 15.
(2) その時までアメリカ合衆国への中継地として、西ヨーロッパの主たる移民流入の場所であったイギリスが、門戸を閉ざしたせいである。
(3) Beate Collet, Emmanuelle Santelli, « Les couples mixtes franco-algériens en France ; d'une génération à l'autre », *Hommes et Migrations*, no 1295, janvier février 2012, p. 62.

第９章　全員、右へ

(1) この比較は、宗教実践の水準と、2002年の大統領選挙第二回投票における国民戦線の得票率の水準に対して、オランドの得票率の多重線型回帰を実施することによって、行なわれた。
(2) より正確に言うなら、これら二つの要因の組み合せのうち、オランドの得票とミッテランの得票の間の差に最も接近するのはどれであるかを、決定したのである（多重回帰）。

第３章　女性の解放

(1) 女性の教育における優勢は、先進諸国に典型的である。ヨーロッパでは、25歳から34歳の者のうち、中等教育の免状を少なくとも一つ取得している女性の比率は、男性の率よりつねに上回っている。唯一ドイツだけが例外である。

(2) *L'État de l'école 2010*, ministère de l'éducation nationale［国民教育省］, p. 64-65.

(3) 県平均。

(4) Olivier Schwartz, *Le Monde privé des ovriers*, 前掲書、p. 204-205. オリヴィエ・シュヴァルツの研究対象となった家族は、その親たちのように鉱山で生活していたわけではない。しかし鉱山労働者という出自が、彼らにあって、家族生活の男女両性の協力という様相に、最大値を付与する要因となっていた。とはいえこの様相は、ヨーロッパの労働者層全体に共通である。

(5) Erich Fromm, *The Crisis of Psychoanalysis, Essays on Freud, Marx and Social Psychology*, London, Jonathan Cape, 1971, p. 130-131.

(6) ここにはおそらく、18世紀のパリ盆地の農業労働者や、20世紀のイングランド労働者の母方居住的側面が、新たな形態の下に見出されるのである。この側面は、大抵は賃金制度と結びつけられてきた。

(7) André Siegfried, *Tableau politique de la France de l'Ouest*, Paris, Armand Colin, 1913（再刊は Bruxelles, Éditions de l'Université de Bruxelles, 2010, p. 73）.

(8) 次のものを見よ。Agnès Audibert, *Le Matriarcat breton*, Paris, PUF, 1984, ならびに Philippe Carrer, *Le Matriarcat psychologique des Bretons*, Paris, Payot, 1983.

(9) 1960年から1965年の宗教実践との相関係数は、＋0.70である。

第４章　家族は死んだ、家族万歳

(1) *Bulletin épidémiologique hebdomadaire*, no 23, 1990年6月11日号。

(2) Nathalie Bajos, Michel Bozon（監修）, *Enquête sur la sexualité en France*, Paris, La Découverte, 2008, p. 268. しかしこの関係は複雑である。実際の男性同性愛（最近12カ月に同性・両性愛的実践を行なった）は、バカロレア・レベルでは中くらい、バカロレア＋2では少なく、高等教育学齢では最大となっている。サンプル数のサイズによる偶然の結果ということも、排除されない。

(3) Louis Chevalier, *Classes laborieuses et classes dangereuses*, Paris, Plon, 1958.

第５章　あまりにも急速な、脱工業社会への動き

(1) Colin Clark, *The Conditions of Economic Progress*, London, Macmillan, 1940.

(2) Daniel Bell, *The Coming of Post-Industrial Society*, 前掲書、p. 128.

第６章　民衆諸階級の追放

(1) ヘクシャー＝オーリンの定理によれば、特定の国において相対的に希少な生産要因は、不利な立場に置かれる。先進圏では、それは若者と工場労働者

終了証書論文、université de Poitiers, 1976.

（12）以下のものを参照。François-André Isambert, Jean-Paul Terrenoire, *Atlas de la pratique religieuse des catholiques en France*, Paris, Presses de Science Po, 1980.

（13）Timothy Tackett, « L'histoire sociale du clergé diocésain dans la France du XVIIIe siècle », Revue d'histoire moderne et contemporaine, vol. 27, avril-juin 1979, p. 204.; Michel Vovell, *Piété baroque et déchristianisation en Provence au XVIIIe siècle*, Paris, Seuil, 1978, p. 305-306.

（14）*Capitalism, Socialism and Democracy*, New York, Harper & Brothers, 2008（1942）, p. 134-139: « The Destruction of the Protective Strata »（仏訳は Paris, Payot, 1990）［中山伊知郎・東畑精一訳『資本主義・社会主義・民主主義』東洋経済新報社、1995］.

（15）Louis Dumont, *Homo Aequalis*. Tome I: *Genèse et épanouissement de l'idéologie économique*, Paris, Gallimard, 1977, Tome II: *L'Idéologie allemande*, Paris, Gallimard, 1978.

（16）*L'Ancien Régime et la Révolution*, Paris, Gallimard, 1985, p. 207［『旧体制と大革命』小山勉訳、ちくま学芸文庫］.

（17）Edgar Quinet, *Le Christianisme et la Révolution française*, Paris, Fayard, 1984（1845）.

（18）*Critique de la philosophie du droit de Hegel*, Paris, Aubier, 1971（1844）.［『ヘーゲル法哲学批判』］次のものを参照せよ。Karl Marx, Friedrich Engels, *Sur la religion*, G. Badia, P. Bange, E. Borrigelli の撰文、翻訳、注記による撰文集。Paris, Les Éditions sociales、1960, p. 41-42.

第２章　新たな文化的不平等

（1）François Furet, Jacques Ozouf, *Lire et écrire. L'alphabétisation des Français de Calvin à Jules Ferry*, Paris, Éditions de Minuit, 1977.

（2）Hervé Le Bras, Emmanuel Todd, *L'Invention de la France*, 前掲書、p. 260.

（3）2008年に55歳から64歳の者のうち、普通バカロレアもしくはそれ以上を取得した者の比率。

（4）2008年において、25歳から39歳の者の0.6%。

（5）Daniel Bell, *The Coming of Post-Industrial Society, A Venture in Social Forecasting*, New York, Basic Books, 1973［内田忠夫他訳『脱工業社会の到来——社会予測の一つの試み（上・下）』ダイヤモンド社、1975］.

（6）Michael Young, *The Rise of the Meritocracy*, London, Penguin Books, 1958［窪田鎮夫・山元卯一郎訳『メリトクラシー』至誠堂、1982］.

（7）同書、p. 123-124。

（8）*The Coming of Post-Industrial Society*, 前掲書、p. 408-410.

分を当該の点の上に残したまま、値の四分の一を両側の二点のそれぞれの上に振り向けるという形で分配する。それは、三次元の砂の山、もしくはこの山一杯分の二次元に等しい。可動平均の場合も、空間的ならしの場合も、分子（工場労働者）と分母（労働力人口）の総数は変わらないことが分かるのである。

第１章　人類学的・宗教的基底

（1）Dionigi Albera, *Au fil des générations. Terre, pouvoir et parenté dans l'Europe alpine*（*XIVe-XXe siècle*）, Grenoble, PUG, 2011. 特に第四部、« Continuités et transformations dans les Alpes françaises » を見よ。

（2）このシステムは、イタリア北部のシステムに近いと考えられるが、これまであまり研究されて来なかったが、ディオジニ・アルベラの研究は、これの研究を軌道に載せたものと思われる。

（3）Frédéric Le Play, *L'Organisation de la famille*, Tours, Mame, 1875, p. 21-25.

（4）以下は、マルク・ブロックの Caractères originaux de l'histoire rurale française（Paris, Pocket, 2006）から引いた、開放耕地地域の集村に関する引用である。「地所の所持者は、限定された所有権しか有することがなく、共同体の権利に従属している」（p. 43）。収穫が終わると「土地は、貧富の差にかかわらず、等しくすべての者の共有となる」（p. 48）。

典型的な人間関係の記述における、散在的住民集団と集合居住的住民集団の区別の重要性については、以下のものを見よ。Hervé Le Bras: « I costumi in Europa occidentale », in *Storia d'Europa*, Paul Bairoch et Eric J. Hobsbawm（dir.）, Turin, Einaudi, 1996, tome 5, p. 801-916（特に p. 830-834: « Il cerchio dei vicini »）.

（5）Alexandre De Brandt, *Droit et coutumes des populations rurales de la France en matière successorale*, Paris, Larousse, 1901; Jean Yver, *Égalité entre héritiers et exclusion des enfants dotés*, Paris, Sirey, 1966.

（6）Jérôme-Luther Viret, *Valeurs et pouvoir: la reproduction familiale et sociale en Île-de-France, Écouen et Villiers-le-Bel,*（*1560-1685*）, Paris, Presses de l'université de Paris-Sorbonne, 2004.

（7）Olivier Schwartz, *Le Monde privé des ouvriers,* Paris, PUF, 1990, p. 119-281.

（8）Éric Le Penven, « La famille bretonne: une forme originale. Plounévez-Quintin au XIXe siècle », タイプされた論文、mai 2002.

（9）Emmanuel Todd, *L'Origine des systèmes familiaux*, tome 1, Paris, Gallimard, 2011, p. 408-409.

（10）Alain Gabet, *Structures familiales et comportements collectifs en Haut-Poitou au XVIIIe siècle,* タイプされた博士論文、université de Poitiers, 2004.

（11）Bernadette Bucher, *Descendants de Chouans. Histoire et culture poplulaire dans la Vendée contemporaine,* Paris, Éditions de la Maison des sciences de l'homme, 1995, ならびに Damièle Naud, *Les Structures familiales en Vendée au XIXe siècle*, 高等教育

原　注

序 説

(1) *L'Invention de la France*, Paris, Hachette Littératures, 1981, 再版 , Paris, Gallimard, 2012.

(2) 高等免状に関するデータは、国勢調査に対する被調査者の回答の結果にすぎないが、これを最近の世代の普通バカロレア取得者35%というデータと比較するなら、やや高すぎるように見える。また、技術バカロレアの取得ののちに高等教育に進んだ者を考慮するなら、やはり同じことが言える。要するに、国勢調査において、教育に関する統計は、完全な一貫性を有するわけではない。しかしながら、世代間の変動の規模はきわめて大きいので、そうした不備が比較の結果の解釈に問題を突きつけることにはならない。

(3) *La Foule solitaire*, Paris, Arthaud, 1964（The lonely crowd: *A study of the changing American character*, Yale University Press, 1950.『孤独な群衆』加藤秀俊訳、みすず書房、1964）.

(4) « L'évolution des homicides depuis les années 1970: analyse statistique et tendance générale », *Questions pénales*, XXI, 4, septembre 2008.

(5) 司法警察中央指導部、*Le Figaro*, 1er août 2010.

(6) フランスの地図は、縦1000段横1000行のグリッドに変換される。市町村はそれぞれ一つの枠を占めることになる。各市町村につき、何らかの率、すなわち一つの分子（例えば、25から34歳の年齢集団のバカロレア取得者数）と一つの分母（例えば、25歳から34歳の者の数）が得られている。そこでまず、分母（この場合、25から34歳の者の数）の分布を当該市町村の近傍に合わせて、楕円形（例えば、海岸とか河川の岸、あるいは渓谷の中にある場合は、細長く引き延ばされるが、そうでないときは、ほぼ円形となる）に処理する。これを36570の市町村のそれぞれについて行なう。次いで、各市町村の分子と分母の人数を、楕円状同心円等高線を用いて、隣接する方形の中に振りまいて行く。ここで用いられた方式は、「重心」方式と呼ばれる。距離 d の楕円断面に送り込まれた人間の割合は、d の逆冪に、より正確に言うなら、n が2の隣接冪である（大抵の場合は2.2）である時の（$A + d^n$）の逆に比例する。この作業がすべての市町村について行なわれると、そこで1000×1000の基本方形のそれぞれにおける、実際の分子と分母を合体させる。これによって、各基本方形中の率を復元するわけである。あとは、率に応じた色を用いて、それら方形を描いて行くわけだが、これは最も困難な作業というわけではない。

　この作業は、可動平均によって曲線をならす作業とよく似ている。ただ、次元が一つ多くなっている。可動平均の場合は、各点の数値を、その値の半

大統領下での保革共生）の頃より、大臣職を歴任した後、サルコジ大統領下で首相。2012年 UMP の党首選挙に立候補したが、11月18日の開票の結果、対立候補のコペに僅差（コペが50.03%）で破れた。極端な接戦の上、不審な点があり、異議を申し立てたが、特別委員会が調査ののち、コペの勝利を確定。これを不服として、分派を結成したが、コペとの話し合いののち、2013年1月にそれを解散した。

＊5　ジャン゠フランソワ・コペ　1964年生まれ。国民議会議員に当選、第二次シラク大統領政権下で大臣を歴任し、2010年に UMP の書記長。2012年に、UMP の党首となる。

ナパルトで、彼は1849年12月20日に大統領に就任してわずか3年で、国民投票で皇帝として承認され、皇帝ナポレオン三世を称し、第二帝政を開くのである。

＊7　ドン・カミロ　ジョヴァンニ・ガレスキの小説をジュリヤン・デュヴィヴィエ監督で映画化した映画（1951年）。イタリアのポー川流域のとある町の司祭のドン・カミロと共産党町長のペッポーネは幼なじみで、対立するこの二人の繰り広げるドタバタを喜劇タッチで描く。人気喜劇俳優のフェルナンデルがドン・カミロを演じ、大人気となり、続編も制作された。

＊8　1969年の国民投票　これ以外の三つの国民投票は、いずれも統一ヨーロッパ建設のためのものであって、よく知られているが、これには馴染みのない人が多いだろう。これは、「五月革命」後にド・ゴールが、態勢を立て直すために試みたもので、上院の改革と地方分権化とを諮るものだったが、実質上、ド・ゴールへの信任がかかっていた。果して、賛成多数とならず、ド・ゴールは辞任に追い込まれる（翌年、死亡）。

第10章　社会主義とサルコジ主義

＊1　ドパルデュー、ジョニー　ジェラール・ドパルデューは、日本にもよく知られた、フランスの国民的人気俳優だが、オランド大統領の富裕層への高率課税方針に反発して、2012年、ベルギーに移住。政府から「国民の連帯から逃れようとする」と非難されたのに対して、新聞紙上で反論、大いに話題となったが、昨年（2013年）ロシア国籍を取得した。長年、プーチン大統領と親交があったという。

ジョニー・アリディは、フランスのプリスリーと言われる人気歌手、アメリカ西海岸に居住する。

第11章　国民戦線の変貌

＊1　プージャード主義　1950年代、ピエール・プージャードが指導する反税闘争（プージャード運動）が急激に勢力を伸ばし、56年の総選挙では、得票率10％を獲得した。これは、伝統的なフランスを代表する社会カテゴリーを自負する、手工業者、小商業者などが、スーパーマーケットなどの経済の近代化や技術革新に抵抗する運動であった。

＊2　モーリス・ヴィオレット　急進派の代表的政治家の一人（1870-1960）。1902年からドルー選挙区選出のウール・エ・ロワール県国民議会議員、1908年からドルーの市長、上院議員も務める。1899年から1902年、ミルラン商工業郵便電信大臣の官房長、人民戦線政府の国務大臣などを歴任。

＊3　大時計クラブ　1974年に創立された「政治を考えるサークル」。右派と極右の高級官僚、知識人、政治家、大学人を集める。ブルーノ・メグレも、創立の翌年（75年）に加入している。

＊4　フランソワ・フィヨン　1954年生まれ　バラデュール内閣（ミッテラン

第９章　全員、右へ

＊1　**フランソワ・バイルー**　中道の代表的政治家。1951年、ピレネ・アトランチック県生まれで、同地選出の国民議会議員。93年から97年に三次にわたって国民教育大臣を歴任。フランス民主連合の党首を経て、2007の大統領選挙後に、MoDem（民主主義運動）を結成。2002年より、三回連続で大統領選挙に立候補。2007年には18.57％の票を獲得するが、2012年には、9.13％に留まった。

＊2　**ジャン゠リュック・メランション**　1951年、モロッコのタンジール生まれ。社会党中の最左翼だったが、2008年に社会党を去り、左翼党を創設。2012の大統領選挙に立候補、11.10％の票を獲得する。

＊3　**パトリック・ビュイッソン**　1949年、パリ生まれ。極右のジャーナリスト活動を経て、フィリップ・ド・ヴィリエ、フランソワ・バイルーなど、政治家の選挙参謀を務め、2005年よりサルコジに接近、極右の政治テーマを取り込んでサルコジの当選に貢献。大統領としての施策についても助言した（国民アイデンティティ省の設置など）。

＊4　**ブルーノ・メグレ**　極右の政治家。1949年生まれ。共和国連合（ド・ゴール主義政党）の中央委員会委員を経て、87年に国民戦線に入るや、党のナンバー２（総代表）の地位を確保したが、路線対立から離脱、国民共和主義運動を結成して、2002年の大統領選挙に立候補した。なお、後出の〈大時計クラブ〉には、共和国連合入党より早く、75年に加入している。

＊5　**フィリップ・ド・ヴィリエ**　1949年に、ヴァンデ県に生まれる。母方はヴァンデの名家、父はノルマンディの貴族の家柄。主権主義の政党、MPF（フランスのための運動）を主宰。大統領選挙には、二度立候補。1995年に4.74％を獲得。2007年には2.23％に留まった。

＊6　**1965年の第一回大統領選挙**　20世紀のフランスの大統領が、国民の直接選挙で選ばれるようになったのは、第五共和制発足（1958年）以降のことで、それ以前の第三、第四共和制では、大統領は、国会の両院議員によって選ばれていた。また第五共和制初代大統領ド・ゴールは、国会議員や地方議会議員からなる選挙団による間接選挙で選出されたが、1962年の憲法改正で、現行の直接選挙絶対多数制（絶対多数獲得者がいないときは第二回投票を行なう）が規定された。ここで「第一回大統領選挙」としているのは、直接選挙制での第一回という意味である。この選挙で、左派候補ミッテランを破って当選したのは、ド・ゴールであるが、その当選から3年後の68年、いわゆる五月革命が勃発し、ド・ゴールは結局、一年後に辞任、その翌年（70年）には没することになる。つまり直接選挙で獲得した大統領の二期目の任期を全うできなかったことになる。

ちなみに1848年の二月革命で成立した第二共和制は、大統領を直接選挙で選出したが、このとき74％という圧倒的多数で当選したのが、ルイ・ボ

勿体ぶった医者の親子。ここで具体的にだれと言うことはできないが、トッドのこれまでの論調からして、ナショナル共和派の論客あたりが暗示されているのだろう。

*2　**ロートリンゲン**　9世紀、シャルルマーニュ（カール大帝）のフランク帝国がその孫たちによって、ヴェルダン条約（843年）で三分割されたとき、長兄のロタールは、皇帝位と中部を確保した。現在のベネルックスから北イタリアまで細長く伸びる領土は、ロタールの土地（ロートリンゲン、フランス語ではLotharingie）と呼ばれたが、のちにメルセン条約（870年）で、イタリア以外は東フランクに併合されてしまう。このロートリンゲンと西フランク（フランス）の国境は、ほぼローヌ川の線を垂直に北に伸ばした線と合致するが、のちの神聖ローマ帝国に引き継がれ、法理論的にはナポレオンによる神聖ローマ帝国の解体まで存続する。逆に言うと、15世紀以降のフランスの東への領土拡大は、神聖ローマ帝国の領土内の土地をフランスが取得するという形で行なわれた。

*3　**プランタジネット帝国**　12世紀、アンジュー伯アンリは、フランス国王と離婚したアリエノール・ダキテーヌと結婚し、その所領を併せたが、さらにその二年後（1151年）にイングランド国王ヘンリー二世となり、ノルマンディ公も兼ねた。これにより、当時のフランス領の西半分以上とイングランドを合わせた広大な「帝国」が形成されることとなった。ヘンリ二世の開始した王朝は、プランタジュネ（英語読みは「プランタジネット」）と呼ばれたので、この帝国を、アンジュー帝国ともプランタジュネ帝国とも呼ぶ。

*4　**アルビジョワ十字軍**　12世紀後半、トゥールーズ伯領のアルビを中心とする南仏一帯では、カタリ派などの異端が蔓延しており、教皇インノケンティウス三世の特使が殺害されたことを機に、北フランスの貴族たちによるアルビジョワ（アルビの）十字軍が組織された（1208年）が、最終的にはフランス国王軍の介入によって、トゥールーズ伯領が制圧され、伯と国王の間のパリ条約（1229年）によって決着を見る。この事件は、パリのフランス王権による南仏の征服の最初の事例で、北による南の支配という、フランスという国の基本的構図が始まったきわめて重要な事件である。トッド的文脈では、平等主義核家族の北部に依拠するという脆弱性を抱えたフランス国家に、服属した直系家族の南が規律と組織性をもたらすという逆説的状況が出現することになる（「普遍に仕える差異主義」『移民の運命』第9章、参照）。

*5　**サヘル**　サハラ砂漠の南の砂漠がサバンナに移行する地帯を言う。旧フランス領の諸国としては、セネガル、マリ、ブルキナ・ファソ、ニジェール、チャドであるが、おそらくここでは、これを拡大して、サハラ以南のアフリカ諸国の意で用いていると思われる。

*6　**ジャメル・デブーズ**　1975年パリ生まれの俳優。テレビでも自身の番組を持つ人気キャラクター。

*7　**オマール・スィ**　1978年、パリ都市圏イヴリーヌ県生まれの黒人系の俳優。

が、以上二つについては、むしろ抽象的・機械的な訳をあてた。

工場労働者 ouvrier　鉱山、建築、運輸労働者も含む。要するに、ブルーカラー（肉体労働者）。単に「労働者」と訳す場合もある。

事務・商店労働者 employé　文字通りには「被雇用者」「雇い人」ということになろう。単に「事務労働者」とのみ訳す場合もある。

＊2　**新興国に居住する国外の労働者を用いる**　新興国の低賃金労働者の製品を輸入し消費することは、それらの労働者の労働を購入・使用していることに他ならず、このような自国の労働者の疎外と、構造的には同質の事柄である、との問題提起である。

＊3　**グート・ドール**　パリの北部、18区の街区。売春や麻薬売買などの横行するいかがわしい下町であったが、近年「ブルジョワ化」されつつある。

第7章　経済的不平等

＊1　**貴族階級**　大革命直前の人口構成は、総人口約2600万人のうち、僧族約12万人、貴族約35万人とされる。つまり貴族の人口は、総人口の1.5％弱ということになる。

＊2　**アリストテレス以来**　『政治学』第四巻第11章を参照。そこでアリストテレスは、「最大多数の国々にとっての最善の国制は中間的な国制、すなわち非常に富裕な人々と非常に貧乏な人々との中間の人々が支配する国制である」と述べている。

＊3　**共産主義と平等の実践との間には……**　共産主義は、万人の平等の実現を謳ったが、ソ連では、「ノメンクラトゥーラ」と称する少数の支配階級が、民衆諸階層に対して絶対的な特権を行使する、圧倒的な不平等が体制化された。トッドの処女作『最後の転落』（特に第1部第1章）には、その明解な分析がある。

＊4　**救霊予定**　最も典型的な救霊予定説は、カルヴァンのそれで、死後の霊魂が救われるかどうかは、神の摂理によって予め定められており、生前の行為（善行）によって変更することは不可能である、とする。「義とされ」れば、彼岸において永遠の生を享受し、「義とされ」なければ、霊魂は無に帰する。この救霊予定説を、トッドは不平等を価値とする直系家族の心性の表現とみなし、プロテスタント教とは、直系家族の貴族たちの宗教であるとの、まことに独創的な命題を打ち出して、プロテスタント教をブルジョワジーと結びつけるマックス・ウェーバー説に真っ向から対立している（『新ヨーロッパ大全』第3章を参照）。ルターは、これほど峻厳な救霊予定の立場はとらないまでも、神が永遠の昔より、各個人の運命を知悉しているとの論理を堅持している。

第8章　移民流入とシステムの安定性

＊1　**ディアフォワリュス**　モリエールの『病は気から』に登場する、滑稽で

善・保健衛生事業に活躍した。例えば、ノルマンディのリジユーの修道女、幼子イエスの聖女テレーズへの巡礼が始まるのもこの時期である。こうした「フランスの家庭内における精神的（＝霊的）離婚」（モナ・オズーフ）という事態は、おそらく戦後まで続いたと思われる（工藤庸子『宗教 vs 国家』講談社現代新書を参照）。

＊5　ケルト性　前述（第1章訳注＊6）のように、ブルトン人とは、ブリテン島に居住していたケルト人の一派の末裔である。

第4章　家族は死んだ、家族万歳

＊1　家族は死んだ、家族万歳　「王様は死んだ、王様万歳」のもじり。この句は、フランス王権の儀礼的決まり文句の一つで、国王が薨去した際に、人々がこの文句で歓声を上げる。「王様万歳」Vive le roi とは、「王が生きられることをわれわれは欲する」という意味。フランス王国では、一瞬たりとも国王が不在の時はないことを表現している、とされる。

第5章　あまりにも急速な、脱工業社会への動き

＊1　右の新マルクス主義　トッドは、新自由主義を経済的なもの、つまりは物質的なもののみを顧慮する考え方（物質主義 matérialisme＝唯物論）と考えており、その意味でこれを「右の新マルクス主義」と呼ぶ、と考えられる。

＊2　世界化　フランス語では、globalization を普通、mondialisation［世界化］という新語で訳出する。

＊3　昔の九〇の県　フランス大革命が、県という行政単位を設けた時（1790年）の県の数は83。その後、多少の変動を経て、フランス本国の県の数は、1964年の時点で（「県」ではない、ベルフォール「地区」を含めて）90であった。1964年に、パリとその周辺に相当するセーヌ県とセーヌ・エ・オワーズ県が七つの県に分割再編されることになり、その結果、総数が95となった。この七県は、県コード75のパリと、78のイヴリーヌ、ならびに県コード91から95までの五県である。なお、フランスには本土（コルス［コルシカ］島は本土に含まれる）以外に、海外県（マルチニックなど）が五つある。

＊4　フロランジュ　ロレーヌ北部、ルクセンブルクとの国境に近い。人口3000の寒村だったが、栄光の30年間に、近代化した製鉄業の工場が建設され、人口は一挙に1万5千人に増加、大いに繁盛したが、近年、不況で工場閉鎖が続き、町は沈滞した。脱工業化の見本として、2012年の大統領選挙の論戦の中で大いに取り上げられることになる。

第6章　民衆諸階級の追放

＊1　社会・職業カテゴリー　このうち四つにつき、原語を示しておこう。

手工業者 artisant　日常用語的には「職人」と訳される。

小商業者 petit commerçant　日常用語的には「小商人」「小商店主」である

第3章　女性の解放

＊1　**アンチル諸島の社会**　アンチル諸島は、いわゆる西インド諸島からバハマ諸島を除外した部分に該当し、キューバ、ジャマイカ、イスパニョラ（ハイチとドミニカ）、プエルトリコからなる、東西に連なる大アンチル諸島と、その先で南に転じて小島が連なる小アンチル諸島からなる。後者には、マルチニック、グアドループという二つのフランス海外県が存在する。キューバ、ドミニカ以外は、アフリカから連れて来られた黒人奴隷の子孫が人口の主力をなし、クレオール語・文化を生み出すなど、文化的に独創的であるが、世界的に、インド南端・スリランカとともに、母系制家族システムの地域であり、世界で唯一、女性の識字率が男性のそれを凌駕する地域である。キューバ、ジャマイカ、マルチニック、グアドループの男女別の識字率（非識字率）の表が、『世界の多様性』に掲載されている（441頁、表6）。

＊2　**受験準備課程**　フランスでは、バカロレアを持つ者は大学 Université に無試験で入学できるが、グランド・エコール（高等専門学校）には、それぞれ難しい試験にパスしなければ入れない。そのためには、有名リセが設けている受験準備課程で試験勉強をしなければならない。例えば、中等教育教授養成の最高学府たる高等師範学校には、二年間の準備課程での勉強が必要で、多くの知識人にとって、この二年間は、一生を規定するような重要な期間であった。

＊3　**クロチルド**　フランク王国建国者、クローヴィスは、カトリック教徒だった妃クロチルドの勧めに従って、トルビアックの戦い（496年）の最中にカトリックに改宗したことにより、アラマン人に勝利した、と伝説は語る。この改宗によって、征服者フランク人は、被征服民（旧西ローマ帝国の臣民）の宗教に帰依したわけで、支配下の民と宗教を異にする他のゲルマン諸王国が没落する中で、フランク王国のみが生き残り、拡大した理由は、ここにあるとされる。フランク王国は西ヨーロッパ世界の形成の母胎であるから、これは世界史的な大事件ということになる。

＊4　**急進社会主義にとって……**　急進社会主義は、フランス独特の政治潮流と言うべきだろう。急進主義とは、七月王政下で、共和派を名乗ることを憚った者たちが、イギリスの政治用語を借用して、「急進派」と名乗ったのに始まる。フランス革命のジャコバン主義の流れを汲む共和主義で、自由、平等、人権、ならびにライシテ（世俗性）の理念への忠誠を守っている。第三共和制下で主導的政治勢力となり、ドレフュス事件に一応の勝利を収めた直後の1901年、社会主義者の一部も取り込んで、急進・急進社会党を結成、政教分離法を制定して、フランス国家の世俗性（ライシテ）原則を確立した。

　これにより、公教育の世俗化が、国家的事業として進められ、例えば、女子修道会が教育に当たっていた小学校の教室から十字架上のキリストの像が、官憲の手で撤去されるというようなことが行なわれたが、こうした風潮の下、女性の信仰は却って強化された。ルルド巡礼が盛んになり、女子修道会が慈

シー・メッスは、アカデミー（大学区）の名称。ここでは大学都市を列挙しているので、このような書き方をしたのだろう。

＊4 **「バカロレア＋α」の者**　バカロレア取得後、高等教育へ進んだ者。大学は、最初の2年が第1段階とされ、これを修了すると、DEUG［大学一般教育免状］が取得できるが、この免状は、公務員試験の受験資格、多くの私企業の就職試験の条件となっている。この修了者は、通称で「バカロレア＋2」と呼ばれる。

＊5 **『ル・モンド』、スイユ出版社**　『ル・モンド』は、もともと対独協力の咎で廃止された『タン』紙の社屋等を引き継ぐ形で、ド・ゴールの肝煎りで1944年に設立された。またその初代社主（主筆）、ユベール・ブーヴ・メリィ（1902–89）は、カトリック系新聞の記者として出発し、チェコスロヴァキアに在住して、『タン』を含む新聞の通信員をやっていた人物である。スイユ出版社は、1935年に、プラックヴァン神父の下に集まっていたカトリック青年たちによって創設された。

＊6 **1801年のコンコルダ**　政教協約《コンコルダ》とは、言わば敵対関係にあったフランス共和国とローマ・カトリック教会との講和条約と言うべきもので、1801年に、フランス（第一）共和国第一統領ボナパルトと、ローマ教皇ピウス七世との間に結ばれた。その骨子は、単純化して言うなら、相互の承認と、聖職者をフランス政府から任命され、俸給を支払われる者（要するに公務員）にすることである。これによって、カトリック教会はフランス国内での地位と権限（特に教育に関する）を保障された。コンコルダ体制（講和条約体制）は、100年間維持されたが、第三共和国が政教分離法（1905年）等の一連の立法で、世俗性（ライシテ）を確立するとともに、崩壊した。しかし普仏戦争後ドイツに編入されたアルザスは、この政教分離・世俗化の動きにさらされることなく、フランスへの復帰後も、この体制が維持され、今日なお「宗教および修道会に関する地域律法」により、1905年の政教分離法が適用されていない（井上修一「フランスにおける政教分離の法の展開」『佛教大学教育学部論集』第21号［2010年3月］を参照）。

＊7 **「国防と市民権の日」**　従来の義務兵役の廃止に伴い、その代わりに青少年が参加を義務づけられた、一種の一日研修。1996年のシラク大統領の義務兵役廃止の提案を受けて、翌年「国防準備呼びかけの日」の名称で制定。2010年に現行名に改称。8：30から17：00まで行なわれ、フランス語読解能力の検定試験に続き、国防と安全保障に関する基礎知識の講習が行なわれる。16から18歳のすべてのフランス国民は、これを受けなければならない。これにより授与される修了証は、あらゆる国家試験への出願の条件となる。

＊8 **フランス社会学のあらゆる慣用**　おそらく、「基本的に経済的要素（所得）による階級分類を前提とする」と言いたいのであろう。ブルデュー的な文化行動の分析も、基本的にはこの立場に立っていると言えよう。

＊9　周縁的分布　言語の通時的ないし歴史的変遷の研究においては、「革新的要素は中央に分布し、周縁部に分散的に分布するのは古い要素である」という原則がある。友人の言語学者、ローラン・サガールからこの原則を知ったトッドは、自身の家族類型分布地図にこれを適用し、共同体家族が最も新しい形態であるとの結論を得た。この成果は、サガールとの共同執筆論文「共同体家族システムの起源についての仮説」« Une hypothèse sur l'origine du système familial communautaire » in *Diogène*, n° 160, octobre-décembre 1992. に結実している（「新人類史序説 ―― 共同体家族システムの起源」『世界像革命』所収）。

＊10 聖職者市民法　聖職者を一人の市民として（ローマ教皇ではなく）フランス国家の法に従うべきものと身分規定した法律で、1790年11月27日にフランス革命下の憲法制定国民会議が発布し、併せて聖職者に「国民と法と国王（まだ王政は廃されていなかった）に忠実であること」を宣誓することを要求した。ローマ教皇の干渉もあり、宣誓する者と拒否する者はほぼ半数に分かれ、フランスは真っ二つになり、宣誓拒否地域は反革命化して行く。その時の分布地図が、今日に至るまで基本的にフランスを規定している。

＊11 神学的時代　よく知られたオーギュスト・コントの、人間精神の発展の三段階は、神学的、形而上学的、実証的であるが、コントは、いまや形而上学的段階が完了し、実証的段階（産業的段階）が始まりつつあると考え、それら諸段階を通じての社会発展を研究する学を構想し、「社会学」と名付けた。

＊12 ジュール・フェリィ（1832–93）　第三共和制を代表する政治家の一人。教育相と首相を歴任し、教育からの宗教的要素の排除を中心とする一連の法律を制定し、政教分離の世俗主義を確立した。

第２章　新たな文化的不平等

＊1　啓蒙［光明］「啓蒙」の原語はフランス語では lumières、すなわち「光」「光明」であるが、英語では enlightenment、ドイツ語では aufklärung で、「照明」「照らし出すこと」である（ちなみにこの二つをフランス語に訳すなら éclaircissement となる）。いかにも光源がフランスで、その光で周りが（特にドイツが）明るく照らし出されるというイメージではなかろうか。逆に「啓蒙」という、動作を表わす語の原語としては lumières はあまり相応しくない。したがって訳語としては「光明」あたりが適切ではなかろうか。

＊2　ベカシーヌ　20世紀前半に大人気を博した漫画の主人公。パリの上流階級の家で女中として働くブルトン人娘、善良でやる気満々だが、馬鹿で間抜けでそこつ者。いつも失敗ばかりしている。1905年に少女雑誌に連載開始、作者パンションが1953年に死んだあとも、単行本がいくつか出されるほどの人気があった。

＊3　エックス・マルセイユ、ナンシー・メッス　エックス・マルセイユは、エックス・アン・プロヴァンスとマルセイユにキャンパスを持つ大学。ナン

なおラングドックという州名は、「オック語」を意味する。

＊4 **内婚制** 「内婚」とは一般的に、配偶者を自分の属する集団の中から選ぶことであり、たとえば「地理的内婚」（同じ村の中から配偶者を選ぶ）というような言い方ができるが、トッドのものは、「家族的内婚」（同じ家族集団の中から配偶者を選ぶ）で、具体的には、いとことの結婚である。アラブ・イスラム圏の家族制度たる内婚制共同体家族では、同居する兄弟の子供同士、すなわち父方平行イトコ同士の結婚が好ましいとされる（優先婚）。しかしこれは100％の率で実現するわけではなく（最大値を示すパキスタンで50％）、本文によると、配偶者の多数に達しないようである（『アラブ革命はなぜ起きたか』の付録「トッド人類学入門」を参照）。

＊5 **ル・プレイ（1806–82）** フランスにおける社会学の創始者の一人。家族制度を研究し、ヨーロッパの家族構造を、自由と平等の観念を援用しつつ、三つに分類した。これは、トッドが発見したヨーロッパの四つの家族類型のうち、三つ（平等主義核家族、直系家族、共同体家族）に該当する。トッドの先駆者と言うことができる。『世界の多様性』41頁以下に、この点が詳しく述べられている。

＊6 **ブルトン語圏** ブルターニュ Bretagne とは、英語の Britain である。ローマ帝国崩壊後、アングロ・サクソン人が Britain を征服したため、そこに居住していた Britons（ブリテン人）の一部は、海を渡ってフランスのアルモリカ半島に移住した。この地をブルターニュと呼ぶのは、それに由来する。ブルトン breton は、ブルターニュの形容詞であり、そこに居住する人はブルトン人、言語はブルトン語となる。かつては、ブルトン語はこの地方に広範に話されていたが、近現代に至って、フランス語化が進み、東部はフランス語方言地域となっている。

＊7 **この地の農村共産主義** この地域（フランス中央山塊の北西の縁）は、共同体家族地帯であるが、外婚制共同体家族のイデオロギー的表現は、共産主義である。そもそもかつての共産圏（ソ連、中国、ヴェトナム、ユーゴスラヴィア）の家族類型が、これであることを突き止めたことが、トッド人類学の重要な出発点の一つであった。西ヨーロッパ内でこの家族類型が見出されるのは、（きわめて外縁的なフィンランドを除くと）イタリア中部（トスカナ）とフランス中部のこの地域の二つだけであり、その両方ともが、西ヨーロッパ最大の共産党の金城湯池をなしていた。イタリアの全国システムの中枢を占めるトスカナは兎も角として、フランス中央山塊北西麓は、フランスで最も開発の遅れた農村地帯で、ここの共産主義を支えるのは、農民であった。ちなみにトッドは、この地域を、当地選出の共産党議員、アンドレ・ラジョワニーから、「ラジョワニー・カントリー」と、ユーモラスに呼んでいる（『アラブ革命はなぜ起きたか』169頁）。

＊8 **小郡 Canton** フランスの地方区分で、県の下に郡（arrondissement）があり、その下に「小郡」があり、この中に市町村が含まれる。

体とが、ほぼ匹敵するわけである。だとすると、その外側の23区全域が、「郊外」ということになるだろう。

＊5　**第一ならびに第二環状都市圏**　第一環状都市圏は、パリを直接取り囲む、オー・ド・セーヌ、セーヌ・サン・ドニ、ヴァル・ド・マルヌの三県の総称。原語は、petite couronne（小さな花輪）。第二環状都市圏は、その外側のセーヌ・エ・マルヌ、ヴァル・ドワーズ、イヴリーヌ、エッソンヌの四県からなり、原語は grande couronne（大きな花輪）。

＊6　**市町村 commune**　これもご存知のことと思うが、フランスの基礎的地方公共団体（自治体）は、commune と呼ばれ、そのサイズによって名称が異なることがない。つまり市町村の区別が存在しないのである。その長は maire であるが、これも市長なのか、町長、村長なのか、それ自体では区別がない。翻訳者泣かせの、難語の一つである。なお本書では、人口5000人以下のものを「農村的市町村」、人口5000人から20万人のものを「中規模市町村」としている（126頁）。日本的な観念といかに異なるかが、分かるであろう。

＊7　**複合家族 famille complexe**　これまでのトッドの用語法にはあまり出て来ない語であるが、核家族以外の家族（直系家族、共同体家族）をこの語で括っている。

第１章　人類学的・宗教的基底

＊1　**UMP**　これは当初、2002年の大統領選挙中に、ジャック・シラクの当選を目指す政治団体として、あらゆる右派、中道右派を糾合して結成された政党で、正式名称は「大統領多数派連合」Union pour la Majorité Présidentielle であったが、シラク当選後に、この名称を変える必要が生じた。そこで、UMP という略号は変えずに、名称のみ「民衆運動連合」Union pour un mouvement populaire としたものである。その後、サルコジの二度の大統領選挙の与党であったが、2012年のサルコジの敗北を承けて、分裂含みの混迷の危機にさらされているようである。

＊2　**居住環境 habitat**　この語は、動植物に関しては「生息の地理的環境」を意味し、人間については、居住環境をいかに組織編成しているか、その様態、というほどの意味である。本書のル・ブラーズの用法では、散村か集村という村落の様態を意味している。「居住条件」では、やや抽象的すぎると思えたので、標記のように訳した。

＊3　**オクシタニィ**　中世において、ラテン語からフランス語が形成される過程で、フランスには大きな言語としては、オイル語とオック語の二つが存在した（オイル、オックとは、「ウイ」を意味する）。北フランスのオイル語は、やがてフランス語へと形成されて行くのに対して、かつて北より高い文化を担っていたオック語は衰退した（現在、復興運動が行なわれている）。このオック語をオクシタン occitan と言い、これが話される地域をオクシタニィと呼ぶ。

訳 注

序 説

＊1 **「栄光の三〇年間」** 1945年から1973年の第一次石油ショックまでのほぼ30年の間、先進国は持続的な経済成長を果たしたが、この期間のことを、1830年の七月革命の「栄光の三日間」(27、28、29日)をもじって、「栄光の三〇年間」と呼ぶ。

＊2 **普通バカロレア** バカロレアは、一般に高等教育に進む資格およびその資格を認定するための全国試験のことであるが、高等教育への進学につながる普通教育課程の修了者が取得するのは普通バカロレアであり、その他に、技術教育課程(技術リセ)修了者のための技術バカロレア(その多くはIUT［工業技術短期大学］に進学)と、職業教育リセ(3年制)修了者のための職業バカロレアがある。

＊3 **卒業証書** 小学校終了時に授与される。なお、以下に表1の諸資格の一覧をここに掲げる。

BEPC［第一段階初等免状］ 中等教育第1段階(コレージュ)修了者で、リセに進まない者に授与される。

CAP［職業適正証］ 第5学級(日本の中学一年)修了時に14歳に達した者は、三年間のCAPコースに進学し、CAPを取得することができる。

BEP［職業学習免状］ 中等教育第1段階(コレージュ)修了者は、二年間のBEPコースで学び、BEPを取得することができる。

＊4 **都市周辺部 périurbain** 「郊外」はbanlieuの訳語として定着しているが、それよりさらに外側の部分をpériurbainと言うようであり、「(都市)周辺部」と訳した。もう一つsuburbainという語もあり、これはさらにその外側のようであるが、それほど体系的に登場せず、périurbainと共存していないので、これも「(都市)周辺部」としてある。ところでフランス語のbanlieuというのは、日本語の「郊外」とはどうも語感がずれるような気がする。パリ都市圏を例にとると、banlieuというのは、パリという都市を取り囲む小都市の総体を称するので、東京で言えば、23区が都市であるとすると、草加、川口、新座、武蔵野、三鷹、調布などの総体に当たる。そうなると船橋、柏、越谷、さいたまから、立川、八王子、相模原辺りが、「周辺部」であろうか。ただし、東京(横浜・千葉)都市圏は、面積・人口ともはるかに大きい。

ちなみに、パリ市(面積105.40km^2)そのものを、東京の山手線の内側(63km^2)と比較することがよく行なわれるが、これだと面積としては均衡がとれない。試みに、山手線の内側を含むすべての区(港、新宿、渋谷、千代田、文京、中央、台東、豊島)の面積の合計を出してみると、109.87km^{2}となる。つまり、面積という点では、パリ市そのものと東京の以上の区の全

9−6b　2002年に対する2007年のバイルーの増加　内務省
9−7a　2007年と2012年の二つの大統領選挙第一回投票の間でのサルコジの減少　内務省
9−7b　2007年と2012年の二つの大統領選挙第一回投票の間でのバイルーの減少　内務省
9−8　2005年の国民投票への「ウイ」票　内務省
9−9　1969年、1972年、1992年（マーストリヒト）、2005年の国民投票での「ウイ」票　『ル・モンド』選挙結果ノート

第10章
10−1a, b, c, d　凝固した左派　内務省
10−2a, b, c　都市の左派　内務省

第11章
11−1　マリーヌ・ル・ペン、2012年　内務省
11−2　1978年の共産党と1984年の国民戦線の強固な地盤　『ル・モンド』選挙結果ノート
11−3　1980年代初頭の、移民、安全の欠如（治安問題）、極右　1984年ヨーロッパ議会選挙結果ノート（『ル・モンド』）、1982年度法務省統計報告書、1982年の国勢調査
11−4　ジャン＝マリ・ル・ペン、1995年　内務省
11−5　国民戦線、1984年、1988年、1995年、2002年　『ル・モンド』選挙結果ノート
11−6　2007年におけるル・ペンの後退　内務省
11−7　2012年のマリーヌ・ル・ペンの前進と後退　内務省
11−8　極右の新たな牙城　内務省
11−9　2012年の工場労働者の票　IFOP［フランス世論研究所］研究主任ジェローム・フルケのご厚意で提供されたデータ

ファイル、2000年から2009年まで
8-3　死亡者中パリで生まれた者　INSEE［国立統計経済研究所］の死亡ファイル、2000年から2009年まで
8-4　ヴァール県で死亡した移住者　INSEE［国立統計経済研究所］の死亡ファイル、2000年から2009年まで
8-5　ピレネ・アトランチック県で死亡した移住者　INSEE［国立統計経済研究所］の死亡ファイル、2000年から2009年まで
8-6　名字ル・ビアンの者たち　インターネット家族名サイト *www.geopatronyme.com*
8-7　名字ミュレールの者たち　インターネット家族名サイト *www.geopatronyme.com*
8-8　名字ファーブルの者たち　インターネット家族名サイト *www.geopatronyme.com*
8-9　外国人　1851年、1891年、1936年（SGF［フランス総合統計］）、1982年（INSEE［国立統計経済研究所］）の国勢調査
8-10a　1982年のアルジェリア人　1982年の国勢調査
8-10b　2008年のアルジェリア人　2008年の国勢調査
8-11a　2009年におけるサハラ以南出身の外国人　2009年の国勢調査
8-11b　2009年における非ラテン系ヨーロッパ人　2009年の国勢調査
8-12　移民人口中の外国人のパーセンテージ　2008年の国勢調査
8-13　青少年外国人　2008年の国勢調査

第9章

9-1　2012年の第二回投票でのオランド　内務省
9-2a　ミッテランからオランドへ　内務省、ならびに『ル・モンド』1981年大統領選挙ノート
9-2b　宗教、国民戦線、左派の票　François-André Isambert, Jean-Paul Terrenoire, *Atlas de la pratique religieuse des catholiques en France*, 前掲書、ならびに内務省
9-3　ジョスパンからオランドへ　内務省
9-4　トロツキストの転落　内務省
9-5a　第一回投票におけるメランション　内務省
9-5b　第一回投票におけるオランド　内務省
9-6a　2002年の右派に対する2007年のサルコジの増加　内務省

第5章

5-1　1968年の工業　1968年の国勢調査

5-2　2008年の工業　2008年の国勢調査

5-3　最後の農村からの人口流出　SGF［フランス総合統計］とINSEE［国立統計経済研究所］による1851年以来の国勢調査

5-4　輸出　*Stratégies et performances exportatrices des régions françaises en Europe,* 国庫ならびに経済政策総監督局（MINEFI），商工会議所全国会，2006年．

第6章

6-1　2009年の工場労働者　2009年の国勢調査

6-2　2009年の手工業者と商業者　2009年の国勢調査

6-3　1851年の土地所有農民　1851年の国勢調査（SGF［フランス総合統計］）

6-4　2009年の伝統的な民衆的職業　2009年の国勢調査

6-5　2009年の農民　2009年の国勢調査

6-6　2009年の管理職　2009年の国勢調査

6-7　2009年の「中間的」職業　2009年の国勢調査

6-8　2009年の事務・商店労働者　2009年の国勢調査

6-9　2009年の国家公務員　2009年の国勢調査

第7章

7-1　富裕者の中の富裕者　財務省、2010年の所得

7-2　どれほど貧しいか？　財務省、2010年の所得

7-3　不平等1：ジニ係数　財務省、2010年の所得

7-4　不平等2：デシル間の比　財務省、2010年の所得

7-5　2008年の失業率　2008年の国勢調査

7-6　定年前失業　2008年の国勢調査

7-7　若者の失業　2008年の国勢調査

7-8　片親家族　2009年の国勢調査

第8章

8-1　全般的移動性　2008年の国勢調査

8-2　出生した県で死亡した者　INSEE［国立統計経済研究所］の死亡

2-2　1970年頃のバカロレア取得者　2008年の国勢調査
2-3　1995年頃のバカロレア取得者　2008年の国勢調査
2-4　バカロレア以上　2008年の国勢調査
2-5　免状なし　2008年の国勢調査
2-6　読み書きの困難　国防省、DSN, MEN-MESR-DEPP, 2011.
2-7　読み書きから免状へ　2-5と2-6を組み合わせたもの
2-8　マグレブ人　2008年の国勢調査
2-9　技術的中産階級　2008年の国勢調査

第3章
3-1　教育での女性の先行　2008年の国勢調査
3-2　技術的領域での男性の抵抗　2008年の国勢調査
3-3　免状なしの男性　2008年の国勢調査
3-4　1968年における女性労働力　1968年の国勢調査
3-5　2008年における女性労働力　2008年の国勢調査
3-6　パートタイムの女性　2008年の国勢調査

第4章
4-1　出生率　2006年の出生数詳細ファイルの出生数にプリンストン推算方式を適用したもの、INSEE［国立統計経済研究所］
4-2　1985年の男性同性愛　*Bulletin épidémiologique hebdomadaire*（*BEH*）23/1990, 11 juin 1990.
4-3　2006年の出生率　2006年の出生数詳細ファイルの出生数にプリンストン推算方式を適用したもの、INSEE［国立統計経済研究所］
4-4　中都市の出生率　2006年の出生数詳細ファイルの出生数にプリンストン推算方式を適用したもの、INSEE［国立統計経済研究所］
4-5a　1968年の結婚年齢　1968年の戸籍、INSEE［国立統計経済研究所］
4-5b　2009年の結婚年齢　2009年の戸籍、INSEE［国立統計経済研究所］
4-6a　1990年における婚外出生　1900年の戸籍、INSEE［国立統計経済研究所］
4-6b　2008年における婚外出生　2008年の戸籍、INSEE［国立統計経済研究所］

地図の出典一覧

序 説

0−1　高齢者　2008年度国勢調査

0−2　若者　2008年国勢調査

0−3　大都市圏　INSEE［国立統計経済研究所］

0−4　1982年から1990年までの人口増加　1982年と1990年の国勢調査

0−5　1990年から1999年までの人口増加　1990年と1999年の国勢調査

0−6　1999年から2008年までのフランスの人口の増加　1999年と2008年の国勢調査

第1章

1−1　複合家族1　1999年の国勢調査

1−2　複合家族2　1999年の国勢調査

1−3　集村的居住環境　SGF［フランス総合統計］、1876年の国勢調査

1−4　家族構造一総合　エマニュエル・トッド『家族システムの起源』パリ、ガリマール、2010.［藤原書店より近刊］

1−5　1960年代初頭の宗教実践　François-André Isambert, Jean-Paul Terrenoire, *Atlas de la pratique religieuse des catholiques en France*, Paris, Presses de Science Po, 1980.

1−6　1791年における聖職者の選択　Timothy Tackett, *La Révolution, l'Église, la France,* Paris, Éditions du Cerf, 1986.

1−7　社会的統合水準　1−4, 1−3, 1−5を組み合わせたもの

1−8　共産党とカトリック教会　François-André Isambert, Jean-Paul Terrenoire, *Atlas de la pratique religieuse des catholiques en France*, 前掲書、ならびに、『ル・モンド』紙の選挙ノート、1978年版。

1−9　最後の共産党支持者　内務省

第2章

2−1　1901年における読み書き　François Furet, Jacques Ozouf, *L'Alphabétisation des Français de Calvin à Jules Ferry*, Paris, Éditions de Minuit, 1977.

著者紹介

エルヴェ・ル・ブラーズ（Hervé Le Bras）

1943年生。人口統計学者・歴史学者。ブルターニュ北部（コート・ダルモール県）出身。理工科学校、パリ大学理学部に学ぶ。フランス国立人口統計学研究所（INED）研究主任。理工科学校、パリ政治学院（シヤンス・ポ）、EHESS（社会科学高等研究院）、ENA（国立行政学院）などで教鞭をとる。

主な著作に、*Les Trois France*, Odile Jacob-Le Seuil, 1985.（三つのフランス）、*Le Sol et le Sang. Théories de l'invasion au Xxe siècle*, Éditions de l'Aube, 1993.（地と血——二十世紀の侵入理論）、*Naissance de la mortalité : l'origine politique de la statistique et de la démographie*, Gallimard-Le Seuil, 2000.（死亡率の誕生——統計学と人口統計学の政治的起源）、*The Nature of Demography*, Princeton University Press, 2008（人口統計学の本性）。

エマニュエル・トッド（Emmanuel Todd）

1951年生。歴史人口学者・家族人類学者。フランス国立人口統計学研究所（INED）に所属。作家のポール・ニザンを祖父に持つ。ケンブリッジ大学にて、家族制度研究の第一人者P・ラスレットの指導で76年に博士論文 *Seven Peasant communities in pre-industrial Europe*（工業化以前のヨーロッパの七つの農民共同体）を提出。

同年、『最後の転落——ソ連崩壊のシナリオ』（新版の邦訳13年）で、弱冠25歳にして旧ソ連の崩壊を断言。その後の『第三惑星——家族構造とイデオロギー•システム』と『世界の幼少期——家族構造と成長』（99年に2作は『世界の多様性——家族構造と近代性』（邦訳08年）として合本化）において、世界の各地域における「家族構造」と「社会の上部構造（政治・経済・文化）」の連関を鮮やかに示し、続く『新ヨーロッパ大全』（90年、邦訳92、93年）では、対象をヨーロッパに 限定して、さらに精緻な分析を展開、宗教改革以来500年の全く新たなヨーロッパ近現代史を描き出した。

「9•11テロ」から1年後、対イラク戦争開始前の02年9月に出版された『帝国以後——アメリカ・システムの崩壊』（邦訳03年）ではアメリカの経済力の衰退を指摘、28カ国以上で翻訳され、世界的大ベストセラーとなった。

その他の著書に、『移民の運命——同化か隔離か』（94年、邦訳99年）、『経済幻想』（98年、邦訳99年）、『文明の接近——「イスラーム vs 西洋」の虚構』（07年、邦訳08年）、『デモクラシー以後——協調的「保護主義」の提唱』（08年、邦訳09年）、『アラブ革命はなぜ起きたか——デモグラフィーとデモクラシー』（11年、邦訳11年）（邦訳はいずれも藤原書店刊）。

また、トッドの講演、対談、インタビューを中心に藤原書店が編んだ単行本に、『「帝国以後」と日本の選択』（06年）、『自由貿易は、民主主義を滅ぼす』（11年）、『自由貿易という幻想』（共著、11年）。

訳者紹介

石崎晴己（いしざき・はるみ）

1940年生まれ。青山学院大学名誉教授。1969年早稲田大学大学院博士課程単位取得退学。専攻フランス文学・思想。

訳書に、ボスケッティ『知識人の覇権』（新評論、1987）、ブルデュー『構造と実践』（藤原書店、1991）『ホモ・アカデミクス』（共訳、藤原書店、1997）、トッド『新ヨーロッパ大全 I II』（II共訳、藤原書店、1992-1993）『移民の運命』（共訳、藤原書店、1999）『帝国以後』（藤原書店、2003）『文明の接近』（クルバージュとの共著、藤原書店、2008）『デモクラシー以後』（藤原書店、2009）『アラブ革命はなぜ起きたか』（藤原書店、2011）、レヴィ『サルトルの世紀』（監訳、藤原書店、2005）、コーエン=ソラル『サルトル』（白水社、2006）、カレール=ダンコース『レーニンとは何だったか』（共訳、藤原書店、2006）など多数。

編著書に、『世界像革命』（藤原書店、2001）『サルトル　21世紀の思想家』（共編、思潮社、2007）『21世紀の知識人』（共編、藤原書店、2009）など。

不均衡《ふきんこう》という病《やまい》　フランスの変容《へんよう》 1980-2010

2014年 3月30日　初版第1刷発行©

訳　者　石　崎　晴　己

発行者　藤　原　良　雄

発行所　株式会社　藤　原　書　店

〒162-0041　東京都新宿区早稲田鶴巻町523
電　話　03（5272）0301
FAX　03（5272）0450
振　替　00160 - 4 - 17013
info@fujiwara-shoten.co.jp

印刷・製本　中央精版印刷

Printed in Japan
ISBN978-4-89434-962-9

移民問題を読み解く鍵を提示

移民の運命

（同化か隔離か）

E・トッド
石崎晴己・東松秀雄訳

家族構造からみた人類学的分析で、国ごとに異なる移民政策、国民ごとに異なる移民に対する根深い感情の深層を抉る。フランスの普遍主義的平等主義とアングロサクソンやドイツの差異主義を比較、「開かれた同化主義」を提唱し「多文化主義」の陥穽を暴く。

Ａ５上製　六一六頁　**五八〇〇円**
（一九九九年一一月刊）　◇978-4-89434-154-8

LE DESTIN DES IMMIGRÉS
Emmanuel TODD

全世界の大ベストセラー

帝国以後

（アメリカ・システムの崩壊）

E・トッド
石崎晴己訳

アメリカがもはや「帝国」でないことを独自の手法で実証し、イラク攻撃後の世界秩序を展望する超話題作。世界がアメリカなしでやっていけるようになり、アメリカが世界なしではやっていけなくなった「今」を活写。

四六上製　三〇四頁　**二五〇〇円**
（二〇〇三年四月刊）　◇978-4-89434-332-0

APRÈS L'EMPIRE
Emmanuel TODD

「核武装」か？「米の保護領」か？

「帝国以後」と日本の選択

E・トッド
池澤夏樹／伊勢﨑賢治／榊原英資／佐伯啓思／西部邁／養老孟司　ほか

世界の守護者どころか破壊者となった米国からの自立を強く促す『帝国以後』。「反米」とは似て非なる、このアメリカ論を日本はいかに受け止めるか？　北朝鮮問題、核問題が騒がれる今日、これらの根源たる日本の対米従属の問題に真正面から向き合う！

四六上製　三四四頁　**二八〇〇円**
（二〇〇六年一二月刊）　◇978-4-89434-552-2

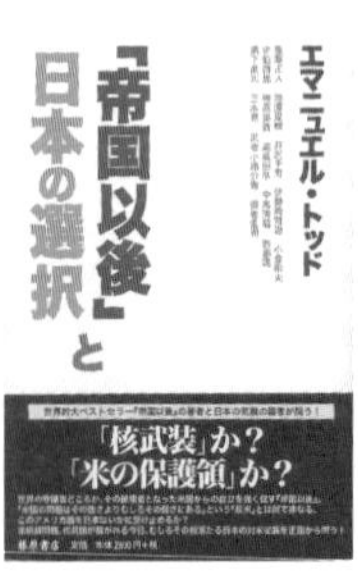

「文明の衝突は生じない。」

文明の接近

（「イスラームvs西洋」の虚構）

E・トッド、Y・クルバージュ
石崎晴己訳

「米国は世界を必要としているが、世界は米国を必要としていない」と喝破し、現在のイラク情勢を予見した世界的大ベストセラー『帝国以後』の続編。欧米のイスラーム脅威論の虚構を暴き、独自の人口学的手法により、イスラーム圏の現実と多様性に迫った画期的分析！

四六上製　三〇四頁　**二八〇〇円**
（二〇〇八年二月刊）　◇978-4-89434-610-9

LE RENDEZ-VOUS DES CIVILISATIONS
Emmanuel TODD, Youssef COURBAGE